全球运营原理

周斌 主编

中国商务出版社

图书在版编目（CIP）数据

全球运营原理／周斌主编. —北京：中国商务出
版社，2013.7
ISBN 978-7-5103-0919-9

Ⅰ.①全…　Ⅱ.①周…　Ⅲ.①企业经营管理—研究—
世界　Ⅳ.①F279.1

中国版本图书馆 CIP 数据核字（2013）第 172933 号

全球运营原理

QUANQIU YUNYING YUANLI

周　斌　主编

出　　版：中国商务出版社
发　　行：北京中商图出版物发行有限责任公司
社　　址：北京市东城区安定门外大街东后巷 28 号
邮　　编：100710
电　　话：010—64269744　64218072（编辑一室）
　　　　　010—64266119（发行部）
　　　　　010—64263201（零售、邮购）
网　　址：www.cctpress.com
邮　　箱：zhanggaoping@cctpress.com
照　　排：北京开和文化传播中心
印　　刷：北京密兴印刷有限公司印刷
开　　本：850 毫米 ×1168 毫米　1/16
印　　张：18.5　字　数：432 千字
版　　次：2013 年 8 月第 1 版　2013 年 8 月第 1 次印刷

书　　号：ISBN 978-7-5103-0919-9
定　　价：42.00 元

前　言

随着经济全球化的深入和信息技术的发展。企业的运营方式发生了很大的变化。表现之一：单个企业的集中制造变为多个企业的分散制造，原来由一个企业完成的产品制造任务，现在需要若干个企业共同完成；表现之二：企业内部运营管理转变成外部全球运营管理。全球公司、跨国公司可以在全球范围配置资源，生产产品或提供服务。

这种变化使企业必须面临新的挑战：第一，在面对全球市场新的或更强大的竞争者条件下，如何提高运营活动的绩效；第二，在面对供应链加长的条件下，如何提高全球供应链绩效；第三，在面对隐性契约干扰的条件下，如何设计或创造带来双赢局面的项目。

为了应对挑战，企业在经营上不断变革、不断创新。目前，企业在生产什么产品或提供什么服务、在哪儿生产产品或提供服务、怎样生产产品或提供服务三个方面已经进入全球运营时代。企业无论规模大小，或者被卷入全球生产网络，或者建立以自己为主导的全球生产网络。

企业运营方式的变化对高校的科研和教学产生了重要的影响。2008 年，上海对外经贸学院（2013 年 6 月更名为上海对外经贸大学）组织团队，在上海和杭州与 24 名来自服装、钢铁、玻璃、茶叶、五金等行业的外贸公司业务员进行访谈，同时对长江三角洲地区的 74 家外贸公司外销员进行问卷调查。调查行业包括：石材、玩具、工艺品、五金、矿产、医药保健、医疗器械、鞋业、轻工业、钢铁、玻璃制品、服装制造、机械制造、化工、机电、农产品、食品、纺织品、家俱、综合贸易，最终形成"国际商务胜任力报告"及国际商务胜任力模型。报告和模型透露出非常重要的信息：企业员工的能力需要发生了变化，人际理解、影响力、客户服务、问题解决 、信息收集、灵活性、坚韧性、机会把握、学习发展、资源利用、价值共同体、信息沟通能力、细致性、建立信任、成就导向、进度控制等能力比简单的操作技能更为重要。2012 年，上海对外经贸学院又组织团队，开发全球通用商科人才胜任力模型构建和测评项目，除到跨国公司访谈外，发放问卷（30 页）2000 份，回收问卷 1500 份。通过构建常模的方法，上海对外经贸学院于 2013 年 5 月完成了全球通用商科人才胜任力模型构建和测评项目。报告认为，诚信正直、成就导向、服务精神、问题解决、团队合作、关系网络、工作演讲与展示、跨文化理解成为全球运营条件下企业对其员工能力的基本要求。由此，我们可以判断，全球视野、团队合作、跨文化沟通及全球生产网络中企业间的业务过程控制能力成为企业对高校人才培养的新要求。

为适应这种变化，从 2007 年开始，上海对外经贸学院开始探索上述能力培养的模式与方

法。《全球运营原理》及与之相配套的全球运营仿真训练系统、全球运营实验指导手册就是这种探索的成果之一，三者共同构建了一个跨专业实践能力培养平台。《全球运营原理》从全球生产网络的五个方面，即采购管理、生产管理、国际贸易、配送管理、零售管理来解读企业全球运营中的信息流、商品流、资金流。周斌主持全书的写作大纲、初稿审阅、讨论和修改工作，李医群参与本书的总纂和定稿等工作，秦浦红参与本书的修改与校对工作。全书共分为十二章，参加编写的主要人员有：周斌、王亚琴、沈雁、纪利群、赵婉鹏、苏庆新等。其中，周斌撰写了第一章"全球运营概述"，王亚琴撰写了第二章"零售运营管理"、第三章"采购运营管理"及第十二章"系统模型"，沈雁撰写了第四章"生产运营管理"和第十章"库存模型"，纪利群撰写了第五章"物流运输管理"和第八章"预测模型"，赵婉鹏撰写了第七章"财务成本管理"和第十一章"精益模型"，苏庆新撰写了第六章"国际贸易管理"和第九章"设计与效率模型"。各章思考题也均由上述人员编写。章学拯、袁庆达、杨静、梁勇等为本书编写提供了帮助。

周　斌

2013 年 6 月 25 日

目　录

第一章 全球运营概述

第一节 引 言

　　经营是根据企业的资源状况和所处的市场竞争环境对企业长期发展进行战略性规划和部署、制定企业的远景目标和方针的战略层次活动。运营则是对企业经营过程的计划、组织、实施和控制，是与产品生产和服务提供密切相关的各项管理工作的总称。所以运营管理可以定义为对组织中负责生产产品或提供服务的职能部门的管理，也可以定义为通过计划、组织、领导、控制等手段，结合人力、物力、财力、信息等资源，对生产产品或提供服务过程或系统的管理。

　　运营管理通常涉及以下三个方面：①生产什么产品或提供什么服务：产品设计、技术选择、工艺创新、系统管理等。②在哪儿生产产品或提供服务：选址规划。③怎样生产产品或提供服务：作业计划、质量控制、库存管理等。

　　当选址突破国界时，企业内部运营管理就转变成外部全球运营管理。在全球范围配置资源，生产产品或提供服务，企业通常会面临三大挑战：第一，在面对全球市场新的或更强大的竞争者条件下，如何提高运营活动的绩效；第二，在面对供应链加长的条件下，如何提高全球供应链绩效；第三，在面对隐性契约干扰的条件下，如何设计或创造带来双赢局面的项目。

　　无论企业内部运营管理，还是外部全球运营管理，产品或服务的生产或提供都涉及投入到产出的转换过程，即企业利用各种生产要素的投入，如土地、资本、劳动，技术等，通过特定转换过程，如设计，加工，配送等，生产和提供产品和服务。由于管理人员的努力和改进，制造时间和制造过程得到进一步优化，库存时间大大减少，因此，在提高全球运营绩效的过程中，越来越多的管理人员将注意力转向供应链。正是基于这种考虑，本书以全球供应链为基础，从生产什么产品或提供什么服务，在哪儿生产产品或提供服务，怎样生产产品或提供服务三个方面来描述投入到产出的转换过程。本书与全球运营实验指导手册、全球运营仿真训练系统构成一个整体。全球运营仿真训练系统通过供应模块、生产模块、出口模块、配送模块、零售模块，从原材料供应商到最终顾客，对产品或服务提供的全过程进行仿真。全球运营实验指导手册则是对产品或服务提供的全过程的业务进行实验指导。本书则是诠释产品或服务提供全过程的原理、模型、理论。如图 1 - 1 所示。

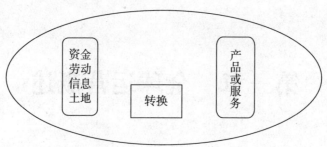

图1-1　投入到产出全球范围转换

第二节　全球运营背景

20世纪70年代开始，经济全球化逐步成为影响世界经济增长的重要因素。世界银行在1995年发表的《世界经济展望报告》指出，经济快速增长与全球经贸一体化是一个问题的两个方面，两者互相强化。目前，经济全球化还没有统一概念。国际货币基金组织（IMF）在1997年5月发表的一份报告中指出，"经济全球化是指跨国商品与服务贸易及资本流动规模和形式的增加，以及技术的广泛迅速传播使世界各国经济的相互依赖性增强。"而经济合作与发展组织（OECD）认为："经济全球化可以被看作一种过程，在这个过程中，经济、市场、技术与通讯形式都越来越具有全球特征，民族性和地方性在减少。"

从微观层面看，经济全球化从三个方面影响企业运营管理：一是"世界各国经济的相互依赖性增强"使得国界作用减弱。自由贸易区的出现和世界贸易组织（WTO）的推动使得企业在全球选址，全球配置资源成为可能。联合国贸发会议《关于外国直接投资的国家法律和法规改革年度调查》和《2010年世界投资报告》公布的国际生产指标充分说明了这一点。如图1-2所示。

联合国贸发会议《关于外国直接投资的国家法律和法规改革年度调查》显示，2008年全年颁布了110项有关外国直接投资的新措施中85项更加有利于外国直接投资。与2007年相比，不太有利于外国直接投资的措施的比例保持不变。如图1-3所示。

二是"技术的广泛迅速传播"使得全球市场竞争越来越激烈，新的竞争者不断出现，企业在运营管理中面对的不再是孤立的地区竞争者或国内竞争者，他们往往面对的是全球竞争者，由此带来的挑战，包括庞大的客户群体协同与细分，全球人才需求与竞争，增加的SOX法案，绿色环保风险，不断创新的技术，物联网，RFID。这种状态在未来10年将不会改变，对全球运营而言，挑战只会增加不会减少。兰德公司的研究报告 The Global Technology Revolution 2020, In-Depth Analyses 指出：到2020年人类的技术创新将集中在信息科技、生物、纳米、材料领域，许多国家将会应用16种技术的大部分。如图1-4所示。

三是"经济、市场、技术与通讯形式都越来越具有全球特征"促使全球标准、全球产品出现，刺激全球消费不断增长。随着经济全球化的深入，各个产业特别是技术产业，全球化标准日益普遍。当全世界采用同一种生产标准时，这就意味着处于不同地区的企业可以生产

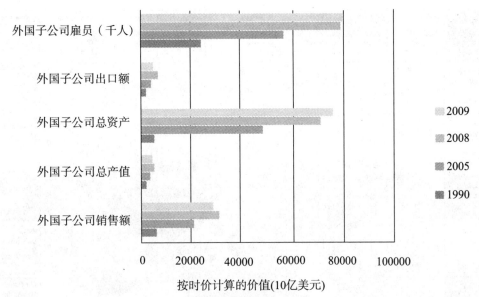

图1-2　国际生产指标

资料来源：联合国贸发会议：《2010年世界投资报告》。

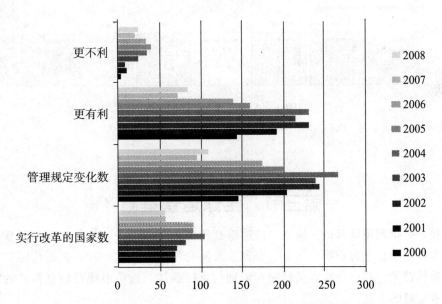

图1-3　2000—2008年国家管理规定的变化

资料来源：联合国贸发会议：《2009年世界投资报告》。

同一种型号的产品，使得生产商和零配件供应商的成本大大降低，从而提高了企业的运营效率。当一个企业生产的产品提供全球市场时，全球产品就出现了。消费者在世界范围内购买自己所需的产品就成为可能。

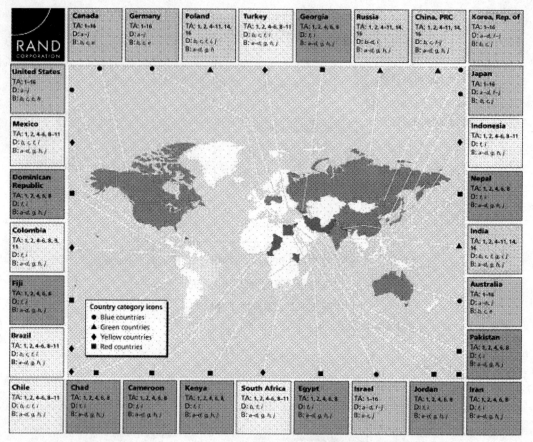

图 1-4　技术创新分布图

资料来源：兰德公司. The *Global Technology Revolution* 2020，*In-Depth Analyses*.

第三节　全球运营基础

信息技术是指利用计算机、网络、广播电视等各种硬件设备及软件工具与科学方法，对文图声像等各种信息进行获取、加工、存储、传输与使用的技术之和，包括传感技术、计算机技术和通信技术。其中计算机是处理和识别信息的载体，通信系统是信息传递的管道，传感器是获取信息的工具。

自20世纪40年代中期计算机问世以来，信息技术得到迅速发展，到90年代全球信息技术基础设施"信息高速公路"的建成，信息技术对人类社会，世界经济产生了重大影响。信息技术对跨国公司全球运营的影响主要表现在以下三个方面：

一是提高了管理层控制幅度，使得跨国公司可以更有能力来处理全球经济问题，现有信息技术能够在全球范围及时向公司管理层提供企业内部数据和外部信息，便于企业控制成本和长远决策，如果说经济全球化是跨国公司全球运营的必要条件，那么信息技术的发展就成了跨国公司全球运营的充分条件。

二是提供了新的商业模式。新模式涉及电信基础层，包括互联网硬件设施，网络服务商等；接入服务层，包括网络系统构建，支持软件，搜索引擎等；商务应用层，包括网上链接服务，网上商务交易等。当互联网商务应用与传统的商业运作相结合时，企业全球运营的效率大大提高。尽管这两者结合的均衡点每个企业不尽相同，但互联网商务应用与传统的商业运作相结合是大势所趋。

三是提高了全球运营管理水平，有助于企业突破运营绩效界限。通用管理软件（ERP）、专业管理软件（BI）、辅助制造、设计软件（CAM，CAD）的应用有效地提高了企业的全球竞争力。

根据兰德公司的研究，未来十年信息技术的发展与创新可能集中在信息传感领域、信息处理领域、移动电子设备领域。每个领域的研究和发展，都会带来新的发展机会，如物联网、智慧地球等。

第四节 全球运营战略决策

一、引言

在上一节，我们重点讨论了企业从内部运营管理走向外部全球运营管理的必要条件和充分条件，及经济全球化和信息技术发展对企业全球运营的影响。在这一节，我们将重点讨论企业的全球运营战略及与之相适应的全球运营架构。

运营管理与企业生产产品和提供服务相伴而生，最近的 200 年里，运营管理的发展主要集中在三个领域，即标准管理、员工激励、决策模型。

（1）标准管理领域。工业革命又称产业革命，开始于 18 世纪 70 年代的英国，19 世纪又扩展到欧洲其他国家和美国。工业革命时期的三类发明推动了社会生产方式从工场手工业向机器大工业过渡，其中蒸汽机的发明解决了动力问题，纺织机的发明解决了工具问题，煤和铁的充足供应解决了能源和材料问题。

手工系统中产品是由工人根据顾客的特定要求，利用简单且富有柔性的工具制造出来，所以这种生产方式生产效率低，成本高且没有规模经济。为了提高效率，在众多学者和企业家的共同努力下，在亚当·斯密《国富论》劳动分工理论的基础上，运营管理在标准化方面取得了三方面的突破。

第一，标准度量衡制。标准度量衡制的产生大大减少了顾客对订制品的需求，促进了工厂的发展，同时为企业标准化管理提供了重要平台。

第二，标准工作程序。在这个领域中，科学管理理论的创始人弗雷德里克·温斯洛·泰罗（1856—1915 年）做出了重要贡献。泰罗认为管理工作就是要设计好工作，于是他进行了一系列研究，主要包括：①工时研究；②计件工资制；③选择头等工人；④任务管理制。通过研究，泰罗最终提出了科学管理制度，主要包括科学管理四原则、作业管理原则、职能化原理、例外原则等。其中标准作业条件的提出对实施标准化管理，提高生产效率起到极大地

推动作用。

亨利·劳伦斯·甘特认为，根据数量来安排时间是十分错误的，关键是时间，时间应该是制订任何计划的基础，从而提出了获得广泛应用的甘特进度安排法。

"动作研究之父"弗兰克·吉尔布雷斯和他的夫人莉莲·吉尔布雷斯通过对于动作的分解研究，将生产工人不可再分的基本动作定义为动素，并在此基础上制定了生产程序图和流程图，提出了取得作业高效率的必要条件：明确高标准的作业量、标准的作业条件、完成任务者付给高工资、完不成任务者要承担的损失。弗兰克·吉尔布雷斯夫妇的研究成果对标准化管理产生了广泛的影响。

第三，标准化零配件。埃利·惠特尼所倡导的"划一制"，并在制造滑膛枪时实施，对后来的汽车工业零部件标准化，降低生产成本，提高效率起到了极其重要的作用。

亨利·福特在其工厂中应用泰勒科学管理原理，通过劳动分工化，工序标准化、机器专门化，零件互换，雇佣大量廉价劳动力，极大地提高了工厂的生产效率，取得了标准化管理的成功，为大规模生产提供了一个范例。

（2）员工激励领域。在标准化管理研究和实施中，生产者的主观能动性被忽视了，因为标准化管理的研究者和实施者都期望工人和机器人一样工作。由埃尔顿·梅奥主持的霍桑实验则提出了在工作设计中人的因数的重要性。

霍桑实验在西方电气公司霍桑工厂进行，于1924年11月开始，历时9年，实验共分四阶段：照明实验、福利实验、访谈实验、群体实验。霍桑试验的结论主要有：工人是社会人，不是经济人，企业中存在非正式的组织，生产率主要取决于工人的工作态度以及他和周围人的关系。霍桑实验证明在工作条件改善的情况下，工厂的生产效率可能依然不会提高。

霍桑实验开辟了运营管理的新的研究领域，引发了而后的学者对人的研究，产生了一系列研究成果，包括马斯洛的需求层次理论、赫茨伯格的双因素理论和麦克利兰的成就需要理论等。这些理论承认一个前提，即人是影响生产率提高的重要因数，这些研究主要集中在三个方面：关于人的假设的研究，如麦格雷戈的X理论和Y理论，按其观点，X理论假设是，一般人的天性好逸恶劳，必须用强迫、控制、指挥和惩罚相威胁等手法去管理，Y理论的假设则相反。关于人的需求研究，马斯洛的需求层次理论，按其观点，人的需要可以分为五个层次包括：生理需要、安全需要、归属和爱的需要、尊重的需要，自我实现的需要，只有当劳动者的需求不断得到满足，企业的生产效率才会提高。关于人的激励研究，如赫兹伯格的双因素论理论和威廉·大内的Z理论。赫兹伯格的双因素论理论从工作本身、认可、成就和责任和公司政策和管理、技术监督、薪水、工作条件以及人际关系等两个方面研究激励问题。而这威廉·大内的Z理论从"Z型组织"管理模式角度研究激励问题。

（3）决策模型领域。运营管理的过程中，即在生产什么产品或提供什么服务，在哪儿生产产品或提供服务：怎样生产产品或提供服务过程中，存在大量的决策问题，正确的决策是企业竞争力重要组成部分。1915年，F. W. 哈里斯提出第一个模型：库存管理的数学模型开始，许多学者努力用数学语言描述生产系统，针对生产中的具体问题，用约束和决策变量构建或表示决策模型，来帮助企业提高运营管理水平。这些学者包括：H. F. 道奇、H. G. 罗米格、W. 休哈特、L. H. C. 蒂皮特，相继提出的模型包括预测，库存管理，项目管理等。

运营管理的发展从标准管理，员工激励到决策模型，实际上是从关注机器，关注员工到关注市场。也就是由物到人，由内到外。信息技术的出现推动运营管理的进一步发展，计算机技术的应用，使得企业库存管理、进度安排、质量控制，成本核算，产品设计的水平得以大幅度提高。通信技术、传感技术则将企业推向更大的市场，遭遇更多更强大的竞争者，面对更多更大的挑战，迫使企业改变战略，改变结构，改变管理。

二、全球运营战略

企业整体战略体系中包括公司战略、营销战略、财务战略、人力资源战略、运营战略等。如果说公司战略是设计用来开发企业的核心竞争力的一系列综合的协调的约定和行动。那么处于业务层面运营管理战略、营销战略、财务战略、人力资源战略则是解决企业在市场中获得竞争优势的问题。

运营战略取决于公司层面战略，组织使命是一种广泛的意向，体现了组织的根本目的，它既是反映外界社会对本组织的要求，又体现着组织的创办者或高层领导人的追求和抱负。战略正是为实现组织的目标而制定的计划。核心竞争力则是实现组织目标的重要保证。

核心竞争又称核心（竞争）能力、核心竞争优势，指的是一个企业（人才，国家或者参与竞争的个体）能够长期获得竞争优势的能力，是企业推行内部管理性战略和外部交易性战略的结果。

当公司成功地制定和执行价值创造，且竞争对手不能复制或因成本太高而无法模仿的战略时，公司就获得了竞争优势。这种优势的获得或形成在运营战略层面上，涉及面通常非常广泛，包括：需要建造多大生产管理能力的设施；建在何处；何时建造；需要何种类型的工艺流程来生产管理产品以及需要何种类型的服务流程来提供服务。而这些问题的解决需要公司层面战略指导和业务层面营销战略、财务战略、人力资源战略支持和配合。

运营战略取决于公司外部环境。运营战略的制定与实施必须审视外部与内部因素，作外部环境分析和内部条件分析。外部环境分析主要是对企业所处的环境正在发生哪些变化做一个全面的评价。内部条件分析主要是对企业拥有的资源、市场地位做一个全面评估。由于外部环境比内部条件具有更大的不确定性，外部环境分析往往成为战略制定实施的前提条件。许多专业性机构定时或不定时对宏观、微观环境作分析，提供环境分析报告，这些报告对企业制定和实施其公司层面战略、业务层面战略提供了极大地帮助。

企业运营面临的外部环境通常包括下列关键因素：

人口因素：人口数量，年龄结构，地理分布等。

经济因素：通货膨胀，通货紧缩，利率，税率等。

政治因素：政局稳定，战争等。

法律因素：反垄断法贸易限制，劳动法，产品责任法等。

技术因素：产品创新，技术转让，知识应用等。

市场因素：全球化程度，品牌忠诚度等。

专业性机构对宏观、微观环境作分析时，会根据其研究领域有所侧重。目前，专业性机构提供的对宏观、微观环境分析报告大致可以分为三类，即国家、行业、全球。针对特定国家或

地区提供环境分析报告由世界银行、台湾地区电机电子工业同业公会提供，它们分别根据自己设定的下列指标对中国内地的投资环境作了较为系统的分析。如表1-1、图1-5所示。

世界银行：

市场进入和退出壁垒

技能和技术禀赋

劳动力市场弹性

国际经济一体化

私有部门参与度

非正规支付

税收负担

法庭效率

以及金融状况

产权保护力度

法治程度

腐败水平

台湾地区电机电子工业同业公会

企业要求（台湾地区电机电子工业同业公会）

表1-1 投资环境评价指标

指标大类	主要具体指标
自然环境	地理位置、气候、水、土地、矿产资源情况
公共设施	饮食、居住、医疗、教育、娱乐设施
基础建设	交通、邮电、互联网、用水用电供应、排污及环保情况
社会环境	社会治安、教育水平、当地人的国际观及对台商投资的态度
法制环境	地方与国家政令的一致性、解决纠纷的渠道是否完善、乱摊派和收费现象、相关政府机构的行政效率、官员廉洁程度、政府对台商的态度

针对特定行业或项目的环境分析报告由兰德公司和欧洲货币提供，他们分别根据自己设定的指标对特定行业或项目的投资环境作了较为系统的分析。兰德公司根据其设定的下列指标，提供2020年前的技术创新和应用的报告。

法律与政策

社会价值、公共观念与政治

基础设施

私人关注

资源利用以及环境健康

研发投资

教育文化

人口与人口统计数据

政府管理与政治稳定性

欧洲货币根据其设定的下列指标，提供全球 100 多个国家的投资风险报告。

Political risk

Economic performance（economic projects×25%）1998

（GNP per capita ×50% + economic projects×25%）×25% 1999

Debt indicator

Debt in default or rescheduled

Credit ratings

Access to banking finance

Access to shrot – term finance

Access to capital market

Forfaiting

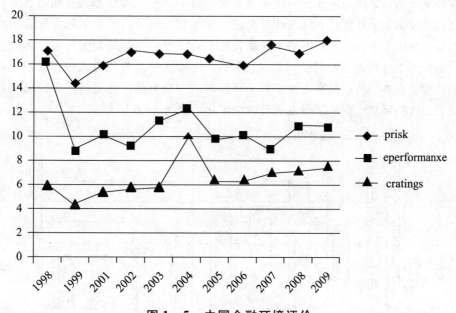

图 1 – 5　中国金融环境评价

资料来源：欧洲货币 1998—2009 年。

针对全球化程度环境分析报告由世界经济论坛提供，论坛从 2009 年开始，根据自己设定的指标对 100 多个国家的全球化程度作了较为系统的分析。

全球贸易便利指数分为四类：市场开放程度（market access）；边境管理（border adminis-tration）；交通与通讯基础设施（transport and communications infrastructure）以及经商环境（business environment）。

运营战略取决于全球化程度。随着经济全球化的深入，传统的运营管理已经跟不上企业的

发展步伐，就产品设计和技术选择而言，在传统的运营管理部的模式下，企业考虑的是产品和技术的梯度转移，即将跨国公司总部的产品和技术转移到子公司所在的国家或地区。在经济全球化条件下，跨国公司总部和子公司，子公司和子公司之间是合作关系，子公司分担产品、开发和服务。就市场选择和资源获取而言，在传统的运营管理部的模式下，企业考虑的是当地市场容量和当地投资回报率，在经济全球化条件下，企业考虑的是全球市场和全球绩效。

在全球化的推动下，模块化策略成为运营管理的重要内容。模块化策略包括产品设计和生产。

模块化设计，在模块系统结构、界面、标准已经确定的前提下，设计者在设计某一具体模块，可以隐藏本模块内部设计规则，不必考虑其他模块的设计思路，这样每一个模块都具有信息异化的特征，这种异化的个别信息存在可能会造成模块之间的耦合性问题，这个问题在成品和半成品生产系统中尤其如此，因此，模块的设计者往往会被要求描绘边界，以便在模块群组中捕捉尽可能多的相互耦合。

模块化生产，继大规模生产、精益生产之后，模块化生产方式被誉为汽车生产方式的第三次革命。模块化生产方式是将产品按某一标准分解成一系列的功能模块，按模块组织生产，而后将这些半成品组装成品。在模块生产系统中，每一个产品模块都具有相对独立功能，模块企业之间形成了关系性资产，这就使得突破空间限制，将分布于全球的企业连接为一个系统成为可能。在这个系统内生产网络呈现耦合性和开放性，组织结构呈现多元柔性。模块化策略在一定程度上也促进了跨国公司研发国际化。《2005 年世界投资报告》指出：通信技术不断改进并降低成本，新的研究方法有利于研发的进一步分解，有关世界各地研究能力的信息不断完善，这些因素也促进了研发活动的国际化。如图 1-6 所示。

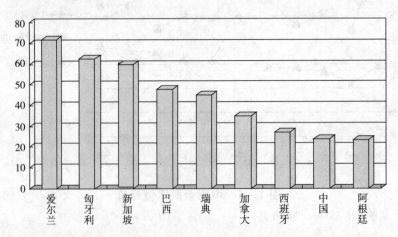

图 1-6　2003 年外国子公司在若干国家工商研发中的份额（%）

资料来源：根据《2005 年世界投资报告》整理。

三、全球运营架构

全球化是一个复杂的过程，充满了矛盾。许多学者试图对这种矛盾进行识别。

普遍化和特殊化：全球化过程中，企业不仅向全球市场提供标准产品，也向地区市场提供特定产品。同质化和异质化：全球化过程中，产品、过程、机构可能会趋于同化，然而不同文化的差异依然存在。一体化和片段化：全球化过程中，世界范围内资本流动不断促进经济全球化的深入，然而劳动依然被部门、民族、国家分割。

全球化的复杂过程迫使企业去协调全球—当地两难经营悖论。由于普遍化和特殊化的存在，企业考虑特殊化就必须对经营所在国市场的独特需求做出反应，企业考虑普遍化就必须忽视当地差异，而对全球市场的相似需求做出反应。企业要解决全球化过程中的各种平衡问题，必须要一个适应企业发展的全球运营战略以及与战略相匹配的组织架构。

组织结构就是企业正式的报告关系机制、程序机制、监督和治理机制及授权和决策过程。组织设计是组织为取得其战略目标而如何从结构上设计下属单位和协调与控制机制。钱德勒及后来的学者研究证明组织结构、组织战略及业绩存在着密切的关系。学者们的研究证明世界上没有最好的组织架构，只有最适合的组织架构。许多企业在自身发展的不同阶段，采用了不同战略及与之相匹配的组织架构。

国际化之前，企业注重国内市场时期，根据自身的发展阶段，分别采用以下几种结构：

（1）职能结构。按职能来建立部门或下属单位，每个部门或单位履行特定的职能，如营销、生产等，在特定部门或单位中把承担相同职能的管理业务及其人员组合在一起，这样就可能实现职能部门内部知识共享，产生规模经济。同时这种结构比较容易促进企业、部门和员工的专业化，由于按职能划分部门，所以职能结构横向协调比较差，部门之间通常会产生以邻为壑的现象。如图1-7所示。

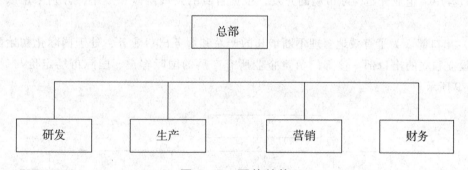

图1-7　职能结构

（2）产品结构。按产品来建立部门或下属单位，这种结构适合于技术含量高、产品差异大，产品品种多的企业。其优点是具有较大灵活性。缺点是不能将职能集中在一个部门，从而导致将相同的职能重复设置在每一个部门，导致资源重复配置，降低企业运营效率。如图1-8所示。

（3）区域结构（区域结构图）。

按区域来建立部门或下属单位，这种结构适合服务或满足不同区域不同顾客的需求，这种结构其优点是具有较大灵活性。缺点是不能将职能集中在一个部门，从而导致将相同的职能重复设置在每一个部门，导致资源重复配置，降低企业运营效率。（同产品结构图）

除了上述职能结构、产品结构和区域结构外，有些企业还会根据需要设置矩阵结构和事

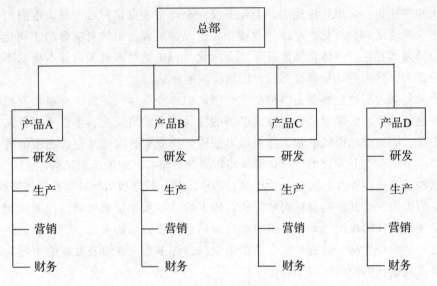

图 1-8 产品结构图

业部结构。无论哪一种结构都无法回避组织设计中两个问题：①怎样在下属单位之间分解工作？②怎样协调和控制这些单位？在面对国内市场时，企业总是自觉或不自觉地将控制放在首位。产出控制体系、官僚控制体系、决策控制体系、文化控制体系可以对企业地内部运营过程进行控制。而由沟通、协调、小组、团队等形式构成的协调体系则被放在次要的地位。国际化过程中，企业开始国际市场的开发，根据自身的发展阶段和战略，分别采用以下几种结构：

（1）出口部。为了有效地管理不断增长的产品和服务出口业务，处于国际化初始阶段的企业会设立独立的出口部。该部门负责企业所有产品的国际客户、国际市场定价与促销等。如图 1-9 所示。

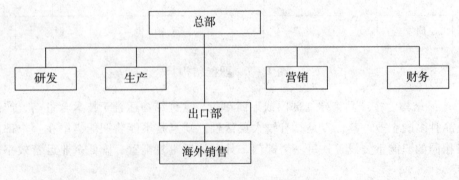

图 1-9 出口部结构

（2）国际部。随着企业国际化程度的提高，其进入国际市场的方式呈现出多元化状态，出口进入和投资进入并存，企业在国外销售力量的规模也进一步扩大，原来的出口部结构已经不适合，于是国际部就应运而生。国际部的规模和承担的责任要大于出口部。除了负责企业所有产品的国际客户、国际市场定价与促销等，国际部还要承担监督国外子公司的职能。如图 1 – 10 所示。

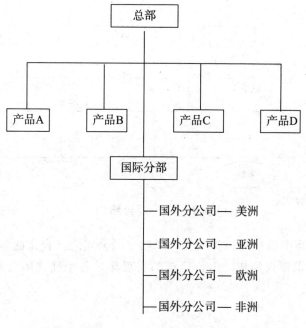

图 1 – 10　国际部结构

在全球化过程中，企业注重全球市场。根据公司的全球战略，公司可分别采用以下几种结构：

（1）混合结构。在全球化进程中，企业面对的市场越来越大，所需的投入越来越多，承担的风险越来越高。有些品种繁多、技术复杂的跨国公司就采用混合结构来控制和协调企业的全球运营。采用混合结构的企业通常是将职能结构、产品结构、区域结构、事业部结构结合起来，力图克服上述结构的缺点，发挥其优点，从而达到提高企业运营效率的战略目标。混合结构的第一层是董事会；第二层是职能部门，如财务、人事、运营等；第三层是事业部，事业部分别可以为产品事业部、区域事业部。在混合结构中，公司总部通常通过职能部门对事业部进行人事、预算控制，并通过战略规划和财务指标对事业部进行主观和客观业务考核和监督。混合结构的一个重要特点是价值链的主要活动在公司内完成，在全球范围进行，也可以说，公司内部贸易全球化。如图 1 – 11 所示。

（2）网络结构。在经济全球化过程中，随着信息技术的发展，越来越多的中小企业加入全球运营的行列。这些企业的运营活动通常采用网络结构，即承担研发和销售的公司通常位于发达国家，负责运营的公司通常处于新兴发展国家，承担生产任务的公司，通常位于发展中国家，零配件、原材料供应商、零售商则根据产品的情况，分布在全球或某个特定地区。在全球运营过程中，网络架构的特点表现在以下五个方面：①运营过程中各种资源、管理能力和决策分散在各个独立的公司中。②运营过程中信息、资金、产品在各个独立的公司之间流动。③运营过程中多个维度协调具有重要地位。④运营过程中耦合关系存在于各个独立的

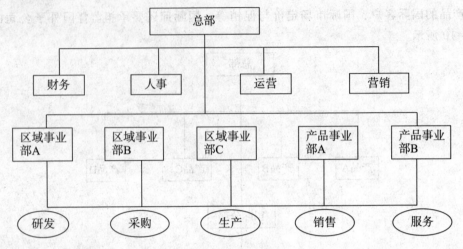

图1-11 混合结构

公司之间。⑤运营过程中隐性契约将成为各个独立的公司之间合作的障碍。在网络结构中，尽管价值链是在全球范围内完成，但价值链的实现却是各个独立的公司合作的结果。如图1-12所示。

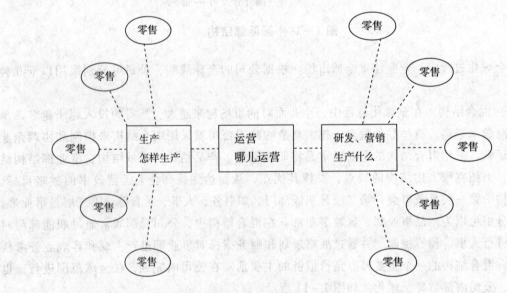

图1-12 网络结构

小　结

（1）运营管理通常涉及三个方面：

生产什么产品或提供什么服务：产品设计、技术选择、工艺创新、系统管理等。

在哪儿生产产品或提供服务：选址规划。

怎样生产产品或提供服务：作业计划、质量控制、库存管理等。

（2）经济全球化从三个方面影响企业运营管理：一是"世界各国经济的相互依赖性增强"使得国界作用减弱。二是"技术的广泛迅速传播"使得全球市场竞争越来越激烈，新的竞争者不断出现。三是"经济、市场、技术与通讯形式都越来越具有全球特征"促使全球标准、全球产品出现，刺激全球消费不断增长。

（3）信息技术对跨国公司全球运营的影响主要表现在以下三方面：

一是提高了管理层控制幅度，使得跨国公司可以更有能力来处理全球经济问题。二是提供了新的商业模式，新的行业不断出现。三是提高了全球运营管理水平，有助于企业突破运营绩效界限。

（4）最近的二百年中，运营管理的发展主要集中在三个领域，即标准管理、员工激励、决策模型。

（5）运营战略取决于公司层面战略，公司战略的目标是形成核心竞争力，竞争优势的获得需要业务层面营销战略、财务战略、人力资源战略支持和配合。

（6）运营战略取决于公司外部环境，运营战略的制定与实施必须审视外部与内部因素，根据公司战略目标作外部环境分析和内部条件分析。

（7）运营战略取决于全球化程度，在全球化的推动下，模块化策略成为运营管理的重要内容。模块化策略包括产品设计和生产。

（8）世界上没有最好的组织架构，只有最适合的组织架构。许多企业在自身发展的不同阶段，采用了不同战略及与之相匹配的组织架构，包括职能结构、产品结构、区域结构、矩阵结构、事业部结构、出口部、国际部、混合结构、网络结构。

思 考 题

1. 全球运营涉及哪些方面？
2. 全球标准、全球产品产生的原因是什么？
3. 2020 年技术创新的主要集中在哪些领域？
4. 信息技术对全球运营的影响主要表现在哪些方面？
5. 运营管理发展主要集中在哪些领域？
6. 全球运营面临的外部环境主要包括哪些关键因数？
7. 模块化策略包括哪些内容？
8. 全球化过程的复杂性主要表现在哪些方面？

参考文献

［1］ 李国学，何帆. 全球生产网络的性质. 财经问题研究，2008（9）.

［2］ Poul Andersen and Anne Bøllingtoft. Cluster – based global firms'use of local capabilities. Management Research Review. Vol. 34 No. 10, 2011：1087 – 1106.

［3］ D. M. Jaehne, M. Li, R. Riedel and E. Mueller. Configuring and operating global production networks. International Journal of Production Research. Vol. 47, No. 8, 15 April 2009：2013 – 2030.

［4］ Michael C. Jensen and William H. Meckling. Theory of the Firm：Managerial Behavior, Agency Costs and Ownership Structure. Electronic copy available at：http://ssrn. com/abstract =94043.

［5］ Scorța Iuliana. The role of tacit knowledge management in ERP systemsimplementation. Electronic copy available at：http://ssrn. com/abstract = 1288628.

［6］ Hubert Escaith, Trade Collapse. Trade Relapse and Global Production Networks：Supply Chains in the Great Recession. Electronic copy available at：http://ssrn. com/abstract = 1497512.

［7］ David L. Levy. Political contestation in global production networks. Academy of Management Review. 2008, Vol. 33, No. 4：943 – 963.

［8］ BjØrn t. Asheim AND Meric s. Gertler. The geography of innovation regional innovation systems. Fagerberg /The Oxford Handbook of Innovation. Revised Proof. 2004：291.

［9］ Jeffrey Henderson, Peter Dicken, Martin Hess, Neil Coe and Henry Wai – Chung Yeung. Global production networks and the analysis of economic development. Review of International Political Economy 9：3 August 2002：436 – 464.

第二章　零售运营管理

第一节　引　言

　　零售是向最终消费者个人或社会集团出售生活消费品及相关服务，以供其最终消费之用的全部活动。零售业是一个国家最古老、最重要的行业之一。零售业的每一次变革和进步，都带来了人们生活质量的提高，甚至引发了一种新的生活方式。西方零售业历史上曾出现过四次重大变革。第一次重大变革以具有现代意义的百货商店的诞生为标志；第二次重大变革诞生了超级市场；第三次零售变革是连锁商店的兴起；网络技术和信息技术孵化零售业第四次变革，它的影响绝不亚于前三次生产方面的技术革新对零售业影响的深度和广度，它甚至改变了整个零售业。

　　零售商从事的零售活动一般提供：多种多样的产品与服务、拆售、保持库存、其他服务。这些作用增加了他们出售给消费者的产品与服务的价值。有许多不同类型的零售商，每个零售商的幸存和繁荣依赖于比其他竞争者更有效地满足这些消费需求。目前，零售企业为满足不同的消费需求而形成的不同的经营形态分为八种：百货店、便利店、超市、大型综合超市、仓储式会员式商店、专业店、专卖店和购物中心。早期各种零售业态的生成与发展，主要是基于其他业态的缺陷而发挥扬我所长、击其所短的作用。随着买方市场的出现，市场竞争不断呈白热化状态。各种业态的店铺从诞生日起，就必须进入一个规范化的轨道，例如怎样筹集资金与选择店面，怎样设计店铺和采购货物，怎样进行商品陈列，怎样做好顾客服务与进行有效的促销，等等。这些都关系着店铺繁荣兴衰成败，也是每一位经营管理工作者最为关注的重点。

　　连锁商店是现代大工业发展的产物，是与大工业规模化的生产要求相适应的，其实质就是将社会化大生产的基本原理应用于流通领域，达到提高商品流通的协调运作能力和规模化经营效益的目的。无论哪种业态的连锁经营体系，最重要的是系统整体运作顺畅与否，尤其在营业点快速成长时，制度管理将有效地控制店铺营运及服务水准的一致，所以如何建立有效的管理体制便成为对业界的一大考验，人事管理、作业流程、商品采购、库存管理、会计财务管理、顾客管理、CI 使用规定、协力厂商的合作等，总部与各点的联系沟通，都应力求整体的关联性。

　　【学习要点】

1. 掌握连锁商店零售活动的组织形式和经营管理原则和方式。

2. 掌握连锁企业物流配送的原则和策略。

3. 了解门店订货和进货作业管理流程。

4. 了解零售企业商品组合及存货的管理方法。

第二节　连锁店管理

一、连锁店的经营管理原则

20世纪中期以后，现代连锁经营在发达国家取得普遍成功，连锁店经营管理成功的秘诀在于管理上的"四化"原则：标准化、专业化、集中化和单纯化。

（一）标准化

每一件事都依照标准形式去做，一切工作将趋向标准化。连锁店由总部负责订货、采购，再统一分配给各分店，依照公司所拟定的流程来完成。日本家庭市场公司是一个方便商店的加盟连锁集团，即长期供应就近购买的非选择性的日常商品的零售店。公司经常对24小时营业时间中各时间段的顾客数量、顾客中不同年龄、不同职业、不同婚姻状况者的购买情况进行调查，从而制定出销售方案。不仅规定了货架在店堂中的摆放位置，而且对每层货架放置什么商品、摆放的多少也做统一要求，并拍成照片，连同文字和图表说明一起发到店铺。这种标准化的管理，方便了每一位加盟的店主，使各店能共享本部投入巨大力量而开发的成果，提高了各店铺的经营水平和经济效益。即使一个不懂经营的人，只要按这本资料去做就能保证赚钱。

企业整体形象的装潢设计，如各店所使用的招牌、装潢均需一致，甚至外观、标准颜色、字体、价格牌、雇员的服饰、广告宣传及促销而使用的统一价格、品质等，务必要求一致。

（二）专业化

随着经济的发展，现在的社会已走向分工的体系，且越来越细，而连锁体系的发展更是如此。连锁体系中的商业活动部分进行了详细的分工，采购、库存、配送、销售、经营决策等职能都由专门的部门来进行。总店与分店的功能也做了分离，各司其职。这种分工体系提高了效率，有利于整体的运作。

（三）集中化

越是分工的体系就越需要集中化的管理，由总部进行统一的规划、制订营销计划，统管连锁店的商流、物流和信息流。对商流来说，必须由总部统一进货，各分店无独立进货权。由总部对商品进行集中管理，各分店按照总部的销售计划完成销售任务。商品价格的制定也由总部集中管理，价格的修订也必须由总部批准，各分店只能是价格的执行者。对于物流来说，在总部设立配送中心，对库存进行集中管理，统一分货、送货，减少了各分店的库存，降低了费用，有利于实现零库存管理。

信息是实现科学管理的载体，要想达到规模经济的效益，连锁店必须具备最通畅的信息沟通系统，实现上情下达，下情上达。各分店是信息的起点，由分店进行市场调查，及时将调查到的信息向总部传送，由总部信息中心对上报的资料分析汇总，形成有价值的商品信息，决策机关根据分析出的信息科学决策，及时将指令下达到各分店。这样就形成了一套完整集中化的信息系统。

另外，总部还有人事决策权，由总部集中负责人员的调动、任免、晋升、人员的工资待遇等，分店只能在总部批准下行使人事权。

总之，没有集中化的管理，就不能够有标准化的形式，就不可能有专业分工和协作，连锁店就只能是一盘散沙，越是在市场经济下的自由竞争，就越要求连锁店内部管理的集中化。

（四）单纯化

单纯化是指业务程序上的简单化。连锁系统由于体系庞大，不论在财务、货源的控制上均需有一套特殊的系统运作。如果能将其运作中，省去不必要的过程，使之精简，则必能事半功倍，以最少的资源获得最大利润。现在的商业讲求迅速，因此越是简单的流程就越能完成任务。

另外，可以将整个作业的流程控制作一个简明扼要的操作手册，使所有员工能各司其职，依照手册规则来运作，任何人在短时间内驾轻就熟，即使人员的变动频繁，也能借此手册使之工作迅速走上正轨。

连锁店管理的"四项基本原则"，必须贯彻始终，四项原则相辅相成，缺一不可。我国的新华书店系统被国外称为"最大的连锁店"，但只能是表面意义的，只能是"形似"，而不能达到"神似"，所以造成新华书店系统经营不善，效益低下。而麦当劳连锁体系形神兼备，从其1954年创办起，不论发展到多么庞大，这四项原则从未改变，并在实际工作中不断地完善。连锁店是新生事物，毋庸置疑，连锁店有兴盛发展的，也有中途夭折的，究其原因就在于有没有完全贯彻四项原则。

二、连锁店的经营职能

连锁店的经营职能，在总店与分店之间作了专业分工，即总店总体负责管理计划和商品采购；分店执行计划，并组织商品销售。这种专业化的分工协作是提高零售业经营效率的秘诀，也是连锁店经营的特征。

（一）总部的经营职能

连锁企业是现代企业的一种新型的组织经营方式，其外在形式表现为总部领导下的若干门店或分支机构组成联体式的经营活动，其内在本质是实现流通活动的统一化、标准化、专业化和简明化，从而达到规模效益的目的。

在连锁企业中，总部是一个连锁企业的灵魂，起着统领全局的作用。各分店如果没有总部、便如一盘散沙。所以，一个连锁企业的成败关键在于总部的领导能力和运筹帷幄、决胜千里的决策能力。连锁企业总部组织结构一般由其类型、规模的因素决定，必须有利于增强总部的经营效率、提高总部的反应能力。

一般小型连锁企业通常采用如图2-1形式的组织结构，而当企业发展到一定规模时，销售部的力量得到了加强，下面又分为若干销售分部，同时物流在企业的作用变得重要起来，所以物流中心便从商品部中分离出来单独成为一个部门。

一般来说，总部的职能有以下几种：

（1）制定、贯彻和考核连锁体系整体经营战略和经营计划。总部作为总的决策者，首要

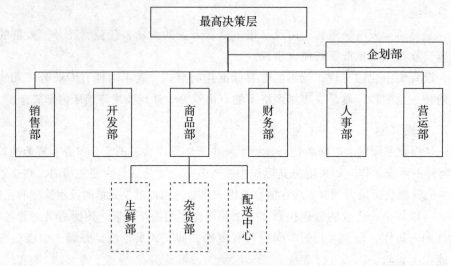

图 2 - 1　连锁企业组织结构

职能是制订整体的经营战略和策略，依据基本战略制定年度全面的经营计划和各种加盟店的营业计划，贯彻实施和考核计划的执行情况。这是事关连锁体系整体发展一个主要工作。

（2）商品技术开发。不管连锁体系的主导项目是什么，其主要项目均可归纳为下述三点：①开发连锁企业自有的新产品。②将新商品以适当的价格和销售方式，纳入连锁的商品和服务系列形成经营规范，提供给加盟店。③对已有的商品服务系列实行动态调整。

（3）商品采购、配送。此项职能因连锁类型的不同而有所差异。商品的采购和配送是物流的主要环节，总部对此进行统筹规划，有利于降低物流成本。

（4）统一广告宣传、促销。统一的广告宣传、CI（corporate identity）设计、促销活动，是连锁经营一大特色。这方面的内容包括：通过各大报纸、广播、电视等传媒及其他形式统一的广告宣传；统一的商店设计、装潢、橱窗设计、店面布局、着装、服务方式等。

（5）教育、训练、指导。

加盟连锁总部要向加盟店提供自己独特的商品——服务系列及独特的经营方式和服务方式，让加盟店全体员工切实理解和掌握。对其进行教育、训练和指导是必不可少的工作。

（6）情报信息处理。情报信息职能，是指情报信息的收集、分析、提供和信息管理现代化的职能。就总体而言，情报信息职能包括：①收集、分析有关市场变化、消费动向、竞争对手的信息。②收集、分析和综合来自各加盟店的第一手情报，对经营情况做出综合判断，结合外部信息，为正确制定和调整经营的战略和经营计划服务。

（二）门店的经营职能

门店的经营职能如下：①准确地执行总店的指令，完成分店的商品销售计划。对分店的经营情况进行监督和分析，及时统计商品销售的利润和费用作出买方分析。②根据商品销售情况、周转率及库存情况向总部订货、补充货源、保证市场供应。③负责对分店的商品陈列管理、库存管理的效益。④反馈有关商品、服务及一切顾客需求方面的资料与商业情报，使分店符合当地市场需求情况。⑤在服务工作上，以分店作为满足顾客需要的重点，是与消费者作第一线接触的窗口。

三、门店的经营管理流程

管理水平的现代化要求从粗线条的岗位职责向细化的作业管理发展，也就是必须从岗位职责管理发展到岗位作业管理。

（一）店长的职责

连锁商店不是一家单体店，而是连锁体系的一分子。通常情况下，总部将人员、物品、部分资金交给店长，店长要将其有效运用，使其管理的店铺维持良好的运作，完成总部下达的各项经济指标。店长的工作职责如下：

①负责连锁店的经营管理；②对总部下达的各项经营指标的完成情况负责；③监督连锁店的商品进货验收、仓库管理、商品陈列、商品质量管理等有关作业；④执行总部下达的商品价格变动；⑤执行总部下达的促销计划与促销活动；⑥掌握门店销售动态，及时向总部提供建议；⑦监督与改善门店各部门个别商品损耗管理；⑧监督和审核超市门店的会计、收款等作业；⑨门店职工考勤、仪容、仪表和服务规范执行情况的监督与管理；⑩职工人事考核、职工提升、降级和调动的建议。

总部对门店店长的作业流程的控制，一是明确店长的作业时间，一般超级市场的营业时间为早上8：00～22：00，因此规定店长的作业时间为早班出勤，即上班时间为早上8：00～18：00，这种作业时间的安排使店长掌握中午及下午两个营业高峰，有利于店长掌握每月的营业状况；二是规定店长在每日的工作时间中每个时段上的工作内容。表2－1是一家超市对店长作业流程的时段控制和工作内容确定。

表2－1　　　　　　　　　　店长作业流程

时　期	作业项目	作业重点
上午8：00～9：00	1. 晨会	布置主要事项
	2. 职工出勤状况确认	出勤、休假、病事假、人员分配、仪容仪表及工作挂牌检查
	3. 卖场、后场状况确认	商品陈列、补货，促销及清洁卫生状况检查 后场仓库检查（包括选货检收等）； 收银员、找零金、备品及收银台和服务台的检查
	4. 昨日营业状况确认	营业额 来客数 每客购物平均额 每客购物平均品项数 售出品种的商品平均单价 未完成销售预算的商品部门

时 期	作业项目	作业重点
上午9：00～10：00	1. 开门营业状况检查	各部门人员、商品、促销等就绪 店门开启、地面清洁、灯光照明、购物车（篮）等就绪
	2. 各部门作业计划重点确认	促销计划 商品计划 出勤计划 其他
上午10：00～11：00	1. 营业问题点追踪	昨日营业额未达销售预算的原因分析与改善 电脑报表时段与商品销售状况分析，并指示有关商品部门限期改善。
	2. 卖场商品态势追踪	缺品、欠品确认追踪 重点商品、季节商品、商品展示与陈列确认 时段营业确认
上午11：00～12：30	1. 后场库存状态确认	仓库、冷库、库存品种、数量及管理状况了解及指示
	2. 营业高峰状况掌握	各部门商品表现及促销活动效果 后场人员调度支援收银 服务台加强促销活动广播
中午12：30～13：30	午餐	交代指定代管负责卖场管理工作
下午13：30～15：30	1. 竞争店调查	同地段竞争店与本店营业状况比较（来客数，收银台开机数，促销状况，重点商品等）
	2. 部门会议	各部门协调事项 如何达到今日之营业目标
	3. 教育训练	新进入人员在职训练 定期在职训练 配合节庆的训练（如礼品包装等）
	4. 文书作业及各种计划、报告撰写与准备	人员变化、请假、训练、顾客意见等 月、周计划，营业会议竞争对策等
下午15：30～16：30	1. 时段别、部门别营业确认	各部门人员、商品、促销等就绪 店门开启、地面清洁、灯光照明，购物车（篮）等就绪
	2. 全场态势巡视、检核与指标	卖场、后场人员、商品清洁卫生、促销等环境准备及改善指示

时 期	作业项目	作业重点
下午 16：30 ~ 18：30	营业问题点追踪	后勤人员调度、支援卖场收银或促销活动 收银台开台数，找零金，确保正常状况 商品齐全及量感化 服务台配合促销广播 人员交接班迅速且不影响对顾客的服务
下午 18：30 以后	指示代表负责人接班注意事项	交代晚间营业注意事项及关店事宜

表 2 – 1 所反映的店长时段作业流程内容，在管理上的要求是很高很严的，是岗位职责在工作上的细化。

（二）收银员岗位职能与规范

连锁经营店铺一般采用顾客自我服务，及钱款一次性在收银台结清的方式。在超级市场的零售店铺中，一般都把收银台设计在超市的进出口处，而和顾客打交道的主要就是收银员。收银员服务的优劣将直接关系到商店的整体水平，因此收银在很大程度上是门店管理的关键之一。门店收银不只是单纯地为顾客提供结账服务，还应为顾客包扎商品、提供信息等各项前置和后续的服务。门店收银管理的目的是，不仅要有助于收银迅速而又正确地进行，能及时处理收银中常见的问题，更重要的是必须对收银进行稽核，避免徇私舞弊，私自截留钱款等。收银员的工作流程如图 2 – 2 所示。

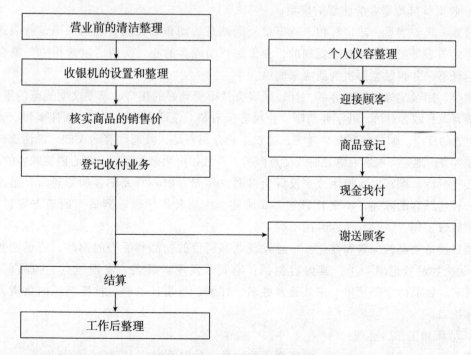

图 2 – 2 收银员工作流程

收银员的工作内容可分为营业前作业、营业中登记收付业务、收银员接待顾客应注意的事项以及结算和工作后的整理。

（1）营业前作业：

①营业前整理。工作前整理包括清扫收银台作业区和整理补充收银台使用物品。

第一，清扫。包括收银台附近区域的地面、垃圾桶、购物车以及购物篮放置处；收银机以及商品整理——包括台的表面及侧面；购物车以及购物篮本身的清洁擦拭。

第二，收银台使用物品的整理与补充。包括各种尺寸的购物袋（包装纸）、捆扎用绳、剪刀、订书机、订书钉、裁纸刀、透明胶带、别针；便条纸和店内必要的记录本和表格、笔；点钞用海绵、统一发票、复写纸、空白收银条、电子计算器；卫生用筷、吸管、汤匙；"暂停结算"牌子、干湿抹布和其他清洁用具。以上物品应该进行编号登记管理，补充时办理领用手续。

②收银机的设置与管理。收银机的设置与管理包括：开启收银机，检查机器运作是否正常；检查机内程序设定和各项统计数值是否正常；检查日期是否正常；各项数字是否归零；发票存根联和收银联的号码是否相同；检查收银处应备有的定额零用钱是否足额，包括各种币值的纸币、硬币是否种类齐全；验钞机工作是否正常。

③核实商品的销售价。收银员必须全面掌握店内商品的价格，特别要了解商品变价原因以及变价商品陈列的具体位置。在平日要对本店的主要商店的摆放位置清楚。

④收银员个人仪容整理。收银员个人仪容整理包括：衣服是否整洁，合乎规定；身份识别证件是否佩戴到位；个人发型、仪容是否整齐、清洁。

（2）营业中登记收付业务。

（3）收银员接待顾客应注意的事项：

①诚意。真心实意，热情礼貌。收银员充满诚意的动作和文明礼貌的用语，所表达出来的对顾客的关心是能够被顾客感受到的，会深深打动顾客的心。所谓"以诚相待"就会使顾客产生信任感，并且愿意再次到商店来购物。

②微笑。用微笑表达对顾客的关怀，顾客会觉得受到好的接待，享受文明规范的服务。

③语言。和顾客对话，吐字要清晰，让顾客听清楚。说话要简明易懂，语速要慢，说话时要注意对方的反应。假如顾客有兴趣听，可以主动介绍商品，唤起顾客购买欲。说话选词用句要考虑顾客身份地位。顾客有意见时要注意倾听，并且做出明确的反应。耐心回答顾客的提问。

④接受投诉。顾客发生抱怨或来投诉交涉时，首先要耐心听完顾客的陈述后，迅速和店长联系，转述顾客的陈述，不要让顾客再次陈述。由店长带领顾客到适当的地方妥善解决，以免影响收银工作，引起其他顾客的不满。

⑤顾客遗留物品的保管和登记。一旦发现顾客遗留的物品和丢失的物品，应迅速登记在"遗失、丢失物品登记簿"上，其内容包括：时间，发现者姓名、发现地点、物品保存处、保存者姓名、物品的全部清单、来认领者姓名、住址、身份证号码、批准交还的负责人及时间等具体项目。

（4）结算和工作后整理：

①清点现金，结算营业总额。将现金、购物券、单据收回放入指定保险箱内。

②关闭收银机电源。

③打开放现金和票据的抽屉，检查是否有所遗漏。同时一旦有窃贼进入时，可以明显看见不上锁抽屉内没有现金，防止窃贼暴力撬坏设备。

④整理收银台周围的环境。

⑤整理购物件、购物筐、使之归还摆放位置。识别商品的部门分类和单品代号，以利商品销售、盘点和订货作业；识辨商品售价，有利商品周转速度的管理，国外许多超级市场为掌握商品的周转速度和销售情况，往往使用不同颜色的标签纸，用于不同时间的商品投放时间管理，如每月使用一种颜色的标签，如发现不属当月的价格标签，说明该商品周转太慢，可考虑作特价处理。

（三）理货员作业管理

理货员是在超市和便利店中间接为顾客服务的销售人员，其工作质量的好坏也直接影响到销售额和商店的形象。理货员的工作职责如下：①熟悉所在商品部门的商品名称、产地、厂家、规格、用途、性能、保质期限。②遵守连锁店仓库管理和商品发货的有关规定，按作业流程进行该项工作。③掌握商品标价的知识，正确标好价格。④熟练掌握商品陈列的有关专业知识，并把它运用到实际中。⑤搞好货架与责任区的卫生，保证清洁。⑥随时对顾客挑选后、货架剩余商品进行清理并做好商品的补充工作。⑦保证商品安全。

理货员主要作业有领货作业和标价作业，其作业流程管理如下：

（1）领货作业流程管理。

在连锁店的营业中，陈列货架上的商品在不断减少，理货员的主要职责就是去内库领货以补充货架。①理货员领货必须凭领货单；②领货单上理货员要写明商品的大类、品种、货名、数量及单价；③理货员对超市内仓库管理员所发出的商品，必须按领货单上的事项逐一核对验收，以免防止商品串号和提错货物。

（2）标价作业流程管理。每一个上架陈列的商品都有价格标，方便顾客识别和收银员计价收款。目前我国的超级市场的价格标签分四种类型：商品部门别标签，表示商品部门的代号及价格；单品别标签，表示单一商品的代号及价格；店内号码标签，表示每一单品的店内代码和价格；纯单品价格标签，只表示每一个商品的单价，无号码。商品价格标签对超市搞好门店商品管理的作用是很大的。

四、连锁店信息系统

除了有关业务情报外，近年来信息系统的广泛运用已成连锁店经营成功战略之一。因此，通过计算机在销售动向、商品动态、顾客资料等方面经由 EOS、POS、VAN 等信息系统的运用，使总部提供了连锁店正确的、系统的情报支援。凡是各店目标业绩的制定、实际业绩的统计与分析、市场情报提供等，信息系统均有其不可或缺的重要性。

EOS（electric ordering system）电子订货系统。对连锁业者来讲，"买"和"卖"是一体两面同样的重要，适切的"采购量"和"采购时机"对供货绩效的把握、库存量的控制有着关键性的影响力。

POS（point of sales）销售时点情报系统，则是为了掌握最具时效的销售信息，确实了解每一时段的销售情况，以便迅速调节库存量、采购量、滞销品和畅销品等，POS功能可提供最迅速的资讯。

VAN（value added network）是增值网络系统，是网络自身具有附加价值的、进行信息分配和加工的结构，它是一种由一台主机以及多台终端机构成的计算机通讯模式。借助于增值网上的电子订货系统（EOS）和电子数据交换技术（EDI），物流配送中心向供应商提出订单以及物流配送中心收集下游客户的订货的过程可以自动完成。

信息管理系统的运用，使大家深深体认流通业、连锁店的行销已步入了信息化时代。将顾客资料加以电脑及资讯情报的分析分类，来强化顾客服务，甚至可将各店每日成千上万笔的交易都直接储存在电脑中，借助不同功能导向分析，来提供各管理阶层决策所需的参考数据。日本7-Eleven社长铃木敏文曾说："零售业是沟通产业，除了人与人之间的沟通，销售者、消费者间的沟通，总公司与各店的沟通外，还有物与物间的沟通，这些沟通都必须仰赖所谓的情报和资讯。所以，连锁经营体系也是一种资讯情报的产业。"7-Eleven于1991年开发了全世界最大的整合性电子行销通讯网络ISDN（integrated system digital network），除了运用电子技术、电话传真外，还大量使用电脑，包括POS电子收款机、GOT图表订货终端机（graphic order terminal），ST光学扫描器（scanner terminal）、SC门市电脑（store computer）总部中央电脑、国际VAN加值网路等，组合成一个极大的资讯网络，以连接总部与地区分公司、物流中心、批发商、制造商及各个分店。由于ISDN的导入，使得行销信息快速无比，资讯容量极为庞大，颇具运筹帷幄决胜于万里之外的奥妙。

通过以上分析，不难认识到连锁经营业的发展，其要求流通的效率化、便捷化、整合化、电脑化、资讯化已成必然趋势。连锁经营者如何把总部机能及分店机能有效结合，以发挥整体营运绩效，相信是连锁经营重要的课题之一。

第三节　配送管理

连锁系统发展的目的之一，就是为了将各连锁店所需的产品种类加以统一运用，以大量采购的方式来降低产品成本，并提高服务质量以增加市场占有率。而集中采购之后衍生而出的配送问题，对于连锁系统来说，就更加重要了。例如，当没有设置物流中心时，有M家的制造商（或批发商）要把货物配送到N家的连锁店，其配送的次数为 $M \times N$，若 $M=5$，$N=5$，则 $M \times N=25$。若设置物流中心，则其配送的次数为 $M+N=10$，由 $M \times N > M+N$ 可知。如果设置了物流中心，则可减少所需的配送次数，而且每一家店的收货情况可以有大幅改善，除此之外，也可以减少交通的堵塞和空气污染的问题。

因此，对任何连锁系统来说，物流配送管理即意味着成本的降低和服务水平的提高，而且可以使各连锁店无后顾之忧，从而尽力去拓展市场，使连锁系统进一步地壮大。

一、物流配送策略

连锁店的物流配送系统包括以下四项功能：理货；流通加工；配送；退货处理。而物流配送系统所扮演的角色则是所有商品的适时、适质、适量供应。

1. 连锁店与物流配送系统的合作模式

应用物流配送系统的目的，是为了使各连锁店没有后顾之忧，而且降低物品的采购成本，减少各种类的库存数量并简化连锁店与厂商之间的沟通协调及配送次数，因此有必要将两者之间的合作模式做一个规范。

一般来说，便利商店的连锁体系不管有没有自己的物流中心，都会和一家或一家以上的物流中心配合，而连锁店总部负责的是各连锁店的需求汇总（目前大多是通过电子订货系统），物流中心则是将各供应商的货物汇总。总部按照各连锁店的需求与物流中心协调送货的频率及数量，而物流中心则按照连锁店的需求来控制自己本身的存货水平，进而规范各供应商的交货时间和数量。连锁店与物流配送系统的合作模式可以归纳为以下五点：

（1）连锁店总部必须能搜集整理各连锁店的需求。

（2）物流中心与供应商间的供应协议须加以理清。

（3）资讯系统可普遍应用在供应商、物流中心、连锁店总部和连锁店之间的沟通协调上。

（4）连锁店与物流中心之间应交流的资讯。连锁店与物流中心之间应交流的资讯包括订货的内容，连锁店的送货时间、种类及数量，促销活动的配合，业绩回馈与缺货处罚规则以及物流的分析资料。

（5）物流中心应利用连锁店需求的信息，控制存货水平并规范供应商的送货时间、种类及数量，另外应制定配送损坏的成本分摊以及缺货罚则。

2. 物流配送活动

物流配送活动包括出发前作业、长途运输、配运路线、配送作业及返回后作业等五个活动，以下分别对此五项活动加以说明。

（1）出发前作业。指卡车在配送体系出发前的理货装载以及备妥送车，装载作业视情况而定，有时是由运货的卡车驾驶员本人负责执行，有时则由配送体系中的专门作业员来做。

（2）长途运输。指针对长途的门市客户的订单，以较大的卡车运送到目的地之后，再换成小卡车进行配送。

（3）配送路线。指从配送第一客户到最后一位客户之间的配送。

（4）配送作业。指运行车辆在停留地的活动，可能包含以下各点：配送货物的装卸、商品对查、商品陈列、送货单签收以及其他服务。

（5）返回后作业。返回后作业指返回配送体系的必要作业，具体而言，包括下列活动：配送资料、登录、签单缴回以及销退货品的入库。

从以上五点的说明可以很清楚地了解到物流配送在连锁体系中的活动。以下据此来说明物流配送的原则及方式，并对配送活动的衡量指标加以阐述。

3. 物流配送原则

设立物流的目的是为了提供各连锁店的后勤支援，原则上必须站在连锁店的立场考虑，基本上是从服务水平、成本考虑以及配送品质三方面来思考，以下对物流配送的原则加以介绍。

（1）配送频率要能满足连锁店需求，且不会造成连锁店的过度库存积压，另外要能配合紧急需求做即时的配送。

（2）订货方面可考虑采用电子订货系统（election order system，简称 EOS）配合整体的商务系统，快速地将订货信息转换成拣货单，然后再拣货配送出去。这样除了方便连锁店的订货作业之外，也可以缩短配送的前置作业时间，使物流配送系统的服务水平进一步提高。

（3）为了方便上下货，减少上下货所需的时间，可以考虑使用笼车装载物品。而载具方面，不管使用何种载具，均应配合货物的配送数量，并做到载具规格的统一，在整个进货、储存及配送的过程中，若使用统一规格的载具（如笼车或塑胶箱），可节省载具转换的时间。对于目前现有的载具，不管是笼车还是塑胶箱，均设计成可折叠的形式，在储放上将可节省很多空间。

（4）在司机的服务方面，除了前述之外，可以考虑是否进行物品的上架作业，此举会增加每次配送的时间，提高配送的成本，但是协助上架可以博得连锁店的好感，而且可以马上将商品陈列，增加销售的机会。

（5）配送的回头车经常是空跑，造成资源的浪费，所以可以顺便将连锁店的滞销品或退货不良品载回。

（6）在配送的品质上，最基本的要求是货物的配送数量要正确，而且要安全送达，不能因为配送不当而造成物品的损坏。

将配送的原则加以总结，有几个因素是需要考虑的，如表 2－2 所示。

表 2－2　　　　　　　　　　　　配送原则考量因素

1. 配送频率
2. 电脑整合 MIS 系统
3. 统一载具规格
4. 协助上架作业
5. 回头车的利用
6. 配送品质的确保
7. 服务水平的保持
8. 成本因素考虑

二、门店订货管理

连锁店在前线服务顾客，物流配送中心作为后勤提供各项支援，两者必须配合得天衣无缝，才能带给顾客最大的满意，因此在两者之间的联系方面，必须有一定的模式来运作。一般而言，连锁店和物流中心联系最频繁的是订货和进货两项作业，因此这两项作业的管理最为关键，以下对这两项作业的运作模式、相关表单流程及应注意的事项加以说明。

1. 订货作业管理

所谓的订货作业是指连锁店在商品不足情况下，所提出的送货要求。

（1）订货模式。连锁店在产生商品需求时，可以通过系统连线（或者电话、传真联络）向总部提出要求，然后总部再汇总连锁店的需求向物流中心订货，如图2－3所示。

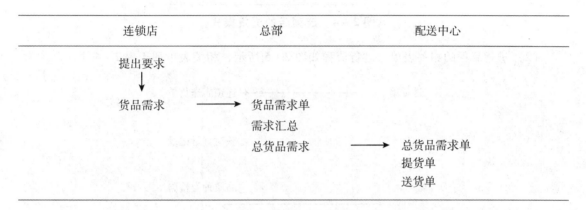

图2－3　订货流程

（2）订货流程的相关表单。相关表单列于表2－3中，如果是用电子订货系统，则所列出的表单指电脑屏幕上所显示的表单。

表2－3　　　　　　　　　　　**订货使用的表单说明**

表　单	内　容　项　目
1. 货品需求单	产品名称、数量、交货时间、送货地点
2. 总货品需求单	产品名称、数量、交货时间、送货地点
3. 拣货单	产品名称、数量、交货时间、送货地点、包装箱号
4. 送货单	客户名称、送货地点、包装箱号

（3）注意事项：①订货时必须考虑到送货所需的前置时间。②利用电子订货系统可以做到所需资料的快速处理。③应通过总部向物流中心订货，使物流中心的作业能够简单而有效率。④订货需求的提出，应考虑到安全库存及订货最小批量的问题。

2. 进货作业管理

所谓的进货作业，是指连锁店在货品送达时所做的处理作业。

（1）进货模式。连锁店在货品送达的时候，应予以查收确认，然后入库并登录于账目中，接着检视架上物品的状况，决定领出的商品数量并予上架，其模式如图2－4所示。

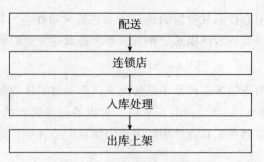

图 2 - 4 连锁店的进货模式

（2）进货流程的相关表单。进货流程如图 2 - 5 所示，相关表单列于表 2 - 4 中。

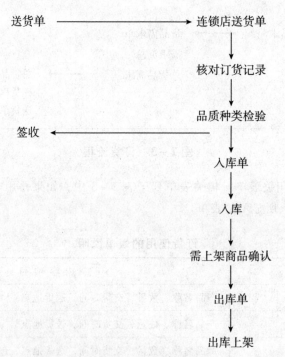

图 2 - 5 进货流程

表 2 - 4   进货使用的表单说明

表　单	内 容 项 目
1. 送货单	客户名称、送货地点、包装箱号
2. 入库单	产品名称、入库数量、入库日期、储位、经手人
3. 出库单	产品名称、出库数量、出库日期、经手人

（3）注意事项：①进货时应核对订货的记录，若时间许可，可以对进货物品做品质数量检验，否则应在协议中规定一定比例的商品不良或损耗（视商品种类而定）。②产品的入出

库均应予以登记，以确保料账相符。③由于道路交通状况以及停车的不方便，进货时间应该越短越好。④利用电脑来管理货品的入出库及账目维持，可以获得省时快速的结果。

订货和进货作业的管理，关系到货品能否适时适量地送达连锁店，满足顾客的需求，并且不会造成连锁店的货品积压及料账不符的情况，使物流中心的作业更加顺畅，因此应考虑电脑设备的协助处理，并确保账目的记录，使订货和进货作业能快速而正确。

第四节　库 存 管 理

一、商品分类

连锁店的商品策略与管理是一门复杂而极具挑战性的工作。商业活动的基本点是要将人类生活上所必须的物品，在必要的时候，以最方便的手段，提供予需要的人。但这类工作并非如想象中那么简单，因日新月异的经营技术及科技的发展，使得这一活动日益显得更为高深而艰辛。

1. 商品定位

商品是提供连锁业者获利的主要来源，如何在竞争的市场中脱颖而出，有赖合宜的商品定位及适当的商品组织，首先必须确定生意圈的顾客群，深入了解消费变化趋势，适时予以调整，使消费者充分满足，进而产生忠诚，达到销售的最后目的。连锁业之商品定位可根据销售特点及目标市场特性加以分析：

①销售性质。批发型态：此种型态的商店皆为大卖场，以批发方式让消费者能一次购足所需之商品，例如万客隆、广客隆等。便利型态：此种型态的连锁店分布各地，提供消费者方便性的购买，例如各种专卖店、7 - Eleven 等。百货公司型态：例如广州的新大新等。

②目标市场特性。连锁业者在创业之初，就必须做出明确的定位及经营形态的确立，因为这两项前提影响该公司日后的发展方向，必须针对不同的消费客层加以考虑，如参考顾客的性别、年龄、职业、所得、消费者的特性等，以此作为选择商品定位的因素。

2. 商品供应计划

商品供应计划是指在采购之前必须事先充分检讨该商品是否为消费者的确切希望，且符合消费者真实需求的商品，因此最重要的就是商品的卖价及品质问题，就消费者立场而言，这两者是购买商品的绝对条件。其中，首先考虑的应为零售价，其次才是品质机能，这两项条件必须通过采购来完成，否则就得考虑是否由生产制造厂商供应或自行开发。

商品供应计划还应考虑适当的规模，适当规模是指顾客能够感觉到丰富的商场面积或商场内容。此时的衡量标准是顾客，而不是店铺或业者。如果是以科学上的意义来筹备商品，并非一定能够使顾客感觉到丰富的内容。就顾客而言，只有对自己所关心的商品是否齐备才是问题的重心，而不关心时商品再多也没有用。甚至可能被不关心的商品所埋没，而看不见自己所喜爱的商品；此外，库存量过多时，也会有同样的反效果。因此必须确实做好商品数

量管理。

3. 大众商品供应系统（mass merchandising system）

大众商品供应系统基本上是由连锁店产业所构筑出来的技术系统。此处所谓的大众，不仅是指大量的商品，而且也意味着提供标准化的多数店铺，不仅价格必须合理，其他的各项功能或价值也必须能为大多数顾客所持续接受或使用。

这类商品称为大众商品（popular Item），而其最终价格称为大众价格（popular price）。因此，支持连锁店经营的商品供应系统内容，指的就是大众商品及大众价格。

4. 连锁店筹备商品方针

连锁店经营的商品系统及其努力方向应朝下列3个目标迈进，亦可称为3S主义：

①特殊化、个性化。除了与以往传统零售商店或其他区域商店有着不同的商品定位之外，也必须主动让顾客尽快了解本连锁店的特色，使顾客产生一种不得不光临的心情。当然，这里所指的特殊化或个性化，并不是非得在店内摆设奇珍异品，重点是在创造本身的差异性。

②单纯化、简易化。所有商业活动的共同行为指标就是单纯明快，筹备商品亦然，如果在作业结构、流程、成本计算、商品陈列等方面，皆能要求简洁迅速，就能有效率且确实地被执行，尤其像连锁店人员作业程序繁琐，又加上许多为临时或兼职人员，更需要将商品定位及筹备作业简易化。

③标准化、统一化。许多商业行为经过实验、分析、评估之后，就可以制定规则，要求人员依规则行事。如有不适当的条文，则应立即予以修正，并反复上述步骤，就能建立一套统一化、标准化的商品作业流程。而此商品筹备的标准化作业，将会是连锁店经营成绩的重要支柱。

除此之外，若进一步将商品筹备分解为各项经营技巧时则须注意下列五项原则：

商品的卖价、商品的品质、商品的数量、商品的分类、商品的陈列。

5. 商品组合

连锁企业应依照公司形态，制定适合的商品策略及商品组合，还需先了解商品组合，到底是采取深度开发、还是要往广度组合的策略？再依据分析后结论来制定商品组合的各项技巧及条件。

谈到商品组合时，应先对单位名称作一了解，包括行业、业态、部门、品种、商品线、单元、品目及单品，其间关系如下：

单品≤品目≤单元≤商品线≤品种≤部门≤业态≤行业

（1）行业（kind of business）：意谓传统的商业种类，普遍以主力商品的单一名称表现，如自行车零售业、运动用品零售业、餐厅、饭店业、皮鞋业……为业种。

（2）业态（type of operation for selling）：依照消费生活的立场而构筑的商品组合型态，如超级市场、咖啡店、速食店等。

（3）部门（category）：此为站在使用者立场的需要而加以区分的商品分类，如服装可分为淑女服饰、男士服饰、运动服……

（4）品种（kind）：稍微详细的分类一般称之为品种，但此类并未与"部门"间有严格的区分，如衬衫、裙子、佩饰、袜子……皆为衣着部门。

（5）商品线（line）：商品线是指部门或品种之中的某个价格范围，例如西服未满500元者，未满1000元者或10000元以上者；通常将某一品种区分为5～6种价格时，属于某一价格范围的商品群，即称为商品线。

（6）单元（unit）：指卖价的种类，与价格线同义。

（7）品目（Item）：就连锁店经营而言，品目是商品管理上的最小单位。

（8）单品（stock keeping unit）：原为物理及化学上的最小单位，对顾客而言，"鲜鱼"是动物学上的单品分类，而"烤鱼"、"炸鱼"、"煮鱼"等因烹调方式不同而有不同用途分类的单品则更为重要。

在连锁店经营中，到底由何人决定商品组合及层次最为恰当呢？请参考表2－5。

表 2－5　　　　　　　　　　　　　商品组合决定

经营管理内容	决策人员
行业、业态类别 部门构成 客层（生意圈、人口）	高阶层人员
商品构成坐标（商品线构成与单元构成）	采购经理
择地 建筑物结构（房产的使用方法）	高级经理
店内构成（卖场与后场的存在） 内部装潢	开发部经理或设计布置人员
卖场布置	负责布置人员
作业系统	店铺经营经理或设计人员 负责业务系统人员
每商品线之面积 品目与品质 展示（定型陈列） 陈列用具 POP广告	商品供应计划人员 或供应商设计人员

商品组合亦须着重有利性与方便性的内容，据此必须考虑的组合重点及评估尺度包括：①消费量多；②购买频度高；③知名度高（但不费时）；④手续简单（不费事）；⑤均质性高；⑥竞争性少；⑦利润高；⑧季节性高；⑨商品演出效果佳；⑩差异性高。

下面所列则是必须经过公司内部人员加以审核后才能决定的商品：

（1）回头率高的商品；（2）购买率高的商品与购买率低的商品；（3）对顾客层限定较高的商品；（4）年轻人用品与老年人用品；（5）缺货品；（6）趋势商品。

此外，每个品种乃至各种商品线间该选择多少品目？又该如何决定其陈列量？应如何陈列？此 3 项商品组合要素，则可参照表 2-6 所示。

表 2-6　　　　　　　　　　　组合商品的基本原则

期望值			品目	陈列量	陈列位置	
					陈列柜	平台
商品	熟知商品；有关心商品；必要商品	销售商品	能销售的商品（一部分为焦点商品）	每一周可卖出×个的商品全部	与贩卖量成比例	下层的全部及中上层的大部分	前面的主力
			希望销售的商品（简单的展示卡）	每部 1~2 品目	最大的陈列面数	中层的一部分	里面的一部分
			亮相商品（详细的展示卡）	同一品种之中，未满 1 成	陈列面 1	上层的一部分	上面的一部分
	未熟知的商品未关心的商品不必要的商品			0	0		

6. 商品的分类

（1）分类的条件：①顾客选择方便；②顾客使用方便；③轻易接受的表现方式，如分类用语；④呈现容易看到的形式，如陈列面宽；⑤美丽的商品展示，如形状或色彩。

（2）分类的效果：①令顾客感到商品齐备和丰富；②不必向店员询问也可轻松选购；③增加购买的方便性；④容易进行视觉的商品管理；⑤商品分类可增加顾客的购买欲，可节省推销或说明时间。

上述各项商品分类的条件及效果标准，并非一蹴即就，而是经过不断的调整改进，时常变更试验才可得出。有些企业的商品分类因输入电脑后反而形成调整变更不易或唯恐成本太高而不愿改善其分类方式，这都是因噎废食的做法。

这里必须加以强调的是，分类并非简单的"分开"而已，而是对消费客层及商品管理下经过苦心研究之后，所进行的"筛选"或"集中"，以成为新的"商品群"，由此给顾客新的冲击。

（3）分类的次序。首要原则先决定大分类、中分类及小分类；其次才进行必要的补充与检视；通常许多连锁店也会配合需要，每年变更分类内容。不过，无论分类如何变化，或每年进行多次以上的分类调整，都必须在原先设定的商品构成坐标内实施，才不致偏离核心，使分类的行动失去意义。

二、商品存货管理

1. 商品存货管理概述

连锁体系的商店数目多，商品需求量大，且各商店分布地区广，欲严密的监督各点营运情形，周全的存货管理和正确的商品分析报告是不可或缺的工具。

存货的管理，可与严格的采购管理过程同时掌控，连锁经营的商店不论其规模大小，都应有适当的存货以满足顾客，但同时也应避免商品太多增加利息负担，而导致必须减价或成为滞销品。从财务观点来看，如果商品销售与净利率不变，则提高存货回转率就等于增加了净利率，提高存货回转率的方法如下：

（1）利用季节性促销活动减少库存。

（2）按销售淡、旺季的情况，慎选商品控制进货或及时进货。

（3）加强销售人员训练，针对销售技巧、商品知识、服务态度等加以训练。

（4）价格策略，使用减价策略的时机必须适当，减价如果成习惯性，将使各店获利降低。

2. 商品补充的原则

陈列架上必须保持一定的最低（最小）陈列量，所谓最低陈列量是指再减少商品时，将导致销售情况的停顿，换言之，就是快要缺货的数量。因此，应以在最低陈列量以上来补充商品，以利销售的持续进行。商品补充的方式包括定期补充商品的情况和定量补充商品的情况，如下图2－6和图2－7。

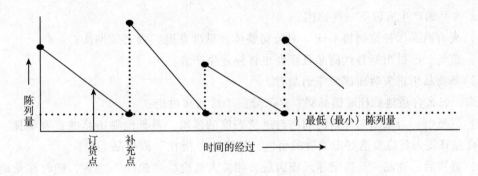

图 2－6 定期补充商品的情况

商品补充后库存变成了最高陈列量，这就意味着本次的补充量是等于直到下次补充时的销售量。因此当决定补充商品时，必须预计到下次补充时期为止的销售量才行。反过来说，决定补充量的人必须具有能够预测销售量的人来执行。然而决定这种补充的方法将产生另一个问题，如果采用定期补充制时，每次的补充量会有所不同，但如果采用定量补充制时，则每次的补充时间又会变动。站在生产者的立场而言，定量补充会比较方便，但若是以成本较高的终端流通点，则以定期补充较佳。

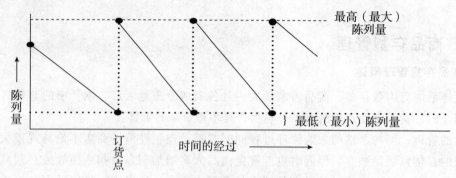

图 2－7　定量补充商品的情况

3. 库存年龄范围

所有商品应以先进先出的原则来处理，这是为了保持库存商品新鲜的绝对条件。但是，从现场作业的情形而言，拿后来补充的商品会比较轻松方便，所以结果常变成后进却先出的状态。

倘若未有先进先出的要求，或无法按照预测销出商品时，应该检视出超过库存年龄的商品，并且作好明确的标示。

库存年龄范围是按照商品的品质及机能而有不同的差异。商品部的主办人员务必对自己所负责的商品，决定其正确的库存年龄范围，并记载在登记表上，愈清楚愈好。但有些资料是不得公开给顾客或竞争对手者，应避免使用数字，而可以用符号或颜色来表示。

4. 滞销商品

滞销商品的产生有以下一些原因：

（1）现有商品因持续销售不佳（对公司整体贡献度衰退）而必须淘汰；

（2）市场上已推出新替代商品且厂商也将停止生产者；

（3）新商品引进失败而成为滞销品者。

那么，怎么合适地处理滞销品呢？这又分三个阶段来讨论：

（1）进货前：力求采购计划的周密与进货态度的谨慎，是杜绝滞销品的首要前提。采购人员及商品开发人员应扮演好把关者的角色，拒绝让"潜在"滞销品上架！

（2）进货后：商品一旦决定导入商店后，相关人员应尽"照顾"之责，随时注意商品周转情形、库存状况，以尽早发现商场中已成为滞销品的商品，方能即时处理，减少损失。

（3）善后处理：商品经评定为滞销品后应立即果断地处理，而不应置之不理。有关滞销品的处理，包括：

①须确立一个基本观念，就是滞销品并非具有价值的商品，甚至不能称之为"商品"。因为这些滞销品即使摆在卖场，还是无法提高销售效率；如果未能下定决心把这些滞销品尽快处理，反而抱着想"大赚一笔"或"务必捞回本钱"的想法，将造成积压更多的恶劣后果。

②处理滞销品较有效的方法是降价求售，减低可能的损失。

③与原供货厂商洽谈换货（更换商品），也是一个不错的方式。

因此整个滞销品处理的过程中，除了做好事前防治及事中诊断发现的工作外，一旦发现滞销品则应尽快处理善后的工作！如此才能更有效达到资金运转流畅、卖场空间美化、商品陈列丰富及保持商店形象等等效果，并创造其他销售机会、提高营业利润，使连锁商店更繁荣、成功。

5. 新商品开发与滞销品淘汰

　　商品是连锁业者生存与获利的基本泉源，亦是参与竞争决胜的关键。因消费者需求的日新月异与多样化，商品生命周期的缩短成了不可避免的趋势。因此，适时的进行新商品引进与滞销品淘汰，使商品组合不断的良性循环，以维持并增强商品战斗力，便成了连锁业者经营成功的重要因素。

　　（1）新商品的定义。对于连锁业者而言，新商品的定义可说是——只要是目前门市尚未陈列或贩售，但在市场上已经流通者都可称为新商品。新商品和滞销品常是一体的两面，一不小心导入不当的新商品常会成为长年不动的滞销品，这是许多零售商挥之不去的梦魇。因此，如何成功开发新商品，这是连锁业者采购部门的重要工作职责之一。

　　（2）新商品引进的来源。掌握市场资讯，特别是商品资讯，方能了解市场脉动，导入适当的新商品，即时掌握商机。连锁业者获取新商品的资讯管道有：

　　①供货厂商：供货厂商对市场讯息关心的程度绝不亚于连锁业。从厂商处可获知消费者需求的趋势、厂商本身新商品推出计划及其他厂商的新商品计划等等。

　　②门市销售人员：依据门市每天的售卖活动和顾客的接触中，可以或多或少的了解顾客所希望的商品倾向、感觉及价格水准。以这些知识及经验为根本，可以对是否引进特定新商品有初步的概念。

　　③竞争者：通过实访竞争者的卖场及分析其促销手法（如商品组合），不仅可掌握竞争者的动态，还可以对市场的流行商品有更深入的了解，作为开发新商品的参考。

　　④专业报纸与杂志：这些媒体对市场、商品讯息常有深入的报导，也是一个不错的资讯来源。

　　⑤消费者：提供消费者免费服务专线，收集消费者潜在需求，亦是开发新商品的重要管道之一。

　　（3）新商品引进注意事项。通过上述渠道掌握市场资讯后，大致可以判断某项新商品是否能被市场所接受。然而能在市场上存活甚至畅销的商品，并不一定就适合在本连锁体系内销售。此时必须经过更详尽的分析与销售企划，并进行试销及成果研究，才可确认新商品的引进是否成功。

　　举例而言，一个擅长出售小家电的网络，其销售人员、运作系统、卖场设计和营运策略均注重售卖小家电，因此在考虑导入某项大家电新商品时，就不能仅考虑商品的市场特性了。因此在开发新商品时应将连锁店本身特性列入重要考虑因素。

　　（4）新商品开发整体流程，如图示2-8所示。

　　零售店在经营过程中为了提高商店的营业额，常常盲目地追求商品组合丰富化，但是若处理不当，常会造成部分商品产生滞销现象，进而影响销售资金的周转、妨碍商品售出效益，连带降低商店利益。所以对于滞销品的有效处理，对零售业者而言，实在是一项极为重要的课题。

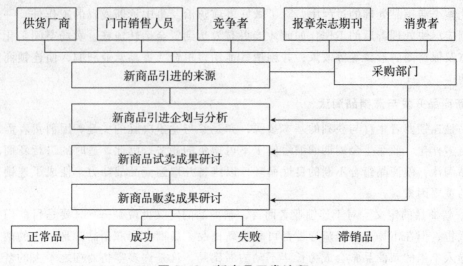

图 2-8 新商品开发流程

小　结

　　零售是商品体现价值的最终环节，也是企业转移生产成本，完成利润的途径。零售业是国民经济领域流通产业中的重要行业。零售业态的种类很多，依据不同的要素组合，就有不同的业态类型。无论哪种业态的连锁经营体系，最重要的是整体运作系统顺畅与否，尤其在营业点快速成长时，制度管理将有效地控制店铺营运及服务水准的一致，所以如何建立有效的管理体制便成为对业者的一大考验，人事管理、作业流程、商品采购、库存管理、会计财务管理、顾客管理、CI 使用规定、协力厂商的合作等，总部与各点的联系沟通，都应力求整体的关联性。

　　商品目录是零售商根据本企业的销售目标，把应该经营的商品品种，用一定的书面形式，并经过一定的程序固定下来，成为企业制定商品购销计划及组织购销活动的主要依据。商品组合是指零售企业经营的全部商品结构和经营范围，即全部商品线和商品项目的组合方式。

　　配送就是按用户订货要求。在配送中心或其他物流结点进行货物配备，并以最合理的方式送交用户。配送中心与传统的仓库和运输是不一样的。一般的仓库只重视商品的储存保管，一般传统的运输只是提供商品运输配送而已；而配送中心重视商品流通的全方位功能，同时具有商品储存保管、流通行销、分拣配送、流通加工及信息提供等功能。

　　库存管理对企业的兴衰起着至关重要的作用。对于某些企业来说，企业目标的完成情况在很大程度上受到其采取的库存系统的制约。连锁经营的商店不论其规模大小，都应有适当的存货以满足顾客，但同时也应避免商品太多增加利息负担，而导致必须减价或成为滞销品。

思 考 题

1. 什么是零售商品的结构？分析零售商品结构的意义是什么？

2. 零售商品结构的配置策略有哪些？

3. 零售商品组合的含义是什么？如何优化零售商品组合？

4. 什么是商品配送，商品配送有什么意义？常见的配送方法有哪些？

5. 配送中心的基本作业流程是怎样的？

6. 存货损耗对于大多零售商来说都是一个头疼的问题。商品预算规划过程中是如何解释存货损耗的？

7. 提高存货周转率是零售经理的一个重要目标。如果周转率过低，将有什么后果？

8. 如何利用信息系统提高零售商的产品可获得性的级别，以及如何减少存货投资？

9. 物流和信息系统为零售商带来了收益，供应商如何从这些最新发展中获益？

10. 如何在不同的零售业态中区分种类与分类？为什么这样区分？具体比较一下店面零售商和纯粹的网上零售商。

参考文献

[1]（美）迈克尔·利维. 零售管理（第4版）. 俞利军，王欣红，等译. 人民邮电出版社，2005.

[2] 姚钟华. 国际零售管理. 中国财政经济出版社，1999.

[3] 金永生，王正选. 零售企业经营与管理. 北京工业大学出版社，2004.

[4] 窦志铭. 连锁店经营管理. 中国财政经济出版社，2005.

[5] 彭俊成. 连锁店经营管理秘诀. 西南财经大学出版社，2002.

[6] 何春凯. 连锁致胜：连锁店经营管理实务. 广东旅游出版社，2000.

[7] 李晋源. 从一到无限连锁店的经营与管理. 中国经济出版社，1900.

第三章　采购运营管理

第一节　引　言

采购是企业为了进行正常的生产、服务和运营而向外界购买产品和服务的行为。它是企业运营过程的一个重要组成部分，连接着生产与销售的各个环节，对生产与销售以及企业最终利益的实现有着很大的影响。零售采购是指零售企业向供应商购进其经营活动所需的商品或服务的过程。它对零售企业的经营相当重要，是零售企业一项十分重要的经营成败的关键。进入 21 世纪以来，经济全球化进程明显加快，国际贸易和跨国公司的扩张推动了国际采购的发展。国际采购越来越受到企业的重视，尤其是随着信息化技术的突飞猛进以及供应链管理思想的普及，企业采购职能和方式发生了深刻的变革，企业与供应商、批发商、零售商、物流供应商之间开始建立相对稳定的战略合作关系。

本章首先分析传统的采购作业流程，然后根据国际采购的特点分析了国际采购的流程。采购流程是采购工作中的重要环节，包括确定待购产品的要求、供应商的选择、确定价格和采购条件以及对货物的验收等一系列过程，连锁企业必须制定标准化的采购流程来管理其采购作业，以确定连锁企业需要什么、和谁采购、以什么样的方式采购以及在什么时间采购等。

> 【学习要点】
>
> 1. 掌握连锁企业采购组织的职能及采购作业流程。
> 2. 掌握商品采购的作业流程。
> 3. 掌握国际采购的特点及管理方法。

第二节　零售采购

一、零售采购的职能

零售采购是零售企业向供应商购进商品或服务的业务活动，采购活动的效率关系到零售企业的经营成本。零售采购的主要职能表现在以下三个方面。

1. 开发职能

开发职能是指开发新商品，开发新供应来源。零售采购的主要职能是开发新商品，开发新的供应来源。随着社会经济发展和人们收入水平的提高，顾客需求呈多样化趋势，顾客对商品要求越来越高。在买方市场条件下，作为商品流通业的终端零售企业，应主动承担起引导消费、引导生产的重任，积极开发新的供应商，开发新的商品，不断适应顾客需求的变化，更好地满足顾客的需要。

2. 淘汰职能

淘汰职能是指淘汰滞销商品，淘汰不良供应来源。为了更好地适应消费需求的变化，也为了更有效地利用有限的门店空间，提高销售业绩，零售采购应在开发新商品同时，必须认真做好其淘汰职能。具体如下：①及时发现那些销路不佳的商品、处于衰退期商品或虽是经销但销售业绩不佳的商品，尽快与供应商联系，及时退货，及时中断继续订货。②对那些存在质量问题的商品要尽早停止订货与供货。③对违反采购合同的信誉不良的供应商要毫不留情地给予淘汰。

3. 控制职能

零售采购的控制职能的中心是控制采购付款。虽然支付货款最终由零售企业财务部门实施，但货款支付的时间、数量等其他交易条件应根据采购合同的条款，在采购部门控制下执行。

二、零售采购的流程

零售企业必须制定标准化的采购流程来管理其采购作业，以确定零售企业需要什么，向谁采购，以什么样的方式采购以及在什么时间采购等。零售采购的作业流程会因采购组织、采购模式、商品的来源、采购方法等的不同而有所区别，但其基本的采购流程却是大同小异。一般来讲，零售企业的规模越大，所采购的商品金额越高，其采购的作业流程就越复杂，反之，则越简单。

零售采购作业的起点是拟定采购订单说明书，详细描述零售企业的全部要求，接着是按订单说明书的要求来选择供应商，与供应商就采购合同进行谈判，达成协议后，就发出订购单，以及进行货物跟催验收与维护采购记录。

1. 拟定订单说明书

零售采购作业流程的初始阶段是确定采购需求。零售企业必须决定是自制还是外购，必须决定哪些商品将自制，哪些商品将外购。零售采购作业是针对外购的。外购的过程是从拟定所要购买的商品说明书开始，而这些订单说明书可能在细节上有所不同。

功能规格说明即商品必须满足零售企业需求的功能。使用功能规格说明的优点很明显：①潜在的供应商被给予了提供其专长的最佳机会。②新技术及采购人员所不熟悉的技术会被使用。③它创建了一个标准，所有的概念都将以它为对照进行评价。

2. 描述技术规范

技术规范指的是商品的技术性能和特征，也包括由供应商完成的活动。通常这些技术规范被详细地绘制在技术图纸上和用来监控供应商的活动的行动计划中。采购人员以这种方式工作很容易导致规范说明过多，企业对商品和供应商两方面都加以要求则容易导致成本居高不下而功效不佳。

功能规格说明和技术规范都是订单说明书的一部分。订单说明书（通常是由一系列文件组成）包括下列内容：①质量标准，描述商品如何交付（是否有质量证书）和商品要满足什么技术规范和标准。②物流标准，说明所需要的数量和要求的交货时间。③维修要求，描述商品如何由供应商进行维修和服务（和将来是否需要供应备件）。④法律和环境要求，决定了商品和生产流程两方面都必须服从健康、安全和环境法规。⑤目标预算，说明了在何等的财务限制内，可能发现的由未来的供应商提出的解决方案。

总的来说，在拟定订单说明书阶段，零售企业的目的在于：①确定明确的功能、技术、物流和维修说明书。②防止使用供应商或某一品牌商品的规格说明，保持在供应商选择的可能性上的开放性。③将被核准的规格的改变用明确的程序记录在案。④确定一个明确的样品检查程序。⑤确定一个明确的方法使得买卖双方能够检测商品质量。⑥（如果可能）确定一个总成本分析和（或）计算方法，以用在稍后阶段评估报价单。

3. 选择供应商

拟定了订单说明书并明确了采购需求之后，零售企业就可以开始市场考察，以选择供应商。实际上这些步骤相互交织。在制定出技术规范后，会进行实际可行性和成本评估。基本技术的选择——通过它才能实现商品设计——经常是通过头脑中的一些供应商的名字做出的。实践中，选择供应商包含了四个独立的步骤：①决定外购的方法；②供应商资格的初步认定和确定投标人名单；③为报价申请和收到的标书的分析做准备；④评价供应商。

选择供应商首先要解决的问题就是在总包和分包之间做出选择。在总包的情况下，整个商品采购交给了供应商。在分包中，商品采购被分成了几个部分，分别包给不同的供应商。

选择供应商是采购作业流程和其前期活动中最重要的步骤之一。以订单说明书为基础，总结要提出报价单的供应商所要满足的资格预审要求，将那些显示可能会从事这项工作的供应商列入初始竞标者名单（竞标者大名单）。接下来，通知这些供应商提供有关资格的证明和信息。在这个阶段，对供应商进行调查或审核以得到关于其能力的准确了解是必要的。大公司通常使用"被认可的卖主名单"为竞标者大名单选择供应商。

有时会出现没有足够可用的被认可的供应商的情况，那么就需要寻找新的供应商。对于重要的任务，在征求任何出价之前必须首先对新的供应商进行仔细检查和筛选。通常的做法是确认三到五个预期的供应商，并向其询价。这些供应商构成了最后的竞标者候选名单。如果由于环境变化需要对投标单进行修正，则所有参与竞争的供应商都应该得到机会对这一修正做出反应。

收到报价单后，采购部门会进行初步的技术和商业评估，在此期间所有的相关方面都会被注意到。技术、物流、质量、财务和法律等各方面都会被加以衡量。评级方案会被按照不同的复杂程度使用以促进供应商投标的评价过程。这些方案会在有关的使用者和购买者之间共同使用。通常，这个步骤会以一份供应商选择建议书为结果，它包括：①选择某一供应商的决定；②优先的评级方案；③优先被考虑的报价单。

下一个步骤就是对决定的供应商和商品进行风险分析。在这个步骤，将对与选择特定供应商有关的潜在风险进行研究。通常风险可以分为三类：

①技术风险，它指的是管理的适用性/专业化、生产手段、被讨论的公司的工具和测试设

备，因为所要求的货物和服务的生产必须满足协商的要求并且必须按照协商的条款交付。②质量风险，它指的是公司大体上的质量管理，特别是被讨论的项目的质量控制系统。③财务风险，它指的是在此项目期间公司被认为能够完善并有效地运作的程度。其中较为重要的是：财务状况、投资弹性和在不久将来的固定财务状况。

最后会选择一个供应商并与他就商品（或服务）的交付进行谈判，有时任务可能会给予两个或更多的供应商（当外购战略中选择向双方或三方购买时）。没有被选中的供应商会被通知并说明他们的标书被拒绝的原因。

总之，在选择供应商时，零售企业应明确以下五方面的工作。①确定（或使别人确定）最适当的外包方法（总包或是分包，确定是使用固定成本合同、成本补偿合同还是单位价格合同）。②通过资格预审的适当程序确认可靠的供应商；通过招标和评级程序对最合适的供应商进行初步选择。③制定报价单的要求，使得报价单与在其后阶段收到的进行比较成为可能。④以相同的态度处理来自供应商对信息的需求；为项目小组和供应商之间的信息沟通开辟渠道。⑤和使用者紧密合作对报价书进行不偏不倚的分析，清楚地区分技术评价和商业评价。

4. 采购合同谈判

选定供应商之后，零售企业就要进行采购合同谈判。对于不同行业的商品，合同可能涉及特定的附加条款和条件。购货协议的技术内容自然取决于所要购买的商品或项目。特定的商业和法律条款和条件依据每份合同的变化而不同。采购合同必须与采购政策、公司文化、市场情况、商品特征等相适应。采购合同谈判通常涉及以下几个重要内容。

（1）交货价格和条件。零售企业一般使用固定价格来采购，这是通过竞标或谈判达成的，它是委托人和供应商都可以接受的，有利于成本控制或预算管理。在实践中，购货协议中会用到不同的价格协议。

①固定价格加激励报酬。这种类型的合同是用奖金激发供应商以超出协议的标准完成工作。这种激励不一定与立刻而显著的成本削减有关（这是由供应商实现的），它们与提前交货，更佳的交货保障和（或）超过协议规定的质量性能有关。

②成本加利润合同。这种类型的合同可以有不同的形式：成本加一定百分比的费用，成本补偿加固定费用和成本加保证的最大值。在实践中，这种类型的合同对购买者而言通常会比其他类型的合同花费更高。成本加利润合同通常被用于工作不能被充分说明或固定价格对供应商和购买者双方都构成过高风险的情况。

③成本补偿合同。这种类型的合同通常以人工或设备的固定计时工资为基础。然而，如果没有奖励或罚款条款，这些合同对工时或成本的最小化只能发挥有限的作用。因此购买方应当总是能够确定：供应商有着健全的成本管理制度，所以调查是可行的；最高价格被记录在合同中只有在从购买方得到书面协议后才能超过这个金额；要补偿的成本以一份详细说明的发票的形式支付给供应商。

④价格调整合同（价格调整条款）。这种类型的合同主要用于长期交货合同或加工非常特殊的、市场敏感度高的商品。价格与一份以原料成本或人工成本这样的外部因素为基础的价格调整方案相联系。

（2）付款条件。付款条件通常的做法是依照条件付款，部分原因是供应商将不得不扩大投资以能够生产想要得到的商品。如果使用这种付款方式，就必须考虑付款条件对最终价格的影响。同时也要注意冲销与尚未交付的货物相关的通货风险。通常，可取的付款方法应以供应商的履约情况（履约保证书）为基础。例如，当工作完成25%时付总款的20%。最后5%或10%的款项在客户完全肯定设备确实已经正常运转或购买的是服务的情况下，供应商的工作满足了用户的要求时才支付。

预付款最好能够以银行担保抵补，这能够让供应商允许履行他的职责。这样的银行担保完全能够抵补预付的金额并且在银行担保相关部分的供货期限内也是有效的。如果合适，控股公司的公司担保也可满足要求。

另外，还要注意制定所有权转让有关协定。

（3）罚款条款和保证条件。采购合同都会规定供应商所交的商品必须：

①质量优良，完全与约定的要求、规范、条件、图纸、样品一致，并且完全适用于预期用途。②全新并且无缺陷的，这些商品的制造必须使用质量优良并且适当的新原料和一流的技术和专业人员。③满足供应商所在国的法律和政府法规，并且商品或商品的使用不包含任何对人员财产和环境的健康或安全的危险。

零售企业还应就所交付的商品性能同供应商达成协议。如果没有达到合同规定的性能，首先要讨论纠正措施。如果这些纠正措施最后也起不到适当效果，那就要由供应商补偿总的成本。这个程序在合同条款和条件中必须一致。因此，罚款条款并不能为执行或交付阶段发生的问题提供解决办法；至多他们可以限制后来的由此引起的损害。

在一些情况下，罚款条款是不可接受的。例如，如果发现设备性能比规定的标准低5%以上，或不符合关于环境的法律法规，那么客户有权利拒绝这种服务。

将供应商对于规定的环境中所交付货物的可靠性和可以胜任的运行负有责任的期限在合同中标明也是十分重要的。通常在合同的条款和条件中规定了12个月的保险期。合同中还应规定保证书何时开始生效；生效日一般是货物投入使用的日期，也可以是交货日期。

投资性货物的一个特殊方面是系统责任性；在生命期内要求供应商着手维修所交付的商品是很普遍的。在整个商品生命期内必须保证维修和备件随时可用。由于这一原因，卡车制造商被要求能够保养他们的商品，有时期限会超过20年。

（4）其他协议。在许多公司中上面所提到的问题会记录在一般购货条件中。其他会在这些规定中提出的内容包括：保险和安全规则、权利和义务的转移、向第三方转包、交货条件。

通常，购买者会力求能够规定公司的购货条件。然而在实践中，供应商经常只会按自己的销售条件接受订单。如果供应商在订单确认书中没有明确拒绝购货条件，购货条件就依然是有效的（从法律的观点看）。然而，如果他确实拒绝了购货条件，那么基本上就无法达成一致意见，因此也就不会达成购买合同。在这种情况下就需要附加的谈判。

5. 发出订购单

采购合同的条款和条件达成一致后，零售企业就可以发出采购订单订购货物。有时，合同实际上就是购货订单。在其他的时候，例如，在常规采购时，购买方会就滚动式合同进行谈判，包括较长时间内需要的商品（一年或更长时间）。接下来，购货订单按照这个合同发出。

购货订单通常是从购货申请单或领料单开始（电子的）。对于生产和库存商品，这种申请单是由商品需求计划系统通过比较一定时期内生产所需要的原料数量和有效（输送）库存量得出的。当库存量低于可接受的最低水平时，系统通过详细的原料或购货申请单向采购部门发出信号。许多先进的（综合的）商品计划软件包能够用电子的方法将这些需要转换为购货订单。

在向供应商订货时，明确发给供应商的信息和指令是十分重要的。通常，购货订单会包括下列要素：订单编号、商品的简要说明、单价、需求数量、期望的交货时间或日期、交货地址和发票地址。所有这些数据都需要在由供应商发出、用作简化电子匹配的交货单据和发票中反映出来。

通常，供应商会被要求就收到的每一份购货合同递送订单。同时，供应商的交货单据和发票构成了购买者的厂商评核制度的基础。如果所有这些准备活动充分地实行了，订货和订单处理阶段的工作就会少一些。然而，实际上，事情解决起来却有所不同，在订购和规划预算支出阶段购买者会要求更多的努力。预算支出需要注意更多问题而且通常以用作记录所有延迟的交货的误期表为基础。预算支出分为下列三种类型。

（1）例外预算支出。在许多组织中这种方法被称为"beep"，意思是购买者只有在组织发出原料短缺的信号时才采取行动，供应商交货的延迟通常会使生产陷于停顿。因此将交货置于购买者或原料计划者的严格监控之下以防止原料短缺是十分重要的。所以并不推荐这种方法。

（2）常规检查。其目标在于防止原料的供应和质量问题。在允诺的交货日的前几天，购买方会联络供应商要求再次确认交货日期以确保交货。

（3）高级检查。这种方法用于关键采购零件和供应商。这里所说的关键指供应商位于商品计划中的关键途径上。然而，关键也可以指有严格品质缺陷和没有可靠的供应商的原料。这时推荐在合同的签订阶段与供应商就详细的生产计划——它列出了生产的不同步骤（里程碑）——进行谈判，它将会在生产开始之前移交给供应商。监控生产的进展是通过对建立的生产程序的阶段性检查来进行的。在生产流程的关键时刻，购买方会执行检查。在采购量非常大的购货合同中购买方可能会希望将专家永久地指派到供应商的生产厂中（现场）。

在商品或设备交货以后必须对其进行检查以确保它们能够满足规定的要求。设备的接收通常包括下列四个步骤：装运之前在供应商的生产现场进行验收测试；交货后在用户的安装现场进行的验收测试；设备第一次投入运行之前的验收测试；依据规模和技术复杂度，在设备的安装过程中需要在供应商的生产现场进行一次以上的验收测试。

企业界远非那么理想。虽然有好的合同和购货订单，事情在交货时还是会出错。交货时间可能不为供应商所重视，采购的原料可能发生质量问题，供应商可能会要求为他们的商品支付比所允许的更高的价格，等等。因此，公司拥有关于所有可能发生问题的报告制度是非常重要的。应当通过供应商意见报告程序每天报告质量和交货问题。这些问题应当立刻传达给供应商以防止将来发生同样的问题。

总之，零售企业在发出订单并收到商品阶段所做的工作必须：①在购货公司和供应商之

间发展有效的订货程序。②核实供应商确认了的有所购货订单。③发展和实行由计算机支持的预算支出和检查区分的方法。④维持关于关键采购和供应商信息的由计算机支持的数据库（最好按关键技术分类）。⑤为订单处理发展健全的程序。⑥需要实施使用有效的"问题解答"。

6. 货物跟催

采购订单发给供应商之后，零售企业应对订单进行跟踪和/或催货。当订单发出的时候，同时会确定相应的跟踪接触日期。在一些零售企业中，甚至设有全职的跟踪和催货人员。

跟踪是对订单所作的例行追踪，以便确保供应商能够履行其货物发运的承诺。如果发生了问题，例如，质量或发运方面的问题，零售企业就需要对此尽早了解，以便其采取相应的行动。跟踪通常需要经常询问供应商的进度，有时甚至有必要到供应商那里走访一下，不过，这一措施一般仅用于关键的、大额的和/或提前期较长的商品。通常，为了及时获得信息并知道结果，跟踪是通过电话进行的。不过，一些零售企业也会使用一些由计算机生成的、简单的表格，以查询有关发运日期和在某一时点生产计划完成的百分比。

催货是对供应商施加压力，以使其履行最初所做出的发运承诺、提前发运货物或是加快已经延误的订单涉及的货物的发运。如果供应商不能履行合约，零售企业应威胁取消订单或以后可能的交易。催货应该仅适用于采购订单的一小部分，因为如果零售企业对供应商能力已经做过全面分析的话，那被选中的供应商就应该是那些能遵守采购合约的可靠的供应商。而且，如果零售企业对其商品需求已经做了充分的计划工作，如果不是情况特殊，它就不必要求供应商提前货物的发运日期。当然，在商品匮乏的时候，催货确实有重要的意义。

7. 验收货物

商品和其他项目的正确接收有重要的意义。如果不是在地域上分布较分散的大公司的话，许多有经验的零售企业采用将所有货物的接收活动集中于一个部门的方法。由于收货部门与采购部门的关系十分密切，所以许多零售企业的收货部门直接或间接地向采购部门负责。在那些实施了库存管理系统的公司中，来自于已经获得认证的供应商的商品可以完全免除接收和检验这两项程序，并被直接送往使用点。

货物接收的基本目的是：①确保以前发出的订单所采购的货物已经实际到达。②检查到达的货物是否完好无损。③确保收到了所定购的货物数量。④将货物送往应该到达的下一个目的地以进行储存、检验或使用。⑤确保与接收手续有关的文件都已进行了登记并送交有关人员。

对货物进行检查时，有时会发现短缺现象。这一情况有时是因为运输过程中丢失了一些商品，有时则是发运时数量就不足。有时，在运输过程中商品也可能产生毁损。所有这些情况下，都要写出详细的报告交给运输部门和采购部门。

8. 维护记录

经过了以上所有的步骤之后，对于一次完整的采购活动而言，剩下的就是更新采购部门的记录。这一工作仅仅是把采购部门的与订单有关的文件副本进行汇集和归档，并把其想保存的信息转化为相关的记录。前者主要是一些例行的公事，后者则涉及保存什么样的记录以及保管多久。

不同零售企业对不同单据和记录的重要性的认识都各不相同。例如，一张可以作为和外界所签合同的证据的采购订单一般要保存 7 年，它自然应该比作为内部备忘录的采购申请单的保存期限要长。

无论是手工处理还是借助于计算机。一些最起码要保存的记录有以下四种。①采购订单目录。目录中所有的订单都被编号并指明每个订单是未结的还是已结的。②采购订单卷宗。所有的采购订单副本都被顺次编号后保管在里面。③商品文件。记录所有主要商品或项目的采购情况（日期、供应商、数量、价格和采购订单编号）。④供应商历史文件。列出了与交易金额巨大的主要供应商进行的所有采购事项。

除此之外，其他的记录文件还有下述几种。①劳务合约，指明所有主要供应商与工会所签合约的状况（合约到期日）。②工具和寿命记录，指明采购的工具、使用寿命（或生产数量）、使用历史、价格、所有权和存放位置。这些信息可以避免对同一批工具支付两次以上款项。③少数的小额采购，指明从这些供应商处采购付出的金额。④投标历史文件，指明主要商品项目所邀请的投标商、投标额、不投标的次数、成功的申标者等信息。这一信息可以清楚表明供应商的投标习惯和供应商之间可能存在的私下串通。

三、零售商品采购的作业流程

图 3 - 1 显示了商品采购的流程，从建立采购组织到有规律的再评估，包括一系列整合而系统的步骤。在商品采购中应用每一步骤都是很关键的。

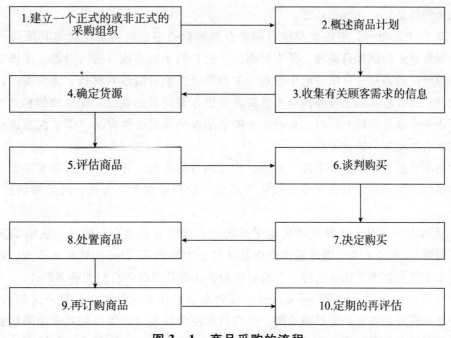

图 3 - 1　商品采购的流程

1. 建立采购组织

零售采购的第一步必须是建立一个采购组织，这个组织可以是正式的、临时的；可以是集中化的或分散化的；可以是通用采购组织或专门的采购组织；此外，中小型零售企业为了与大型连锁零售企业竞争，采取合作采购组织。合作采购是指一组独立的零售企业汇集在一起向供应商大批量购买，以获得数量折扣。正式采购组织是把商品采购看做是一项明确的零售业务，并为之建立独立的部门，并且划定明确的职责权限，配备专门的采购人员。非正式采购组织则不把商品采购看做是一项明确的业务，既进行采购，又处理其他零售业务，职责权限界定不是很明确，小型零售企业大多采用此种组织。

对于从事连锁经营的零售企业来讲，还必须选择是建立集中采购组织还是分散采购组织。集中采购组织的所有采购事项都集中在总部，而分散采购组织则所有购买决策是地方性或区域性的，由各分店自行决定。目前的趋势是在建立集中化采购组织的同时，给予地区分部或分店一定的权限进行调整，或直接让他们订货。

由于零售企业经营的商品品种不同，在采购时还必须确定是选择通用组织还是专门组织。通用组织就是一个人或几个人采购企业的所有商品，而专门组织则是每个采购员只负责某一类商品。规模很小的零售企业，或者只经营少数品种的商品/服务，最好采用通用组织方法。规模很大的零售企业，或者经营的品种较多，最好采用专门方法。通过专门化，知识得到了提高，采购责任得到了界定。但是，专门化的成本较高，而且一般需要额外的人员。

2. 概述商品计划

零售采购的商品计划集中于四项决策：采购什么商品，采购多少商品，什么时候采购以及将采购来的商品储存在什么地方。

（1）采购什么商品。零售企业应根据企业的经营战略，市场定位决定其采购商品的种类。一个零售企业应该经营高档、昂贵的商品，把它们卖给高收入的消费者；或者应该经营中档、中等价位的商品，并供应给中等收入的消费者；或者应经营低档、廉价商品，吸引低收入消费者；或者应该向中等和高收入消费者提供多种质量的商品，如中档的和高档的，努力占领不止一个细分市场？同时，企业还要决定是否经营促销性商品（低价抛售的商品，或用于增加商店客流量的特价商品）。

确定商品质量必须考虑如下几个因素：理想的目标市场、竞争、零售企业形象、商店位置、库存流转、盈利性、制造商品牌或自有品牌、消费者服务、人员、可感知的商品/服务价值。

（2）采购多少商品。零售企业决定了采购什么样的商品之后，就必须决定采购多少商品。即不同商品/服务大类的数量是多少以及任何一大类商品/服务的数量是多少。同时零售企业也应决定经营多少全国性品牌、自有品牌和非注册品牌以及它们的适当组合。

（3）什么时候采购。对新商品和服务，零售企业必须决定什么时候第一次陈列和销售。对已有商品和服务，零售企业必须清楚一年内的商品流转规律。为恰如其分地采购商品，零售企业必须预测一年内的商品销量及其他各种因素：高峰季节、订货和送货时间、例行订货和特殊订货、库存流转率、折扣和存货处理的效率。

（4）储存在什么地方。最后一个基本的商品计划决策是在什么地方储存商品。单个零售企业常常必须选择将多少商品存放在销售现场，多少存放在库房以及是否利用仓库。连锁店也必须在各分店之间分配商品。一些零售企业几乎完全将仓库当做中心的或地区的分销中心。另一些零售企业，包括许多超市连锁店，并不过分依靠中心或地区仓库。相反，它们至少有一部分商品直接由供应商运送到各分店。

3. 收集顾客需求信息

零售采购在制定了整体的商品采购计划后，就必须收集顾客的需求信息。零售企业在采购或再采购商品之前，都必须收集有关顾客需求的数据。零售采购离不开对销售量的准确预测。在收集商品采购管理所需数据的时候，零售企业有几个主要的信息来源。最有价值的是消费者。通过研究目标市场的人口统计数据、生活方式和潜在购物计划，零售企业就可以直接研究消费需求。

采购人员通过访问供应商、与销售人员谈话及观察消费者行为，可以了解到许多有关消费者需求的信息。通常，在其主管的商品大类范围内，采购负责全部的销售预测和商品计划。高层管理人员综合各采购员的预测和计划，得出公司的整体计划。

竞争者是另一个信息源。直到竞争者这样做了，保守的零售企业才会储存同一种商品。它们可能会雇用比较购物者，即那些观察竞争者提供的商品和价格的人。另外，商业出版物也报告每一零售领域的趋势，并提供向竞争者获取数据的合法途径。

其他信息来源也可能提供许多有用的信息：政府公布的失业、通货膨胀和商品安全数据；独立新闻单位举办的消费者民意测验和调查报告；可以购买到的商业数据。信息应该从多个渠道收集，单一类型的数据可能是不充分的。不管所获得信息的数量有多少，零售企业应能感觉到它们用于制定尽可能精确的决策是足够充分的。

4. 确定货源

零售采购中的确定货源其实就是选择供应商，货源的三个主要来源公司有公司自有、外部固定供应商、外部新供应商等。

（1）公司自有。大的零售企业可能拥有自己的制造或批发机构。公司自有供应商可为零售企业提供全部或部分商品。

（2）外部固定供应商。这类供应商不是零售企业自有的，但零售企业同它们有固定的关系。通过亲身的经历，零售企业了解其商品和服务的质量以及供应商的可靠性。

（3）外部新供应商。这类供应商也不是零售企业自有的，而且零售企业过去没有向其采购过商品。零售企业可能并不熟悉其商品的质量和该供应商的可靠性。

零售采购在确定货源、选择供应商时，应考虑以下准则：①可靠性。供应商能始终如一地履行所有书面承诺吗？②价格—质量。谁能以最低的价格提供最好的商品？③订单处理时间。多久能收到货物？④独占权。供应商给予独家经销权吗？⑤提供的服务。如果需要，供应商提供运输、储存和其他服务吗？⑥信息。供应商是否提供一些重要的商品/服务数据？⑦道德。供应商是否履行所有的口头承诺？⑧保证。供应商是否对自己的商品提供担保？⑨信用。能从供应商那里获得商业信用吗？多长时间？⑩长期关系。能与该供应商保持长期

关系吗？⑪记录。供应商会很快地填写记录吗？⑫毛利。毛利（差价）足够吗？⑬创新。供应商的商品是创新的还是守旧的？⑭地方广告。供应商在当地媒体做广告吗？⑮投资。供应商的总投资成本有多大？⑯风险。与供应商交往的风险有多大？

5. 评估商品

零售采购无论选择什么样的货源，都必须有一整套评估商品的程序。如零售企业是必须检验每个商品，还是只略作说明便可以实施采购。零售企业可以采用三种可能的评估方式：检查、抽查和描述。具体选择哪种方法取决于商品的成本、特征和购买的规律。检查即在购买之前和送货之后检测每一个商品单位。珠宝和艺术品是两种昂贵、购买相对特殊的商品，零售企业必须认真检查每一件商品。

当零售企业按规律采购大量易碎、易腐或昂贵商品时，要采用抽查的方法。在这种情况下，检查每一件商品是没有效率的。因此，商品的质量和状况只好通过抽查了解。当零售企业购买标准化的、不易碎且不易腐烂的商品时，就采用描述的方法。零售企业既不检查也不抽查，而且通过口头、书面或图片描述的方式大量订购这类商品。例如，文具店采用商品目录或订单的方式订购夹纸回形针、便笺簿、打印纸等等。

6. 谈判购买

当货源已经选定、购买前评估也已完成时，零售企业开始就购买及其条款进行谈判。一次新的或特定的订货通常要求签订一份经过谈判的合同。在这种情况下，零售企业和供应商将认真讨论购买过程的所有方面。一次例行的订货或再订货通常只涉及签订一份格式化的合同。在这种情况下，条款是标准化的，或者已经为双方所接受，订货过程按例行方式处理。

不管是谈判的还是格式化的合同，都有许多购买条款需要具体磋商，包括送货日期、购买数量、价格和付款安排、折扣、送货方式及所有权转移时间等。

送货日期和购买数量必须陈述清楚。如果其中任何一项条款没有被满意执行，零售企业有权取消本次订货。零售企业的购买价格、付款安排和已许诺的折扣都很重要。

7. 决定购买

对许多大中型零售企业来说，购买决策是自动完成的。这些企业使用计算机完成订单处理（以电子数据交换和快速反应存货计划为基础），每一次购买都被输入计算机数据库。小零售企业则通常是人工完成购买决策，利用员工填写和处理订单，每一次购买都以同样的方式记入商店的存货手册。但是，随着计算机化订单处理软件的快速发展，使小零售企业有时也能采用电子订货，特别是如果大批发商支持它们使用电子数据交换和快速反应系统的话。

8. 再订购商品

对那些不止一次采购的商品，再订购的计划是必需的。制定这种计划时，有四个因素是关键的：订货和送货时间、存货流转率、财务支出、存货/订货成本。

订货和送货时间必须确定。对于零售企业，处理一份订单要花多长时间；对供应商，履行订单并将货物送达要花多长时间？有可能送货时间太长，以至于零售企业的上一批存货还完全未动就必须再订货；另一方面，有些商品也可能第二天就能收到送货。

每种商品的流转率也需计算清楚。零售企业要花多长时间才能卖完存货？热卖商品允许零售企业有两种选择：订购较多的商品，以延长再订货时间，或者保持较少的存货，但频繁订货（订货期限短）。滞销商品则可能迫使零售企业减少初始存货水平并延长再订货时间。

不同购买选择方案下的财务支出必须考虑。大订单可以获得数量折扣，但可能要求大量的现金支出。小订单虽使单位商品更贵，但总成本可能较低（因为只需要保存少量存货）。

最后，必须权衡存货/订货成本。保有大量存货的优点是顾客满意、购买时的数量折扣、较低的单位运输支出及易于控制和处置。

第三节　国际采购

随着零售企业规模的扩大及竞争的加剧，越来越多的零售企业都相当重视国际采购。因为从世界各地采购来的商品不仅独具特色，而且价格相当低廉，这对零售企业降低经营成本，获取最大利润有很大的帮助。现在沃尔玛集团每年从中国采购的商品就达几十亿美元，它们把云南省的野生菌源源不断地输往世界各地。走出国门，去寻找更廉价、更好的商品也就成了零售企业，特别是大型零售企业集团的工作重心所在。

所谓国际采购是指企业向国外供应商采购的过程。美国对国际采购的解释是：透过世界各地的供应商，针对共同需求的商品、工程、技术、与供应商等加以整合、协调。由于采购地理范围的扩大，也增强了对信息技术的需求，特别是以互联网、MRP、EDI及EOS等新型信息技用，使零售企业的采购更加精简、快速，采购成本也大大降低。

一、国际采购概述

零售企业在开展国际采购时必须考虑其可行性、利益、风险及税费等因素，然后再作决定是否进行国际采购。

1. 国际采购的利益

相对于国内采购而言，国际采购需要额外的付出，不过却可以得到更大的利益。尤其是零售企业大批量连续性的采购更是利益巨大。一项商品的购买，必须考虑到生产国家在文化上的各种变数。例如，品质、服务的可靠性。以品质来说，某一国家或许能生产高品质的商品，但其邻国的商品可能就是不可靠、不合适的低品质商品。

（1）优良的品质。国际采购最主要的理由就是取得合乎要求的高品质的商品。虽然这项因素的重要性已减少，但零售企业在多变的产业中仍然希望能在国际采购中满足品质上的需求，因为从事国际贸易的供应商通常具备较高的技术能力。

（2）即时交货的能力。购买国际商品的第二个主要的理由通常是供应商即时交货的可靠性。供需关系在建立之初的困难必须去克服，许多国际供应来源的可靠性是试验得来的。做国际贸易的企业，尤其是供应商尽可能地去改善，并持续提供更合适、更符合要求的服务，使用弹性生产系统及增加使用严格管制生产计划系统，以保持能与国外竞争者取得相同竞争力甚至超越。

（3）较低的成本。尽管使用国际供应商的采购费用会超过使用国内供应商的费用，如增加了额外的通信与运输费用、进口税及评选合格的供应商的成本等，但由于国际供应商的一些商品制造价格极为低廉，往往能使这一增加的费用显得微乎其微。

（4）扩大供应基础。零售企业为了获得质优价廉的商品与维持供应，为了拥有竞争力的供应基础，开发国际供应商是必需的。但在某些例子中，是因为没有合适的国内供应商。

（5）互惠贸易。许多国家会要求国外供应商要在国内购买商品当成是条件的一部分，此种方式通常又称为以货易货、冲销或互惠贸易，这种为销售至某一国家而先购买此国家商品的方式，可以使买卖国家比纯粹的货币交易上获得更多的利益，某些企业为了在某些国家销售及竞争，必须向这些国家购入所要求采购的项目。

2. 国际采购的风险

（1）冲击国内经济。在一般的观念中，采购国外商品最大的风险是长期对国内经济的冲击。例如，美国许多大零售企业就通过国际采购来获得低价且高品质的商品对其国内经济造成很大的冲击。世界经济一体化是世界经济发展的必然趋势，实际上国际采购尽管冲击了一定的国内生活水准，有一定的影响，但在其他方面给予的弥补，这是一个"双赢"事业。

（2）文化与沟通。在追求低成本与国际供应来源关系的同时，最大的风险或许是采购双方的不同文化差异，如文化传统、道德观及商业组织都会因不同的文化造成维系采购关系的障碍，不同国家和民族有不同的道德观，如承诺表达的方式、送礼的含意，甚至是不同法律系统等广泛的层面。语言通常是一个成功的国际风险沟通的主要障碍，不同的文化、语言方言或专有名词等都会造成沟通的困难。想想看，以一个简单且又造成混淆的字——"吨"为例，到底是指 2000 磅的吨？还是 2400 磅的吨？

（3）付款条件。以零售企业的观点来说，最佳的付款方式是在验收之后付款。然而，许多国家的惯例是必须先预付款项以支付前置作业所需的费用，像这样预付费用会积压头方资金，在国际贸易中信用付款最为普通，不过企业的资金仍然会比国内的供应来源积压较长的时间，增加额外支付信用付款所需的成本。汇率的问题也是不容忽视的。

（4）前置时间。较长运输时间不确定，无法预估各种不同活动所需要的时间，所以要用更多的沟通协调在国际商品采购上。例如，码头工人的罢工、船员工会统一行动、暴风雨、战争等因素，都会使前置时间加长。空运可解决某些海运的问题，但成本又较高。

（5）额外的存货。当国际采购所增加额外的存货有时很难估算，因为，存货所附带的成本，必须计入采购之中，如运输、储存成本等都要计入国际采购的总成本之中。有时可自国际采购取得有较快的运输及较低的价格；国际采购计划中，通常考虑 30 天以上的作业时间，值得注意的是有些企业不会准备额外的存货，而是用空运来应付紧急的需要。

（6）品质。国际供应商通常可以提供品质较高的商品，但问题依然存在，如美国就是一个没有实施统一规定规格的国家，这使得制造商常常发生误差的问题。因此，国际供应商对于必要的设计改变，弹性不如国内供应商来得大，在许多案例中，美国厂商进口商品，必须如同进口"特别"商品一般，对这些商品的风险进行控制。

（7）较高的交易成本。与国际供应商做生意必须投入成本有货币兑换、通信联络、拜访供应商等的额外事务成本，订单的处理也较复杂，如汇率变动、付款方式、交易习惯，以及透过进口中介商、国际劳工等，国内（或国外）不足的后勤支持系统，如联络系统（电话、电报、传真）、运输系统、财务机构等，使商品的运输更趋复杂。

3. 国际采购的税费及规定

（1）进口税。进口商品是要缴进口税的，有两种税率可以适用：从价税、从量税或复合税，从价税是最常用的进口税，根据商品的进口价值以百分比来缴税，如5%从价税。从量税是依商品每单位的重量或数量来缴税，如每打3.9分。复合税是从价税与从量税的组合，如每磅0.7分外加10%的从量税。

（2）应税或免税。进口商品的税率通常依据国家的政策，其税率可参考依国家基本发展政策所制定的货物税率表，在税率表中的最惠国税率，大部分商品都是应税的。某些国家的商品在最惠国税率下，其缴税额还会扩大，完全依照税率表上的法定税率。在税率表中有一些免税规定项目，只要符合免税条款即可免除税款，最常使用到的优惠条款GSP，当符合GSP的货物来自发展中国家或某些要求条件时就适用优惠规定。

（3）协助。海关习惯上会要求购买企业提供有关进口商品的税收及一些必要资料的相关协助，包括：进口商品的成分或类似的组合资料；制造过程中所使用的工具、模具、模型；制造、开发规划、成品图等。

（4）进口规则。海关对提出进口申请、却又取消进口的商品进行缴税。因此，企业不会以尝试性的采购来进口商品，因为这会牵扯到关税的问题。当商品要进口时，进口商或进口中介商会事先准备好相关的关税信息给海关部门。

（5）报关费。大部分的情况下，海关的船务由海关中介商所掌握，他们是企业的经纪人，这些海关经纪人通常最害怕在正常业务外，提供紧急服务，其中佣金依据中介商所订的价目表来收取，也可以每次整船来议定固定佣金。企业在习惯上会要求其国际供应商安排船务，利用航空邮件寄出必需的文件给进口海关中介商。

（6）海关发票。进口发票是特殊的文件，由供应商准备，供应商必须至进口国领事馆取得由该国财政部所规定的格式，其中清楚界定进口的商品为何，必须与商业发票有所区别。

（7）预开发票。预开发票通常是银行作业上的需要，是一种在货物装船前的简单发票，可以帮助企业取得进口许可或结汇许可证、预开发票记载明确的重量价值，甚至是制造成分。在缺少商业或海关发票的情况下，预开发票在要求时间内是可行且有保证的发票。

（8）装箱单。在采购合约中要求一些装箱单，写明包装数量规格以方便检验及搬运，表格中必须载明的内容有明细、重量、大小及商标。

（9）提单。提单是由运送公司所提供的收据，指定送到地点，提单是：货物运送合约；货物收据；写明货物名称的文件；写明运费之文件；写明运送人员的文件。海运提单是货物利用海运时，只写明收货人为"straight"式提单，若必须同时写明寄货人及收货人则为"order"式提单。航空提单通常由航空公司提供，较有效率能直接送到收货人手中，且不可更改。

（10）检验证明。检验证明文件通常由第三方（公证公司）提供，它是有关商品品质、数量等装船条件的证明文件，通常进口商的要求，是要证明已装船商品与合约上的相符。

（11）原始产地。它是证明某些商品要求原始的出口国证明文件。如美国政府硬性规

定原始产地证明文件是进口条件之一。

二、国际供应商的选择

国际供应商的选择要注意以下事项：

1. 国际供应商的信息来源

由于存在地域上的问题，在国际上选择供应商要比在国内困难得多。但是随着经济的发展，零售企业可以较为方便地得到一些采购信息，具体如下：①中国商务部提供的国外供应商的名字和地址的清单，还有他们的产品类型。②世界各地商业团体可以提供的商品采购信息。③国际商会通过其在世界各地的分支机构提供的商品供应信息。④外国在北京的驻华使馆，主要的工业国家（很多是中等发达国家）在中国（一般是在北京，但是不少国家也在其他城市设有办事处，如上海、广州）设有贸易领事馆。如果需要的话，他们也会提供供应厂商的相关资料，因为他们的任务就是促进本国出口。⑤非竞争企业的采购部门提供的国际供应商信息。⑥国内供应商提供的国际供应商信息，从而在同行业中建立一种非竞争的关系。⑦进口商和对外贸易代理商会促使其业务发展与当地经济发展同步，他们也可以为企业提供大量信息。⑧几乎所有的规模较大的银行都设有国际贸易部，他们也可以提供有关货币、支付款项、签署文件和政府批准过程等方面的信息，这些信息对选择合适采购地也很有帮助。⑨每一个主要工业国都至少有一份供应厂商名录，当你要求任务国家领事馆或大使馆推荐一些可能的供应商时，他们会让你查阅合适的供应商名录。

有了这些信息，选定国际供应商就不成问题。但是对供应商的生产能力进行评价却有些困难。评价信息的两个主要来源是采购者的经验和对供应商的实地考察。如果没有对供应商进行实地考察，那么零售企业至少应向国际供应商索取以下几方面信息：过去及现在中国客户名单；款项支付过程；相关银行的信息；设备清单；在质量协会中的成员资格；其他基本商业信息，如经营业务的时间长短、销售情况、资产情况、产品线及所有权问题。

2. 国际供应商的评估

进行有效采购的关键问题应该是选择高效、负责的供应商。由于得到国际供应商评估所需的数据既昂贵又耗费时间，做到这一点有时比较困难。国际供应商远在千里之外，这一问题表现得更为突出。获得国际供应商有关信息的方法基本上和获得国内生产厂商信息的方法相同。为了获得更多的国际供应商信息，最好的办法就是到供应商处进行实地调查。由于去国际供应商处进行调查既耗时又耗力，所以出国前要有详细的准备计划。如果业务涉及的范围和金额巨大，进行实地调查就是必要的。大量从国外采购商品的企业会常组织出国以考察国外的商品供应地。例如，一个企业如果购买价值几亿元的商品，负责的采购人员就会花上其工作时间的20%～30%去国外进行调查，并与潜在的和正在供货的供应商进行磋商。

3. 对等贸易方式选择

为了消除贸易逆差，企业的许多国际采购往往涉及对等贸易。对等贸易是在易货贸易的基础上发展起来的，内容复杂，方式多样。易货贸易在很早就有了，它是指贸易双方以交换商品的方式交付款项，而不是用现金。企业在资金短缺时，经常进行易货贸易，比如作为权宜之计，用铜缆换得燃料用油。但是，由于国际贸易的复杂性，特别是向发达国家进行采购时，易货贸易有了一些新的变化形式，其中涉及采购权问题。

（1）易货/互换贸易。易货/互换贸易属于等值商品交换。这种方式是以某些商品来换得其他商品，比如，以食品换飞机。由于这种交换属于等值交换，所以业务过程比较简单。如果是同类商品，像农产品或化学类商品，那么交换还可以节省运输成本。这种方式叫做互换贸易。

在综合易货贸易中，卖方提供一定价值的产品像汽车，同时允许买方以部分现金和其他产品，比如说小麦作为支付款项。然后卖方将所购货物再卖出以取得现款，或与第三方开展易货。货物经两次转手称为两角贸易，经三次转手称为三角贸易，以这种方式进行采购往往既困难又费时。

（2）抵消贸易。抵消贸易是指在对等贸易中，一方采购的是与政府或军方有关的出口货物。在抵消贸易协议中，为促成交易，出口企业同意从客户国家购买一定销售额比例的货物。协议中的这一比例通常是以一定的起点为基础，上下浮动。无论具体比例定为多少，该出口企业的采购部门都要考虑如何把这部分资金用在它应该订购的物品上。在有些情况下，从客户国家购回的物品还要再卖出，这使得该采购部门很大程度上扮演了贸易公司的角色。当采购部门不能在客户国家找到自己所需物品的供应商时，就只能将协议中要求购回的货物再售出。这时，购买行为纯粹是为了促成自己的出口。即使有时特定的交易无利可图，但是许多开展抵消贸易的企业为了自身长远发展，期望能与其他国家建立长期、互惠互利的关系。

（3）互购贸易。互购贸易要求原出口商在指定时期内从原进口商那里购买一定价值的商品（通常为出口总额的一个百分比）。

（4）回购贸易。在回购协议中，售货方同意在购买方国家开设工厂，或同意出售设备或技术。该供货方同意回购一定数量的由其在当地开设的工厂生产的产品。回购协议有效期一般为几年，甚至更长。

（5）转手贸易。在转手贸易过程中，第三方凭借其雄厚的资本参与到制定双边清算协议的两国贸易中去。第三方利用自己的资金从逆差国购买货物。通常由贸易代理或贸易公司开展这类业务。对等贸易主要用于企业缺少外汇或者难以筹措到贸易资金的情况下。当一国希望扩大其出口或新产品在国外的市场份额时，就采取对等贸易以加速这一过程。

虽然在很多情况下，供应商的采购部门在履行对等贸易中的相应协议时会遇到很多复杂的问题，但对等贸易在国际采购中为企业提供了进行低成本采购的机会，而且，它已经成为许多从事国际采购的企业的"生存之道"。以下是几条开展对等贸易的建议：决定是否实行对等贸易，如果企业没有从事国际采购的部门，则不要考虑；将对等贸易成本计入销售价格；应了解贸易另一方国家的政府、政治和法规；了解进行贸易的产品；了解对等贸易谈判过程——抵消百分比、罚金及时间期限等。

三、国际采购的方式

零售企业通常运用的国际采购方式有：通过国际贸易中介商、成立国际采购处、直接采购等。

1. 国际贸易中介商

当零售企业决定要使用国际供应来源的商品时，最简单的方法就是通过中介。合适中介商的选择应包含基本能力与所能提供的服务，中介商通常会在总交易成本中收取额外费用以避免无法预期的问题。当企业要冒险进入国际供应来源的市场，最好深思熟虑，并向国内的采购专家寻求建议。中介商主要有以下六种：

（1）进口商。进口商依据自己业务需求采购商品及利用自己的通路销售商品，承担了货物的关税及一切中介活动的风险，客户就可以通过进口商来避免各种进口的问题。事实上，可将这种交易方式可看作国内采购。

（2）代办处国。代办处通常为国外出口商在国内销售，然后再收取佣金，虽然他们处理许多船运及关税事务，但他们并不会拥有商品货物所有权。

（3）代理商。代理商是一公司或个人，为国际性公司的代表人，由供应商支付佣金，代理商的主要任务是办理船务、报关等业务，但并不像进口商一样，不需要承担财务风险。

（4）经纪商。经纪商主要为不同国家买卖双方进行联系，其佣金来自买卖双方，因从业性质如同为卖方寻找买主，也为买主寻求供应来源，但在业务上并不包含船务、报关等，有时却也担任特定用品的采购代理商并收取佣金，也如同代理商一般，经纪商并不承担任何一方的财务风险。

（5）贸易公司。贸易公司通常为一大型的公司，独立扮演上述的各种类型的中介商，为贸易网及作业技术提供许多好处与方便。以日本贸易公司为例，当日本政府实施严格的作业管制时，他们提供非常特殊的利益给外国进口商。如工商名录、政府出版品，其中都有记载这些公司的资历及服务范围。

（6）子公司。如同中国 NEC 及中国日立，他们是国际性制造者所设立以利在中国从事国际销售，他们雇用当地人，他们成为当地买主在语言及时间问题上的缓冲者，并且以当地货币计价、卖价且已包括进口关税，但他们距离生产及销售决策者非常遥远，因此技术资讯不足。有经验的国际机构指出这些公司会在他们的价格上加入 5%～35% 的服务费用。

2. 国际采购处

当零售企业在国外采购金额达到每年 1 亿～2 亿元，就必须建立一个国际采购处。这个部门的任务是迅速了解当地资源，也就是增加供应商的供应来源。国际采购协会（IPO）的人员会评估供应商并实地议价、视察品质、制造等，IPO 人员会以本国买主的立场了解及获得更多的信息。如当地的缺货风险、劳动供应状况以及政府政策动向等。IPO 也担任付款的角色，提供必要的协助给供应商。IPO 的成员通常为国内制造商驻外技术人员。IPO 采用成本中心制，以成本加 1%～2% 来收取服务费用。与其他的供应通路比较（如国外贸易中介商或直接合作关系），IPO 则较有效率，唯一的缺点是 IPO 较倾向供应商而非本国的购买厂商。

3. 直接采购

直接与供应商交易通常会得到最低的采购价格（包含运输与进口关税），他可免除中介商的加成费，但是必须花费旅行、通讯、后勤及翻译等成本。直接与供应商建立关系必须是经过审慎的执行本利量化分析之后，重要的是要符合国家整体发展政策，企业要能够事先预估到各种问题，例如，发展中国家比欧美发达国家的公司比较缺乏传真机、电报、电话等通讯及电脑设备，等等。在零售企业确定进口的品质与数量是符合需求之后，通常会拒绝通过中介商进口，主要的理由是要避免中介商的加成费用。企业要通知供应商这一新政策，然后拜访各制造商，拟制协议，签订新的合约。由于成本与技术的需求必须直接与供应商建立关系，不过最后的决定权仍决定于供应商的总公司，企业必须抵抗中介商与其制造商，不过这种抵抗终究会消除。新供应商的开发是建立在现有供应商与国际贸易中介商的密切关系基础上的。在执行这些活动之前，局部利益必须确定公司有执行运输、报关及国际付款的能力。

直接采购包含了各种复杂的交易情况，正确的步骤可免额外的费用给中间人，这些中间人可提供特别的业务。例如，海关经纪商可以帮忙处理进口文件，出口经纪商可代为办理出口报关，运输业者可代办船务，他们通常受托于没有处理能力的直接采购者。直接采购必须广泛的搜寻有能力的国际直接供应商，以评估合格的供应商，国际贸易中介商是最好的搜寻来源。但在目前中介商致力于加强通路在供应中的，规避中介商最好的方法是与提供设计、制造及行销企划的主要厂商建立直接的联系。买主也要将绩效回馈给供应商。买主可以告知中介商欲拜访供应商的主要职员，借以建立关系。同时，直接采购考虑请的时间是必要的，最好的时间在寻找新供应商或为新计划寻找供应商的时候，业绩的增加将使你事半功倍若要建立新供应商，在一开始时就要确定直接而正确的意图，否则国际子公司将开始介入你的业务，这是非常难以处理的。与其他方法相较而言，与国际代理商打交道最容易改变的。当零售企业已建立与供应商的商业及技术人员关系后，要求自己要更直接的接触。你或许会通过IPO来交易或要求更直接的交易，这必须与你所熟悉的供应商行销经理进行沟通。准备各种理由，如需要更低的成本与免除中介商的剥削对双方都有利，以免国际子公司或代理商无法提供足够的附加价值却又加层收费。

4. 国际采购的付款方式

当可以利用贸易中介商及的时候，付款给国际性供应商较为简单，若要直接付款给供应商经常要利用信用证。在采购协议的条件之一，许多国际性供应商要求企业提供当地银行的信用证。信用证是根据企业的要求由银行提供的一种文件，开头写明付款金额及保证付款，最后的付款会利用汇票。信用证中会写明商品明细和运输文件，若企业不履行义务，银行也会代为清偿，所以，所有的交易风险皆转嫁到银行身上。通常国际性供应商会要求订单与信用证保证同时提出，再利用信用证融资，借以取得必备的劳工及作业等资金。信用证有下列三种分类。①不可撤销及可撤销。不可撤销的信用证既不能也不准更改，除非有受益人的同意。②确认及不确认。确认的信用证是指银行确定承担风险，对出口商而言最好的付款方式是使用确认且不可撤销的信用证，有些银行并不承担风险，只扮演建议、咨询的角色。这些银行及其联行相信，他们有更好的能力判断开证银行的信用而非出口商。③可循转与不可循转。不可循转的信用证仅能使用于一个交易行为。当与供应商关系建立之时，就有开立可循转信用证的必要。

四、国际采购的技术支持——电子化采购

利用电子商务这一先进的经营模式来提高企业的经营效率、降低经营成本、开拓国际国内市场，从而显著地提高企业的竞争力已成为中国企业应对加入世贸组织和迎接网络经济挑战的一项重要举措。电子化采购是实施电子商务的基本内容，美国通用、福特和戴姆勒克莱斯勒三大汽车公司联合宣布，它们将联手建立一个网上采购体系，使得三家公司的原材料、零部件采购集中在一个门户网站上进行，预计这个网站每年采购额将达 2400 亿美元。电子化采购已成为企业采购的一种新的发展趋势。

随着信息技术的迅猛发展，企业的运作模式、组织结构都在发生着深刻的变革，企业的采购活动也向电子化、网络化、信息化发展，电子化采购的概念也随之应运而生。简单地说，电子化采购（也称为信息化采购）就是通过互联网络，借助计算机信息技术管理企业的采购业务。具体说来，开展电子化采购的企业在网络上公布所需的产品或服务的内容，供相应的供应商选择。采购企业通过电子目录了解供应商的产品信息。通过比较选择合适的供应商，然后，下订单并开展后续的采购管理工作。

1. 电子化采购中信息技术的功能

与原有的采购模式相比，电子化采购从采购要求的提出、订单的产生、商品运输以及存货管理等方面都有了重大的改变、网络的介入使采购流程得到优化。并在降低成本、提高效率、增加采购透明度等方面都可使采购企业和供应商双方受益，优势十分明显。电子化采购重在实现采购活动的电子信息技术化。也就是在全球采购过程中广泛应用先进的信息技术，构建良好的技术支撑体系，是以帮助企业实施信息化为总目标，以企业的采购电子化为切入点，帮助企业逐步利用消息技术整合各种资源，提升企业核心竞争力，以求更好的经营效益。电子化采购中的信息技术的功能主要体现在以下四点：

（1）数据和信息的收集整理。对全球采购而言，数据资料、信息情报的收集和整理是一件异常烦琐的工作，但利用网络通信、Internet/Intranet、Lotus Notes 等技术可以方便地从其他地方获取有用的信息，信息流的提前期通过应用这些技术而得到缩短。利用数据仓库（Data Warehouse）、数据挖掘（Data Mining）、共享数据库技术、人工智能和智能识别系统等技术能够有效地进行企业信息数据的整理。

（2）数据和信息的传递交换。目前，EDI 技术是企业进行全球采购的主要信息手段之一，它在文件传输、交接货确认、采购订单处理、预测和付款等事务中扮演着非常重要的角色。利用统一的标准格式，使计算机与计算机之间能够通畅地进行业务数据交换。在某些情况下，单点联系（single point of contact）技术、开放数据库通信（open database communication），E–Mail、传真、电话也为这些数据信息的访问相交换提供了众多的选择余地。

（3）辅助决策和决策支持。数据可视技术（data visualization technology）、在线分析处理（online analytical process，OLAP）、多媒体、CAD、CIM、DRP 等技术，有助于对全球范围内的供应商进行定位和选择，有利于采购方合理配置供应商资源。专家决策支持系统、技术分析专家系统、智能分析系统、高级计划编制与时间安排（advanced planning and scheduling，

APS）系统等能够为采购决策提供科学的依据，提高采购决策的正确性和及时性。

（4）远程沟通和谈判协调。在全球范围内与供应商进行沟通和谈判，可通过电话会议、多媒体通信。E-mail、电话/传真、GPS/GIS 和网络站点等方式进行，直接缩短了信息沟通的距离和时滞，提高了信息流的反应速度，一定程度上节省了人力、物力和财力。

2. 电子化采购模式分类

一般来讲，电子化采购模式分类主要有三种：卖方模式、买方模式、电子市场模式。

（1）卖方模式。卖方模式是指供应商在互联网上发布其产品的在线目录，采购方则通过浏览来取得所需的商品信息，然后做出采购决策。在这一个模式里，采购方能够比较容易获得所需采购的产品信息，但为了进行供应商选择，必须寻找并浏览大量的供应商网站，这些网站有各自的界面、布局、格式，不便于进行迅速的比较。如果购销双方能够使用相同的系统标准，电子采购系统与后端的企业内部信息系统很好地集成，将会极大地简化此过程。

（2）买方模式。买方模式是指采购方在互联网上发布所需采购的产品信息，由供应商在采购方的网站上投标登录，供采购方进行评估，通过进一步的信息沟通和确认，从而完成采购业务的全过程。在此模式中，采购方通过限定采购产品目录中的种类和规格、给不同的员工设定访问权限和决策权限来控制整个采购流程。供求双方通过采购方的网站进行文档传递，因此有利于对采购网站与后端的信息系统进行有效的连接，使这些文档能够流畅地被后台系统识别并加以处理。

（3）电子市场模式。电子市场模式是指供应商和采购方通过第三方设立的专业采购网站进行采购。在这个模式里，无论是供应商还是采购方都只需在第三方网站上发布提供或需要的产品信息，第三方网站负责对这些信息进行归纳和整理，然后反馈给用户使用。

企业选择何种采购模式，主要取决于两方面的因素：

一是企业规模的大小。大型企业由于规模较大、财力雄厚，通常拥有较成熟的 ERP 系统或 MRP II 系统，有实力进行更深、更广的信息系统开发。相对来讲，中小企业的规模和财力都较小，一般不具有整套的 ERP 或 MRP II 系统，无能力进行深入的信息系统开发。

二是企业采购物料种类和数量。采购的物料主要分为直接物料和 MRO 物料。直接物料是指与生产直接有关的物料，例如原材料、生产设备等，特点是数量大、价值高，需求有一定的周期性和可预测性，采购时要分析较多的技术参数，供应商选择过程也比较复杂。因此，直接物料的供应商数目通常较少，且比较固定，一般不轻易更换。

电子化采购作为实施电子商务的重要内容，相对利用网络开展电子商务活动来说，投入小、难度小，而见效十分明显，通过实施电子化采购对促进企业全方位实施电子商务有重要的意义。电子化采购顺应了电子商务发展潮流，对提高企业的市场竞争力和经济效益有很大的促进作用。

小 结

零售企业的经营活动就是从供应商处采购来商品，再把商品卖给顾客，从中获利。零售

采购的指导思想是：以最优惠的价格，在最恰当的时机，采购到最优质、最畅销的商品。商品采购是零售企业内部运作过程的重要方面，它不仅是商店运作的第一环节，是决定整个零售运作的前提条件，而且是出售商品取得利润以达到商店最终运作目的的关键。

随着零售商店规模形式的扩大和改变，随着商品销售中零售商与供应商之间关系的演变，采购商品这一环节的专业性和技术性也应不断加强。具体来说，在零售企业，采购管理人员的主要工作内容包括：制定采购计划、确定采购预算、从事采购作业、管理供应商和进行采购控制。

全球采购是高层面的国际商务活动，受诸多因素的驱动，诸如技术、市场营销、网络空间机遇、物流、金融、技术革新、社会/经济福利、财富创收等。总之，在国际互联网推动下，全球采购市场方兴未艾，其关键是在竞争激烈的市场中，买到增值产品，以满足消费者和工业发展的需求。

全球采购的关键是产品规格的制定、市场进入、确定谈判立场，以便以合适的价格获得产品并保证物流畅通。

思 考 题

1. 简述采购管理的职能及内容。
2. 你认为目前企业在选择采购方式时，存在的主要问题是什么？如何解决这些问题？
3. 企业为什么要进行国际采购？
4. 国际采购的影响因素是什么？
5. 企业在国际采购中如何选择渠道？
6. 成功的供应商关系取决于对谈判的周密计划，并熟悉这一谈判过程。论述零售商应如何准备以及展开与供应商的谈判。
7. 零售商面对许多的折扣/付款期限组合。这些采购条件的实际知识对于任何从事销售的人来说都是必需的。更重要的是，对这些条件的最佳运用将对公司利润带来重大影响。分析给予零售商的采购条件和支付条件。
8. 当决定与哪位供应商建立密切关系时，采购员应考虑哪些因素？
9. 为什么全球物流要比国内物流复杂得多？
10. 在国外进行采购的决策如何影响零售商安全库存的需要？
11. 假定你被雇佣与盖普讨论运动装的采购决策。在决定应从墨西哥或是中国购买，或在美国寻找来源时，你会考虑什么因素？
12. 试述采购与物流活动、采购管理与物流管理、供应链管理之间的关系。

参考文献

[1] 朱春瑞. 现代零售企业经营与管理实务：零售采购管理. 中国致公出版社，2005.

［2］李彬兰．零售采购技术．广东经济出版社，2004．

［3］王文信．采购管理．厦门大学出版社，2008．

［4］唐艳，蔡勇，李卫忠．现代采购管理．武汉理工大学出版社，2008．

［5］谢翠梅．连锁企业采购管理．对外经济贸易大学出版社，2010．

［6］杭言勇．国际采购实务．大连理工大学出版社，2007．

［7］胡军．国际采购理论与实务．中国物资出版社，2008．

第四章　生产运营管理

第一节　引　言

　　计划是管理的首要职能。没有计划，企业内一切活动都会陷入混乱。在一个好的计划指导下，水平一般的下属，也会做出成效。在一个差的计划指导下，能力很强的下属，也会把工作弄糟。现代工业生产是社会化大生产，企业内部分工十分精细，协作非常严密，任何一部分生产活动都离不开其他部门而单独进行。因此，需要统一的计划来指挥企业各部分的活动。企业里没有计划，好比一个交响乐队没有乐曲，是无法进行任何生产经营活动的。

　　这里我们主要讨论的是能力计划和生产计划。企业的生产能力将直接影响到企业可提供的产品和服务，但市场需求的不确定性，使得企业做生产能力决策时非常困难。因为生产能力的决策不仅包括量的决策以及各种资源比例的决策，还包括增长方式及增长率的决策。生产计划是实现企业经营目标的最重要的计划，是编制生产作业计划、指挥企业生产活动的龙头，是编制物资供应计划、劳动工资计划和技术组织措施计划的重要依据。各种职能计划又是编制成本计划和财务计划的依据。成本计划和财务计划是编制经营计划的重要依据。

　　本章主要介绍童车制造企业 HB 公司，在从各供应商处采购进生产所需的各种原材料及零部件后，如何根据企业的设备、人力、原材料供应、生产类型等因素在合理的能力计划的基础上，借助相关计划软件制定符合企业内外部条件的生产计划。

> 【学习要点】

1. 了解生产能力的概念及影响因素及生产能力的衡量指标。
2. 了解物料需求计划 MRP 的基本原理。
3. 了解增加生产能力的主要策略。
4. 了解生产能力计划的时间类别及产能平衡问题。
5. 了解库存管理的概念和主要库存成本的构成。

第二节　作　业　计　划

一、能力计划

1. 生产能力的概念

企业的生产能力是指企业所输入的资源，在一定的时间内，并在先进合理的技术组织条件下，所能实现的最大产出量。

在制造企业中，生产能力经常用产品的产量来表示，例如，汽车厂一个班次生产的产量或一年生产的产量，而在服务业中，生产能力被表示为一段时间所服务的人数，如餐馆从中午 12：00—13：00 所能提供的就餐人数。

影响企业生产能力的因素主要有以下四个方面：

（1）要生产的产品（或提供的服务）。无论是制造业还是服务业，当生产的产品（或服务）不同时，对各种能力资源要求的种类和比例也不同，因此将会影响到企业的能力是否被充分利用。比如管理类专业的学生所要求的师资专业及各种专业的比例与艺术类学院的就不同。当企业生产的产品品种较多时，不同的产品组合对企业是否能充分利用已有资源都会有很大影响。

（2）所输入的一定数量的资源。企业要生产产品（或提供服务），就需要输入资源。例如，设备、劳动力（服务业同样需要设施和人力），这里面包括资源的种类和数量，还应该考虑各种资源的比例。因为资源的数量及其比例，都会影响到产品的产出数量。另外，企业所输入的资源必须是有效的，例如报废的产品就不应计入在内。

（3）先进合理的技术组织条件。企业的产出与企业的技术水平和管理组织水平有密切的关系，即与工艺方法、人力资源的培训、生产技术水平、质量管理、库存和设备管理等有关。例如，银行的付款系统，是采用人工付款系统还是采用自动付款系统，所能提供的服务量是明显不同的；又如，对一家汽车厂的生产经理来说，若每年有 1 万小时的总工时，应该如何安排这些工时，是将其全部用于生产 5 万辆双开门汽车呢，还是全部用于生产 4 万辆四开门汽车？或是用于两类汽车的混合生产？不同的安排方法将影响到企业资源的充分利用，同时也就影响到企业的产出，从而也影响到企业的利润。不同的安排方法实际反映出企业不同的管理水平。因此，企业的生产能力，必须是在企业先进合理的技术组织条件下的最大产出。

（4）一定的时间。

企业生产能力的大小，与所界定的时间范围是有直接关系的。时间长短的不同，所能实现的生产能力是显然不同的。企业制定战略能力计划的目标，是为了在所有的资源的能力水平下，从运作方面能很好地支持企业的长期竞争战略。企业能力水平的选择，对企业诸方面有着重要影响，例如企业对市场的响应速度、成本结构、库存策略和人力资源计划等。

若生产能力不足，企业将会由于生产速度慢、生产量满足不了用户需求或由于竞争对手占领了企业市场份额而失去了用户；若能力富余，企业或是采用降低产品价格去刺激市场需求，或是解雇多余劳力，或是增加库存，或是寻找其他利润较低的产品去生产，但其结果使企业或增加成本，或减少收入，最终降低利润。因此，企业对生产能力应该做一个合理的计划，使其被合理利用，以支持企业的长期竞争战略。

2. 能力单位

生产能力的大小是以其产出量来衡量的。但不同类型的企业其能力单位是不一样的。一般说来，有以下一些主要的能力计划单位：

（1）产品。即生产能力的大小是以某种具体产品的产出量来表示的，如某汽车厂一年的生产能力是 30 万辆轿车。这种计量指标常用于对象专业化且品种很少的大量生产类型企业。当品种较多，但又为系列产品时，可用其中一种代表产品表示产量，其他产品根据其与代表

产品劳动量的比例进行折算。

（2）生产能力的投入资源单位。对于一个工艺专业化且多品种的企业，由于有不同产品或服务的组合，列出每一种产品相关的生产能力是不现实的，特别是当产品的组合经常发生变化时，意味着生产能力的具体含义要不断修正，这在现实工作中很难操作，且生产能力所代表的具体含义也很模糊。在这种情况下，生产能力单位常用资源单位来表示，例如，医院的床位或餐馆的座位，或工厂的生产工时等。

（3）销售额单位。当产出的产品品种很多，且投入的资源也很多，用以上两种能力单位都较难表达时，可以用销售额表示能力。

对生产能力的理解经常容易产生的一个错误是：把能力和产量混淆起来，产量是在某个时间段里的实际产出，而能力是在规定时间段应有的最大产出。例如，一个学校今年毕业的学生人数是上千人，这个只是说明了该学校今年实际毕业的人数，而并不能告诉我们这个学校具有每年能使多少学生毕业的能力。

表 4 - 1　　　　　　　　　　不同行业生产能力投入的资源

行业	投入	产出
汽车制造	劳动工时，设备工时	每班生产汽车数
炼钢厂	炉膛容量	每天每炉生产钢铁吨数
农业	农田亩数	每年每亩生产农作物总斤数
饭店	餐桌数，座位数，面积数	每天接待食客数
航班	座位数	每航班卖出的座位数
零售店	店铺面积	每天实现的收入
学校	师资、教室、实验室等	每年毕业的学生人数

3. 生产能力的衡量

由于各种原因，企业的实际产出不一定能达到企业的生产能力，因此需要对企业的生产能力利用情况进行衡量。

（1）最佳运作水平。最佳运作水平（best operating level）是指生产系统的设计生产能力，即当产品单位生产成本最小时的输出产量。当生产系统的产出量低于最佳运作水平时，平均成本将由于管理成本分摊到的产出量下降而上升；当高于最佳运作水平时，由于加班、设备磨损、废品率增加（对服务业来说，可能由于服务质量和工作效率下降）而使平均成本上升。这一关系如图 4 - 1 所示。

（2）生产能力利用率。生产能力利用率 = 有效能力（或预期能力）/设计能力

所谓有效生产能力是指在给定产品组合、排程、机器维修以及质量因素等情况下的最大可能产出。有效生产能力要考虑市场需求、产品组合改变的现实性、设备定期维修的需要、午餐或休息时间以及生产规划和平衡情况等现实后，预期能获得的能力。通常有效能力要小于设计能力，它反映出市场需求，技术和管理水平等现实情况的约束后的可能生产能力。

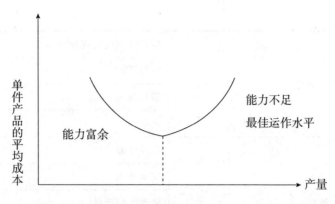

图 4 - 1　最佳运作水平

（3）生产效率。生产效率 = 实际产出/有效（预期）能力

由于受到机器故障、缺工、材料短缺、不合格品等预期之外问题的影响，实际产出通常要小于有效生产能力。生产效率是衡量对有效生产能力的利用情况，生产效率实际考核的是现场管理水平。

通常，生产运营经理只注意注重生产效率，而忽视能力利用率。实际上，只考核生产效率将会起到误导作用，因为当有效能力与设计生产能力相比很小时，高的生产效率并不能反映企业资源真正得到了有效的运用。

能力利用率与生产效率反映了由于各种原因的影响所造成的能力利用情况，表 4 - 2 表明了影响生产能力的各种因素。

表 4 - 2　　　　　　　　　决定生产能力利用的因素

工厂设施	设计
	选址
	布局
产品/服务	设计
	产品或服务组合
工艺	产量能力
	质量能力
人力因素	工作满足
	人员素质
	培训和经验
	报酬
	学习的欲望
	缺勤和跳槽

运行	生产计划的合理性
	材料管理
	质量保证
	设备维护
外部因素	产品标准
	安全条例
	劳动供应市场
	污染控制标准
	宏观经济环境

对企业生产能力的衡量中，还必须分清最高能力与持久能力之间的差别。最高能力只能持续较短的时间，例如，一个月中的几天或者一天中的几小时。最高能力考虑了加班时间、额外的人力和特殊的激励政策。例如，当企业服务突然增加，短期内可使用最高能力满足需求，但这种能力状况无法持久，因此持久能力是一种能维持长时期的能力水平。

在作能力计划时，通常应同时考虑到最高能力和持久能力，尤其在服务行业，有时最高能力往往比持久能力更重要。例如，美发厅、旅行社、餐厅和电话服务。在服务行业，由于服务不能储存，所以要更加重视最高能力的计划。

4. 规模经济

规模经济的含义是指扩大生产规模形成的单位产品成本的下降。产生规模经济的原因是由于投资费用和管理费用的相对节约。如一台设备的生产率是另一台设备的 2 倍，而它的价格不到后者的 2 倍，这就产生了投资费用的相对节约。

企业对于规模经济的应用是很普遍的，例如：①当工厂扩大规模、产量上升，资源得到充分利用时，单位产品分摊到的固定费用下降，从而使得产品成本下降；②增加生产的批量，从而使得单件产品分摊到的设备调整时间和费用下降；③提高劳动力和设备的专业化程度，从而使得产品成本下降。

工厂规模扩大有其增加经济效益的一面，但规模过大也有其不利之处，即会出现规模不经济的现象。这是由于：①工厂规模过大意味着生产更集中于一处，相应增加了物流的流入（原材料）或/和流出（成品）的运输费用；②规模过大使得组织机构庞大，部门之间的协调工作量随之增加；③规模过大使得经营风险随之增加，为了能够取得规模效应，往往让设备连续运转，造成成品生产过多；为了能卖出这些产品，又往往采用折价出售等手段来激励需求。

5. 经验曲线

经验曲线是指这样一种现象：随着一个企业生产某种产品或从事某种业务的累计数量的增加、经验的不断累积，该企业在以后的生产中可以不断地降低成本。这种由于经验增加而使成本下降的现象称为经验曲线效应。

当工厂累积产量增大一倍时，其生产成本降低到原来的一个百分比，这个百分比就称为这种产品的经验效应。

图 4-2 显示的是一种具有 85% 经验效应的经验曲线。经验曲线表明，累积产量每增大一倍，生产这种产品的单位直接成本将下降到原来的 85%。

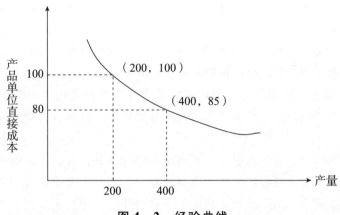

图 4-2　经验曲线

从经验曲线这一因素考虑，单位成本下降的快慢取决于累积产量的大小和曲线的斜率。因此，对降低成本的潜力具有较大影响的因素是：行业的经验效应（不同行业经验效应不同，影响到曲线的斜率）以及市场需求率的增长速度。例如，需求增长迅速和有着较强经验效应的电子计算机行业产品的成本就下降很快。

6. 规模经济和经验曲线的结合

根据对规模经济和经验曲线的分析，可以看出，大型企业与小型企业相比可以在两种方式上获得竞争优势：即不仅可以从规模经济，还可以通过累积生产较多数量的产品从经验曲线方面获得竞争优势。

企业经常综合采用这两种策略取得竞争优势，首先建立一家具有规模效应的大型工厂，利用规模效应获得低成本，从而通过低价刺激需求使需求量增大，这样迅速增加生产量，在此基础上又利用经验效应降低成本，然后进一步降价，进一步刺激需求。

当然，要成功地将这两者结合起来，取得竞争优势，必须满足以下两个条件：①产品满足用户的需求；②市场有足够的需求量。

若不满足这两个条件，则无法取得规模效应和经验曲线效应。这时会由于固定成本无法分摊到很多数量的产品上去，而使得单件成本上升。国内这样的例子很多，当看到某些项目有投资前景时就一哄而上、重复投资，而且盲目上规模，家电业就是如此，投资过多，供求比例失调，使企业所希望的规模效应无法实现。

二、生产能力计划

企业的生产能力对企业来说是一个非常重要的信息，它使经理清楚地了解生产能力的限

制，从而做出与这些限制有关的决策和计划，任何一个生产能力计划的基本问题包括：需要何种生产能力；需要多大生产能力；何时需要这种生产能力。

1. 生产能力计划的时间类别

从时间上划分，生产能力计划可以分为长期能力计划、中期能力计划和短期能力计划。

（1）长期能力计划。长期能力计划的时间范围在一年以上，长期能力计划中的能力资源需要花较长时间去获得或安排，如厂房、设备等。长期能力计划的实施需要高层领导的批准和参与。

（2）中期能力计划。中期能力计划的时间跨度是月度或季度。在中期能力计划中所涉及的能力有招聘、解聘、新工具或小设备的采购及外协等。

（3）短期能力计划。短期能力计划的时间范围在一个月之内。一般为日程计划或周计划，主要是针对计划产出与实际产出之间的差距作调整时，所涉及的能力安排计划，包括加班、人员调动等。

能力计划除了在时间上有所区别外，不同层次的管理者，对能力计划所关心的层面也不同。企业生产副总关心企业内部各工厂（或服务企业）需要的总生产能力的大小，从而决定为这些能力投入多少资金。工厂经理（或服务企业的部门经理）关心怎么以最优的方式使工厂（部门）能力满足预期需求。其中涉及的库存、劳力安排等问题。一线生产主管关心的是设备与人力资源结合的情况如何，怎样完成每天的工作量。

2. 产能平衡问题

在做能力计划时，涉及要研究的问题是：企业在给定的内部、外部条件的情况下应有多大的生产能力？当需要扩大其生产能力时，应该以怎样的方式来增加？怎么保持产出与能力之间的平衡？

（1）维持生产系统的平衡。在做生产能力计划时，经常要涉及生产系统产能平衡的问题。什么是生产系统的产能平衡呢？对生产系统平衡的传统理解是：生产系统第一阶段的输出量恰好等于第二阶段的输入量；而第二阶段的输出量又完全提供给第三阶段的输入。这是一种理想的生产系统平衡的假设，事实上是不可能的，而且也并不一定希望是这种状态，这是由于：

①每一生产阶段的最佳运作水平不一定相同。在生产系统投入运作的初期，可能每一生产阶段的最佳运作水平是相同的。但随着时间的推移，产品的品种变化了，生产工艺也变了，因此使得各生产阶段的最佳运作水平起了变化（能力是与产品品种、生产技术有关的），这时每一生产阶段的最佳运作水平是不同的。若按传统的维持生产系统平衡的观点安排生产，意味着不一定是在最佳运作水平上生产。

②市场对产品需求经常变化。当出现变化时，没有必要从头到尾进行调整，而应使用反应速度快，损失小的调整方法，如图 4 - 3 所示。

如图 4 - 3（a）所示，当某一产品的生产已经安排，市场对该产品的需求突然下降，得到这一消息第一阶段已产出若干数量，但没有必要在第二阶段全部投入，因为市场已不需要这么多，继续投入反而带来更大的浪费。反之也一样，如图 4 - 3（b）所示，若市场需要突然上升，第一阶段已投入若干量，为了追踪市场，从第一阶段追踪速度太慢，因此可以从第

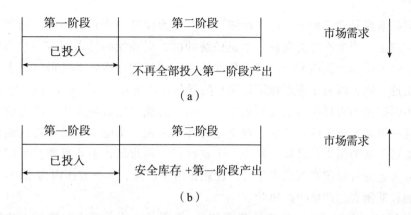

（a）市场需求下降时的调整；（b）市场需求上升时的调整

图 4 - 3　　　　维持生产系统平衡

二阶段开设追踪（使用安全库存）。

③生产过程本身是动态的，设备、质量、运输等也会出现问题，使平衡的生产计划被破坏，出现不平衡。

（2）解决生产系统不平衡。解决生产系统不平衡问题的方法很多，如：①增加瓶颈阶段的生产能力，可通过加班、外包、租用设备等办法来增加瓶颈的生产能力。②在瓶颈之前设有缓冲库存，使瓶颈不出现等待，提高瓶颈的产出率。

3. 增加生产能力的三种策略

需求的增长或变动是连续的，而生产能力由于技术和经济上的原因，增长是分段进行的。例如：某一作业的理想生产能力是每小时 55 件，假设用于这一作业的设备每小时可以加工 35 件，用一台设备生产每小时能力会短缺 20 件；若用 2 台设备生产，则每小时会多余生产能力 15 件。这就形成了生产能力或者超出于需求或者滞后于需求的矛盾。因此，我们定义：

能力缓冲 = 生产能力—平均需求

增加生产能力的三种策略与能力缓冲的数量有关。

（1）能力超前。能力超前的示意图如图 4 - 4 所示。

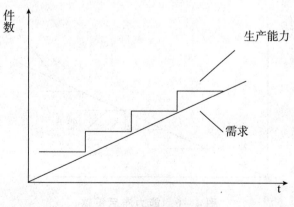

图 4 - 4　能力超前策略

能力超前的策略是在增加能力时，始终让生产能力保持一个正的缓冲。其指导思想是试图保证需求的满足。当生产能力保持一个正的缓冲时，对预期的需求而言，它形成一个间歇的过剩能力。这种能力的正缓冲既可以为预期的需求增长做好准备，又可以对未预期到的需求增长做出迅速反应，以利于更好地满足用户的紧急订货要求，从而有利于扩大市场占有率。当存在一个不断扩张的市场或当建设和运作生产能力的成本比起缺少生产能力的成本相对便宜时，采用这种策略是合适的。例如，对于电力部门来说，供电量不足所造成损失远远大于生产能力过剩而带来的损失；又如，对于一个正在成长的市场，企业可能会采用能力的正缓冲，这样一方面企业可以跑在其他竞争者前面赢得市场份额；另一方面因为市场在不断扩大，将存在较少的长期闲置生产能力的风险。

（2）大体同步。大体同步的策略示意图如4－5所示，能力需求的增长大体同步的策略是指生产能力的增长与需求的增长相接近的策略。采用这种策略，公司在扩张生产能力方面更加稳健。照预测的需求，根据50%的概率造成生产能力不足和50%的概率造成生产能力闲置来增加能力。当缺少生产能力造成的后果（如失去销售机会）和生产能力过剩的成本大致相当时，常采用大体同步的策略。

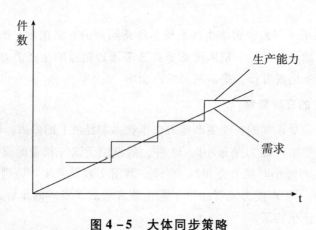

图4－5 大体同步策略

（3）能力滞后。能力滞后策略如图4－6所示。

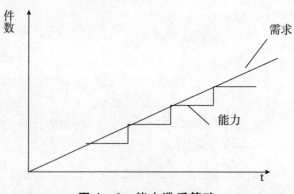

图4－6 能力滞后策略

能力滞后的策略是保证生产能力充分利用的策略。在这种情况下，为保证生产能力最大化使用，生产能力经常保持一个负的缓冲。生产能力过剩相对应缺货来说是非常不好算的，采用能力滞后的策略是正确的。例如，在炼油厂、造纸厂或其他资本密集型企业里，只有当设施是利用率达到90%以上时，企业才能获利。这是一种较为保守的策略，宁愿承担失去销售机会的风险，也不愿承担因生产能力过剩而形成投资增加、利润下降的危险。这种策略有时会损害长期的市场份额，特别是当竞争对手采用更大的能力正缓冲并且市场需求超过生产能力的时候更是如此。

扩大生产能力对企业有很大的吸引力，这有经济上的原因（规模经济），竞争上的原因（大企业在竞争中的优势），还有管理上的原因（企业领导人的个人目标往往倾向于扩大企业规模和能力），企业在确定生产能力的变动方式时，应保持清醒，避免因为策略的盲目性而处于被动地位。

4. 确定生产能力方法

（1）根据预测生产能力的需求作能力规划。在确定能力需求量时，一般按下述步骤进行：

①运用预测技术，预计每条产品线上各种产品组的需求量（产品线是指各种不同包装的同种产品，比如，同一牌子的牛奶，有瓶装、袋装及盒装等多种，但它们都属于同一产品线）。

预测时要注意的一个问题是产品线的划分宜粗不宜细，并且要针对能力的使用情况来分组。例如，包装的形式有瓶装与袋装，根据包装尺寸，颜色还可以进一步细分，但由于瓶装与袋装要分别使用不同类型的设备，那么在预测时划分的产品组的依据就是包装的形式；如是瓶装还是袋装。这样做的原因是由于在市场需求多变的情况下，产品线分得越细越不容易预测准，而按照大类则较容易预测。

②计算满足预测量所需的设备数及人力数。

③当实际具有的能力数不能满足预测所需的设备数及人力数时，对计划期内的人力及设备做出规划（即增长方式及增长频率的问题）。

在确定需求量时，不能只从一个企业的角度来考虑问题，除了考虑本企业情况外，还要注意竞争对手可能采取的行动，其他因素的影响。如原材料的供应，国际市场的变化等。

（2）利用决策树设计不同生产能力发展规划。利用决策树可以进行生产能力的决策。决策树通过图示各种情况发生的条件及结果，帮助人们理解问题和解决问题。

决策树由决策结点、机会结点及结点间的分枝连线所构成。如图4-7所示。图中方框表示决策结点，圆圈表示机会结点，从决策结点引出的分枝线表示决策者可选择的方案，从机会结点引出的分枝线表示这一方案可能会出现的各种情况及发生的概率。在利用决策树解题时，从决策树末端起，从后往前推，在推的过程中，要计算出每一阶段每一方案的期望值，如图4-7，"新建"方案的期望值是100。

预期收益（新建）$= 0.7 \times 130 + 0.3 \times 30 = 100$

预期收益（扩建）$= 0.7 \times 120 + 0.3 \times 40 = 96$

预期收益（不扩建）$= 0.7 \times 130 + 0.3 \times 0 = 91$

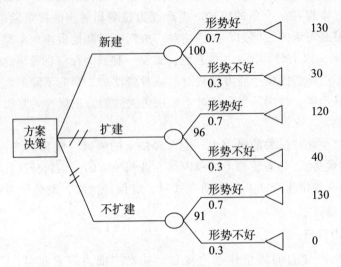

（收入-成本=净收益）

图4-7　不考虑资金时间价值的决策树图

对以上预期收益进行分析，可以看出，如果不考虑资金的时间价值，该企业应该选择新建项目。

5. 生产能力开发方案

由于需求的多变，能力增加又呈现出分段跳跃的特定，因此能力和需求之间的差异总是存在的，除了考虑用增加能力的办法来满足需求以外，还可以寻找可能开发的生产能力方案。

（1）生产系统的设计要融入柔性。生产系统涉及的柔性可体现在很多方面，从选址开设，到内部布置，装备选择、人力资源培训、产品计划、生产排程以及库存策略等。例如，在企业选址时，就要为将来扩大规模留有余地；设备布置时，考虑采用可调性的布置方案；装备选择时，同样要注意选择适应面广的型号；人力资源的培训要注意多面手的培训等。

（2）全盘考虑生产能力的变化。开发生产能力方案时，必须全盘考虑各系统能力之间的相互关系。例如，开一家新的大型商场，同时必须考虑到停车场、饮食以及环保方面需求方面的增加。

另外，企业在增加生产能力时，必须要考虑的一个问题是这种能力是要满足一种新产品/新服务，还是要满足成熟产品/成熟服务？当这种能力用于满足的是新产品/新服务时，由于可预测性较差，因此增加能力的决策是存在风险的；而当这种能力是用于满足成熟产品/成熟服务时，由于成熟产品/成熟服务的生命周期有限，那么企业必须考虑为这种产品生命周期结束时的相应生产能力找到其他用途。

（3）生产能力的互补安排。需求的不均匀，导致对生产能力的需求也经常变化，例如，下雨天对公交车的需求量会大大高于好天气时对公交车的需求，这样就会导致生产系统的能力经常处于要么利用不足、要么过度使用的交替之中。

造成这种需求不均匀的原因有两类：一类是需求的随机性，另一类是需求的季节性。比起随机性变化来说，由于季节性变化具有可预测性，相对比较容易处理。解决这一问题的较好方法是找到在季节需求上互补的产品或服务。例如，滑雪的需求与冲浪的需求在季节上是互补的，这样就可以解决这类娱乐场所能力需求不均匀的问题。最理想的情况是需求互补的产品所用的资源是相同的，这样总体生产能力可保持相对的稳定。

三、生产计划的制订

（一）生产计划的层次

生产计划是一种战术性计划，它以产品和工矿配件作为计划的对象，这些都是企业向市场所提供的东西。生产作业计划是生产计划的执行计划，是指挥企业内部生产活动的计划。对于大型加工装配式企业，生产作业计划一般分成厂级生产作业计划和车间级生产作业计划两级。厂级生产作业计划的对象为原材料、毛坯和零件。从产品结构的角度来看，也可称作零件级作业计划。车间级生产作业计划的计划对象为工序，故也可称为工序级生产作业计划。

（二）生产计划指标体系

生产计划的主要指标有品种、产量、质量、产值和出产期。

（1）品种指标，是企业在计划期内出产的产品品名、型号、规格和种类数，它涉及"生产什么"的决策。确定品种指标是编制生产计划的首要问题，关系到企业的生存和发展。

（2）产量指标，是企业在计划期内出产的合格产品的数量，它涉及"生产多少"的决策，关系到企业能获得多少利润。产量可以用台、件、吨表示。对于品种、规格很多的系列产品，也可用主要技术参数计量，如拖拉机用马力、电动机用千瓦等。

（3）质量指标，是企业在计划期内产品质量应达到的水平，常采用统计指标来衡量，如一等品率、合格品率、废品率、返修率等。

（4）产值指标，是用货币表示的产量指标，能综合反映企业生产经营活动成果，以便不同行业比较。根据具体内容与作用不同，分为商品产值、总产值与净产值三种。

商品产值是企业在计划期内出产的可供销售的产品价值。商品产值的内容包括：用本企业自备的原材料生产的成品和半成品的价值、用外单位来料加工的产品加工价值、工业劳务的价值。只有完成商品产值指标，才能保证流动资金正常周转。

总产值是企业在计划期内完成的以货币计算的生产活动总成果的数量。总产值包括：商品产值、期末期初在制品价值的差额、订货者来料加工的材料价值。总产值一般按不变价格计算。

净产值是企业在计划期内通过生产活动新创造的价值。由于扣除了部门间重复计算，它能反映计划期内为社会提供的国民收入。净产值指标算法有两种：生产法和分配法。按生产法：净产＝总产值所有转入产品的物化劳动价值；按分配法：净产值工资总额福利基金税金利润属于国民收入初次分配的其他支出。

（5）出产期，是为了保证按期交货确定的产品出产期限。正确地决定出产期很重要。因

为出产期太紧，保证不了按期交货，会给用户带来损失，也给企业的信誉带来损失；出产期太松，不利于争取顾客，还会造成生产能力浪费。

（三）滚动式计划

编制滚动式计划是一种编制计划的新方法。这种方法可以用于编制各种计划。按编制滚动计划的方法，整个计划期被分为几个时间段，其中第一个时间段的计划为执行计划，后几个时间段的计划为预计计划。执行计划较具体，要求按计划实施。预计计划比较粗略。每经过一个时间段，根据执行计划的实施情况以及企业内、外条件的变化，对原来的预计计划作出调整与修改，原预计计划中的第一个时间段的计划变成了执行计划。比如，2004 年编制的年度计划，计划期从 2005—2009 年，共 5 年。若将 5 年分成 5 个时间段，则 2005 年的计划为执行计划，其余 4 年的计划均为预计计划。当 2005 年的计划实施之后，又根据当时的条件编制 2006—2010 年的 5 年计划，其中 2006 年的计划为执行计划，2007—2010 年的计划为预计计划。依次类推。修订计划的间隔时间称为滚动期，它通常等于执行计划的计划期。如图 4 - 8 所示。

执行计划	预计计划			
2005	2006	2007	2008	2009

滚动期				
	2006	2007	2008	2009	2010

图 4 - 8　编制滚动计划示例

滚动式计划方法有以下优点：一是使计划的严肃性和应变性都得到保证。因执行计划与编制计划的时间接近，内、外条件不会发生很大变化，可以基本保证完成，体现了计划的严肃性；预计计划允许修改，体现了应变性。如果不是采用滚动式计划方法，第一期实施的结果出现偏差，以后各期计划如不作出调整，就会流于形式。

二是提高了计划的连续性。逐年滚动，自然形成新的五年计划。

四、备货型生产企业年度生产计划的制订

备货型生产企业编制年度生产计划的核心内容是确定品种和产量，因为有了品种和产量就可以计算产值。备货型生产无交货期设置问题，因为顾客可直接从成品库提货。大批和中批生产一般是备货型生产。

（一）品种与产量的确定

1. 品种的确定

对于大量大批生产，品种数很少，而且既然是大量大批生产，所生产的产品品种一定是

市场需求量很大的产品。因此,没有品种选择问题。

对于多品种批量生产,则有品种选择问题。确定生产什么品种是十分重要的决策。确定品种可以采取象限法和收入利润顺序法。象限法是美国波士顿顾问中心提出的方法,该法是按"市场引力"和"企业实力"两大类因素对产品进行评价,确定对不同产品所应采取的策略,然后从整个企业考虑,确定最佳产品组合方案。

收入利润顺序法是将生产的多种产品按销售收入和利润排序,并将其绘在收入利润图上,表4-3所示的八种产品的收入和利润顺序,可绘在图4-9上。

表4-3　　　　　　　　　　　　销售收入和利润次序

产品代号	A	B	C	D	E	F	G	H
销售收入	1	2	3	4	5	6	7	8
利润	2	3	1	6	5	8	7	4

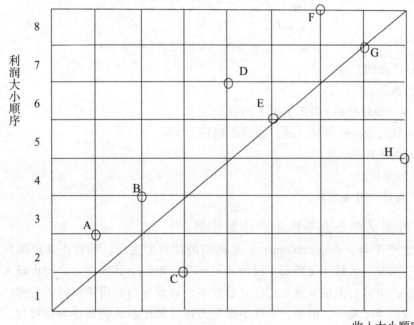

图4-9　收入-利润次序

由图4-9可以看出,一部分产品在对角线上方,还有一部分产品在对角线下方。销售收入高,利润也大的产品,即处于图4-9左下角的产品,应该生产。相反,对于销售收入低,利润也小的产品(甚至是亏损产品),即处于图4-9右上角的产品,需要作进一步分析。其中很重要的因素是产品生命周期。如果是新产品,处于导入期,因顾客不了解,销售额低;同时,由于设计和工艺未定型,生产效率低,成本高,利润少,甚至亏损,就应该继续生产,并做广告宣传,改进设计和工艺,努力降低成本。如果是老产品,处于衰退期,就不应继续

生产。除了考虑产品生命周期因素以外，还可能有其他因素，如质量不好，则需提高产品质量。一般来说，销售收入高的产品，利润也高，即产品应在对角线上。对于处于对角线上方的产品，如 D 和 F，说明其利润比正常的少，是销价低了，还是成本高了，需要考虑。反之，处于对角线下方的产品，如 C 和 H，利润比正常的高，可能由于成本低所致，可以考虑增加销售量，以增加销售收入。

2. 产量的确定

品种确定之后，确定每个品种的产量，可以采用线性规划方法。利用线性规划，可求得在一组资源约束下（生产能力、原材料、动力等）各种产品的产量，使利润最大。例如有 n 种产品品种，m 种资源约束，可采用以下形式的线性规划来优化：

$$\mathrm{Max}Z = \sum_{i=1}^{n} (r_i - c_i) x_i$$

满足：

$$\sum_{i=1}^{n} a_{ik} x_i \leq b_k, \quad k = 1, 2, \cdots, m$$

$$x_i \leq U_i$$

$$x_i \geq L_i, \quad L_i \geq 0, \quad i = 1, 2, \cdots, n$$

式中，x_i：产品的产量；

b_k：资源的数量；

a_{ki}：生产一个单位产品 i 需要资源 k 的数量；

U_i：产品 i 最大潜在销售量（通过预测得到）；

L_i：产品 i 的最小生产量；

r_i：产品 i 的单价；

c_i：产品 i 的单位可变成本。

（二）订货型生产企业年度生产计划的制订

单件小批生产（job–shop production）是典型的订货型生产，其特点是按用户订单的要求，生产规格、质量、价格、交货期不同的专用产品。单件小批生产方式与大量大批生产方式都是典型的生产方式。大量大批生产以其低成本、高效率与高质量取得的优势，使得一般中等批量生产难以与之竞争。但是，单件小批生产却以其产品的创新性与独特性，在市场中牢牢地站稳了脚跟。其原因主要有三个：

原因之一，大量大批生产中使用的各种机械设备是专用设备，专用设备是以单件小批生产方式制造的。

原因之二，随着技术的飞速进步和竞争的日益加剧，产品生命周期越来越短，大量研制新产品成了企业赢得竞争优势的关键。新产品即使是要进行大量大批生产，但在研究与试制阶段，其结构、性能、规格还要作各种改进，只能是单件小批生产方式。

原因之三，单件小批生产制造的产品大多为生产资料，如大型船舶、电站锅炉、化工炼油设备、汽车厂的流水线生产设备等，它们是为新的生产活动提供的手段。对于单件小批生产，由于订单到达具有随机性，产品往往又是一次性需求，无法事先对计划期内的生产任务作总体安排，也就不能应用线性规划进行品种和产量组合上的优化。但是，单件小批生产仍需要编制生产计划大纲。生产计划大纲可以对计划年度内企业的生产经营活动和接受订货决策进行指导。一般来讲，编制大纲时，已有部分确定的订货，企业还可根据历年的情况和市场行情，预测计划年度的任务，然后根据资源的限制进行优化。单件小批生产企业的生产计划大纲只能是指导性的，产品出产计划是按订单作出的。因此，对单件小批生产企业，接受订货决策十分重要。

1. 接受订货决策

当用户订单到达时，企业要做出接不接、接什么、接多少、何时交货的决策。在出这项决策时不仅要考虑企业所能生产的产品品种，现已接受任务的工作量，生产能力与原材料、燃料、动力供应状况，交货期要求等，而且要考虑价格是否能接受。因此，这是一项十分复杂的决策。其决策过程可用图4-10描述。

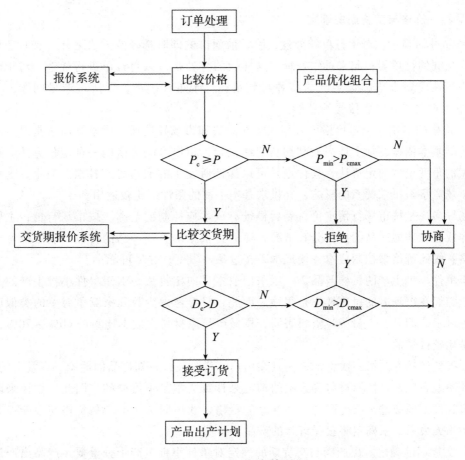

图4-10　订货决策过程

用户订货一般包括要订货的产品型号、规格、技术要求、数量、交货时间 Dc 和价格 Pc。在顾客心里可能还有一个最高可以接受的价格 $Pcmax$ 和最迟的交货时间 $Dcmax$。超过此限，

顾客将另寻生产厂家。

对于生产企业来说，它会根据顾客所订的产品和对产品性能的特殊要求以及市场行情，运用它的报价系统（计算机和人工的）给出一个正常价格和最低可接受的价格 P_{min}，也会根据现有任务情况、生产能力和生产技术准备周期、产品制造周期，通过交货期设置系统（计算机和人工的）设置一个正常条件下的交货期和赶工情况下最早的交货期 D_{min}。

在品种、数量等其他条件都满足的情况下，显然，当 $P_c > P$ 和 $D_c > D$ 时，订货一定会接受。接受的订货将列入产品出产计划。当 $P_{min} > P_{cmax}$ 或者 $D_{min} > D_{cmax}$，订货一定会被拒绝。若不是这两种情况，就会出现很复杂的局面，需经双方协商解决。其结果是可能接受，也可能拒绝。较紧的交货期和较高的价格，或者较松的交货期和较低的价格，都可能成交。符合企业产品优化组合的订单可能在较低价格下成交，不符合企业产品优化组合的订单可能在较高价格下成交。从接受订货决策过程可以看出，品种、数量、价格与交货期的确定对 MTO 企业十分重要。

2. 品种、价格与交货期的确定

（1）品种的确定。对于订单的处理，除了前面讲的即时选择的方法之外，有时还可将一段时间内接到的订单累积起来再作处理，这样做的好处是可以对订单进行优选。对于小批生产也可用线性规划方法确定生产的品种与数量。对于单件生产，无所谓产量问题，可采用 $0-1$ 型整数规划来确定要接受的品种。

（2）价格的确定。确定价格可采用成本导向法和市场导向法。成本导向法是以产品成本作为定价的基本依据，加上适当的利润及应纳税金，得出产品价格的一种定价方法。这是从生产厂家的角度出发的定价法，其优点是可以保证所发生的成本得到补偿。但是，这种方法忽视了市场竞争与供求关系的影响，在供求基本平衡的条件下比较适用。

市场导向法是按市场行情定价，然后再推算成本应控制的范围。按市场行情，主要是看具有同样或类似功能产品的价格分布情况，然后再根据本企业产品的特点，确定顾客可以接受的价格。按此价格来控制成本，使成本不超过某一限度，并尽可能小。

对于单件小批生产的机械产品，一般采用成本导向定价法。由于单件小批生产的产品的独特性，它们在市场上的可比性不是很强。因此，只要考虑少数几家竞争对手的类似产品的价格就可以了。而且，大量统计资料表明，机械产品原材料占成本比重的 60% ~ 70%，按成本定价是比较科学的。

由于很多产品都是第一次生产，而且在用户订货阶段，只知产品的性能、容量上的指标，并无设计图纸和工艺，按原材料和人工的消耗来计算成本是不可能的。因此，往往采取类比的方法来定价。即按过去已生产的类似产品的价格，找出同一大类产品价格与性能参数、重量之间的相关关系，来确定将接受订货的产品价格。

（3）交货期的确定。出产期与交货期的确定对单件小批生产十分重要。产品出产后，经过发运，才能交到顾客手中。交货迅速而准时可以争取顾客。正确设置交货期是保证按期交货的前提条件。交货期设置过松，对顾客没有吸引力，还会增加成品库存；交货期设置过紧，超过了企业的生产能力，造成误期交货，会给企业带来经济损失和信誉损失。

第三节　需求计划

一、物料需求计划概述

物料需求计划（material requirements planning，MRP）是 20 世纪 60 年代发展起来的一种计算物料需求量和需求时间的系统。所谓物料，泛指原材料、在制品、外购件以及产品。最初，它只是一种需求计算器，是开环的，没有信息反馈，也谈不上控制。后来，从供应商和生产现场取得了信息反馈，形成了闭环 MRP（Closed – loop MRP）系统，这时才成为生产计划与控制系统。

MRP 具有广泛的适用性。它不仅适用于多品种中小批量生产，而且适用于大量大批生产；不仅适用于制造企业，而且适用于某些非制造企业。不过，MRP 的长处在多品种中小批量生产的加工装配式企业，得到了最有效的发挥。

由于加工装配式生产的工艺顺序是：将原材料制成各种毛坯，再将毛坯加工成各种零件，零件组装成部件，最后将零件和部件组装成产品。如果要求按一定的交货时间提供不同数量的各种产品，就必须提前一定时间加工所需数量的各种零件。要加工各种零件，就必须提前一定时间准备所需数量的各种毛坯，直至提前一定时间准备各种原材料。

过去，由于缺乏现代化生产管理的方法与工具，只能采用手工方式编制生产作业计划。随着电子计算机在我国工业企业越来越广泛的应用，MRP 目前已经进入我国的一些工业企业。因此研究 MRP 的原理及方法，无论对于消化国外的软件还是结合本企业的特点自行开发 MRP 系统，都有十分重要的意义。

1. 物料需求计划的基本思想

MRP 的基本思想是，围绕物料转化组织制造资源，实现按需要准时生产。如前所述，物质资料的生产是将原材料转化为产品的过程。对于加工装配式生产来说，如果确定了产品出产数量和出产时间，就可按产品的结构确定产品的所有零件和部件的数量，并可按各种零件和部件的生产周期，反推出它们的出产时间和投入时间。物料在转化的过程中，需要不同的制造资源（机器设备、场地、工具、工艺装备、人力和资金等），有了各种物料的投入出产时间和数量，就可以确定对这些制造资源的需要数量和需要时间，这样就可以围绕物料的转化过程，来组织制造资源，实现按需要准时生产。

MRP 基本逻辑是：在已知主生产计划的条件下，将企业产品中的各种物料分为独立物料和相关物料，其中独立需求是指其需求量和需求时间由企业外部的需求（如客户订单、市场预测，促销展示等）决定的那部分物料需求；相关需求是指根据物料之间的结构组成关系，由独立需求的物料产生的需求，如半成品、零部件、原材料等。然后，根据产品结构、制造工艺流程、产品交货期以及库存状态等信息，按时间段确定不同时期的物料需求，由计算机编制出各个时间段各种物料的生产及采购计划。

按照 MRP 的基本思想，从产品销售到原材料采购，从自制零件的加工到外协零件的供应，从工具和工艺装备的准备到设备维修，从人员的安排到资金的筹措与运用，都要围绕 MRP 的基本思想进行，从而形成一整套新的方法体系，它涉及企业的每一个部门、每一项活动。因此，我们说，MRP 是一种新的生产方式。

MRP 按反工艺顺序来确定零部件、毛坯直至原材料的需要数量和需要时间，并不是什么新思想，一般生产管理人员都可能想到。那么，为什么 MRP 作为一种新的生产方式，只是近二三十年才发展起来呢？

由于现代工业产品的结构极其复杂，一台产品常常由成千上万种零件和部件构成，用手工方法不可能在短期内确定如此众多的零件部件及相应的制造资源的需要数量和需要时间。据报道，在使用电子计算机以前，美国有些公司用手工计算各种零部件的需要数量和时间，一般需要 6 ~ 13 周时间。人们称这样编制生产作业计划的方式为"季度订货系统"。由于这样制订的计划只能每季度更新一次，计划不可能很细、很准，而且计划的应变性很差。

由于企业处于不断变化的环境之中，实际情况必然偏离计划的要求，其原因可能是对产品的需求预测不准确，引起产品的交货时间和交货数量的改变；也可能是外协件、外购件和原材料的供应不及时；还可能是其他一些偶然因素，如出废品、设备故障、工人缺勤等等，使生产不能按计划进行。

当计划与实际执行情况已经出现了较大偏差，通过主观努力已不可能达到计划的要求，或者计划本身不能完全反映市场需求时，必须修改计划。但是修改计划和制订计划一样费事，计划制订得越细致，修改计划的工作量就越大，越困难。而且，修订计划要求在很短的时间内完成，否则，修订的计划跟不上变化。显然，不使用电子计算机，单靠手工方式是无法及时对计划作出修改和调整的。MRP 的出现是电子计算机应用于生产管理的结果。

2. MRP 在生产经营系统中的地位和作用

如图 4 - 11 描述了 MRP 在生产经营系统中的地位和作用。企业的最高层领导确定企业的经营战略与目标，确定全面安排本企业生产经营活动的企业经营计划。然后，根据预测和工厂当前资源条件确定年度和季度生产计划。在确定生产计划的过程中，要进行任务与能力平衡。这种平衡是粗略的，是以假定产品或代表产品为计划单位核算的。

将生产计划细化到具体产品，明确每种产品的出产数量与出产时间，就得到产品出产预计划。确定产品出产预计划时，要进行粗略能力平衡，然后变成产品出产计划。

MRP 中的产品出产计划与我国企业通常的产品出产计划有区别。后者一般以月为计划的时间单位，不符合 MRP 的需要。按 MRP 的需求，应转化为以周为时间单位。MRP 中的产品出产计划，一般称为主生产作业计划（master production schedule, MPS）。它是 MRP 系统的主要输入。这里说的 MRP 系统，指的是仅涉及物料需求的基本系统，它是 MRP 的核心部分。除了产品出产计划之外，MRP 系统的另外两项输入为产品结构文件和库存状态文件。

经过 MRP 程序的处理，将产品出产计划转化为自制件投入出产计划和外购件需求计划。自制件投入出产计划是一种生产作业计划，它规定了构成产品的每个零件的投入和出产的时间及数量，使各个生产阶段互相衔接，准时地进行。外购件的需求计划规定了每种外购零部件和原材料的需要时间及数量。由自制件投入出产计划可计算出对每一工作地的能力需求，从而得出能力需求计划。

到充分利用或者负荷超过能力，则可采取调节办法，如加班加点、调整人力与设备、转外协等如果调整行不通，则将信息反馈到编制产品出产计划模块，对该计划作出调整。当任务与能力基本上平衡后，各车间可按自制件投入出产计划编制车间生产作业计划。车间生产作业计划的实施情况要通过车间作业统计得到。由统计发现实际与计划的偏离，通过修改计划或采用调度方法纠正这种偏离，实行生产控制。从实际生产中得到的反馈信息可用来调整车间生产作业计划与能力需求计划，从而使计划具有应变性。按照外购件需求计划，按时向供货单位提出订货。提出订货后，不断从供货单位得到信息，连同生产过程中零部件的完工信息，一起输送到库存状态文件中。

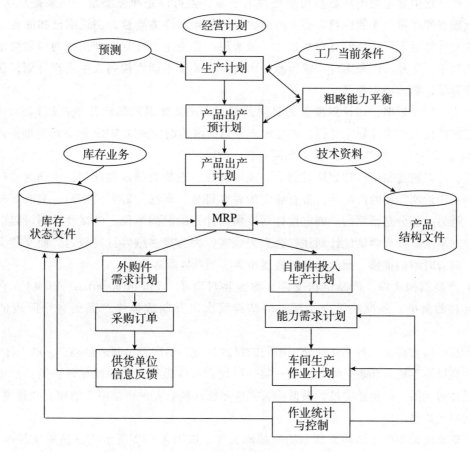

图 4-11　MRP 在生产经营系统中的地位

从图中，不难看到，MRP 的逻辑过程实际上回答了下列问题：

①我们准备制造什么？（主生产计划 MPS）

②制造这一产品需要什么物料？（产品结构、物料清单）

③我们拥有什么物料？（库存状态）

④我们需要得到什么物料？（加工计划、采购计划）

而上述问题是任何制造业都必须回答、带有普遍性的问题。

二、物料资源计划系统结构

1. MRP 的输入

MRP 的输入有三个部分：产品出产计划、产品结构文件和库存状态文件。

（1）主生产计划 MPS。主生产计划是 MRP 的主要输入，它是运行的驱动力量。产品出产计划中所列的是最终产品项。它可以是一台完整的产品，也可以是一个完整的部件，甚至是零件，总之，是企业向外界提供的东西。

主生产计划中规定的出产数量可以是总需要量，也可以是净需要量。如果是总需要量，则需扣除现有库存量，才能得到需要生产的数量；如果是净需要量，则说明已扣除现有库存量，可按此计算对下层元件的总需要量。一般来说，在主生产计划中列出的为净需要量，即需生产的数量。于是，由顾客订货或预测得出的总需要量不能直接列入主生产计划，而要扣除现有库存量，算出净需要量。

产品出产的计划期，即计划覆盖的时间范围，一定要比最长的产品生产周期长。否则，得到的零部件投入出产计划不可行。产品出产计划的滚动期应该同 MRP 的运行周期一致。若 MRP 每周运行一次，则产品出产计划每周更新一次。

另外，可以把产品出产计划从时间上分成两部分，近期为确定性计划，远期为尝试性计划。这是由于近期需要的产品项目都有确定的顾客订货，而远期需要的产品，只有部分是顾客订货，而另一部分是预测的。确定性计划以周为计划的时间单位，尝试性计划可以以月为计划的时间单位。没有尝试性计划往往会失去顾客，因为很多顾客订货较迟，而交货又要求比较急。随着时间的推移，预测的订货将逐步落实到具体顾客身上。

（2）产品结构文件。产品结构文件又称为物料清单（bill of materials，BOM），它不只是所有元件的清单，还反映了产品项目的结构层次以及制成最终产品的各个阶段的先后顺序。

在产品结构文件中，各个元件处于不同的层次。每一层次表示制造最终产品的一个阶段。通常，最高层为零层，代表最终产品项；第一层代表组成最终产品项的元件；第二层为组成第一层元件的元件……依此类推，最低层为零件和原材料。各种产品由于结构复杂程度不同，产品结构层次数也不同。

为了形象地说明产品结构文所示的三抽屉文件，以图 4－12 所示的三抽屉文件柜为例，并以图 4－13 所示的产品结构树来说明。三抽屉文件柜由 1 个箱体，1 把锁和 3 个抽屉组成，1 个箱体又由 1 个箱外壳和 6 根滑条（每个抽屉需 2 根滑条）装配和而成；每个抽屉又由 1 个抽屉体和 1 个手柄和 2 个滚子组成；锁为外购件。为了简单起见，我们将各种具体产品及其构成部分用英文字母代表，并将产品及其元件之间的关系用一种树形图表示出来，如图 4－13所示。这种树形图通常被称为"产品结构树"。图 4－13 中 1 个单位 A 产品（文件柜）由 1 个 B 部件（箱体）、3 个 C 组件（抽屉）和 1 个 D 零件（锁）构成；1 个 B 部件又由 1 个

E（箱外壳）和 6 个 F（滑条）构成；1 个 C 组件由 1 个 G 零件（抽屉体）、1 个 H 零件（手柄）和 2 个 M 零件（滚子）构成；每个 E 件要消耗 20 公斤钢材 J，每个 G 零件要消耗 5 公斤钢材 K。图中方框里字母后括号中的数字表示单位上层元件包含的该元件的数量，如 B（1）表示 1 个 A 中包含 1 个 B，J（20kg）表示 1 个 E 零件要消耗 20kg 材料 J。

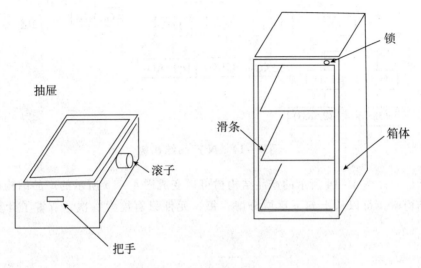

图 4 - 12　三抽屉文件柜组成

图 4 - 13 中 L 表示加工、装配或采购所花的时间，称为提前期（lead time）。它相当于通常所说的加工周期、装配周期或订货周期。如 $L_A = 1$ 周，说明产品 A 从开始装配到完成装配需要 1 周时间；$L_G = 2$ 周，说明零件 G 从开始加工到完成加工 2 周时间；$L_K = 3$ 周，说明采购钢材 K 从订货到到货需 3 周时间。

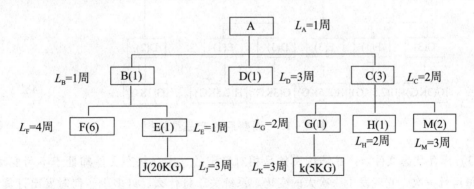

图 4 - 13　三抽屉文件柜结构树

为使树形图具有一般性，另绘一产品 N 的结构树，如图 4 - 14 所示。

由图 4 - 14 可以发现，相同的元件出现在不同的层次上。如元件 E，既出现在第 2 层，又出现在第 3 层，这固然可以清楚地表示各个不同的生产阶段，但给计算机处理带来麻烦。为了便于计算机处理，凡是遇到同一元件出现在不同层次上的情况，取其最低层次号，作为

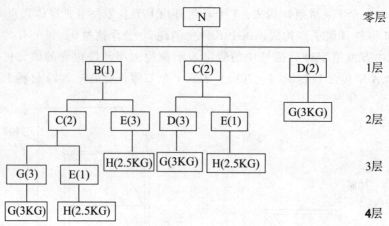

图 4-14　N 产品结构树

该元件的低层码。图 4-14 所示的产品结构树可以变成图 4-15 所示的产品结构树。按照改进的产品结构树，可以从上到下逐层分解，每一元件只需检索一次，节省了计算机的运行时间。

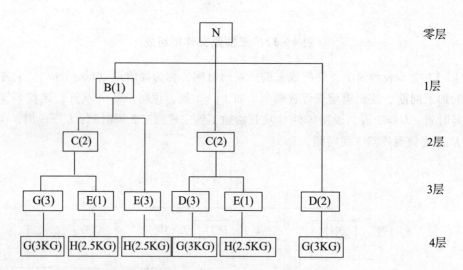

图 4-15　调整后的产品结构树

（3）库存状态文件。产品结构文件是相对稳定的，库存状态文件却处于不断变动之中。MRP 每运行一次，它就发生一次大的变化。系统关于订什么、订多少、何时发出订货等重要信息，都存贮在库存状态文件中。

库存状态文件包含每一个元件的记录。表 4-4 为部件 C 的库存状态文件的记录。其中，时间是这样规定的：现有数为周末时间数量，其余 4 项均为一周开始的数量。数据项可以作更细的划分，如预计到货量可以细分成不同的来源，现有数可以按不同的库房列出。

部件 C LT = 2 周	周 次										
	1	2	3	4	5	6	7	8	9	10	11
总需求量						300			300		300
预计到货量		400									
现有数（20）	20	420	420	420	420	120	120	120	−180	−180	−480
净需求量									180		300
计划发出到货量							180		180		

表 4 – 4　　　　　　　　　　　　库存状态文件

总需要量是由上层元件的计划发出订货量决定的。在图 4 – 15 中，N 产品在第 6 周，第 9 周和第 11 周的开始装配数量各为 150 台，1 台 N 包含 2 个 C，则对 C 的总需要量各为 300 件。

预计到货量为已发出的订货或开始生产元件的预计到货或预计完成的数量。元件 C 将在第 2 周得到 400 件。

现有数为相应时间的当前库存量。对于表 4 – 3，在制订计划的时候，元件 C 的当前库存量为 20 件。到第 2 周，由于预计到货 400 件，所以现有数为 420 件，到第 6 周，用去 300 件。现有数为 120 件。到第 9 周需用 300 件，现有数已不足以支付，将欠 180 件。因此，现有数将为负值，那时需要发出订货。

净需要量 = 总需要量 − 预计到货量 − 现有数

经计算，第 9 周对 C 的净需要量为 180 件，第 11 周净需要量为 300 件。计划发出订货要考虑提前期。第 9 周需 180 件，提前期为 2 周，则第 7 周必须开始制造 180 件 C。如果考虑安全库存量和经济批量，相应的计算会复杂一些。

2. MRP 的输出

MRP 系统可以提供多种不同内容与形式的输出，其中主要的是各种生产和库存控制用的计划和报告。现将主要输出列举如下：

（1）零部件投入出产计划，规定了每个零件和部件的投入数量和投入时间、出产数量和出产时间。如果一个零件要经过几个车间加工，则要将零部件投入出产计划分解成"分车间零部件投入出产计划"。分车间零部件投入出产计划规定了每个车间一定时间内投入零件的种类、数量及时间，出产零件的种类、数量及时间。

（2）原材料需求计划，规定了每个零件所需的原材料的种类、需要数量及需要时间，并按原材料品种、型号、规格汇总，以便供应部门组织供料。

（3）互转件计划，规定了互转零件的种类、数量、转出车间和转出时间、转入车间和转入时间。

（4）库存状态记录，提供各种零部件、外购件及原材料的库存状态数据，随时供查询。

（5）工艺装备机器设备需求计划，提供每种零件不同工序所需的工艺装备和机器设备的编号、种类、数量及需要时间。

（6）计划将要发出的订货。

（7）已发出订货的调整，包括改变交货期，取消和暂停某些订货等。

（8）零部件完工情况统计，外购件及原材料到货情况统计。

（9）对生产及库存费用进行预算的报告。

（10）交货期模拟报告。

（11）优先权计划。

三、物料资源计划的扩展

1. 从 MRP 到 MRPII

制造资源计划，即 MRPII，并不是一种与完全不同的新技术，而是在 MRP 的基础上发展起来的一种新的生产方式。

MRP 可以将产品出产计划变成零部件投入出产计划和外购件、原材料的需求计划。但是，只知道各种物料的需要量和需要时间是不够的，如果不具备足够的生产能力，计划将会落空。考虑生产能力，从内部必然涉及车间层的管理，从外部必然涉及采购。单靠 MRP 不够了，这就从发展到闭环 MRP。

闭环 MRP 的"闭环"实际有双重含义。一方面，它不单纯考虑物料需求计划，还将与之有关的能力需求、车间生产作业计划和采购等方面考虑进去，使整个问题形成"闭环"；另一方面，从控制论的观点，计划制订与实施之后，需要取得反馈信息，以便修改计划与实行控制，这样又形成"闭环"。

在 MRP 出现之前，人们常常在没有物料需求计划的条件下，谈论对生产能力的需求，使得对生产能力的需求建立在一种粗糙的估算上。这样得出的能力需求计划是不准确的。与对物料的需求一样，对生产能力的需求也有时间性，即在什么时候，需要什么类型的设备，需多少能力工时？如果不考虑时间性，则无法准确判断生产能力是否能满足生产任务的要求。可能从总量上讲，能力工时不少于任务工时，但在某一特定时间内，能力可能不够，也可能能力有富余。只有得出了物料需求计划，才能准确地确定对能力的需求计划。同样，单纯谈论车间生产作业控制，而不管各个零部件的计划完工期限是否有效，也是没有意义的。要使每个零部件的计划完工期限有效，也需要 MRP 提供准确的零部件计划出产时间。采购更是这样，没有 MRP 提供的原材料及外购件需求计划，采购将是盲目的。

在没有 MRP 之前，各种生产经营活动都是孤立地进行的，也只能是孤立地进行的。因为没有人能够及时作出如此准确的物料需求计划。有了 MRP，才使企业内各项活动建立在更自觉的基础上，使盲目性造成的浪费减到最小。

然而，企业里其他活动单向地从 MRP 取得信息是不够的。必须从车间、供应部门和设备部门得到信息和反馈信息，才能得出切实可行的物料需求计划。正是这一方面，闭环 MRP 将 MRP 向前推进了一步。成功地应用闭环 MRP 的人们很自然地联想到，既然库存记录足够精确，为什么不可以根据它来计算费用？既然 MRP 得出的是真正要制造和要购买的元件，为什么不能依据它作采购方面的预算？既然生产计划已被分解成确定要实现的零部件的投入出产计划，为什么不可以把它转化为货币单位，使经营计划与生产计划保持一致呢？把生产活动与财务活动联系到一起，是从闭环 MRP 向 MRPII 迈出的关键一步。MRPII 实际是整个企业的系统，它包括整个生产经营活动：销售、生产、库存、生产作业计划与控制，等等。

2. MRPII 统一了企业的生产经营活动

以往，一个企业内往往有很多系统，如生产系统、财务系统、销售系统、供应系统、设备系统、技术系统、人事系统等等，它们各自独立运行，缺乏协调，相互关系并不密切，在各个系统发生联系时，常常互相扯皮，互相埋怨。而且，各个部门往往要用到相同类型的数据，并从事很多相同或类似的工作，但往往是同一对象，各部门的数据不一致，造成管理上的混乱。这都是由于缺乏一个统一而有效的系统所致。

企业是一个有机整体，它的各项活动相互关联，相互依存，应该建立一个统一的系统，使企业有效地运行。由于能提供一个完整而详尽的计划，所以可使企业内各部门的活动协调一致，形成一个整体。各个部门享用共同的数据，消除了重复工作和不一致，也使得各部门的关系更加密切，提高了整体的效率。

3. 企业资源计划

企业资源计划（enterprise resource planning, ERP）是由 MRP、MRPII 发展而来的。ERP 的概念最先由美国著名的咨询公司加特纳公司于 20 世纪 90 年代提出的。当时，ERP 主要是在功能上对 MRPII 有所扩展，在 MRPII 的基础上增加了设备管理、质量管理、分销管理、固定资产管理、工资管理和人力资源管理。管理信息的集成度更高。ERP 的基本思想是将企业的制造流程看作是一条联结供应商、制造商、分销商和顾客的供应链，强调对供应链的整体管理，使制造过程更有效，使企业流程更加紧密地集成到一起，从而缩短从顾客订货到交货的时间，快速地满足市场需求。ERP 跨出了对企业内部制造资源的管理，这是 ERP 对 MRPII 最主要的改进。

随着计算机技术的发展和 ERP 实践的深入，ERP 逐渐出现了适应各种行业版本，主要有离散制造业的 ERP 和流程制造业的 ERP。流程制造业重视对设备的监控、维护和计划维修，以确保设备完好。流程制造业已形成了独特的 ERP 模式，主要功能包括：生产计划与统计、生产数据管理、车间管理、库存管理、采购管理、销售管理、质量管理、设备管理、动力管理、账务管理、成本管理、固定资产管理、工资管理和人力资源管理等。

第四节　综　合　计　划

在生产计划系列中，综合计划是一种根据预测有效使用企业资源的规划方式。典型的综合计划时间跨度约为 2～12 个月，尽管在实践中许多公司会延长到 18 个月，在组织对季节性或其他波动性因素进行分析的过程中，这是一种及其有用的方法。

一、综合计划的定义与作用

所谓综合计划就是部门经理通过调整生产率、劳动力水平、存货水平、超过工作以及其

他可控变量，来决定满足预测需求的最好生产方式的一个计划。综合计划的目标是按时完成能够有效使用组织资源的生产计划，满足因此需求。其他目前可能是使劳动力或存货水平的波动达到最小，也有可能是为了服务达到一定的标准。

综合计划必须四个条件方能成立：企业需求测算总的销售及产出量；经理们必须在综合条件下对合理的中期计划时间做出一定的预测；经理们必须能决定各种相关成本；部门经理们必须能开发出一个将这些预测和成本联系起来的模型，以更好地做出计划期的时间安排决策。

（一）计划层次

组织在三个层次上制定生产能力决策：长期计划、中期计划和短期计划。

长期决策有产品和服务选择（比如，决定向市场推出哪一种产品或服务）、设施选址及其布局设计、设备选择以及设施布局等。这些决策实质上对中期计划的执行定义了生产能力限制。而中期计划与员工、产出、存货水平有关，并转而对短期生产能力决策的制定定义了相应的生产能力限制。因此，短期决策实际上是在长、中期决策限定的范围内，为达到期望结果而决定最佳的行为方式。它包括对工作量、工人和设备的排程以及其他方面。

许多企业组织在制定企业计划时覆盖了长期和中期计划的内容。企业计划根据组织战略和组织政策为组织建立指导方针，为组织的产品或服务预测市场需求，并为组织创建经济、市场竞争和政治等方面的有利条件。除此之外，企业计划还有一个关键性目标，即协调者如营销、财务和运作等组织职能的中期计划之间的关系。

（二）综合计划的性质

正如"综合"这个词语所表示的，一项综合计划意味着将各种相适合的资源连成一体，给定需求预测、设备生产能力、总的库存水平、劳动力数量以及相关投入。

在服务企业中，一旦服务人员的数量确定了，工作的重点就落到了每周或每天以小时为单位的劳动力与顾客计划上。劳动力计划是计划顾客能获得的服务小时数、相关时间段内某一时间能得到的特殊服务技能等。许多服务工作有特定的时间和法律的限制，这些限制影响着计划的制订，而典型的制造行业则没有这些限制。

综合计划是大型生产计划系统的一部分。因此，有必要了解计划与各个内外部因素之间的联结点。部门经理不仅从市场部门的需求预测中获取信息，而且他还要处理财务数据、员工、生产能力以及原材料的获得量等资料。在生产环境下，主生产计划将为物料需求计划系统提供信息，而物料需求计划系统专门解决生产最终产品所需零部件或配件的购买或生产等问题。

二、综合计划策略

综合计划的策略选择与预测需求的数量和时间有关。如果计划期间的预期需求总量和同一期间的可利用生产能力差别很大，计划者的主要工作内容将是改变生产能力或需求，或同时改变二者，尽力达到平衡。另一方面，即使生产能力和需求与总体计划水平相符，计划者仍然可能面临处理计划期间非均匀需求的问题。预期需求有时会超过，有时会达不到计划生产能力，另外还有一些时期两者相等。综合计划制定者的目的是使整个计划期间的需求和生产能力达到大致的平衡。一般来说，虽然成本不是唯一的考虑因素，但计划者还要使生产计划的成本最小。

（一）生产能力选择

企业可以利用的生产能力选择可有以下五种：

1. 改变库存水平

经理可以在低需求时期增加库存水平，以满足将来某时期的高需求。使用这种策略增加了有关库存、保险、管理、过期、丢失及资本占用等费用（每年这些成本可能占用一件产品价值的15%～50%）。然而，当公司进入需求上升期时，产品短缺加上由于产品生产周期可能较长及可能较差的服务水平会导致销售额的锐减。

2. 通过新聘或暂时解聘来改变劳动力的数量

满足需求的一种方式是新聘或解聘一批工人以使生产率保持一致。但一般新的雇员需要培训，当他们进入公司时，平均产量有一段时间下滑。当然，暂时解聘或解雇工人会有损于工人的工作时期，因而也会导致生产率的下降。

3. 通过超时工作或减时工作来改变生产率

经理可能改变工作时数来适应需求的变动。当需求有较大的上升时，要增加工人工作时数以提高产出。当然，这里超时多少有一个极限问题。超时工作报酬会更高，而且太多的超时工作会降低包括正常工作时间在内的所有工作的平均产出。超时工作也意味着机器运转时间过长。但当需求呈下降趋势时，公司要酌减工人的工作时数。

4. 转包

公司可通过转包一部分工作出去以应付高峰需求时期。转包有几条局限性：一是，需要花费一定的成本；二是承担一部分顾客转而跑到竞争者那边，从而失去顾客的风险；三是很难找到理想的承包者，保证能按时按质地提供产品。

5. 使用非全日制工人

非全日制雇员可以满足对非技术雇员的需求（特别在服务业部门）。聘用非全日制雇员在超级市场、零售商场以及餐饮业中经常使用。

（二）需求选择

基本的需求选择方式有以下三种：

1. 影响需求

当需求不景气时，公司可通过广告、促销、个人推销以及削价等方式来刺激需求。当然，通过广告等手段并不能总是保持产品供求平衡。

2. 高峰需求时期的延迟交货

所谓延迟交货是指顾客向公司订购商品或服务而商家当时不能实现，等待未来某时间兑现的买卖方式。延迟交货仅当顾客愿意等待且不减少其效用或不取消其订货的条件下才能成立。

3. 不同季节产品混合

许多厂商设法制造集中在不同季节销售的产品，例如一些公司生产除草机和扫雪机；一些商店在夏秋两季销售冷饮，在冬春两季销售火锅。许多采用这种方法进行运作的企业发现其服务或产品超出了其专长或经营领域。

（三）策略选择

以上各种策略选择各有其利弊，详见表4－5

表4－5　　　　　　　　　　总体计划选择的利弊

选择	有利	不利	评价
改变库存水平	人力资源变化较小或不变，没有突然的生产变动	存在库存持有成本，需求上升时，短缺导致销售受损	主要是用于制造企业，不适用服务企业
通过解聘或暂时解雇而改变劳动力数量	避免了其他选择的成本	聘用或暂时解雇及培训成本相当高	用于那些非技术人员可寻找额外收入的单位
通过超时或减时工作来改变生产率	同季度变动保持一致，无需雇佣及培训成本	需支付超时工作报酬，工人疲劳，可能不能满足需求	在综合计划内有一定的弹性
转包	有一定的弹性并使公司产出平衡	失去质量控制；减少利润；未来市场受损	主要是用于生产部门
利用非全日制雇员	较全日制工人节省成本且更有弹性	更换率及培训成本高，质量下降，计划较难	有利于劳动力丰富地区的非技术工作
影响需求	设法利用过剩的生产力，折价可以吸引更多的顾客	需求存在不确定性，很难精确保持供求平衡	创新营销观念，在某些业务中采用超额预订
延迟交货	避免超时工作，使产量稳定	顾客必须愿意等待，但信誉受损	许多公司积压订单待发货
不同季节产品或服务混合	可充分利用资源；保有稳定的劳动力	需要公司专业生产之外的技术和设备	承担提供的产品或服务与需求不一致

尽管上述五种生产能力选择好三种需求选择的任何一种都可提供一个有效而简洁的总体计划，但它们的组合形式或称混合策略却更为有效。混合策略包括两个或两个以上的可控变量的组合以制定一个可行的生产计划。

三、综合计划技术

一些企业没有正式的综合计划制定步骤，只是根据新的需求适当做一些调整。这种方法不能提供一定的弹性，一旦原始计划不是最佳，则整个生产过程只能固定在相对较低的水平上。综合计划通常包括以下步骤：

（1）确定各期需求；

（2）确定各期生产能力（正常时间，加班时间和转包合同）；

（3）明确相关公司或部门策略；

（4）为正常时间、加班时间、转包合同、持有库存、延迟交货等确定单位成本和其他相关成本；

（5）规划可供选择的计划，并计算出各自成本；

（6）如果出现满意的计划，选择其中最能满足目标的计划。

企业一般采用试算法来制定总生产计划。试算法通过计算不同生产计划的成本，并选择最佳方案。尽管各种数学模型方法在工业综合计划的制订中都具有一定的可用性，但事实上许多复杂的计划模型未能广泛的运用。这反映了普通管理者对他所认为的过于复杂的模型的态度，而计划人员想了解他们用以进行决策工作的模型如何以及为什么这样工作等问题。这就可以解释简单的试算法易于接受的缘故。

表 4-6 列出了几种综合计划技术的主要特征

表 4-6　　　　　　　　　　　综合计划技术比较表

方法	解决方法	假设	重要特征
试算法	尝试错误法	无	易于理解和使用，多种答案；一种选择未必最佳
仿真	尝试错误法	由计算机控制的生产系统	能测出许多变量间关系；成本高；检验用其他方法制定的总生产计划
线性规划 - 运输方法	最优化	先行，劳动力不变	允许敏感度分析和新的约束条件；线性函数不一定理想，假设用以不考虑雇佣与解聘的特例。存在最优解
线性规划 - 单纯形法	最优化	线性	能处理任何多变量的计划问题，但用公式表达困难。存在最优解
线性决策规划	最优化	二次成本函数	模型需 1~3 月完成，不一定有最优解；利用数学方法求得的系数，在一系列公式中确定生产率、劳动力人数
管理系数模型	直观推断法	管理者基本上都是称职的决策者	简单易于实现，使用回归方法，用过去的统计分析知道未来决策。需应用于一组管理者。无最优解
探索决策规划	直观推断法	任何成本结构	用图形搜索程序，在总成本曲线上找最小点。开发应用复杂，无最优解

第五节　产品库存管理

一、库存管理概述

库存管理是生产管理体系中历史最为悠久的分支之一，经过多年来的研究，库存管理的理论体系不断完善，同时，一大批与库存控制有关的管理方法与理论不断被提出，并应用到了企业管理实践中，尤其是 20 世纪 90 年代以来，供应链管理概念的提出和发展，企业意识到库存管理的范围应该延伸到上下游的合作伙伴中去，所以供应链多级库存控制已经在理论上逐步得到完善，在实际中也有了一些应用。

众所周知，企业是通过向社会提供所需要的产品或服务而获得利润的经济组织。对工业企业而言，企业通过购入原材料、加工组装产品并且销售成品等环节，产生价值的增值，从而生产出社会所需的新产品。对服务企业而言，企业围绕流程，组织人员、物料和辅助的产品进行服务增值。在这样一个从原材料采购到生产，再由生产到销售的过程中，企业必然要对企业的各种物料进行有计划的采购、供应、保管、组织和合理利用等一系列的管理工作，通常将上述工作统称为物料管理，物料管理工作的核心是库存管理。

库存是指企业组织中存储的各种物品与资源的总和。有人将库存定义为存放在仓库中的物品，像存放在蓄水池中的水那样暂时派不上用场的备用品。由于不能马上为企业产生经济效益，同时企业却要为库存物资承担资金、场地、人员占用而发生库存成本，因而存在需要控制的一面；但另一方面，库存又是企业生产所必需的，对保证企业生产的正常秩序作用重大，而具有积极的一面。因此，合理控制企业的库存是企业生产管理工作中的一项重要而经常性的工作。具体地说，库存控制工作就是要确定企业的库存水平高低，监控库存变化方式以及如何补充库存等一系列库存决策。

一般而言，库存具有以下五个主要作用：

1. 保证各生产环节的独立性

现代企业生产环环相扣，生产过程上下游工序间关联性强，如果企业没有必要的库存，一旦某个生产环节因故停工，下游工序的工作便会因材料缺乏而中断。而通过建立库存，可以使原本相关的工序相互独立，如原材料库存使采购与生产工作分离，产品库存使生产与销售分离，管理者在进行生产安排时，具有更大的灵活性，以便获得更佳的经济效益。

2. 适应市场需求变化

市场需求变化迅速是现代企业面临的现实问题，面对多变的市场，企业很难精确地预计企业的实际销售量，生产量与生产量间必然有差异，而适量的成品存储可以保证企业在市场需求突变的情况下具有一定的应变能力，以免丧失商机。

3. 增强生产计划工作的灵活性

库存的存在，使企业的管理者在进行生产安排时具有更大的灵活性。例如，加大库存量后，企业在保证生产正常进行的前提下，适当地增加订货间隔期，同时在选择订货量时，也可以具有更大的选择余地，达到降低订货成本的目的。

4. 增强企业抵御原材料市场变化的能力

适当的原材料库存，可以增强企业克服短期的原材料供应紧张的能力，可以防止原材料供应商或运输途中的意外，直接影响企业的生产，确保企业生产的正常进行。

5. 获得经济订货规模经济

在很多情况下，企业出于减少库存的考虑，订货量较少，完全达不到经济订货批量。这样，由于每次订货量少，企业的订货次数较多，企业的库存管理总成本并未下降，在此情况下，适度的库存可以帮助企业达到经济订货规模。

二、库存的财务影响

对大多数制造商、批发商和零售商而言，库存代表着资产中最大的单项投资。高度竞争的市场导致产品种类数的激增，因为公司试图满足不同细分市场的需求。另外，在大多数行业中，客户已经习惯了高水平的产品可供性。对许多企业来说，结果就必须持有更高的库存水平。在制造业企业，库存投资一般占总资产的10%或更多，在有些情况下甚至会超过总资产的20%。对批发商和零售商来讲，库存投资占总资产的百分比通常超过20%，甚至可能接近50%。

因此，库存管理是一项重要的活动。投资于库存的资本必须和企业可利用的其他投资机会相竞争，同时与持有库存相关的实际支出的成本代表了企业经营的一项重大成本。管理层必须了解库存持有成本以制定基于可靠信息的决策，包括物流系统设计、客户服务水平、配送中心的数量和位置、库存水平、库存的储存、运输方式、生产计划和最小生产批量。例如，在更频繁的基础上以更小的批量订货将会减少库存投资，但一般也会导致更高的订货成本和运输成本。必须将节约的库存持有成本与增加的订货和运输成本相比较，以确定小批量订货决策如何影响盈利能力。同样，确定库存持有成本对新产品评价、价格协议和折扣的评价、制造与采购决策以及赢利性报告也是必需的。从整个供应链的角度来看，不同层次的库存持有成本对库存应该放置在供应链的什么位置也有重大影响。因此，非常有必要对库存成本进行详细的分析。

1. 订货成本和调整成本

企业为补充库存而进行订货时发生的各种费用之和。订货成本通常包括订货手续费、物资运输装卸费、验收入库费、采购人员差旅费以及通讯联络费等。订货成本的一个共同特点是费用仅与订货次数有关，而与订货批量不发生直接的联系，换言之，生产系统的订货成本总值主要由企业订货的次数决定，随订货次数的增加而增加。

与外购时发生的订货成本相似，企业自制生产物资时发生调整成本。调整成本的产生主要是由于生产系统在转换生产的品种时，对设备进行调整而造成短期的停工，以及改产初期生产效率低而造成的，这些损失统称为调整成本，主要与生产调整的次数有关，而与每次觉得自制产品的批量关系不大。

2. 保管成本

保管成本即物资在库存过程中发生的成本，主要包括物资在库存过程中发生变质、损失、丢失等自然损失费用，库存物资占用资金的成本以及仓库运营的人工费、税金的支出。保管成本的多寡，主要取决于企业库存物资库存量的多少和库存时间的长短。考虑库存量时，不仅要考虑库存物资的体积、数量等指标，同时还有考虑库存物资的价值，前者主要考虑人工费、场地占用的因素，后者侧重考虑资金的占用成本。但有一点是肯定的，保管成本与库存量成正比。

3. 购置成本

购置成本即购买物资花费的货款。当生产系统外购生产物资时，如果供应商采用差别定价策略，为用户提供批量折扣，则买方可以通过增加每次订货的批量，获得价格优惠，降低总购置成本。此时，购置成本是库存成本的组成部分。

4. 缺货成本

缺货成本即由于无法满足用户需求而产生的损失。缺货成本由两部分组成，其一是生产系统为处理误期任务而付出的额外的费用，如加班费，从海运改为空运产生的额外运费负担等。其二是误期交货对企业收入的影响，包括误期交货的罚款等。上述损失是可以用金钱衡量的，而由于企业缺货无法满足用户需求，导致的丧失市场份额的后果更为可怕，影响更为久远。

三、库存控制系统

与其他的管理工作相类似，库存控制工作的难点是如何处理充分发挥库存功能的同时，尽可能地降低库存成本，二者之间存在一些内在的矛盾，在进行库存控制工作时应该侧重完成以下三项任务：

1. 保障生产供应

库存的基本功能是保障生产的正常进行，保障企业经常维持适度的库存，避免出现因供应不足而出现非计划性的生产中断，是传统的库存控制的主要目标之一，现代的库存控制理论虽然对此提出一些不同的看法，但保障生产供应仍然是库存控制的主要任务。

2. 控制生产系统的工作状态

一个精心设计的生产系统，均存在一个正常的工作状态，此时，生产按部就班地进行，生产系统中的库存情况，特别是在制品的数量，与该生产系统所设定的在制品定额相近。相反，如果一个生产系统的库存失控，该生产系统也很难处于正常的工作状态。因此，现代库存管理理论将库存控制与生产控制结合一体，通过对库存情况的监控，达到对生产系统整体控制的目的。

3. 降低生产成本

控制生产成本是生产管理的重要工作之一，无论是生产过程中的物资消耗，还是生产过程中的流动资金的占用，均与生产系统的库存控制有关。有资料表明，工业生产中，物资消耗通常占成本的60%，同时，库存常常占用企业流动资金的80%以上。因此，应当通过有效的库存控制，使企业在保障生产的同时减少库存量，提高库存物资利用率。降低生产成本是成本控制的重要任务。

（1）库存控制的基本决策。在生产需求一定的条件下，平均库存水平是由每次的订货量决定的，如果每次的订货数量较大，则订货次数虽然相应减少，但平均库存水平却较高。库存控制的基本决策主要包括以下内容：两次订货的间隔时间的确定，每次订货的订货批量的确定，每次订货提前期的确定以及库存控制程度的确定，如满足用户需求的服务水平。

库存控制决策的目标是在企业现有资源约束下，用最低的库存成本满足预期的需求。

（2）需要库存控制决策的因素。在影响库存控制决策的诸多因素中，生产系统对物资的需求特性是需要优先考虑的重要因素。

①需求特性因素。需求分为确定性需求与非确定性需求两大类，如果生产系统对物资的需求是可以预先确定的，则称之为确定性需求，反之则称之为非确定性需求。相比之下，确定性需求的生产系统的库存控制工作较为容易，管理者只要保证进货的速度与需求消耗速度保持同步，便能维持合理的库存水平。而非确定性需求的生产系统的库存控制工作较为复杂，由于需求情况无法预先准确地预计，因此，管理者在考虑正常需求的同时，还要考虑保持一定的经常性库存储备。

需求还可分为有规律变化需求与随机变化需求两大类：如果生产系统的物资需求变化有规律可循，管理者在进行库存控制时，可以根据需求的变化规律准备库存物资，需求旺季增大库存，淡季则减低库存量，使得系统的整体库存水平处于合理范围。如果生产系统对物资的需求是随机的，根本无法较为准确地预测，则需在设定经常性库存的基础上，进一步建立额外的保险库存，以应付突然出现的需求变化。

需求也可分为独立性需求和相关性需求两大类，如果一种物资的需求与其他物资的需求无关，则称之为独立性需求，反之则称之为相关性需求。事实上，生产系统耗用的各种物资间均存在着一定的关联，因此，在进行企业的生产计划时，通常考虑需求的相关性。如前所介绍的物料需求计划MRP就是利用需求相关性建立而成的。但由于研究手段与数学工具的落后，在进行库存控制决策时，更多地在独立需求的前提下展开，并借此寻求获得经济优化方案的途径。需求是否具有可替代性，也是库存控制决策必须考虑的因素资源，具有替代的物资，库存可以较少，反之库存应该多一些。

②订货提前期。订货提前期是影响库存控制决策的另一重要因素。订货提前期是指从发出生产或订货指令到订货物资进入仓库所需要的时间间隔。订货提前期可以是确定的，也可以是随机的，因此，在考虑何时订货的决策时，该物资的订货提前期是必须考虑的因素。

③服务水平。服务水平是指满足用户需求的百分比。如果整个生产系统能够满足全部用户的订货需求，则其服务水平为100%，如果能满足95%的需求，则其服务水平为95%，也可以称此时的生产系统的缺货概率为5%。

生产系统如果要提高系统的服务水平，由于用户需求通常无法准确预测，因而常采用增大库存储备的方法提高系统的服务水平。库存增加后，当用户的需求变化时，企业生产一时无法满足用户需求，则可以通过动用企业库存使用户需求得到满足。库存量的增加，意味着

企业要占用更多的资金，产生更大的成本，因此对企业而言，盲目地提高服务水平并不一定会给企业带来期望的经济效益，将服务水平定位到一个合理的水平，也是企业进行库存控制决策时必须考虑的重要因素。

四、库存管理的改善

近几十年来，随着人们对库存认识的深入，库存控制思想不断地发展变化，特别是日本汽车企业采用的准时化生产方式（JIT）的成功，使库存控制思想发生了很大的转变。

首先，这种转变表现在对库存的认识上。传统的库存控制思想是基于对库存如下的认识，即库存对企业极为必要，保持一定数量的库存有助于使企业的生产效率更高。而日本管理者则认为，库存从某种角度看是一种浪费，同时也为掩盖管理工作的失误提供了方便，甚至库存是万恶之源的说法，因而准时化生产方式中提出零库存的概念。

其次，这种转变也表现在对库存的控制范围上。传统的库存控制将控制的重点放在控制生产系统的整体库存水平，达到降低总成本的目的。而在采用准时化生产方式的企业，库存控制设计整个生产过程的每个工序，不仅力图减少原材料库存，而且要控制在制品库存、部件库存和成品库存，控制范围更广。

最后，这种转变还表现在库存控制的机理上。传统的库存控制主要是控制库存成本，新观念在控制成本的同时，强调库存控制对产品质量和生产时机选择方面的影响，体现出现代企业管理的系统性理念。

小　结

企业的生产能力将直接影响到企业可提供的产品及服务，但生产需求的不确定性，使得企业做生产能力决策时非常困难，因为生产能力的决策不仅包括量的决策，以及各种资源比例的决策，还包括增长方式及增长频率的决策。

本章介绍了与生产能力有关的各种概念，并详细讨论了增加生产能力的超前、同步以及滞后的三种策略和生产能力的增长频率等问题。同时，还介绍了企业资源计划及其扩展的内容，包括论述围绕物料转化组织制造资源，实现按需要准时生产，分析企业资源计划在生产经营系统中的地位和作用，以及 MRP 系统的基本结构和处理逻辑。此外，还对企业库存管理的基本情况进行了介绍，包括库存的分类、库存成本及基本的库存控制决策等。

思 考 题

1. 简要介绍什么是生产能力。哪些因素影响企业生产能力？如何影响？
2. 试讨论下列企业或组织的制造能力或服务能力有何特点。

（1）家电制造商

（2）学校图书馆

（3）麦当劳

（4）世博会

3. 如何理解产能平衡问题？有哪些因素会影响产能平衡？如何维护系统平衡？

4. 旅游景区的能力设计应考虑哪些因素？与制造型企业的生产能力计划有何不同？

5. MRP 的基本思想是什么？为什么需要且能够以物料转化为中心组织准时生产？

6. MRP 系统有哪些输入输出文件？MRP 系统的处理过程如何？

7. 为什么说准确的数据记录，尤其是有关物料清单和库存的记录对物料需求计划来说很重要？

8. 你认为在一个典型的大、中、小型制造企业里实施 MRPII/ERP 会面临哪些困难？造成这些困难的原因有哪些？

9. 某体育用品制造商生产套装滚轴溜冰鞋，其中包括：包装盒、质保书、说明书、左、右溜冰鞋各一只；其中每只左（右）滚轴溜冰鞋包括一条鞋带，一套后跟组件以及一套左（右）底板组件；一套后跟组件又是由一块钢板和一组轮具组成；每套左（右）底板组件是由左（右）底板、两个脚趾固定器、一个固定器调整螺丝和一组轮具组成；而每组轮具由两个轮子和一个轮轴组件（包括一个叉型钢板和两个鞋钉）构成。

（1）试画出滚轴溜冰鞋套装的产品结构树；

（2）列出滚轴溜冰鞋套装的单层产品物料清单。

10. 企业在扩充能力时，可以根据预测的需求去扩大能力，也可以根据实际需求去扩大能力，请比较这两种方式的优缺点。

参考文献

1. 陈荣秋，马士华．生产与运作管理．高等教育出版社，1999.

2. 季建华．运营管理．上海交通大学出版社，2004.

3. 骆温平．物流与供应链管理．电子工业出版社，2002.

4. 朱道立，龚国华，罗齐．物流和供应链管理．复旦大学出版社，2001.

5. 陈荣秋，马士华．生产运作管理．机械工业出版社，2003.

第五章　物流运输管理

第一节　引　言

随着现代物流向多频次、小批量、准时制方向发展，运输在现代物流中的地位越来越重要。现代工业化国家经济的发展在很大程度上得益于规模化生产和劳动分工。这种专业化分工和大规模生产的结果是，产品在一些地方供过于求，而在另一些地方供不应求。运输正好为解决由于大规模生产而造成的产品供求失衡问题架起了桥梁。而现代运输不仅需要现代化的运输设施和运输工具，还必须依赖科学的方法和手段对运输过程进行合理的组织和管理，以提高运输效率，降低运输成本，并最终提高物流效率，降低物流成本。本章主要讲述物流运输过程中所涉及的运输与配送的基本概念；运输作业管理；配送管理；仓储管理等主要内容。

> 【学习要点】

1. 理解和掌握常见运输方式，根据具体运输需求科学选择合适的运输方式。

2. 了解多式联运的基本概念，在物流运输过程中努力实现运输合理化。

3. 理解和掌握运输成本的基本构成、影响运输成本的基本因素，熟练掌握运输服务的选择和运输线路的选择。

4. 理解和掌握配送运输的一般流程。

第二节　运输与配送

运输是物流系统中最重要的组成部分之一。运输解决了物资生产与消费在地域上不同步的矛盾，具有扩大市场、扩大流通范围、稳定价格、促进社会生产分工等经济功能，对拉动现代生产与消费、发展经济、提高国民生活水平起到了积极作用。

运输一般分为运输和配送。关于运输和配送的区分，有许多不同的观点。可以这样说，所有物品的移动都是运输，而配送则专指短距离、小批量的运输。因此，可以认为，运输是指整体，配送则是指其中的一部分。

一、运输与配送概述

国家标准物流作业术语对运输的解释是：运输是人们利用各种交通工具和运输路线把运输对象从一个地方运送到另一个地方，其中包括集货、分配、搬运、中转、装入、卸下、分散等一系列操作，是物流系统的一个中心环节。

配送（delivery），日本对其的解释为："最终将物品按指定的日期安全准确交货的输送活动。"中国国家质量技术监督局在2001年颁布的《中华人民共和国国家标准——物流术语》中，对配送的定义为：在经济合理区域范围内，根据客户要求，对物品进行分拣、加工、包装、分割、组配等作业，并按时送达指定地点的物流活动。

运输与配送同属物流系统中的线路活动，运输以远距离、大批量货物的位置转移为主，配送则主要从事近距离、小批量货物高频率的位置转移，二者相辅相成，互为补充，共同创造物品的空间效用。一般来说，在运输和配送同时存在的物流系统中，运输处在配送的前面，先通过运输实现物品长距离的位置转移，然后交由配送来完成短距离的输送。

二、运输作业管理

（一）运输方式的选择

1. 运输方式

铁路、公路、水路、航空和管道这五种交通运输方式，各具运营特性和优势，在一定的地理环境和经济条件下有其各自的合理使用范围。每一种运输方式所能提供的服务内容和服务质量各不相同，因而，每一种运输方式的成本也各不相同。企业应该根据自身的要求，综合考虑各方面的因素，选择合适的运输方式。

（1）铁路运输。铁路运输是以机车牵引车辆，沿着铺有轨道的运行线路，借助通信和信号的联络，用来运送货物，实现货物在不同空间转移的活动。

铁路运输的优点：运量大，运输成本低，能耗低，速度快，安全可靠；受气候和自然条件的影响较小，在货物运输中具有较高的连续性和准确性；现有的铁路网络四通八达，可以很好地满足远距离运输的需要；通用性能好，可以运送各类不同的货物。

铁路运输的缺点：线路和设站固定，灵活性差，只能在固定线路上实现运输，不能实现"门到门"的服务，转运会增加运输费用和时间，还会增加损耗；在近、中距离运输时，铁路运输的运费比较高；车辆调配困难，不能满足应急运输的要求；需要以其他运输手段配合和衔接；设备和站台等限制使得铁路运输的固定成本高，建设周期较长，占用土地较多。

（2）公路运输。公路运输是指使用汽车在公路上载运货物的一种运输方式。公路运输可以直接运进和运出货物，是车站、港口、机场、码头的货物集散的重要手段。

一般来说，公路运输可以用来运输任何产品，但根据公路运输自身的特点，主要用来运输制造产品。制造产品的特点就是价值比较高。

公路运输的主要优点：其通道是纵横交叉的公路，工具是能四通八达的汽车，速度较快，范围广；在近距离的条件下，公路运输可以实现"门到门"的服务，而且运输速度也比较快；公路运输可以根据需要，灵活制订运输时间表，而且对于货运量的大小也有很强的适应性；对于近距离的中小量的货物运输来说，使用公路运输的费用比较低；在运输途中，几乎没有中转装卸作业，可靠性比较高，简捷方便。

公路运输的缺点：因为汽车的载重量有限，不适宜装卸大件、重件物品，也不适宜长途

运输；运输费用较水路运输和铁路运输要高，超过一定的运输距离，运输费用会明显增加；在车辆运输的过程中震动较大，尤其是在路况较差的条件下，很容易造成货损、货差事故；公路运输受气候和环境的变化影响较大；能耗高，环境污染比其他运输方式严重得多，劳动生产率低。

（3）水路运输。水路运输是指使用船舶和其他航运工具，在江河、湖泊、运河、海洋上载运货物的一种方式，主要包括海上运输和内河运输。水路运输主要用于长距离、低价值、高密度、便于用机械设备搬运的货物运输。

水路运输的优点：运量大、费用低、耗能少。水路运输最大的优点就是成本低廉；当运输散装原材料时，可以运用专用的船只来进行，运输效率比较高，能取得更好的技术经济效果；水路运输的运载量比较大，劳动生产率比较高。对于运输体积大、价值低、不易腐烂的产品，是一种极为经济合理的运输方式。

水路运输的缺点：水路运输的运输速度比较慢，它在所有的运输方式中时间是最长的；受水域、港口、船期等条件的限制，并且受季节、气候等自然条件的影响较大，运输连续性比较差；航行风险大，安全性略差，营运范围受到限制；水路运输所运输的货品必须在码头停靠装卸，速度慢，时间长，而且无法完成"门到门"的服务。

水路运输有四种形式：沿海运输、近海运输、远洋运输和内河运输。

（4）航空运输。航空运输是指使用飞机或航空器进行货物运送的运输方式。航空运输主要用于那些体积小、价值高的贵重物品（如科技仪表、珠宝等）和鲜活商品等，以及要求迅速交货或要做长距离运输的商品。对于国际货物的运输，航空运输已经成为一种常用的运输形式。

航空运输的优点：运输的速度非常快，用飞机运输货物的时候，在运输途中对于货物的振动和冲击较少，安全准确；被运输的货物只需简单的包装即可，可以节省包装的费用；许多企业的实践证明，它可降低所需存货的水平和仓储费用。

航空运输的缺点：航空运输的费用非常高，在美国按平均每吨货物每英里的运价计算，航空运输是铁路运输的 12 ~ 15 倍；航空运输除了靠近机场的城市外，对于其他地区也不太使用，必须要结合汽车来弥补这部分的不足；恶劣的天气情况可能也会对航空运输造成极大的影响，影响送货及时性的实现。

（5）管道运输。管道运输是指使用管道输送气体、液体、浆料与粉状物体的一种运输方式，是一种不需要动力引擎，运输通道和运输工具合二为一，借高压气泵的压力把货物经管道向目的地输送的运输方式。利用管道运输的大部分物品都是一些流体的能源物资，如石油、天然气以及成品油等。

管道运输的优点：迅速安全、货损货差小，运输货物无须包装，节省包装费用，成本低，管理比较简单，不受地面气候条件影响，可以长期稳定地使用，安全性比较高。

管道运输的缺点：规定资产投资大，机动灵活性差（永远单向运输）；只能够用来运输液态或气态的产品，不能够用来运输固态的产品，运输的适用性较差；运速较慢；一般来讲，管道大都是由管道所有者用来运输自有产品，不提供给其他发货人使用。

在建立商品运输系统的过程中，应全面考虑运输工具的选择、物流据点的设置以及运输计划的编排等各项要素。而且，在运输的迅速性、准确性、安全性和经济性之间存在着非常强烈的相互制约的作用，需要对它们进行综合考虑，从全局出发，做到总体的最优化。

2. 国际多式联运

多式联运是指使用上述运输方式中一种以上运输方式，在最低的成本条件下，将货物从一个地点运输到另一个指定地点交付的货物运输，这种把不同的运输方式综合起来的方式，也可以称为"一站式"运输。

（1）国际多式联运定义。国际多式联运（international combined transport）则是按照多式联运合同，采用至少两种或以上不同的运输方式，由多式联运经营人将货物从一国境内接管货物的地点，运送到另一国境内的指定交付地点。

多式联运通过将公路、铁路、水路、航空等多种运输方式结合起来，吸取每种单个运输方式中的长处，实现多环节、多区段和多工具相互衔接，从而克服单个运输方式所存在的缺点，实现运输的整体最优化，还可以有效解决由于地理、气候和基础设施建设等各种市场环境差异而造成的商品在产销空间、时间上的分离，真正地实现"一站式"的运输服务模式，从而能够更好地适应现代物流的及时、准确、高效的要求，从而促进生产与销售的紧密结合以及企业经营机制的不断循环和有效运转。根据不同的分类方式，多式联运可以分为多种类型，比如，按组织方式来分类，一般多式联运可以分为协作式多式联运和衔接式多式联运两大类。

（2）国际多式联运的特征。综上所述，国际多式联运具有以下特征：

①必须签订一份多式联运合同，该合同明确规定多式联运经营人（承运人）和托运人之间的责任、权利、义务以及豁免的合同关系和多式联运的性质；

②必须使用一份全程多式联运单据，用来证明多式联运合同和多式联运经营人已经接管货物，并负责按照合同规定交付货物所签发的单据；

③必须是至少两种不同运输方式的连贯运输，这是确定是否属于多式联运的最重要特征；

④必须是国际间的货物运输，这是区别于国内运输和是否适合国际法规的重要条件；

⑤由一个多式联运经营人，对全程运输负总的责任；

⑥必须对货主实行全程单一运费费率。

（3）国际多式联运的优越性主要体现在以下几方面：

①责任统一，手续简便；②运输时间短，货运质量高；③节省运输成本，降低各种支出；④加速货运周转，实现"门到门"运输，提高运输管理水平。

（4）多式联运的组合方式。国际多式联运严格规定必须采用两种或两种以上不同的运输方式进行联运，这里所指的至少两种运输方式可以是公路－铁路联运、铁路－海路联运、海路－航空联运、铁路－海路－公路联运、管道－海路联运等，这种联运组织方式可综合利用各种单一运输方式的优点，降低运输成本，实现运输合理化。

①公铁联运。公铁联运又称驮背运输，它是公路与铁路联运。它综合了汽车运输的方便、灵活和铁路长距离运输经济的特点，运费通常比单纯的汽车运输要低。

②陆海联运。铁路或公路（合称陆路）与水路联运方式，也称鱼背运输。它是将汽车拖车或火车车厢或集装箱转载船舶上进行运输，是最便宜的运输方式之一，是国际多式联运的主要组织形式。

③陆空联运。陆空联运是一种陆路与航空运输方式相结合的联合运输方式。采用陆空联

运方式具有手续简便、速度快、费用少等优点。

3. 运输合理化

货物合理运输是指按照商品流通的客观规律，合理使用运力，运用科学的方法，选择合理的运输路线、运输工具和运输形式，以最短的里程、最少的环节、最快的速度、最低的成本，安全高效地完成货物运输过程。影响运输合理化的因素包括：运输距离、运输环节、运输工具、运输时间、运输费用。

（1）选择合理的运输路线。合理的运输路线是对某种商品在供应地点与需求地点之间对具体运输路线的科学选择，它直接关系到商品能否及时送到客户手中，关系到运输成本的高低、运输时间长短。确定合理的运输路线包括：

①分区产销，合理运输。就是对品种单一、数量较多、多地生产、调运面广的大宗商品，按照近产近销的原则，在产销平衡的基础上，划定商品调运区域，确定商品合理流向。分区产销合理运输主要适用于品种单一的大宗商品。

②直达、直线运输。直达运输是指把商品从产地直接运达销地或客户的运输，中间不需要经过各级批发企业的仓库的运输；直线运输是指减少商品流通环节，采取最短运距的运输。直达、直线运输是合理组织商品运输的重要措施之一。它可以减少商品的周转环节，消除商品的迂回、对流等不合理运输，从而减少商品的损耗，节省运输费用。直达、直线运输主要适合于品种简单、数量很大的商品或需尽可能缩短周转时间的商品。

③"四就"直拨运输。"四就"直拨，是指就厂直拨、就站直拨、就库直拨和就船过载。

（2）选择合适的运输方式。基本运输方式包括：公路运输、铁路运输、水路运输、航空运输和管道运输。每种运输方式都有各自的技术经济特征和适用范围，在选择运输方式时，应根据运输商品的特点，综合考虑运输合理化的各种因素，选取最经济、合理的运输方式。

影响运输方式选择的主要因素有：商品种类、商品性质、运输时间、交货时间的适应性、运输成本、批量的适应性、运输的机动性和便利性、运输的安全性和准确性等。

在考虑运输费用时，不能仅从运输费用本身出发，而应从物流总成本和企业总效益的角度来考虑运输方式的选择，要在实现企业整体效益最优化的基础上选择最为适宜的运输工具。

（3）选择合适的运输商。在现代物流经营活动中，其运输任务大多是由专门的运输商来完成。选择合理的运输商，关键在于用合理的标准来评价运输商。一般评价运输商的主要标准有：运输成本、运输时间、可靠性、运输能力、直达性和安全性等。

（4）使用合适的运输工具。在特定条件下，根据运输工具的特点，结合商品特性及需求，选择适当的运输工具完成运输任务，充分发挥各种运输设备的功能。

合理使用运输工具的主要途径有：提高技术装载量、提高整车比重；加速车船周转；组织双程运输；组织多种运输工具的联合运输等。

（二）运输成本管理

1. 运输成本概念

运输成本是指为完成运输活动所发生的一切相关费用，包括支付的运输费用及与运输行政管理和维护运输工具有关的费用。

2. 运输成本构成

运输成本的构成主要包括以下四个方面：

（1）固定成本。固定成本是指在短期内不随运输量的变化而变化的成本。固定成本不受运输数量的直接影响，且必须通过营运得到补偿。

（2）变动成本。变动成本是指在一段时间内，由于运输工具投入使用所发生的费用。当运输工具投入使用时，需要花费一定的劳动力、燃料、维护和保管费用等，运输数量越多，运输距离越长，所需的费用就越高。这些随着运输数量、距离而变动的费用，就是变动成本。例如，劳动成本、燃料费用、维修保养费用等都属于变动成本。

（3）联合成本。为提供某种特定的运输服务，而产生的不可避免的费用就是联合成本。例如，运输返回的空车费用等。联合成本对运输收费有很大的影响，因为承运方索要的运价中，必须包含隐含的联合成本。

（4）公共成本。承运方代表所有的托运方，或某个分市场托运方支付的费用就是公共成本。例如，端点站或管理部门之类的费用，它具有企业一般管理费用的特征，通常是按照活动水平分摊给托运人来承担。

3. 影响运输成本的因素

影响运输成本的因素有很多，主要可以归纳为以下三个方面：

（1）商品因素。商品因素是指影响运输成本的商品特征，具体包括商品密度、商品的装载性能和可靠性等。商品密度把重量和所占空间结合起来考虑，商品密度越高，每单位重量的运输成本就越低；装载性能是指商品的具体尺寸及其对运输工具空间利用率的影响；易损或易盗、单位价值高的商品而言，可靠性非常重要。要求可靠性越大，则运输成本越高。

（2）运输因素。运输因素是指影响运输成本的运输特征，主要包括运输距离、载货量、装卸搬运等。运输距离是影响运输成本的主要因素，运输距离越长，运输成本就越高；但载货量增加，每单位运输成本则会相对减少。在装卸搬运过程中可能会用到特殊的装卸搬运设备或采用的成组方式（例如，装箱、用带子捆起来等）也会增加运输成本。

（3）市场因素。影响运输成本的市场因素包括：承运方承担责任的程度、市场运输供需状况等。当货物在运输过程中发生损坏或其他事故时，承运方需要承担任何可能损坏的赔偿责任，因此承运方需要通过投保来预防可能发生的索赔。运输通道（起运地与目的地之间的移动）流量和通道流量均衡等运输供需因素也会影响运输成本。

4. 运输成本控制

运输成本控制的要点是在设计规划运输系统时必须使运输成本最小。控制运输成本的一般方法主要包括：

（1）减少中间环节，优化运输系统。通过减少运输过程中的不必要的中间环节，尽可能采取直达运输或"四就"直拨运输，优化整个运输系统，实现运输成本最低。

（2）高效装载。尽可能最大限度地利用运输工具的载重吨位和装载容积，通过拼装整车运输、集装箱运输等多种手段，提高装载效率，降低运输成本。

（3）选择合理的运输方式，优化运输线路。通过选择合适的运输工具、选择合理的运输

方式，实行联运和多式联运，开展集运，采用科学方法确定合理的运输路线，达到降低运输成本的目的。

（4）加强运输的计划性。临时运输、紧急运输或无计划的随时运输，会大幅度增加运输成本，为避免这一情况，通过制定运输申报制度，可以加强运输的计划性，降低运输成本。

（三）物流过程中的运输决策

1. 运输服务的选择

每种货物对运输要求都不一样，每种运输方式都有其优缺点，当同时存在多种运输方式可供选择的情况下，就需要进行决策。一般来说，安全性、及时性、准确性和经济性四项标准是人们对各种运输活动进行评价的重要指标，因此，这四项特性也可作为选择运输方式的基本原则。

基于物流总成本比较的运输方式选择方法有：

（1）成本比较法。不将运输服务作为竞争手段，服务成本与服务水平所导致的间接库存成本之比若能达到平衡，即为最佳服务方案。也就是说，运输的速度和可靠性会影响托运人和买方的库存水平（订货库存和安全库存）以及他们之间的在途库存水平。如果选择速度慢、可靠性差的运输服务，物流渠道中就需要更多的库存。这样，就需要考虑库存持有成本可能升高，而抵消运输服务成本降低的情况。因此，方案中最合理的应该是，既能满足顾客需求，又使总成本最低的服务。

例：某公司需要将某种产品从位置 A 的工厂，运往位置 B 的公司自有的仓库，年运量 D 为 120 万件，单位产品的出厂价格 C 为 25 元，每年的存货持有成本 I 为产品价格的 30%，各种运输服务的有关参数见表 5 - 1。

表 5 - 1　　　　　　　　　　　运输服务参数运输

服务方式	运输费率 R（元/件）	运达时间 T（天）	运输批量 Q（件）
铁路	0.11	25	100000
公路	0.20	13	40000
航空	0.88	1	16000

运输服务方案比较结果见下表 5 - 2。

表 5 - 2　　　　　　　　　　　运输服务方案比较表

成本类型	计算公式	运输服务方案		
		铁路	公路	航空
运输	RD	0.11 × 1200000 = 132000	0.2 × 1200000 = 240000	0.88 × 1200000 = 1056000
在途存货	IC（D/365）T	0.3 × 25 ×（1200000/365）× 25 = 616438	0.3 × 25 ×（1200000/365）× 13 = 320548	0.3 × 25 ×（1200000/365）× 1 = 34658

成本类型	计算公式	运输服务方案		
		铁路	公路	航空
工厂存货	IC(Q/2)	0.3 × 25 ×（100000/2） = 375000	0.3 × 25 ×（40000/2） = 150000	0.3 × 25 ×（16000/2） = 60000
仓库存货	I(C + R)(Q/2)	0.3 × 25.11 ×（100000/2）= 376650	0.3 × 25.2 ×（40000/2）= 151200	0.3 × 25.88 ×（16000/2）= 62112
总成本		1500088	861748	1706770

由上表5－2的计算结果可知，在三种运输方案中，公路运输的总成本最低，因此，应选择公路运输。

（2）竞争因素决定法

运输方法的选择如果直接涉及竞争优势，则应考虑采用竞争因素决定法。当买方通过供应渠道从若干个供应商处购买商品时，物流服务和价格就会影响买方对供应商的选择。反之，供应商也可以通过供应渠道运输方式的选择来控制物流服务的这些要素，从而影响买方。下例假设竞争对手在服务方面没有反击手段，且由于供应商提供的运输服务较有吸引力，购买量的增加额是已知的。

例：某制造商分别从两个供应商处购买了共3000个配件，每个配件单价100元。目前，这3000个配件是由两个供应商平均提供的。如果某个供应商缩短送货时间，则可以得到更多的交易份额，每缩短一天，可从总交易量中多得5%的份额，即150个配件。供应商可从每个配件中赚得占配件价格（不包括运输费用）20%的利润。

于是供应商A考虑，将运输方式从铁路改为卡车运输或航空运输是否有利可图。各种运输方式的运费率和运达时间见表5－3。

表5－3   **费率和运达时间**

运输方式	运费率 R（元/件）	运达时间 T（天）
铁路	2.50	7
公路	6.00	4
航空	10.35	2

显然，供应商A只是根据他可能获得的潜在利润来对运输方式进行选择。下表5－4是供应商A使用不同的运输方式可能获得的预期利润。

表 5 - 4　　　　　　　　　　　不同运输方式下供应商 A 的利润比较

运输方式	配件销售量（件） S	毛利（元） （S＊20）	运输成本（元） （SR）	净利润（元） （毛利－运输成本）
铁路	1500	30000.00	3750.00	26250.00
公路	1500 + 150 × 3	39000.00	11700.00	27300.00
航空	1500 + 150 × 5	45000.00	23287.50	21712.50

如果制造商对能提供更好运输服务的供应商给予更多份额的交易的承诺实现，则供应商 A 应该选择公里运输。当然，与此同时，供应商 A 要密切注意供应商 B 可能做出的竞争反应。

（3）运输服务选择的综合考虑

关于运输服务的选择方案，在考虑运输服务的直接成本的同时，有必要考虑运输方式对库存成本的影响和运输绩效对物流渠道成员购买选择的影响。除此之外，还有其他一些因素需要考虑：

①如果供应商和买方对彼此的成本有一定了解，将会促进双方的有效合作。在市场环境中，合作双方都应更加关注对方对运输服务选择的反应及对方购买量的变化。

②如果配送渠道能够有相互竞争的供应商，买方和供应商都应采取合理的行动来平衡运输成本和运输服务，以获得最佳收益。

③价格的影响。如果供应商提供的运输服务优于竞争对方，可能会提高产品价格。

④运输费率、产品种类、库存成本的变化以及竞争对手可能采取的响应行动都增加了运输方式选择的不确定性与复杂性。

⑤运输服务的选择对供应商存货也有一定的影响。供应商也会和买方一样，由于运输方式的变化而改变运输批量，进而导致库存水平的变化。同时，供应商调整价格又会影响运输服务的选择。

（二）运输线路的选择

运输成本占整个物流成本的 1/3 ~ 2/3，正确选择运输线路，可以降低运输成本，是常见的运输决策。

1. 运输线路选择的要素

物流运输系统的合理化在很大程度上依赖于运输线路的合理化。在选择运输线路时，必须充分结合企业的经营及营运货物特点、订货要求和市场需求等，对各种方式的运载能力、速度、频率、可靠性、可用性和成本等因素综合考虑，进行合理筛选。一般来讲，企业选择运输线路时，应该着重考虑：运输距离、运输环节、运输工具、运输时间、运输费用、营运货物特点、市场需求的缓急程度等因素。

2. 运输路线选择的目标及约束条件

（1）物流运输路线选择的目标。运输路线选择的目标实际上是多元的，应根据运输的具体要求、企业的实力及客观条件来确定。一般要尽可能选择单一化的目标值，以便于求解和增加其实用性。目前常见的目标有以下方面。①效益最高或成本最低。当有关项目数据容易得到和易于计算时，可以用利润最大化或成本最低作为目标值。②路程最短。当运输成本与运输里程相关性较强，而和其他因素相关性较弱时，运输路程最短则意味着运输成本最低。这种情况下，可考虑用运输里程最短作为目标值，来大大简化运输路线选择和运输工具调度方法。③其他指标。比如，以吨公里最小、以服务水准最优、以劳动消耗最低等作为目标的选择。

（2）物流运输路线选择的约束条件。线路选择目标的实现过程受很多条件的限制，因而必须在约束条件下寻求成本最低或线路最短等目标。常见的约束条件包括：满足所有收货人对货物品种、规格、数量、收到时间范围的要求；在企业现有运力范围内、在允许通行的时间内进行运送；各运送路线的货物量不得超过运输工具载重量、容积的限制。

3. 选择方法

一般来讲，应根据物流系统要求的服务水平和允许的物流成本来决定，可以使用一种运输方式也可以使用多式联运方式。实际运输问题常常是多因素同时起作用的，因此要充分地进行技术经济比较，进行优化组合，才能最大限度地降低运输成本。

4. 运输线路规划

运输路线选择主要是指路线的优化计算问题，物流运输界通常将其作以下归类：

（1）起讫点不同——最短路径问题。对分离的、单个起点和终点的网络运输路线选择问题，最简单和最直观的方法是最短路径法。其网络由节点和线组成，点与点之间由线连接，线代表节点与节点之间运行的成本或距离或时间或两两加权平均。

最短路径算法：计算从原点开始，通常不考虑其他运输因素，步骤如下：

①找出第 n 个距起点最近的节点。对 $n=1$，2，…重复这个过程，直到所找出的最近节点是终点为止。

②第 n 次迭代的输入值。在前面的迭代过程中找出 $(n-1)$ 个距起点最近的节点，及其距起点最短的路径和距离。这些节点及起点称为已解节点，其余的节点称为未解的节点。

③第 n 个最近节点的候选点。每个已解的节点直接和一个或多个尚未解的节点相连，这些未解的节点中有一个以最短路线分支连接的是候选点。

④计算出第 n 个最近节点。将每个已解节点与其候选点之间的距离累加到该已解点与起点之间最短路径的距离之上。所得出的总距离最短的候选点即是第 n 个最近的节点，也就是起点到达该点最短距离的路径。

【例 5.1】 已知起点 A 是一个煤矿，终点 G 是煤炭需求地，节点 B，C，D，E，F，是从 A 到 G 所可能经过的城镇，它们共同构成一个运输网络，如下图 5-1 所示，途中标明了各节点间的距离。求 A 到 G 的最短运输路线。

解：首先确定第一个已知点就是起点 A。与 A 点直接相连的未解点为 B 点和 C 点，而 B 点距 A 最近，记为 AB，从而，B 点成为已解的节点。

随后，找出距 A 点和 B 点最近的未解的节点。其中，从起点通过已解的节点到某一节点的距离等于这个已解的节点距起点和后一点的距离之和。从而求得 $AC=52$ 为最短，C 已解。

全球运营原理

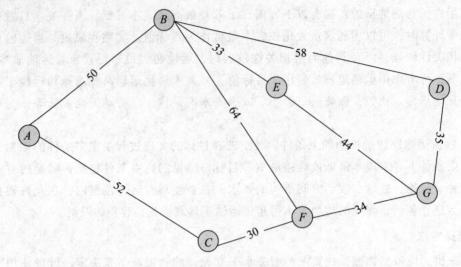

图 5 - 1　运输网络

再一次迭代，要找到与各已解节点直接相连的最近的未解节点。A 到 D，E，F 三个点的距离分别为 108，83，82，A—C—F 为最短，从而 F 点为已解点。

以此类推，下一步即到达终点 G，从而，最优路线为 A—C—F—G，最短路线长为 116。

②起讫点相同——周游路径问题。这类问题（也称流动推销员问题）主要指从起点出发访问一定数量顾客后又回到原来的出发点的线路确定问题，即运筹学中常见的旅行商（TSP）问题，其目标是确定回到出发点前服务顾客的次序，使总旅行距离最小。对这类问题采用经验试探法比较有效。

解决这类问题的步骤：经验告诉我们，当运行路线不发生交叉时，经过各停留点的次序是合理的，同时，如有可能，应尽量使用运行路线呈菱形。图 5 - 2 为通过各点的运行路线示意图，其中（a）是不合理的运行路线；（b）是合理的运行路线。

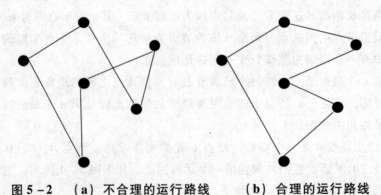

图 5 - 2　（a）不合理的运行路线　（b）合理的运行路线

通常这类问题的数学模型可表示为：

$$\min Z = \sum_{i=1}^{m} \sum_{j=1}^{n} C_{ij} X_{ij}$$

108

$$s.t. \quad \sum_{i=1}^{m} X_{ij} = 1 \quad \forall j = 1,2,\cdots,n$$

$$\sum_{i=1}^{m} X_{ij} = 1 \quad \forall_i = 1,2,\cdots,m$$

$$X_{ij} \in \{0,1\}$$

式中：C_{ij} 表示旅行商经过对应路段（i，j）所花的费用，如时间、距离等。决策变量 X_{ij} 表示如果路段（i，j）在线路上，其值为 1，否则为 0。通常采用简单贪婪算法，步骤如下：①选择距出发点最近的顾客位置。②再从没有选择的位置中选距离当前已选择的位置最近的顾客位置。③如果所有位置都选了便停止，否则返回到第二步。

【例 5.2】某奶厂从站点 A 送奶，为 3 个顾客 B，C，D 提供送奶服务，从站点 A 到 3 个顾客的距离如表 5 - 5 所示，确定最优的送奶路线。

表 5 - 5　　　　　　　　　　　站点至各顾客的距离

节点	A	B	C	D
A	0	22	31	45
B	22	0	18	27
C	31	18	0	38
D	48	27	38	0

解：①B 距 A 最近；②C 距 B 最近；③只剩 D 没选，D 即为继 C 之后的顾客，然后返回 A。求出的配送顺序为 $A - B - C - D - A$。

（3）多起讫点，没有中间点——运输问题。主要是将多个供应点的供应分配到多个顾客需求点，即运筹学中的运输问题，通常也称为 Hirchcook 运输问题。可以通过伏格尔法（Vogel's Method）或表上作业法等求解。

求解运输问题常用表上作业法，在一般的运筹学及交通规划的书籍上都能找到。通常的运输问题可以描述为：设某物资有 m 个产地 A_1，A_2，$\cdots$，A_m；供应 n 个销地 B_1，B_2，$\cdots B_n$；已知 A_i 的产量为 a_i（$i - 1$，2，$\cdots$，m），B_j 的销量为 b_j（$j = 1$，2，$\cdots$，n），由 A_i 到 B_j 的单位运价为 C_{ij}；X_{ij} 表示由产地 A_i 运到销地 B_j 的物资量（$i = 1$，2，$\cdots$，m，$j = 1$，2，$\cdots$，n）。下图 5 - 3 是多起讫点、没有中间点的运输问题示意图。

上述运输问题的数学模型为：

$$\min Z = \sum_{i=1}^{m} \sum_{j=1}^{n} C_{ij} X_{ij}$$

$$s.t. \quad \sum_{i=1}^{m} X_{ij} = 1 \quad \forall j = 1,2,\cdots,n$$

$$\sum_{i=1}^{m} X_{ij} = 1 \quad \forall_i = 1,2,\cdots,m$$

$$X_{ij} \geqslant 0$$

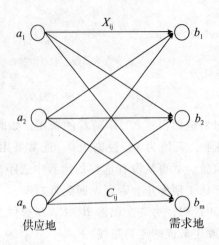

图5-3 多起讫点、没有中间点的运输问题示意图

（4）多个起点和多个终点，有中间点——转运问题。将多个起点的供应优化配送到用户需求的终点，其间在中间点进行货物的合并或分配，一些起点和终点也可作为中继点，即运筹学中的转运问题。解决此类问题的方法可以首先应用一些规则将其分解为运输问题，然后应用运输问题算法进行求解。

【例5.3】某一供应真空管的公司有两个工厂，一个在 A 市，一个在 B 市。 A 市的厂每天生产能力为150，B 市的厂为200。真空管通过汽车运到各需求点 C 和 D，C 市和 D 市日需求量均为130。公司还需要两个中间转运站 E 市和 F 市进行整合运输，运输单位费用如表5-6所示。试确定从工厂到需求点的最优路线。

表5-6 各点间运输单位费用

节点	A	B	E	F	C	D
A	0	13	4	6	12	14
B	13	0	7	6	13	12
E	4	7	0	3	8	8
F	6	6	3	0	7	8
C	12	13	8	7	0	17
D	14	12	8	8	17	0

解：问题可分为两个阶段，第一阶段将运输模型通过以下各步转为运输问题：

①加上一空行或一空列平衡需求，因为本例总供应为350，总需求为260，那么加上一空需求列，需求量为90；

②构造一个包括所有城市（起、终点和中间点）作为供需点的运输表，这样就形成了 6×7 矩阵（包括空列）；

③根据表5-7中规则确定所有点的需求和供应量。

表 5 - 7　　　　　　　　　　　　　需求和供应量确定规则

转运问题中的点	在运输表中的供应商	在运输表中的需求值
供应点	供应点	供应点
转运点	转运点	转运点
需求点	需求点	需求点
空点	空点	空点

本例中总供应为 350，最终运输表如表 5 - 8 所示。

表 5 - 8　　　　　　　　　　　　　　最终运输表

	A	B	E	F	C	D	空列	供应
A	0	13	4	6	12	14	0	500
B	13	0	7	6	13	12	0	550
E	4	7	0	3	8	8	0	350
F	6	6	3	0	7	8	0	350
C	12	13	8	7	0	17	0	350
D	14	12	8	8	17	0	0	350
需求	350	350	350	350	480	480	90	

第二阶段可运用已知求解运输问题的方法解决。

目前应用于运输线路选择的数学方法主要有线性规划（如表上作业法、标号法等）、非线性规划及网络分析（如启发式法）等运筹学方法。由于运输线路选择兼有数学及管理两重性质的特殊性，应用数学方法时，需要对运输工作条件进行比较严格的高度概括。而实际运输调度管理问题的影响因素多而复杂，因而不可能仅采用单一的数学模型对全部运输工作条件进行充分、全面的描述、概括。

目前，国内外在运输线路选择方面应用现代数学方法的主要特点有：采用组合算法，充分发挥各种适宜算法的优势；采用多层次计算的逻辑思想，以扩大约束条件覆盖面，使实际选择方案尽可能接近理论最优解。

三、配送管理

（一）配送管理

配送管理是指为了以最低的配送成本达到客户所满意的服务水平，对配送活动进行的计划、组织、协调与控制。它是实现配送合理化的保证，其目的是能够按客户要求，以最经济、快捷、安全的方法实现对物品的拣选、加工、包装、分割、组配，并按时送达指定地点。

配送管理的总体目标可以简单概括为：在恰当的时间、地点和恰当的条件下，将恰当的产品以恰当的成本和方式提供给恰当的用户。为了实现上述目标，提高配送的服务质量和客

户的满意度，降低配送成本，在实际的配送作业过程中，还要建立快速响应、最低库存、整合运输等具体目标。

1. 配送运输的特点

配送是物流系统中由运输派生出的功能，是最短距离的运输。它能够完善和优化物流系统，提高末端物流的效率和效益，降低企业库存，方便客户，提高运输可靠性。配送运输具有如下特点：

（1）距离较短、速度快。配送运输一般距离较短，位于物流运输的最末端，是送到最终消费者的最后环节，也是最容易引起时间延误的环节。为确保消费者在最短时间内收到货物，必须及时、快速、完成配送。

（2）多种物流功能组合。配送通常需要进行装卸、搬运、储存、分拣、包装等活动，是多种物流功能的组合。在整个配送过程中，必须确保货物完好无损地送到目的地。

（3）直接沟通、方便客户、经济合理。通过送货上门服务，配送运输可以直接与客户沟通，是获取客户反馈信息的最直接渠道。同时，通过采用高弹性的送货系统，以较低的费用完成配送作业，最大限度地满足客户要求。

2. 配送作业的一般流程

配送作业流程可描述为：根据客户订单（即客户需求）要求，在配送中心或其他物流据点内进行商品配备，然后以最合理的方式送到最终消费者手中。一般包括：进货、储存、补货、分拣、检查与配送加工、配装与出货、送货等环节。配送作业的一般流程如图5-4所示。

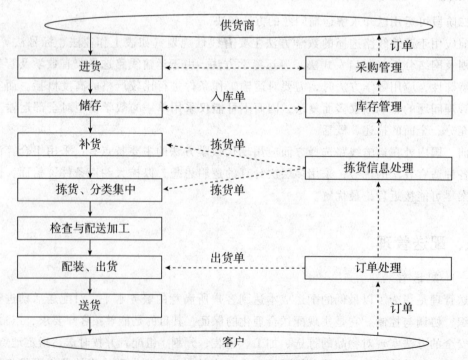

图5-4 配送作业的一般流程

（1）进货。进货是配送作业的第一个环节，它可以进一步分为订货、接货、验收入库等基本活动。

（2）储存。配送过程中，有些货物需要在配送系统中储存一定时间，然后才能进行配送作业流程中的下一个环节。

（3）补货。当拣货区的存货水平低于预定标准时，将储存在保管区的货物搬运到拣货区的过程即为补货，补货环节最重要的需要确定补货方式和补货时机。

（4）分拣。国家标准将分拣定义为：将物品按品种、出入库先后顺序进行分类堆放的作业，完成配货任务。通常采用按单分拣、批量分拣等方式。

按订单分拣是分拣人员或分拣工具根据客户订单要求，将客户所需商品从货位或货架上挑选出来。

批量分拣是指根据不同客户的订单要求，将所需数量的货物分别放入各自货箱或货位。

（5）配送加工。配送加工是指在配送作业环节所进行的流通加工。例如，在配送过程中对商品进行包装、分割、组装等都属于配送加工作业。

（6）配装。配装是指集中不同客户的配送货物，通过搭配装载，充分利用运能、运力，提高送货水平，降低送货成本的过程。

（7）送货。利用配送工具将客户订购的商品从配送据点送到客户手中的过程就是送货作业。送货作业的基本流程包括：首先划分基本送货区域，再将客户分配在相应的区域内。然后，根据订单要求，对货物按性质进行分类，以便确定不同的运输工具和送货方式，即进行分类配载。接下来，需要根据客户订单要求的送货时间，初步确定送货顺序，然后安排车辆，选择送货线路，确定每辆车的送货顺序，完成车辆配载。如图5-5所示。

（二）配送中心

1. 配送中心的基本概念

根据国家标准局在2001年颁布的《中华人民共和国国家标准物流术语》对配送中心定义为：从事配送业务的物流场所或组织。一般来说，配送中心有完善的信息网络，配送功能健全（例如，储存、集散、衔接、分拣、加工和信息等），具备一定的储存功能，提供多品种、小批量配送服务，以满足小范围内特定的客户需求。

2. 配送中心的功能

（1）集货。通过物流运输系统从货物的供应方或仓库向配送中心调运大量的货物，以满足配送货物数量和品种的需求，这个过程就是集货。

（2）储存。为了能及时准确地将货物配送到客户手中，快速响应客户需求，配送中心必须有一定水平的货物储存。

（3）分货和配货。就是利用分拣设备，从配送中心的货物储存区将特定品种和相应数量的货物按照客户的要求，分拣并运送到货物分放地。

3. 配送中心的作用

在物流活动中，配送中心在以下两个方面发挥较好的作用：

（1）减少交易次数和流通环节，减少客户库存，降低成本。建立区域、城市的配送中

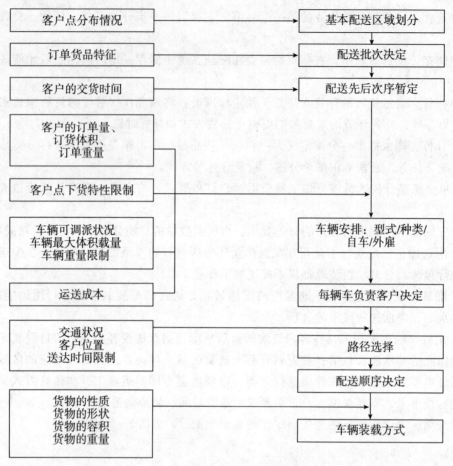

图 5 - 5　送货一般流程

心，能批量进发货物，不仅能组织成组、成批、成列直达运输和集中储运，减少交易次数和不必要的流通环节，快速响应市场需求变化，而且能够提供更加专业化、更优质的配送服务，减少客户库存，提高库存保证程度。配送中心通过统一、批量进货、集中库存，可以降低进货成本和库存成本。

（2）促进厂商之间交流与合作，产生规模效益。配送中心可以帮助连锁店实现配送作业的经济规模，产生规模效益。此外，配送中心还可以促进连锁店和供应方的合作关系，能快速、高效地反馈信息，控制商品质量。

第三节　仓 储 管 理

仓储是指利用仓库对未使用物品的存放和储存行为，是物品从生产地向消费地的转移过程中，在一定地点、一定场所、一定时间的停滞。仓储不但包括商业和物资部门为了保证销售和供应而建立的物品和物品仓储以及交通运输部门为衔接各种运输方式，在车站、码头、港口和机场建立的物品仓储；还包括生产企业的原材料、半成品、成品仓储等。

仓储的目的是克服产品生产与消费在时间上的差异，使物资产生时间效果，实现其实用价值。比如，水果、鱼虾等水产品在收获的季节要进行冷藏保管，以保证市场的正常需求并防止价格的大幅起落。

仓储管理是现代物流管理的重要环节，是对仓储及仓储内的物资进行的管理，是仓储企业为了充分利用自己所具有的仓储资源提供高效的仓储服务所进行的计划、组织、控制和协调的过程。

一、仓储管理的内容

仓储管理研究的是物品流通过程中货物仓储环节的经营管理，主要是指在此过程中为提高仓储经济效益而进行的计划、组织、控制和协调等活动。内容包括：①如何获得仓储资源；②仓库选址与建设；③仓储设备选择与管理；④仓储作业流程管理；⑤仓储经营与成本管理；⑥库存合理控制；⑦仓储安全和仓储信息技术问题。

二、仓储管理的基本任务

仓储管理的基本任务如下：①充分利用市场手段合理配置仓储资源；②组建高效率仓储管理组织，提高管理效率；③开展仓储经营活动，满足社会需要；④以较低的成本组织仓储活动；⑤加强自身建设，树立仓储企业良好形象；⑥与时俱进，提高仓储管理水平；⑦以人为本，提高仓储企业员工素质。

三、仓储管理的基本原则

（1）效率原则。仓储生产管理的核心即效率管理，实现最少的劳动量投入获得最大的产品产出。

（2）效益原则。仓储管理应围绕获得最大经济效益的目的进行组织和经营，做到经营收入最大化和经营成本最小化。

（3）服务原则。仓储活动本身就是向社会提供服务产品。仓储管理就需要围绕着服务定位，如何提供服务、改善服务、提高服务质量开展的管理，包括直接的服务管理和以服务为原则的生产管理。

虽然建立产品的仓储会增加费用，但它同时也可以提高运输和生产的效率，相对地降低了两者的成本，在市场需求不确定，难以预测的情况下，储备一定量的产品可以有效地防止缺货成本的产生，并在一定程度上保证了生产运行，使得生产计划能够很好地实施，降低了生产成本。仓储可以将小批量、分散的产品运输任务集中进行整合，有利于形成整担运输以及运输线路的整体优化，从而降低运输成本。

同时，某些产品的生产由于原材料等方面的原因具有季节性的特点，但产品需求却是连续的，因此仓储管理能够调节供需之间的矛盾。

不仅仅在产品流通过程中需要仓储，在产品生产过程中同样需要仓储。为了赢得顾客并

提高顾客的忠诚度，企业必须采取快速客户反应战略，将产品放在靠近顾客的地方进行储存能够有效地防止缺货现象的发生，缩短货物运送时间，从而有力地提高客户服务质量，必须实施仓储管理。

四、物流仓储的作用

（1）仓储是物流不可缺少的重要环节。当企业供需出现矛盾时，比如生产的产品不能及时送到消费者手中或消费者的需求得不到满足时，就需要建立产品的仓储来缓解或消除上述矛盾。

（2）仓储是对货物质量的保证。在仓储环节对产品质量进行检验能够有效地防止伪劣或变质产品流入市场，保护消费者权益，也能在一定程度上保护生产厂家的信誉。

（3）仓储是保证生产顺利进行的必要条件。仓储过程不仅是商品流通过程顺利进行的必要保证，也是社会再生产过程得以进行的保证。

（4）仓储是加快商品流通、节约流通费用的重要手段。虽然仓储过程增加了时间成本和财务成本，但因它加快流通、节约运营成本，所以有效降低了运输和生产成本，最终降低总成本。

小 结

运输是物流的主要职能之一，也是物流系统中最重要的子系统之一，同时运输也影响物流系统的设计。运输的两个主要职能：物品位移和物品短期库存。商品通过位移，也就是通过运输来创造价值。有时候需求对商品移动的速度要求非常高，这时候商品的价值在很大程度上就取决于商品能够多快地从一个点到另一个点移动。商品的短期库存则主要是增加时间，直到客户需要的时候。这就要求运输在时间和服务上必须保持一致性，否则企业将付出代价，比如，失去客户、客户不满意、影响企业生产等。

本章主要介绍了物流运输管理中的一些基本概念，如运输和配送，讲述了物流运输过程中的核心问题：运输作业管理，具体包括：运输方式、运输过程中的运输成本管理与控制，以及运输过程中的运输服务方式和运输线路的决策问题。其次，讲述了配送管理中需要注意的一些关键环节，比如，配送作业的一般流程、配送中心的基本概念和作用等。最后简单介绍了仓储管理的基本概念和分类等。

本章通过对物流运输管理过程中核心环节的相关内容的介绍，方便物流运输管理者和决策者更好地进行运输决策，降低物流运输总成本，提高运输服务质量和速度，更好地为顾客服务。

思 考 题

1. 什么运输？什么是配送？二者有何关系？
2. 常见运输方式有哪些？如何选择合理的运输方式？

3. 指出五种基本运输方式各主要运送的三种产品。为什么？

4. 运输方式的选择应考虑哪些因素的影响？

5. 对运输合理化起决定性作用的因素有哪些？

6. 在送货地点为多点的情况下，如何确定最优的配送路线？

7. 什么是配送？配送的作用是什么？

8. 配送的基本流程是什么？

9. 在拟订配送计划时需要考虑哪些因素？

10. 订单管理在物流配送中的意义是什么？

11. 为了确保按时交货，在配送运输过程中应注意哪些问题？

12. 什么是仓储？什么是仓储管理？

13. 仓储有什么作用？如何理解仓储所要遵循的基本原则？

14. 如何看待仓储在运输配送中的作用？

参考文献

［1］彭志忠，周新平. 物流管理——现代物流与供应链管理实务（上下册）. 山东大学出版社，2004.

［2］魏丽玲. 物流仓储与配送. 北京邮电大学出版社，2008.

［3］徐贤浩. 物流配送中心规划与运作管理. 华中科技大学出版社，2008.

［4］孙秋菊. 物流配送技术与实务. 中国财政经济出版社，2008.

［5］罗松涛，闫杭. 配送与配送中心管理. 对外经济贸易大学出版社，2008.

［6］王道平，杨建华. 供应链物流信息系统. 电子工业出版社，2008.

［7］周广亮. 道路交通物流运输管理. 郑州大学出版社，2006.

［8］逯宇铎，张建东，周会斌，孙开功. 国际贸易. 清华大学出版社，北京交通大学出版社，2006.

［9］毕甫清，李冰，莫晨宇，秦殿军主审. 国际贸易实务与案例. 清华大学出版社，2006.

［10］刘凯. 现代物流技术基础. 清华大学出版社，北京交通大学出版社，2004.

［11］刘华，李大军，邹海毅. 现代物流管理与实务，清华大学出版社，2004.

［12］田源，周建勤. 物流运作实务. 清华大学出版社，北京交通大学出版社，2004.

［13］林玲玲，张建国，智瑾. 供应链管理. 清华大学出版社，2004.

［14］易华. 物流成本管理. 清华大学出版社，北京交通大学出版社，2005.

［15］周启蕾. 物流学概论. 清华大学出版社，2005.

［16］丁立言，张铎. 物流基础. 清华大学出版社，2000.

第六章　国际贸易管理

第一节　引　言

国际贸易是指世界各个国家（或地区）在商品和劳务等方面进行的交换活动。它是各国（或地区）在国际分工的基础上相互联系的主要形式，反映了世界各国（或地区）在经济上的相互依赖关系，是由各国对外贸易的总和构成的。

按照交易商品的形态和内容，国际贸易可以划分为货物贸易和服务贸易。

▷【学习要点】▷

1. 掌握国际贸易相关基本概念及业务流程。
2. 了解掌握我国关于国际贸易的相关管理制度。
3. 掌握进出口业务开展过程中的各环节的基本操作流程、步骤。

第二节　贸　易　方　式

一、货物贸易

货物贸易也称为有形（商品）贸易（tangible goods trade），其用于交换的商品主要是以实物形态表现的各种实物性商品，是有形贸易。国际贸易中的货物种类繁多，为便于统计，联合国秘书处起草了1950年版的《联合国国际贸易标准分类》（United Nations Standard International Trade Classification，SITC），分别在1960年和1974年进行了修订。

货物贸易是海关监管货物的一种，指单边输入关境或单边输出关境的进出口贸易方式。在我国的对外贸易中，一般贸易是指中国境内有进出口经营权的企业单边进口或单边出口的贸易，按一般贸易交易方式进出口的货物即为一般贸易货物。一般贸易货物在进口时可以按一般进出口监管制度办理海关手续，这时它就是一般进出口货物。也可以享受特定减免税优惠，按特定减免税监管制度办理海关手续，这时它就是特定减免税货物。也可以经海关批准保税，按保税监管制度办理海关手续，这时它就是保税货物。

（一）货物贸易的十类产品

在1974年的修订本里，把国际货物贸易共分为10大类、63章、233组、786个分组和1924个基本项目。这10类商品分别为：食品及主要供食用的活动物（0）；饮料及烟类（1）；

燃料以外的非食用粗原料（2）；矿物燃料、润滑油及有关原料（3）；动植物油脂及油脂（4）；未列名化学品及有关产品（5）；主要按原料分类的制成品（6）；机械及运输设备（7）；杂项制品（8）；没有分类的其他商品（9）。在国际贸易统计中，一般把0－4类商品称为初级产品，把5－8类商品称为制成品。有形贸易的进出口必须办理海关手续，能够在海关统计中反映出来，是贸易国家国际收支经常项目的重要内容。

（二）货物贸易通关手续

1. 一般贸易货物的报关手续

（1）货物进出境时，由进出口货物的收发货人或其代理人向海关申报，交验规定的单据文件；

（2）报关手续由经海关注册登记的报关单位的报关员向海关办理，报关员在办理报关手续时，应佩带并出示报关证件；

（3）没有经过海关注册的单位可以委托代理报关单位办理报关手续；

（4）向海关递交的一般贸易货物报关单上应盖有报关单位和报关人员已向海关备案的印章（或签字），否则海关不接受报关；

（5）报关单位和报关员按照《海关法》规定向海关提交真实、齐全、有效的单证，如实申报，并承担货物收发人的义务和责任；

（6）报关时应向海关递交下列单证：①进（出）口货物报关单一式四份（减免税进口货物报关单一式三份）；出口后需国内退税货物，应另填一份退税专用报关单；②对外贸易治理部门签发的进出口货物许可证和国家规定的其他批准文件；③提货单、装货单和运单；④外贸、工贸公司对外签订的外贸合同；⑤发票。发票是海关确定征税价格的重要依据，要求真实，并注明货物价格运保费等；⑥装箱单。单一品种、包装一致的件装或散装货物可免交；⑦征免税证实文件，缓税证书、免验证实文件等，这一项文件要求事先申请并在报关地交验，否则造成征税或误验，责任在申报人；⑧其他检验，检疫证实文件，原产地证：如商检、卫检、动植检等证实（在报关单上加盖检验、检疫印章亦可）；⑨委托报关证实书等其他单据、文件。

2. 纳税手续

（1）应按章征税的一般贸易货物，必须在缴清税款或者提供担保以后，海关才给予签章放行；

（2）纳税期限：一般贸易货物的纳税义务人应自海关填发税款缴纳证的次日起7天内缴纳税款，逾期缴纳的，由海关征收滞纳金；

（3）一般贸易货物放行后，海关发现少征或漏征税款可在二年内追补，发现多证的，纳税人可在一年内要求海关退还。

（三）货物贸易规则

"关税与贸易总协定（GATT）1947"订立了五十余年，经历了不断发展和完善的过程，开展了八个回合的多边贸易谈判取得卓越的成就，尤其是乌拉圭回合全面修订了原"关税与贸易总协定"，形成了"关税与贸易总协定（GATT）1994"，并就服务贸易、与贸易有关的

知识产权和与贸易有关的投资措施等议题展开了谈判，从而完善和健全了法律体系框架，谈判内容不仅涉及国际贸易领域，而且扩展到国际经济合作领域。顺应新经济时代的要求，对未来世界经济结构的影响将是深远的。

随着关税的大幅降低，非关税壁垒在国际贸易中正产生着举足轻重的影响。货物贸易方面所形成的一整套较为完善的规则（包括关税和非关税），它们是：农产品、卫生和植物检疫、纺织品和服装、贸易技术壁垒、投资措施、反倾销、海关估价、装运前检查、原产地规则、进口许可证、补贴和反补贴、安全保障等。

（四）关税减让

关税是世贸组织允许其成员使用的保护国内产业的重要政策工具。与各自众多的非关税措施相比，关税具有较高的透明度，能够清楚地反映出保护的水平，从而可以使贸易竞争建立在较明晰、较公平和可预见的基础上。因此，WTO 极力主张其成员将关税作为唯一的保护手段。允许以关税作为保护手段，并不意味着成员方可以随心所欲地使用这一手段。相反，"通过互惠互利的安排，切实降低关税和其他贸易壁垒"，是多边贸易体制所确立的基本原则之一。

从 GATT 到 WTO 都一直致力于削减关税。在 GATT 的前五轮谈判中，关税减让曾是谈判的唯一议题，在以前的各轮谈判中，关税减让也是始终被列在谈判议题的首位。经过多边贸易体制下的八轮谈判，全球关税水平逐步得到较大幅度的降低，从战后初期平均 45% 左右降到了目前的 5% 左右，大大提高了市场准入程度。

乌拉圭回合后，发达国家的大部分关税减让于 1995 年至 2000 年完成。完成后，其工业品关税将被削减 40%，加权平均税率将从 6.3% 降至 3.8%。享受发达国家免税待遇的进口产品的价值比重将从 20% 跃升到 44%。只有较少数产品征收较高税率。从各个渠道进入发达国家市场而征收高于 15% 税率的产品占其总进口的比例将从 7% 降到 5%。而对发展中国家出口产品征收高于 15% 税率的产品的比例也将从 9% 降到 5%。

1997 年 3 月 26 日，占信息技术产品世界贸易额 92% 的 40 个国家同意分阶段（发达国家于 2000 年前，发展中国家于 2005 年前）取消此类产品的进口税和其他费用。更多数量的产品受到关税约束。发达国家将受约束的进口工业品数量从 78% 提高到 99%。而发展中国家则从 21% 提高到 73%。经济转型国家将从 73% 提高到 98%。对贸易方和投资方而言，实际上意味着进入市场的安全性得到了较大程度的提高。

所有农产品的关税现在也受到了约束。几乎所有非关税的进口限制（如价格）均已转化为关税了。农产品市场更加可预见。农产品市场准入承诺也将取消先前对某些产品的进口限制，减少对农产品的国内支持和出口补贴。

（五）农产品协定

农产品协定的目的是改革农产品的贸易和制定政策更趋向于市场导向。这将同样改善进口国和出口国市场的可预见性和安全性。协定允许政府支持其农业经济，但是通过制定对贸易较少扭曲的政策是可取的。它也允许执行承诺时有一定的灵活性。发展中国家不必像发达国家那样缩减补贴或降低关税，而履行其义务的时间可得到宽限。

农产品的新规则和承诺适用于：市场准入——农产品市场准入新规则只有关税。在乌拉圭回合之前，有些农产品进口受价格和其他非关税措施的限制。它们已几乎被提供等量保护的关税所代替，如果先前政策给予的国内价格高于世界市场价格 75%，则新关税可能接近 75%。这就是"关税化"。削减农产品进口关税。协定规定发达国家在 1995—2000 年，平均削减关税 36%，发展中国家在 1995—2005 年，平均缩减 24%，而最不发达国家不承担关税削减义务。对于已实施关税化的农产品，允许政府采取特别紧急行动（"保护措施"），以防止进口价格的急剧下降，而对国内产业造成影响。但是，协定还规定了何时和如何采取此类行动。协定实施期内，日本、韩国、菲律宾和以色列四国获得特殊待遇，可对特定敏感产品（主要是大米）采取进口限制，但必须严格遵循规定的条件，包括海外供应商的最低准入机会。

国内支持——对支持国内价格或补贴生产政策的抱怨主要是他们将鼓励生产，从而限制进口或导致出口补贴以及在国际市场低价倾销。国内政策将直接影响生产和缩减贸易。所有国内支持以 1986—1988 年的补贴为基础，计算出具体数额作为削减基础，发达国家在 1995 年起的六年内必须缩减 20%，发展中国家在十年内缩减 13%，而最不发达国家不必缩减。国内支持分为黄灯措施和绿灯措施。绿灯措施对贸易影响最小，可以自由地采用。它包括政府服务，如研究、病虫害控制、基础设施和粮食安全，以及不刺激生产的对农民的直接支付，诸如与生产不挂钩的直接收入支持、帮助农民进行结构调整的援助以及环境和区域援助计划中的直接支付等。

出口补贴——农业协定禁止对农产品给予出口补贴，除非在成员承担义务的列表中明确规定的补贴外。在已列出的范围内，协定要求 WTO 成员不仅要缩减用于补贴资金金额，而且要削减接受出口补贴的产品数量。以 1986—1990 年的平均量为基础，发达国家在 1995 年起的六年内削减出口补贴额 36%，同期的出口补贴产品数量削减 21%；发展中国家在十年内削减出口补贴额和补贴产品数量分别为 24% 和 14%；最不发达国家不必作任何削减。

（六）纺织品与服装协定（ATC）

纺织品与农产品一样是 GATT 乃至 WTO 体制中最具争议的议题之一。据乌拉圭回合谈判后的十年计划，它将发生根本性变化。自 1960 年早期以来影响贸易的进口价格体系正在分阶段地完成。1974 年至乌拉圭回合结束期间，纺织品贸易由《多种纤维协定（MFA）》加以规范。双边协定或单边行动所建立的配额，就是限制纺织品进入那些因快速增长的进口量而导致民族工业受到严重破坏的国家。自 1995 年起 WTO 的《纺织品与服装协定》取代了《多种纤维协定》，至 2005 年，该领域将完全纳入 GATT 规则中，特别是配额制将终止，进口国不能再对出口国实施歧视。《纺织品与服装协定》本身也将不再存在。

自 1995—2005 年的十年间分以下四阶段纳入 GATT 规则：1995 年 1 月 1 日—1997 年 12 月 31 日期间，以 1990 年进口量为基数，取消配额限制的比例至少为 1990 年总进口量的 16%；1998 年 1 月 1 日—2001 年 12 月 31 日期间，取消配额限制的比例至少为 1990 年总进口量的 17%；2002 年 1 月 1 日—2003 年 12 月 31 日期间，取消配额限制的比例至少为 1990 年总进口量的 18%；2005 年 1 月 1 日取消余下的近 49% 的产品配额限制，使纺织品与服装贸易完全纳入 GATT 最终取消配额。协定规定前三个阶段的每个阶段取消配额限制的产品必须包

括如下四类：毛条和纱线、纤维、纺织制成品以及服装。未纳入多种纤维协定和不符合 WTO 协定的任何其他限制措施，于 2005 年前逐步取消和于 1996 年必须使之相符。

协定规定：当某一产品确已进入一国境内，且其增加的数量已对该国境内的直接竞争的工业生产造成严重损害或实质性威胁时，可以采取过渡期保障措施。保障限制措施可以多边或单边执行。但需经纺织品监督机构（TMB）审查。对于配额给予个别出口国的体系中，出口国可能企图通过第三国转运产品而绕过配额限制，或谎报产品的原产国。协定对此规定了反规避条款。协定还将对新市场中的新成员、较小的供应商和最不发达国家给予特殊待遇。

（七）反倾销协定（ADA）

如果一个公司以低于本地市场的正常价值的价格出口产品，则被认为"倾销"产品。对此，是否属于不公平竞争，会有不同的选择。WTO 协定并未就此通过裁决。但是许多政府会采取反倾销的行动，以维护其国内产业。GATT 第六条允许国家采取反倾销的行动，《反倾销协定》清楚地阐明了该条内容，它们是被同时运用的。它们允许国家采取一些做法，通常会终止贸易伙伴间的 GATT 关税约束和非歧视原则，其典型做法是反倾销行动，这意味着将对来自特定出口国的特定产品征收额外的进口税，以使其价格接近于"正常值"，或消除其对进口国国内产业的损害。有许多不同的方法来衡量特定产品的倾销程度。协定提供了三种计算产品"正常价值"的方法，其一是基于出口国国内的市场价格；其二是基于另一国出口商的价格；其三是考虑出口商生产成本、其他费用和正常利润的综合计算值。

协定也规定了如何公平地比较出口价格和正常价格。对于某一产品倾销程度的计算并不足够。反倾销措施只适合于倾销是否对进口国的产业构成损害。因此，首先必须按规定的准则开展调查。调查必须评估对所论产业具有支持的所有有关经济因素。如果调查表明倾销正在进行，且国内产业正在受到损害，则出口公司可以将其价格提高到协议的水平，以避免承担反倾销进口税。协定还对发起和进行反倾销措施期限和复查，列明了详细的程序性规定。如果有关当局确定倾销幅度是轻微的（一般认为幅度低于产品出口价值的2%），以及原产于一个国家的倾销产品数量不足进口国同类进口总量的3%，则应立即终止反倾销调查，对这些产品不征收倾销税。但是，如果由数个这种不足3%的单个产品，累计占进口国同类产品的7%时，则倾销调查要继续进行。成员国必须向反倾销委员会迅速和详细地通报所有初步的和最终的反倾销行动。成员方还应向委员会提供有关反倾销调查报告（一年两次）。一旦矛盾升级，WTO 鼓励成员方之间相互磋商解决。也可采用 WTO 争端解决程序。反倾销委员会每年举行两次会议，为 WTO 成员提供讨论有关《反倾销协议》的有关事项的机会。

（八）补贴与反补贴协定

这一协定要做两件事：禁止使用补贴和规范诉讼国家因补贴影响所采取的对抗措施。协定也表明一个国家可以采用 WTO 的争端解决程序寻求撤销补贴，或消除其有害影响。国家也可对损害国内生产且接受补贴的进口产品开展自身的调查，和最终课以额外税（反倾销税）。协定基于东京回合的补贴守则，包括了补贴的定义，引入了"特殊"补贴的概念，即"某些企业"才可得到的补贴。协定只禁止特殊补贴——可能是国内补贴或出口补贴。与《反倾销协定》一样，《补贴与反补贴协定》也是所有成员签署的 WTO 一揽子协定的一部分。协定定义了三类补贴——禁止补贴、可申诉的补贴以及不可申诉的补贴。它们适用于工业品以及农产品，除非其补贴符合农业协定。禁止补贴系指满足某些出口指标，或使用国产货物替代进口货物条件所给予的补贴。由于其设计扭曲了国际贸易且可能损害其他国家的贸易，因此予以禁止。此类补贴可通过 WTO 争端解决程序予以质询。如果争端解决程序认定补贴属于禁止范围，则必须立即予以撤销。此外，诉讼国家也可采取反措施。如果国内生产者因接受补贴的进口产品的进口而受到损害，则可对其施加反补贴税。

可申诉的补贴在此类补贴中，诉讼国家必须示明补贴已对其经济利益造成严重影响。此类补贴也可能在一定范围被允许。协定定义了三种可能引起的损害。一个国家的补贴可能损害进口国的某种国内产业。补贴可能损害另一个国家的竞争对手，如果两者在第三方市场竞争的话。而且，一个国家的国内补贴可能损害试图在实施补贴的国家国内市场进行竞争的另一个国家的出口商。如果争端解决机构裁定补贴已构成严重影响，则补贴必须撤销或必须消除其影响。此外，如果国内生产者因接受补贴的进口产品的进口而受到损害，则可对其施加反补贴税。

不可申诉的补贴系指非特殊补贴，或给予企业研究和开发活动的补贴、援助损害地区的补贴，或依据新环境法律和法规促进现有设施改造方面的补贴。不可申诉的补贴不能通过争端解决程序予以质询，且反补贴税不能施加于接受补贴的进口货物。但补贴必须满足严格的条件。

协定中规定了用以判断产品是否接受补贴详细的准则、确定接受补贴产品的进口正在损害国内产业的标准、发起和进行调查的程序以及实施反补贴措施的准则和期限（一般是五年）等。接受补贴的出口商也同意提高其产品出口价格作为承担反补贴税的替代方法。

补贴可能在发展中国家和由中央计划经济向市场经济过渡的国家起重要作用。最不发达国家和人均 GNP 少于 1000 美元的发展中国家可继续实施某些被禁止使用的补贴措施。至2003 年，其他发展中国家将取消其出口补贴，最不发达国家必须取消进口替代补贴（其补贴的设计是有利于国内生产和避免进口）。如果发展中国家的出口状况接受反补贴税调查，也会得到优惠待遇。经济转型国家必须在 2002 年前分阶段取消被禁止使用补贴。

（九）贸易技术壁垒（TBT）协定

技术法规和标准是重要的，但是国家之间技术法规和标准所存在的差别，使得生产商和出口商难以适应。如果这些标准的实施是强制性的，它们有可能被用作保护目的而对贸易构成障碍。

贸易技术壁垒（TBT）协定的目的是保证技术法规和标准、测试和认证程序不会造成不必要的障碍。最新文本经 1973—1979 年东京回合谈判而予以修订。

TBT 协定认为任何国家有权采用合适的标准，例如：出于对人类、动物或植物生命或健康，保护环境，或满足消费者权益方面标准。为避免各国标准存在太大的差异，协定鼓励各国采用国际标准，但是不得改变其保护等级。

TBT 协定规定了中央政府机构制定、采用和应用标准的良好惯例守则。同时，还规定了这样一些条款：地方政府和非政府机构如何阐述它们将采用的法规——通常按中央政府机构的原则。

TBT 协定规定确定产品是否符合国家标准所采用的测试方法必须公开和公平。不应该采用有利于本国生产产品，对进口产品不公平的任何测试方法。协定鼓励任何一个国家认可另一个国家的测试方法。这样，所论产品是否满足进口国标准的测试工作可以在产品生产国进行。制造厂商和出口商需要了解其未来市场上所采用的最新标准。为有助于保证能方便地获得这些信息，WTO 要求所有成员国政府建立国家咨询点。

（十）进口许可证程序协定

尽管现在进口许可证体系已经少于过去，但是这一体系仍然实施着。进口许可证程序协定规定进口许可应简单、透明和可预见。例如：协定要求政府为贸易方建立科学的信息，使之了解为何要获取及如何获取进口许可证。同时，也阐明了任何国家引入新的进口许可程序或改变现有程序时，应如何知会 WTO。协定对政府应如何评估许可程序的申请给予指南。

进口许可程序分为自动进口许可和非自动进口许可两种。所谓自动进口许可，是指只要满足某些条件，就自动颁发许可证。协定规定自动许可的准则，所以，所用程序不会限制贸易。

对于非自动进口许可，协定也试图尽可能减少进口商在申领许可证时的负担，所以行政管理工作本身并不限制或扭曲进口。协定规定处理进口许可的机构一般应在 30 天内处理完一件申请，同时提交的所有申请应在 60 天内处理完毕。

最新协定使 1973—1979 年东京回合谈判结果。该协定现作为 WTO 所有成员签署的"一揽子"协定的一部分。

（十一）海关估价协定

对进口商而言，海关估价过程会产生这样的问题：实际税率改变恰好是最严格的。WTO 海关估价协定目的是为产品的海关估价制定一个公平、统一和中立的体制——一个既符合商业现实，又禁止使用武断和虚假的海关估价的体制。协定规定了一整套估价准则，较之原 GATT 的海关估价体制有所扩展并更为准确。

乌拉圭回合部长会议的决定给予海关当局这样的权力，即一旦海关当局怀疑进口货物申报价格的真实性和准确性时，有权要求进口商提供进一步的资料。此后，如果海关当局仍有足够理由怀疑，它可以忽略任何附加信息认为进口货物海关价格不能以申报价格为依据予以确定。

（十二）装船前检查协定

装船前检查通常是聘请专业私人公司（或"独立的机构"）查核装船细则——主要是海外订购货物的价格、数量和质量。一些发展中国家采用这一协定目的在于维护国家金融利益（例如：避免资金流失和商业欺骗以及逃避关税），和弥补其行政架构的不足。协定承认政府委托装船前检查机构进行的活动所适用的 GATT 原则和义务。采用装船前检查的政府应承担的义务包括非歧视、透明度、保守商业秘密、避免不适当的延误、价格复核的特定指南以及避免利益冲突。出口方成员的义务包括在实施国家法律和法规时的非歧视、及时公布这些法律和法规以及必要时提供技术援助。

协定建立了一项独立的审查程序。它是由代表检验机构的组织和代表出口方的组织联合管理，其目的是解决出口方和检验机构之间的争端。

（十三）原产地规则协定

原产地规则是用以判断产品产地的准则。鉴于出口国家之间在报价、优惠关税、反倾销、补贴等贸易政策方面存在着许多差别，因此，原产地规则是贸易规则的重要组成部分。原产地规则也用来编辑贸易统计资料。

原产地规则是世贸组织有史以来第一个关于原产地规则的协定，它要求：①各成员的原产地规则必须是透明的；②不会对国际贸易造成限制、扭曲或破坏性的影响；③他们必须一贯、一致、公平和合理地予以管理；④他们必须基于肯定的标准（也就是，它们应阐明哪些产品应授予原产地证明，而不是阐明哪些产品不授予原产地证明）。

长远来说，协定的目的是协调 WTO 所有成员的原产地规则，但某些优惠贸易（如建立自由贸易区内的国家，根据其自由贸易协定允许使用不同的原产地规则进行贸易）除外。依据一套客观、易理解和可预期地签发原产地证原则，建立了协调工作纲要。这一工作正在由 WTO 的原产地规则委员会和世界海关组织赞助的技术委员会进行。

协定的附录规定了关于货物优惠待遇原产地规则运作的"共同宣言"。

（十四）与投资措施相关的协定（TRIMs）

与投资措施相关的协定（TRIMs）仅适用于影响货物贸易的措施。它承认某些措施可能会限制和扭曲贸易，并声明任何成员不应对外国人或外国产品施加任何歧视措施（即违背 GATT 中的"国民待遇"原则）。它也宣告导致数量限制的投资措施为无效的（违背 GATT 的另一条原则）。协定后附有一份 TRIMs 清单，列明不符合 GATT 某些条款的措施。该清单包括要求企业本地采购达一定水平的措施（本地含量要求）。它也试图阻止限制公司进口或规定公司出口目标的措施（贸易平衡要求）。

根据协定规定，国家必须将正在实行但不符合协定要求的所有投资措施知会 WTO 及其成员。发达国家必须在 1996 年年底前取消那些不符合规定的投资措施。发展中国家期限为 1999年年底。最不发达国家期限为 2001 年年底。

协定建立了 TRIMs 委员会负责监督这些许诺执行情况。协定也要求 WTO 成员在 2000 年1 月 1 日考虑是否需补充有关投资政策和竞争政策方面的条款。

（十五）动植物卫生检疫协定（SPS）

如何保证国家的消费者获得安全的食品？这就要借助符合相应的标准来保证。同时，如何保证不使用严格的卫生和安全法规作为保护国内生产者的理由？独立的食品安全和动植物卫生标准协定规定了基本准则。协定允许国家制定其自身的标准，但是也规定技术法规必须以科学为依据。它们仅仅基于保护人类、动物或植物生命或健康的需要，且不应该在情况或条件相同或相似的成员间实行武断或不正当的歧视。鼓励成员国采用现有的国际标准、导则和建议。成员国也可依据科学的理由（而不是武断的）采取导致更高标准的措施。

协定也允许国家使用不同的标准和方法来检验产品。因此出口国应保证适用于出口产品的惯常做法能为进口国所接受。如果出口国能验证适用其出口产品的措施能达到进口国同等

健康保护水平，则进口国将接受出口国的标准和方法。协定包括控制、检验和批准程序条款。政府必须对即将实施的新的或修改的卫生和植物卫生技术法规予以事前通告，并建立国家咨询点，以便提供此类信息。

二、服务贸易

（一）国际服务贸易的基本概念

服务贸易概念首次提出是在 1972 年 9 月，经济合作与发展组织（OECD）在《高级专家对贸易和有关问题报告》中提出了服务贸易概念。1974 年，美国在其《1974 年贸易法》第 301 条款中使用了"世界服务贸易"的概念。关于国际服务贸易，各国统计和各种经济贸易文献并无统一的、公认的、确切的定义。下面介绍几种有代表性的定义：

1. 基于国际收支统计的定义

统计学家从国民收入、国际收支平衡为出发点，将服务出口定义为将服务出售给其他国家的居民；服务进口则是本国居民从其他国家购买服务。"居民"是指按所在国法律，基于居住期、居所、总机构或管理机构所在地等负有纳税义务的自然人、法人和其他在税收上视同法人的团体。各国按照自己的法律对"居民"有不同的定义。从统计的意义看，"居民"通常被定义为在某国生活 3 个月以上的人，也有的国家认为至少生活五年以上的人，才成为居民。"贸易"是销售具有价值的东西给居住在另一国家的人，"服务"是任何不直接生产制成品的经济活动。

另外，服务可定义为一系列产业、职业、行政机关的产出：空运业、银行业、保险业、旅馆业、餐饮业。理发业、教育、建筑设计与工程设计、研究、娱乐业、按摩院、旅游业与旅游代理、计算机软件业、信息业、通信业、医疗与护理、印刷、广告、租赁、汽车出租服务等。因此"国际服务贸易"定义为这些行业部门的产出品向其他国家居民的销售。

从上述定义可看出，国际服务贸易的定义是以国境为界划分的，这对于统计专家在进行服务出口和进口的计算及分类是比较方便的。例如，在美国的某一美国本国的广告公司为法国生产企业提供广告设计服务，就是对法国出口美国的服务。不过经济生产国际化使这种关系变得越来越复杂。例如，在贸易实践中，人们经常会发现这样一个事实：在法国的一家美国银行的某一美国雇员，他帮助在法国旅游的美国游客并为其服务，这就是对美国出口法国的服务。但是，统计学家很难用简单的方法将这种收入简单地归为法国的服务出口或美国的服务进口。因为，此时从美国银行在法国开设的银行而言，是美国对法国出口银行服务。但是，从法国的角度分析，在其境内的企业为外国居民的服务又称为其对外国的服务出口。从美国银行自身分析，它为在法国旅游的美国客人提供的服务收入只能作为企业本身的收入，并按企业性质和法国的有关法律规定一部分收益能汇回美国，从严格意义上讲，只有汇回美国的部分才能称为美国对法国的服务出口。从这个例子中我们可看出服务贸易定义及统计的复杂性。

又例如，设在意大利的一家美国旅游公司为在意大利的德国游客提供服务，从统计角度看是意大利对德国出口服务。但是，如果这家旅游公司在英国办理发票并在美国纽约拥有法律权力，那么由美国公司在意大利销售的服务也就成为美国和英国对意大利的服务出口。

从以上两个例子中，我们看出，统计学家关于服务贸易的定义难免有一些"灰色区域"难以界定。例如，为什么人们习惯于把对设备或仪器的"修理"当做是"服务"，而将这些设备的"组装"视为"制造"。同时你又如何划分一个人到底是"居民"还是"临时访问（观光）者"。一块存有大量信息的磁盘是一件制成品还是服务产品，还是两者兼而有之？你又如何划分独立单个生产服务者的"居留期"和公司雇用的单个服务生产者的"居留期"。也许为了统计，一律定义或规定在另一国工厂或政府部门工作的人都称为该国的"居民"。

一般来说，政府为计算国民收入和国际收支而进行的国际贸易统计，目的在于回答关于国民经济运行及宏观经济政策管理第一系列问题。如政府急于知道和掌握本国的商品和服务出口状况、商品和服务出口所创造的国内就业机会的大小等。政府也想了解本国的商品和服务消费多大程度是由外国所生产和提供的。政府也希望知道本国的外汇供给是由服务和商品出口来满足的，也希望知道本国外汇的减少是由商品和服务进口引起的。贸易统计的目的还在于揭示该国某一领域的竞争地位并提供相应的信息和数据以供与外国竞争对手进行比较。很明显，基于上述认识对服务贸易的定义是以国境为界进行划分的，凡是在一国境内发生的服务活动称为国内服务贸易，而对居住或生活、工作在另一国家国境的人销售的服务被当做是国际服务贸易。

2. 联合国贸发会议的定义

联合国贸易与发展会议利用过境现象阐述服务贸易，将国际服务贸易定义为：货物的加工、装配、维修以及货币、人员、信息等生产要素为非本国居民提供服务并取得收入的活动，是一国与它国进行服务交换的行为。狭义的国际服务贸易是指有形的、发生在不同国家之间，并符合于严格的服务定义的。直接的服务输出与输入。广义的国际服务贸易既包括有形的服务输入和输出，也包括在服务提供者与使用者在没有实体接触的情况下发生的无形的国际服务交换。

一般我们所指的服务贸易都是广义的国际服务贸易概念，只有在特定情况下"国际服务贸易"或"服务贸易"才是狭义的"国际服务贸易"的概念。

3. 世贸组织的定义

关税与贸易总协定主持下的乌拉圭回合谈判，1994 年 4 月签订的《服务贸易总协定》对服务贸易作了如下定义：服务贸易是指从一成员的国境向另一成员的国境提供服务；从一成员的国境向另一成员的服务消费者提供服务；通过一成员的（服务提供实体）法人在另一成员的商业存在（commercial presence）提供服务；由一成员的自然人在另一成员境内提供服务。

这个定义已成为"国际服务贸易"的权威性定义，被各国普遍接受。

服务贸易与服务业、第三产业的区别：服务业和第三产业是境内服务，而服务贸易是跨境服务；服务贸易的领域与国内的服务业和第三产业并不完全一致。通常第三产业包括一切

非直接物质生产部门，不仅包括通常所说的服务业，还包括国家机关、政党机关和社会团体等部门。服务贸易的行业范围基本上以第三产业为基础，但不包括政府、军队、警察、法院、宗教等政治领域的部门。

服务贸易与货物贸易的区别：货物贸易是指国家（地区）间货物的交换活动，服务贸易是指国家（地区）间服务的交换活动；货物贸易具有有形性，服务贸易具有无形性；货物贸易货物移动，生产者和消费者不移动；服务贸易服务提供者和消费者移动具有复杂性；货物贸易海关可以监管，服务贸易海关一般无法监管。

（二）国际服务贸易的特征

①服务贸易标的一般具有无形性。②服务贸易所提供的服务往往是生产、销售与消费同时进行，因此具有同时性、非储存性、非转移性和国际性等特征。③服务贸易与生产要素的跨国间移动密切相关。④服务贸易不是通过边境措施，而是通过国内相关立法和规定来进行监管。⑤服务贸易的统计数据在各国国际收支表中显示，而在各国海关进出口统计上没有显示。上述的特殊性，是就服务贸易的一般情况而论的，由于服务门类众多，形式差异很大，所以上述特性都有例外现象的存在。

（三）国际服务贸易的方式

（1）跨境交付（cross – border supply）。跨境交付即服务提供者自成员所在领土向任何其他成员领土提供服务。

（2）境外消费（consumption abroad）。境外消费即服务提供者在一成员领土内向来自任何其他成员的服务消费者提供服务。

（3）商业存在（commercial presence）。商业存在即一成员的服务提供者通过在任何其他成员领土内设立商业机构或专业机构，为后者领土内的消费者提供服务。

（4）自然人流动（movement of natural persons）。自然人流动，即一成员的服务提供者在任何其他成员领土内以自然人的存在提供服务。

（四）国际服务贸易的分类

根据世贸组织统计和信息系统局提供的国际服务贸易分类表，则将国际服务贸易分为12大类142个服务项目。如表6-1所示。

表6-1　　　　　　　　　　国际服务贸易分类一览表

类别	主要项目
商业性服务	专业服务 计算机及其有关服务 研究与开发服务 房地产服务 无经纪人介入的租赁服务 其他的商业服务

类别	主要项目
通讯服务	邮政服务 快件服务 电讯服务 视听服务
建筑和相关工程服务	建筑物的一般建筑工作 民用工程的一般建筑工作 安装与装配工作 建筑物的完善与装饰工作
销售服务	代理机构服务 批发贸易服务 零售服务 特约代理服务 其他销售服务
教育服务	初等教育服务 中等教育服务 高等教育服务 成人教育服务 其他教育服务
环境服务	污水处理服务 废物处理服务 卫生及其相关服务 其他环境服务
金融服务	所有保险及其与保险有关的服务 银行及其他金融服务
健康与社会服务	医院服务 其他人类健康服务 社会服务 其他健康与社会服务
旅游及相关服务	宾馆与饭店服务 旅行社及旅游经纪人服务社服务 导游服务
文化、娱乐及体育服务	娱乐服务 新闻机构服务 图书馆、档案馆、博物馆及其他文化服务 体育及其他娱乐服务

类别	主要项目
交通运输服务	海运服务 内河航运服务 空运服务 空间运输服务 铁路运输服务 公路运输服务 管道运输服务 所有运输方式的辅助性服务
其他服务	

三、国际服务贸易政策与措施

（一）国际服务贸易壁垒

1. 国际服务贸易壁垒的含义

国际服务贸易壁垒是指一国政府对国外生产的服务销售所设置的有障碍作用的政策措施，以增加国外服务生产者的成本从而达到限制外国服务进入的目的。

2. 国际服务贸易壁垒的主要形式

国际服务贸易领域中广泛使用的是非关税壁垒。对国际服务贸易的限制可以分为两类：一类是市场进入限制，另一类是经营限制。具体可以将国际服务贸易壁垒划分为以下几种形式：

（1）服务产品移动的壁垒。服务进口国规定服务进口的最高限度，当外国供应者提供的服务超过此限度时，进口国完全阻止外国服务进入本国市场。

（2）人员流动壁垒。主要是通过各种措施对外国劳动力进入本国工作或就业进行限制。

（3）资本流动壁垒。服务进口国通过外汇和投资管制等措施对外国服务提供者进行限制。

（4）服务提供者开业权的壁垒。这是否允许外国服务提供者以商业存在的形式进入本国服务市场。这方面的壁垒同服务业的市场准入原则有联系，是开展国际服务贸易的最大阻碍。

目前开业权壁垒的形式主要有：不允许外国服务提供者在特定服务领域设立经营机构；限制外国服务提供者在本国的企业形态；限制外国服务提供者在企业中的股份、权益和投票权；对外国公司的活动进行限制等；与服务贸易相关的货物流转壁垒。

服务及其成果往往要借助一定的有形物体（即货物）来完成和体现，很多国家即通过对这些货物流转的限制，达到对外国服务销售设置障碍的目的。

3. 国际服务贸易壁垒的特点

（1）是以国内法律法规和规章制度为主而不是以关税为主。

（2）是以对人（自然人、法人及其他经济组织）的资格与活动的限制为主而不是以对商品的数量、质量等为主。

（3）不仅以商业利益为目标，还以国家安全、政治稳定为目标。

（4）灵活隐蔽、选择性强，而不是固定公开、统一透明。

（二）国际服务贸易自由化

1. 国际服务贸易自由化的含义

国际服务贸易自由化，是指减少以至消除各国妨碍服务贸易自由、公平进行的法律法规，扩大本国服务市场的准入程度，最终使服务业在各国或各地区间无障碍的自由流动。

2. 国际服务贸易自由化的进程

早在关贸总协定东京回合谈判中，美国就开始推动把服务贸易纳入多边贸易谈判的范畴。1986 年 9 月开始的关贸总协定乌拉圭回合多边贸易谈判中，服务贸易被列入了谈判议题，经过长达 7 年多的谈判，于 1993 年 12 月 15 日达成了《服务贸易总协定》（以下简称《总协定》）。乌拉圭回合后，世贸组织各成员方就一些服务行业的贸易自由化进行了进一步的磋商与谈判，作为《总协定》的后续谈判成果，于 1997 年通过了三项行业协议，即《基础电信协议》、《金融服务协议》和《信息技术协议》。

上述协议文件规定了各国在国际服务贸易中应遵循的原则与规则，旨在解决服务业的开放和服务贸易自由化的问题。

3. 《服务贸易总协定》

（1）《总协定》的法律地位。《总协定》是世贸组织第一个有关国际服务贸易的框架性法律文件，是为消除国际服务贸易壁垒，实现服务贸易自由化而达成的多边法律规范，它将成员方政府对服务贸易的管理措施置于国际纪律约束之下。

（2）《总协定》的宗旨。《总协定》的宗旨是，为服务贸易建立一个多边框架，在透明度和逐步贸易自由化条件下扩大服务贸易，促进所有贸易伙伴和发展中国家的经济增长和发展。

（3）《总协定》的框架和主要内容。《总协定》由本文、附件和具体承诺表三部分构成。如表 6 - 2 所示。

表 6 - 2　　　　　　　　《服务贸易总协定》的框架和主要内容

基本框架	主要内容
本文分 6 个部分，由 29 个条款组成	规定了服务贸易自由化的原则和规则，具体涵盖的主要内容是：该协定的宗旨、服务贸易的定义与范围，服务贸易的一般义务和纪律，具体承诺的义务，逐步自由化原则，以及争端解决机制、组织机构设置等
附件包括 8 个附件	规定了处理具体服务贸易部门所适用的规则，主要包括最惠国待遇例外附件、根据本协定自然人移动提供服务附件，空运服务附件，金融服务附件，金融服务的第二附件、海运服务谈判附件，电讯服务附件，基础电讯谈判附件等
具体承诺表	明确了各参加方在双边谈判的基础上承担的关于国民待遇和市场准入的义务

（4）《总协定》的主要原则。

①最惠国待遇原则。它是指每一缔约方应立即、无条件地给予其他缔约方的服务及服务提供者不少于其给予任何其他国家相同服务及相同服务提供者的优惠待遇。它的特点如下：其一，利益、优待、特权或豁免不但给予服务，而且给予服务提供者；其二，最惠国待遇是《总协定》规定的一般义务，这也就是说，不论缔约方是否将这些服务部门或分部门列入承诺清单，都应遵循最惠国待遇原则；其三，最惠国待遇不适用于边境邻国之间相互给予对方边境居民接受或者提供服务的某些方便和优惠。

②透明度原则。即各国政府必须向其他成员公布其采取的所有与服务贸易有关的或对服务贸易协议产生影响的法律和规定，通常最迟在它们生效以前予以公布。透明度原则是《总协定》规定的一般义务。

③发展中国家更多参与原则。《总协定》规定，成员方应当在谈判中向发展中国家承诺，在以下方面促进发展中国家的更多参与：增强发展中国家的国内服务能力，提高其效率和竞争力；提高发展中国家进入服务销售渠道的能力，改善其利用信息网络的条件；对发展中国家有出口利益的部门和服务提供方式实现市场准入自由化；发达国家缔约方还应对发展中国家服务提供者提供有关市场进入的资料；对于最不发达国家在接受谈判达成具体承诺方面存在的严重困难应给予特殊考虑。

④市场准入原则。它是指每一缔约方以其承诺表中所列举的服务部门及其市场准入的条件和限制为准，对其他缔约方开放本国的服务市场。市场准入原则是《总协定》规定的具体承诺的义务。

⑤国民待遇原则。它是指每一参加方根据承诺表所给予其他参加方服务和服务提供者的优惠待遇，就其影响服务提供的措施而言，不应低于给予其本国相同的服务和服务提供者。它的特点如下：其一，属于具体承诺的义务，缔约方根据自己的经济发展水平来承担义务；其二，服务贸易中的国民待遇，不但适用于服务，而且也适用于服务的提供者。

⑥逐步自由化原则。即在总协定订立后，对多种服务贸易分别进行谈判，以制定逐步减少直至最后消除对服务贸易市场准入产生的不利措施并逐步完善规则内容最终实现服务贸易自由化。

⑦例外原则。为使《总协定》更具现实性，该协定在规定基本法律原则的同时，也有一些例外条款，这些例外往往形成各种各样与该协定规则不符的措施。

（5）《总协定》的意义：

①确定了服务贸易各成员方共同遵守的国际规则。《总协定》的签署，使参与服务贸易的国家有了一个共同认可和相互遵循的国际准则，使国际贸易体制更加完善。

②为服务贸易自由化提供了法律基础。《总协定》所奉行的基本原则，如最惠国待遇、透明度原则、市场准入、国民待遇、发展中国家的参与、逐步自由化等，构成了国际服务贸易的行为准则，为促进国际服务贸易自由化提供了法律依据和体制上的保障。

③促进发展中国家服务贸易的发展。《总协定》考虑了发展中国家服务贸易的现状和国内经济的发展需要，对发展中国家在服务贸易自由化进程方面做出了很多保留和例外，给予发展中国家特别待遇和一些特殊利益。这些规定显然有助于发展中国家提高服务贸易的实力

和国际竞争力，更多地参与国际服务贸易。

④有利于国际投资的发展。《总协定》所涉及的服务贸易范围十分广泛，除规范了服务业国际交易的基本原则，还规定了成员方关于商业存在方式服务的措施。这些措施大部分和投资措施有关，在很大程度上减少了国际投资中的障碍。

第三节　出　口　业　务

一、许可证管理

许可证管理是指进出口企业在进口或出口属于许可证管理范围的商品时，必须向指定外经贸行政管理部门（发证机构）申领进口或出口许可证，海关凭该许可证放行的管理制度。因此，进出口许可证既是管理部门批准某项商品进出口的具有法律效力的证明文件，也是海关查验放行进出口货物的依据之一。进出口商品的配额管理仅仅是对进出口商品的数量、市场加以限制，而进出口许可证管理制度不仅可对进出口商品的数量、市场加以限制，并且可对进出口商品的品质、价格等直接加以限制，同时进出口配额管理的具体实施也需要通过使用进出口许可证进行。

我国早在 1951 年便对出口商品全面实行许可证管理。从 1956 年起，我国的对外贸易全部由外贸部所属国营企业经营，各外贸公司以外贸部下达的货单为出口货物的依据。因此，出口许可证基本上已失去其作用。1980 年 10 月起，由于经营出口贸易的企业增多，国外市场的变化和贸易方式的多样化，我国重新实行出口许可证管理。

（一）出口许可证发证机构

我国自恢复实行出口许可证制度起，一直实行按商品和地区分级发证的方法，即针对不同的商品和地区分别由：①国家商务部配额许可证事务局；②国家商务部派驻各地特派员办事处；③各省、自治区、直辖市和计划单列市的对外经贸厅（委、局）、外贸局核发出口许可证。2007 年实行出口许可证管理的货物为 41 种（375 个 8 位 HS 编码）。其中，配额许可证事务局（以下简称许可证局）发证货物为 6 种，各地特派员办事处（以下简称各特办）发证货物为 27 种，各地外经贸委（厅、局）、商务厅（局）（以下简称各地方发证机构）发证货物为 8 种[1]。除对港澳出口的活牛、活猪、活鸡实行全球许可证下的国别（地区）配额许可证管理外，其他出口许可证管理货物目录所列出口货物均实行全球出口许可证管理。除了以上 41 种出口商品外，包括纺织品在内的属于被动配额的出口商品亦实行出口许可证管理，此类商品使用专门格式的被动配额出口许可证。

（二）出口许可证的申领和使用

根据国家有关规定，凡需要申报出口许可证的商品，在向海关报关出口时必须交验出口

---

① 根据商务部公告 2006 年第 116 号发布的《2007 年发证机构发证目录（出口）》。

许可证。出口许可证的申领，通常在收到国外开来的信用证之后向有关机构申请办理。但在交货期较短的情况下，也可以在此之前办理，视具体情况而定。出口许可证申领后，必须在有效期内使用。在现行出口报关业务中，出口许可证的使用有"一批一证"和"非一批一证"两种。所谓"一批一证"制，即一份出口许可证在有效期内只能报关使用一次，无论签发数量是否用完，均由海关签注余额后交使用单位退回原发证机关（被动配额出口许可证交进口商办理进口手续）核销。每份出口许可证有效期自发证之日起不超过三个月。

为保证进出口许可证联网核销的实施，对不实行"一批一证"管理的货物，发证机构在签发出口许可证时必须在许可证"备注"栏内填注"非一批一证"。实行"非一批一证"管理的货物为：①

①外商投资企业出口货物；

②加工贸易方式出口货物；

③补偿贸易项下出口货物；

④大米、玉米、小麦、活牛、活猪、活鸡、牛肉、猪肉、鸡肉、原油、成品油、煤炭。

出口许可证一经签发，任何发证机关和出口单位都不得修改证面内容。如确需更改、变动某些栏目的内容，应到原发证机构申请换领新的出口许可证，但换领应在原出口许可证和合同的有效期内进行，否则出口指标即行作废。

出口许可证一般不能跨年度使用，其证面的有效期最迟为当年 12 月 31 日。当许可证有效期需跨年度使用时，须在原发证机关换证。有效期最迟至次年 2 月底，不得再延期。

二、出口货物的原产地管理

出口货物的原产地管理是指出口国根据原产地规则对出口货物申领和签发原产地证书工作的管理。因此，出口货物的原产地管理的依据是原产地规则，而原产地证书则是证明货物原产地的书面文件，它是进口国海关确定征税标准和放行与否的依据。

（一）一般原产地规则

原产地规则是各国为了确定国际贸易中的商品的原产地而制订的有关法规或行政命令及措施。当前国际贸易出现了区域性一体化趋势，各国政府越来越重视进出口货物的原产地，在制订本国出口货物的原产地规则的同时，还对本国进口货物的原产地的确定提出专门的条件，形成限制其他国家出口的原产地规则。随着国际贸易的不断发展和国际分工的日益加强，越来越多的产品的生产往往同时涉及两个或两个以上不同的国家。因此，无论是原产地规则的制订，还是根据原产地规则确定商品的原产地都显得越来越复杂，并且成为一项技术性较强的工作。

我国从 20 世纪 50 年代起，便开始了出口商品的原产地工作。但是直到 70 年代末，进行改革开放之前，由于我国的出口产品一直以初级产品为主，产品的原产地成分比较明确。因此，当时的原产地工作比较简单。改革开放以来，随着我国对外经济贸易的迅速发展，出口

---

① 根据商务部、海关总署公告 2006 年第 100 号公布的《2007 年出口许可证管理货物目录》、《2007 年边境小额贸易出口许可证管理货物目录》。

商品结构发生了很大的变化，工业制成品已占到出口总额的 3/4 左右。并且国际贸易的具体方式也发生了很大的变化，"三来一补"和进料加工的比重不断上升，越来越多的出口商品已不再是单一的本国成分。针对这种情况，对外经济贸易部（1993 年 3 月更名为"对外贸易经济合作部"，2003 年 3 月与原国内贸易部合并成立商务部）、国家进出口商品检验局（1998 年与原农业部动植物检疫局、原卫生部卫生检疫局合并后改名为"国家出入境检验检疫局"，下同）和中国国际贸易促进委员会于 1991 年开始制订《中华人民共和国出口货物原产地规则（草案）》，并于 1992 年 3 月 8 日，作为国务院第 94 号令，正式颁布了《中华人民共和国出口货物原产地规则》，该规则于当年 5 月 1 日起施行。为了实施该原产地规则，我国的对外贸易经济合作部又在同年 4 月 1 日，发布了《中华人民共和国原产地规则实施办法》和《中华人民共和国含进口成分出口货物原产地标准主要制造、加工工序清单》两个配套的规定。

《中华人民共和国原产地规则》作为我国原产地制度的基本法规，共有十四条。它对我国的原产地工作的主管机关、原产地证书的签发机构以及可签发原产地证书的标准等都作出了明确规定。根据该规则第三条："国家对外经济贸易主管部门对全国出口货物原产地规则实施统一监督管理。"因此，我国的原产地工作的主管机关是商务部。该规则第四条："国家进出口商品检验部门设在地方的进出口商品检验机构、中国国际贸易促进委员会及其分会以及国家对外经济贸易主管部门指定的其他机构，按照国家对外经济贸易主管部门的规定签发原产地证。"

（二）普遍优惠制原产地规则

普遍优惠制（generalized system of preferences）简称普惠制（G.S.P.），是发达国家给予发展中国家的一种关税优惠制度。

在 1968 年的普惠制决议中，发达国家承诺对来自发展中国家的商品，特别是工业制成品，给予普遍的、非歧视的和非互惠的优惠关税待遇。所谓普遍的，是指对来自发展中国家的所有制成品和半制成品而言；所谓非歧视的，是指所有发展中国家或地区；所谓非互惠的，是指发达国家不要求发展中国家提供反向关税优惠。1971 年欧洲共同体实施第一个普惠制方案，其他给惠国在 1971 年至 1976 年 1 月 1 日之间先后实施普惠制方案。至今，世界上共有 30 个给惠国，其中有 27 个国家给予了我国普惠制待遇。

原产地规则是各给惠国关于受惠国出口产品享受普惠制待遇必备条件的规定，因此，原产地规则是各给惠国十分重视的重要内容，其目的是为了把优惠的好处真正给予受惠国。原产地规则包括原产地标准、直接运输规则及书面要求三个方面。

（1）按照原产地标准的规定，产品必须全部产自受惠国，或者规定产品中所包含的进口原料或零部件经过高度加工发生实质性变化后，才能享受优惠待遇。所谓"实质性变化"有两个标准予以判别。

加工标准。欧洲国家、日本等国采用这项标准。一般规定进口原料或零件的税则号列与加工制作后的商品的税则号列发生了变化，就可以认为已经过高度加工，发生实质性变化，符合加工标准。具体执行中还规定了一些例外。

百分比标准。澳大利、加拿大、美国等国采用这项标准。根据进口成分占制成品价值的百分比或以本国成分占制成品价值的百分比来确定是否达到实质性变化的标准。

（2）直接运输规则是指受惠商品须由受惠国直接运到给惠国，由于地理原因或运输需要，受惠产品可以转口运输，但必须置于海关监管之下。

（3）受惠国必须向给惠国提供原产地证书（A）。

（三）原产地证明书

原产地证明书简称原产地证书或产地证，它是证明商品原产地，即商品的生产地或制造地的具有法律效力的书面文件。在国际贸易业务中，原产地证书通常是用于向进口国政府或进口商证明进出口商品的原产国别或地区的。因此，原产地证书通常是应进口国政府或进口商的要求，由出口商向出口国或地区原产地证书的签证机构申请取得后，向进口商提供的。

我国自1992年5月起规范原产地证书签发管理工作后，所签发的原产地证书主要有以下三种：

1. 一般原产地证书

一般原产地证书是各国根据本国的原产地规则签发的，证明出口产品确系出口国生产和制造的书面文件。它是进口国批准进口许可、验关放行、征收差别关税等的依据。我国自1992年5月起，根据《中华人民共和国原产地规则》开始签发统一的一般原产地证书。我国的一般原产地证书是由各地出入境检验检疫机构或各地的贸易促进委员会分会签发的。出入境检验检疫机构代表官方签发，而贸促会则是代表非官方签发的。凡是国外需要我出口企业提供原产地证书的，一般情况下都可以使用该原产地证书。在已经使用以下两种证书之一情况下，通常就没有必要再使用一般原产地证书了。

2. 普惠制原产地证书

我出口企业对于出口到给予我国普惠制待遇的国家的、符合该给惠国规定的普惠制原产地规则的受惠商品，均可向我国出入境检验检疫局申请普惠制原产地证书。该证书是供进口商在办理进口报关，申请关税减免时使用。普惠制是各给惠国（发达国家）给予受惠国（发展中国家）的关税优惠待遇，因此，受惠国的受惠商品必须符合给惠国的规定，即给惠国的原产地规则。所以，普惠制证书尽管是由我国的出入境检验检疫机构签发的，但签发的依据则是给惠国（进口国）的普惠制原产地规则。

3. 专用原产地证书

专用原产地证书是专门用于某一行业的特定产品出口到指定国家，根据我国与该进口国的双边协定签发并使用的原产地证书。目前，我国需要使用这类证书的商品主要有出口到欧盟的纺织品和烟草。证书种类有纺织品产地证、手工制纺织品（产地）证、手工制品（产地）证和烟草证实性证书等。这些证书主要是为了配合被动配额管理，应欧盟各国的要求而使用的。其中针对欧盟的纺织品产地证、手工制纺织品（产地）证和针对奥地利的手工制品（产地）证，根据我国政府与欧盟签订的纺织品贸易协定和我国政府与奥地利政府签订的手工制品协议，规定由各地经贸委（厅）的有关部门签发。烟草证实性证书按欧盟和我国有关规定，由指定的部分出入境检验检疫机构签发。

为了贯彻国务院领导关于加强我国的原产地证书签发管理工作的指示，1998年2月，对外贸易经济合作部、国家出入境检验检疫局和中国对外贸易促进委员会联合发文，推动出口货物一般原产地证使用计算机通讯网络进行申领。

三、商品检验管理

进出口商品检验工作是一国对外经济贸易活动的组成部分，也是货物交接过程中不可缺少的一个重要环节。由于商品检验直接关系到买卖双方的切身利益，因此，许多国家的法律和国际公约都对此作了具体规定。为了保证进出口商品的质量，维护买卖双方的合法权益，促进对外贸易关系的顺利发展，我国于 1989 年 8 月 1 日起正式实施《中华人民共和国进出口商品检验法》，同时制定了《商检机构实施检验的进出口商品种类表》。此后，国家商检机构又先后颁布了《商检法实施条例》、《食品卫生法》、《动植物检疫法》等一系列有关的法律法规，以进一步完善我国进出口商品检验制度。

根据我国《商检法》和检验检疫统一后的新体制，国家出入境检验检疫局主管全国进出口商品的检验工作，承担出入境卫生检疫、动植物检疫和商品检验、鉴定工作。其设在各地的地方检验检疫机构管理其所辖地区内的出入境检验检疫工作。我国商检机构在进出口商品检验检疫方面的基本任务有三项：实施法定检验；办理鉴定业务；对进出口商品的检验工作实施监督管理。

（一）出口检验检疫业务

在我国，实行出口商品检验制度是国家对出口商品实施品质管理的重要措施。我国的出口商品检验业务按检验目的的不同，分为法定检验和公证鉴定业务两大类。

1. 法定检验

法定检验是指国家商检机构根据国家的法律、行政法规的规定，对进出口商品或有关的检验事项实施强制性的检验或检疫。凡属法定检验范围内的出口商品，必须在国家指定的官方商检机构进行检验，未经检验或经检验不合格的商品，一律不准出口。

实施法定检验的范围包括：

（1）对列入《种类表》的进出口商品的检验；

（2）对出口食品的卫生检验；

（3）对出口危险货物包装容器的性能鉴定和使用鉴定；

（4）对装运出口易腐烂变质食品、冷冻品的船舱、集装箱等运载工具的适载检验；

（5）对有关国际条约规定须经商检机构检验的进出口商品的检验；

（6）对其他法律、行政法规规定必须经商检机构检验的进出口商品的检验。

法定检验是一种强制性检验，检验的内容包括商品的品质、规格、数量、包装以及是否符合安全卫生要求，检验结果是海关放行与否的依据之一。

2. 公证鉴定业务

公证鉴定业务是指商检机构根据国际贸易关系人以及国内外有关单位或者外国检验机构的委托，办理进出口商品检验、鉴定，并出具检验结果证明的业务。进出口商品的鉴定业务不同于法定检验，它不具有强制性，商检机构仅凭当事人的申请和委托进行鉴定工作，作出鉴定结果，提供鉴定结论，签发各种检验、鉴定证书。

出口商品鉴定业务的内容较为广泛，它包括：出口商品的质量、数量、重量、包装鉴定、集装箱和集装箱货物的检验，出口商品的转运技术的鉴定，货载衡量、产地鉴定、价值鉴定和其他鉴定业务。

商检机构也可以接受国际贸易关系人的申请，依照有关法律、行政法规的规定，签发出口货物原产地证书和普惠制原产地证书。

（二）CISS 业务与中国商检

进口货物全面监管制（comprehensive import supervision scheme system. CISS），又称装船前检验，是指一个国家的政府有关部门（如财政部、外贸部、工商部或中央银行等）以法令形式指定一家或几家国际性的检验机构，委托其作为代理，对该国进口货物在装船前实施强制性检验鉴定，出具证书的一种进口综合监管制度。根据该项制度的规定，未经检验的进口商品到达目的港，进口国海关将不予通关，中央银行将拒绝付款。

目前，国际上有近 30 个国家实行进口货物全面监管制，这些国家都是发展中国家（非洲、亚洲、拉丁美洲等国家），其中半数以上的国家对从中国进口商品，均要求实施装船前检验。为使我国出口商品顺利进入实施 CISS 制度的国家，中国进出口商品检验总公司已分别同国际上主要的 CISS 业务的检验机构签署了 CISS 业务的检验鉴定委托代理协议，作为这些机构在中国的 CISS 业务的总代理。其中，瑞士通用公证行（SGS）还授权中国商检总公司的广东、辽宁、上海、天津、北京、山东、江苏、湖北、河北、重庆分公司为签证公司，代其签发直接贸易时的 SGS 的清洁报告书。海外货物检查株式会社（OMIC）授权中国商检总公司的广东、天津、上海、北京分公司为签证公司，代其签发直接贸易时的 OMIC 的清洁报告书。对于那些尚未于我商检公司达成代其签发清洁报告书协议的国家公证行，在我国出口时，不论是直接贸易还是间接贸易，中国商检公司均不能代其签发清洁报告书，只能将检验结果告知，由这些机构自行签发清洁报告书。

国际上现行的 CISS 业务包括以下四个方面的内容：

1. 商品检验

进口货物在出口国装运前，由指定的检验机构对该货物的品质、数量、包装进行检验，对货物的装运标志进行查核，并对检验合格的货物进行监视装载等，以确定出运的货物是否与合同规定相符，包装是否得以保证货物完好无损地运抵目的港，以及该批货物是否已全部完好地装上运输工具。

2. 价格比较

通过将进口货物的价格与出口国国内市场和国际市场同类产品或类似产品的价格进行比较，以证实该货物的价格在原产地供货价格范围之内，符合供货国国内同类产品或类似产品的现行出口市场价格。

3. 合法性审查

通过对贸易合同、贸易方式和交货条件等方面的审查，以确保有关交易及进口货物符合进口国的有关法律、法令和法规的规定要求。

4. 海关资料核查

根据进口货物的性质，确定其海关税则的类别及应负的关税税率。

进口货物经有关检验机构对上述内容进行检验、审查后，对符合规定要求的货物签发"清洁报告书"（clean report of fingings）。该清洁报告书是进口国海关通关放行的有效证件，也是出口人到银行交单议付时必不可少的单据之一。如果以上环节有一项不能通过，检验机构则出具"不可兑付报告书"（non-negotiable report of findings），这样，进口国海关对这批货物不予放行，该国中央银行将拒付货款。

在我国出口业务中，凡出口商品输往实行 CISS 的国家，在合同或者信用证中规定由 SGS 或 OMIC 等国际检验机构检验出证的出口商品，出口人须向检验机构或其指定的检验公司联系办理委托检验出证手续，经检验、鉴定合格后，才能出运货物。

四、海关的货物监管和通关制度

海关对进出口货物的监管和通关管理是海关管理的重要组成部分，也是对外贸易管理的重要组成部分。根据我国海关法，海关对进出口货物实行分类管理。（1）对于少数统一经营和联合经营的进出口商品，海关根据进出口公司的经营权进行监督，即该公司是否为国家指定有权经营这类商品的外贸公司；（2）对于放开经营但实行许可证管理的进出口商品，凭对外贸易管理部门签发的许可证进行管理；（3）对须进行法定检验、动植物检疫、药物检验、文物鉴定或者其他国家管制的货物，凭主管机构签发的证明文件进行管理。总而言之，任何进出口货物在进出关境时，都必须凭有关单据及证明文件办理报关手续。进口货物自进境起到办妥海关手续为止，出口货物自向海关申报起到出境止，过境、转运和通运货物进境起到出境止，应当接受海关监管。

海关的货物通关制度包括规范货物通关过程中有关当事人的行为的规定，也包括对报关单位及报关员的管理规定。

（一）对报关单位管理

报关单位是指已完成报关注册登记手续，有权办理进出口货物报关手续的境内法人。根据我国海关有关的规定，需要向海关办理报关手续的企、事业单位，应向所在关区主管海关提出书面申请，经海关审核并办理登记手续。报关单位分为自理报关单位和代理报关单位，只能为本单位办理进出口货物报关手续的报关单位称为自理报关单位，专门为其他单位办理进出口货物报关手续的报关单位称为代理报关单位。

1. 可向海关申请办理报关注册登记的单位

根据《中华人民共和国海关对报关单位和报关员的管理规定》，下列单位可向海关申请办理报关注册登记：①专门从事报关服务的企业；②经营对外贸易仓储运输、国际运输工具、国际运输工具服务，兼营报关服务业务的企业；③有进出口经营权的企业（只能申请注册自理报关单位）。

2. 报关单位的报关权限和责任

自理报关单位只能办理本单位进出口货物的报关手续，不能代理其他单位报关。自理报

关单位如需在其他海关关区口岸进出口货物，应委托当地代理报关单位向海关报关，经海关核准也可申请异地报关备案。专业报关单位或代理报关单位只能代理有进出口经营权的单位，或虽无进出口经营权，但经主管部门批准的进出口货物经营单位办理报关手续，并应向海关出具委托单位的委托书。专业报关单位或代理报关单位可以在所在关区各口岸海关办理报关，不能在其他关区从事代理报关活动，特殊情况需要报海关总署批准。

根据海关对报关单位实行的年审制度，代理报关单位和自理报关单位每年应在海关规定的时间内，向所在关区主管海关提交"年审报告书"，申请年审。代理报关单位和自理报关单位必须将该单位的"报关专用章"和报关员签字或印章式样交主管海关备案，每次向海关递交的进出口货物报关单上必须盖有报关单位的"报关专用章"，并经报关员签字或签章，否则，海关不接受报关。

3. 对专业报关单位的管理

1994年12月1日起实施的《中华人民共和国海关对专业报关企业的管理规定》对具有境内法人地位的专业报关单位的资格审定及注册登记、年审和变更登记、报关行为规则及法律责任等作出了具体的规定。除了《海关对报关单位和报关员的管理规定》规定的内容外，对专业报关企业的开办和业务活动作出了更为详细和严格的规定。

4. 开办专业报关企业应具备的条件

（1）海关认可的固定报关范围场所及符合海关报关作业所需要的设备；
（2）注册资金人民币150万元以上；
（3）健全的组织和财务管理机构及与经营规模相适应的从业人员；
（4）专业报关企业应经海关总署批准。

在已具备以上条件的情况下，如欲申请开办专业报关企业，应向海关提交书面申请报告及其他所需文件，经海关初审认为符合条件的，提出初审意见报海关总署审批，海关总署接到所报材料后30日内做出是否批准的决定。

专业报告企业应在每年的3月31日以前向所在地海关提交上一年度的"年审报告书"，办理年审。年审结果及专业报关企业的所有变化情况都应报海关总署备案。专业报关企业获准营业后逾6个月未开展营业业务或暂停营业超过1年的，由海关缴销注册登记证书。

（二）对报关员的管理

报关单位必须选用本单位已经参加过海关组织的报关员培训，并经考核合格取得《报关员培训合格证书》的人员，向海关申请报关员资格。经海关审查认可，发给《报关员证》后，才能承担本单位的报关业务。

除海关特准外，报关员只能代表其所属报关单位，不能同时受聘于两个或两个以上的报关单位。报关员因调动工作，而调入另一报关单位的，必须由调入单位申请，经海关认可并换发《报关员证》，才能成为调入报关单位的报关员。

海关对报关员的报关行为进行动态考核，即每次报关时，报关员应当主动出示《报关员证》，海关将考绩结果记录在《报关员证》上。根据海关对报关员实行的年审制度，报关员应在每年海关规定的期限内，将《报关员证》提交海关，申请年审。海关根据申请者全年报关实绩、综合评估，重新确认申请者的报关资格，对因故不参加年审的，暂停或取消其报关员资格。

根据《上海海关对报关员管理的办法》，对报关质量差的报关员，海关指定其在规定的时间和地点参加报关业务轮训。对轮训合格的重新确认其报关资格；对轮训不合格的，暂停其报关员资格，经补考仍不合格的，取消其报关员资格。

（三）通关程序

货物通关是指进出口货物通过设立海关的口岸或其他地点出入一国国境（关境）的整个过程。具体包括从进出境货物的货主向海关申报、海关接受报关、海关审单、海关查验、征税、结关放行到货物出入境的全过程。实际上货物通关是由进出口货物的收发货人或其代理人的报关行为和海关货运监管两方面内容组成。

进口货物的收货人在收到"提货通知书"以后，或出口货物的发货人在备齐出口货物、确定运输工具和航班后，即应及时办理进、出口报关手续。如果是委托货运代理公司办理报关手续的也可在委托货运业务的同时，向货运代理公司提交报关委托书和其他报关所需要的单证，委托货运代理公司代理报关。货运代理公司在接受进出口单位的报关委托后，应按委托书指明的委托事项和委托权限，作好进出口报关准备，备妥所有报关所需单证。在进口货物到港后，或出口货物托运完毕，确定船名及航班后，及时向海关申报，办理货物的通关手续。

海关对进出口货物的监管过程分为申报、征税、查验和放行四个环节。目前，我国对于绝大多数商品不征收出口税，只对极少数原料、材料和半成品征收出口税。因此，目前出口货物通常只需经过申报、查验和放行三个环节。

1. 申报

所谓申报是指货物的所有权人或其代理人在货物进出境时，向海关呈交规定的单证并申请查验、放行的手续。其方式有口头申报和按海关规定格式填写并提交报关单的书面申报两种，目前通常使用书面申报。申报的时间，根据海关法的规定为：进口货物在自运输工具申报进境之日起14日内办理，过期申报的，海关将视过期时间的长短，按货物的价值征收一定比例的滞报金；出口货物应当在装货的24小时以前，向海关申报，否则有可能影响货物的按时装运。海关在接到申报以后，应认真审核有关的单证，海关审单的目的是为了确定所申报进出口的货物从单据上看是否符合有关规定，单证是否齐全、正确、能否接受申报。

2. 查验

所谓查验，就是海关以经审核的申报单证为依据，在海关监场所，对货物进行实际的检查，以确定单、货是否相符。海关查验时，进出口货物的收发货人或其代理人必须在场，并按照海关的要求负责搬移货物、拆开和重封货物的包装等。海关认为必要时，可以自行开验，复验或者提取货样。海关查验进出口货物造成损失时，进出口货物收发货人或其代理人有权要求海关赔偿。

3. 放行

所谓放行是指海关对货物查验后，没有发现不正常情况，报关单位手续齐全，并已按章

纳税，便在报关单及运输单据上签印放行，以示海关同意货物进境或装运出境。海关对于享受特定减免税待遇进口的货物，在放行以后，仍要进行后续监管，此类货物只能用于特定地区、特定企业或者特定用途，未经海关核准并补缴税款，不得移作他用。此类货物海关的监管年限根据具体货物种类的不同而有所不同。其中，船舶、飞机及建筑材料为八年；机动车辆和家用电器为六年；机器设备和其他设备、材料等是五年。暂时进出口货物，应当在六个月内复运出境或复运进境，在这段时间内，货物受海关的监管，特殊情况下，复运进境或出境的期限，经海关同意，可以延长。海关特准进口的保税货物，在加工装配成品复运出境之前，接受海关监管。

五、出口货物托运

托运是物流的一种形式，指托运人委托具有托运资质的公司将货物运输到指定地点，交给指定收货人的服务。根据托运方式不同，可分为海运托运、陆路托运、空运托运。

（一）货物托运一般程序

1. 海运托运

（1）编制船期。外运公司按月编印出口船期表，分发给各外贸公司及工贸企业，内列航线、船名及其国籍、抵港日期、截止收单期、预计装船日期和挂港港口名称（即船舶停靠的港口）。各外贸公司及工贸企业据此进行催证、备货。

（2）办理托运。外贸公司在收到国外开来的信用证经审核（或经修改）无误后即可办理托运。按信用证或合同内有关装运条款填写《托运单》并提供全套单证，在截止收单期前送交外运公司，作为订舱的依据。

（3）领取装运凭证。外运公司收到有关单证后，即缮制海运出口托运单，并会同有关船公司安排船只和舱位；然后由船公司据以签发装货单，作为通知船方收货装运的凭证。

（4）装货、装船。外运公司根据船期，代各外贸公司往发货仓库提取货物运进码头，由码头理货公司理货，凭外轮公司签发的装货单装船。

（5）换取提单。货物装船完毕，由船长或大副签发"大副收据"或"场站收据"，载明收到货物的详细情况。托运人凭上述收据向有关船公司换取提单。

（6）发出《装船通知》。货物装船后，托运人即可向国外买方发出《装船通知》，以便对方准备付款、赎单、办理收货。如为 C&F 或 FOB 合同，由于保险由买方自行办理，及时发出《装船通知》尤为重要。

2. 陆运托运

（1）编报车皮。各外贸公司及工贸企业每月向外运公司编报隔月车皮计划，注明去向，并据此进行催证、备货。办理托运。各外贸公司及工贸企业在收到国外开来的信用证并经审核无误后，便可办理托运，即按信用证或合同内有关装运款，以及货物名称、件数、装运日期，填写《托运单》并提供有关单证，送交外运公司，作为订车皮的依据。

（2）落实装运车皮。外运公司在收到《托运单》后，根据配载原则、货物性质、货运数量、到站等情况，结合车皮计划，与火车站联系，并由火车站据以向上级铁路分局申请车皮。

（3）提货、装车。外运公司根据装期，代各外贸公司往发货仓库提取货物并运至车站货场，车站凭货运单据将货装车，收取提单。货物装车完毕，由车站司磅员签发货运单，载明收到货物的详细情况。有条件就地封关的，可由海关监管加封，办妥转关手续。外运公司则凭运单签发承运货物收据，即陆运提单。

（4）发出装车通知。货物装车后，外贸公司或工贸企业即可向买方发出《装车通知》，以便买方准备付款、赎单，办理收货。

3. 空运托运

（1）办理托运。各外贸公司及工贸企业在备齐货物，收到开来的信用证经审核（或经修改）无误后，就可办理托运，即按信用证和合同内有关装运条款，以及货物名称、件数、装运日期、目的地等填写《托运单》并提供有关单证，送交外运公司作为订航班的依据，安排货舱。外运公司收到托运单及有关单据后，会同中国民航，根据配载原则、货物性质、货运数量、目的地等情况，结合航班，安排舱位，然后由中国民航签发航空运单。

（2）装货、装机。外运公司根据航班，代各外贸公司或工贸企业往仓库提取货物送进机场，凭装货单据将货物送到指定舱位待运。

（二）货物托运须知

1. 托运手续

（1）国内货物。①托运人托运货物应填写国内货物托运书并凭本人居民身份证或其他有效身份证件，向货运部门或其代理人办理托运手续。如果货运部门或其代理人要求托运人出具单位介绍信或其他有效证明时，托运人也应予提供。②托运人托运鲜活易腐物品、活体动物、紧急物品及有时间限制要求的货物时，应事先向货运部门订妥航班、日期、吨位，并按约定时间和地点办理托运手续。③托运人托运政府限制运输以及需经公安、检疫等有关政府部门办理手续的货物，应当随附有效证明文件。④托运人应对所填货物托运书中各项内容和提供的资料及文件的真实性和准确性负责。⑤托运人托运运输条件不同或因货物性质不能在一起运输的货物，应分别填写货物托运书。

（2）国际货物。①托运人托运货物应填写国际货物托运书，并提供与运输有关的资料和文件。②托运人应对所填货物托运书中各项内容和所提供的资料及文件的真实性和准确性负责。③托运人所托运的货物必须符合有关始发、中转和目的地国家的法律、法令和规定以及有关航空公司的一切运输规章。④托运人在托运货物前，必须自行办妥始发地海关、卫生检疫等各项手续。⑤托运人托运鲜活易腐物品、活体动物、贵重物品、危险物品、有时间限制要求及大批量货物时，应事先向货运部门订妥航班、日期、吨位，并按约定的时间在机场收运部门办理托运手续。

2. 包装与标志

（1）货物的包装应当保证货物在运输过程中不致损坏、散失、渗漏，不致损坏和污染飞机设备或者其他物品。货物的包装要坚固完好、轻便，符合全程运输要求。

（2）托运人应当在每件货物的外包装上详细注明收货人和托运人的单位、姓名、详细地址和储运要求。

（3）托运人应当在每件货物的外包装上粘贴或者拴挂承运人的货物运输标签。

（4）托运人使用旧包装时，必须清除原包装上的残留标记和标签。

（5）活体动物、鲜活易腐物品、贵重物品、危险物品等特种货物的包装应符合承运人对该种货物的特定要求。

3. 尺寸与重量

（1）国内货物。①承运人可依据该航线使用的机型以及始发站、中转站、目的站机场的装卸设备、装卸能力确定可以收运的货物的最大重量和包装尺寸。②每件货物的外包装长、宽、高尺寸之和不得小于 40 厘米。③货物毛重的计量单位为千克，毛重不足 1 千克的尾数四舍五入。④每份航空货运单的货物毛重不足 1 千克时，按 1 千克计算。贵重物品毛重的计量单位为 0.1 千克，计费重量以 0.5 千克为单位。⑤轻泡货物按每 6000 立方厘米折合 1 千克计算。

（2）国际货物。①承运人可依据该航线使用的具体机型以及始发站、中转站、目的站机场的装卸设备、装卸能力确定可以收运的货物的最大重量和包装尺寸。②每件货物的外包装长、宽、高尺寸之和不得小于 40 厘米。③货物毛重的计量单位为 0.1 千克，计费重量单位以 0.5 千克计算，不足 0.5 千克的按 0.5 千克计算，超过 0.5 千克不足 1 千克的按 1 千克计算。④轻泡货物按每 6000 立方厘米折合 1 千克计算。

4. 托运前托运人应对以下事项有所了解和准备

（1）要了解所运货物将由哪种运输方式运送；

（2）要了解所运货物应按哪种运输种类办理；

（3）要了解所运货物需不需要按特殊条件办理；

（4）要了解所运货物由哪个车站发运，到达哪个车站收货；

（5）要了解货物运输时间是否满足本身要求；

（6）要了解所运货物是否属运输限制和需不需要什么证明文件，这些证明文件能否准备齐全；

（7）要了解铁路对所运货物包装的规定和要求，这些要求能否具备；

（8）要了解所运货物是否需要提前申报计划或随托随收；

（9）要了解所运货物需要多少运输费用，这些费用能否接受。

六、货物保险

我国出口货物一般采取逐笔投保的办法。按 FOB 或 CFR 术语成交的出口货物，卖方无办理投保的义务，但卖方在履行交货之前，货物自仓库到装船这一段时间内，仍承担货物可能遭受意外损失的风险，需要自行安排这段时间内的保险事宜。按 CIF 或 CIP 等术语成交的出口货物，卖方负有办理保险的责任，一般应在货物从装运仓库运往码头或车站之前办妥投保手续。我国进口货物大多采用预约保险的办法，各专业进出口公司或其收货代理人同保险公司事先签有预约保险合同（open cover）。签订合同后，保险公司负有自动承保的责任。

（一）保险金额确定和保险费的计算

1. 保险金额（insured amount）

按照国际保险市场的习惯做法，出口货物的保险金额一般按 CIF 货价另加 10% 计算，这增加 10% 叫保险加成，也就是买方进行这笔交易所付的费用和预期利润。保险金额计算的公式是：

$$保险金额 = CIF 货值 \times (1 + 加成率)$$

2. 保险费（premium）

投保人按约定方式缴纳保险费是保险合同生效的条件。保险费率（premium rate）是由保险公司根据一定时期、不同种类的货物的赔付率，按不同险别和目的地确定的。保险费则根据保险费率表按保险金计算，其计算公式是：保险费 = 保险金额 × 保险费率。在我国出口业务中，CFR 和 CIF 是两种常用的术语。鉴于保险费是按 CIF 货值为基础的保险额计算的，两种术语价格应按下述方式换算。

由 CIF 换算成 CFR 价：CFR = CIF × [1 − 保险费率 × (1 + 加成率)]

由 CFR 换算成 CIF 价：CIF = CFR / [1 − 保险费率 × (1 + 加成率)]

在进口业务中，按双方签订的预约保险合同承担，保险金额按进口货物的 CIF 货值计算，不另加减，保费率按"特约费率表"规定的平均费率计算；如果 FOB 进口货物，则按平均运费率换算为 CFR 货值后再计算保险金额，其计算公式如下：

FOB 进口货物：保险金额 = [FOB 价 × (1 + 平均运费率)] / (1 − 平均保险费率)

CFR 进口货物：保险金额 = CFR 价 / (1 − 平均保险费率)

（二）保险单据

在国际贸易业务中，常用的保险单据主要有两种形式。

1. 保险单（insurance policy 或 policyo，俗称大保单）

保险单是保险人和被保险人之间成立保险合同关系的正式凭证，因险别的内容和形式有所不同，海上保险最常用的形式有船舶保险单、货物保险单、运费保险单、船舶所有人责任保险单等。其内容除载明被保险人、保险标的（如是货物段填明数量及标志）、运输工具、险别、起讫地点、保险期限、保险价值和保险金额等项目外，还附有关保险人责任范围以及保险人和被保险人的权利和义务等方面的详细条款。如当事人双方对保险单上所规定的权利和义务需要增补或删减时，可在保险单上加贴条款或加注字句。保险单是被保险人向保险人索赔或对保险人上诉的正式文件，也是保险人理赔的主要依据。保险单可转让，通常是被保险人向银行进行押汇的单证之一。在 CIF 合同中，保险单是卖方必须向买方提供的单据。

2. 保险凭证（insurance certificate），俗称小保单

保险凭证是保险人签发给被保险人，证明货物已经投保和保险合同已经生效的文件。证上无保险条款，表明按照本保险人的正式保险单上所载的条款办理。保险凭证具有与保险单同等的效力，但在信用证规定提交保险单时，一般不能以保险单的简化形式。

（三）保险索赔

保险索赔是指当被保险人的货物遭受承保责任范围内的风险损失时，被保险人向保险人提出的索赔要求。在国际贸易中，如由卖方办理投保，卖方在交货后即将保险单背书转让给买方或其收货代理人，当货物抵达目的港（地），发现残损时，买方或其收货代理人作为保险单的合法受让人，应就地向保险人或其代理人要求赔偿。中国保险公司为便利我国出口货物运抵国外目的地后及时检验损失，就地给予赔偿，已在 100 多个国家建立了检验或理赔代理机构。至于我国进口货物的检验索赔，则由有关的专业进口公司或其委托的收货代理人在港口或其他收货地点，向当地人民保险公司要求赔偿。被保险人或其代理人向保险人索赔时，应做好下列几项工作。

当被保险人得知或发现货物已遭受保险责任范围内的损失，应及时通知保险公司，并尽可能保留现场。由保险人会同有关方面进检验，勘察损失程度，调查损失原因，确定损失性质和责任，采取必要的施救措施，并签发联合检验报告。

当被保险货物运抵目的地，被保险人或其代理人提货时发现货物有明显的受损痕迹、整件短少或散装货物已经残损，应即向理货部门索取残损或短理证明。如货损涉及第三者的责任，则首先应向有关责任方提出索赔或声明保索赔权。在保留向第三者索赔权的条件下，可向保险公司索赔。被保险人在获得保险补偿的同时，须将受损货物的有关权益转让给保险公司，以便保险公司取代被保险人的地位或以被保险人名义向第三者责任方进行追偿。保险人的这种权利，叫做代位追偿权（the right of subrogation）。

采取合理的施救措施。保险货物受损后，被保险人和保险人都有责任采取可能的、合理的施救措施，以防止损失扩大。因抢救、阻止、减少货物损失而支付的合理费用，保险公司负责补偿。被保险人能够施救而不履行施救义务，保险人对于扩大的损失甚至全部损失有权拒赔。

备妥索赔证据，在规定时效内提出索赔。保险索赔时，通常应提供的证据有：保险单或保险凭证正本；运输单据；商业票和重量单、装箱单；检验报单；残损、短量证明；向承运人等第三者责任方请求赔偿的函电或其证明文件；必要时还需提供海事报告；索赔清单，主要列明索赔的金额及其计算据，以及有关费用项目和用途等。根据国际保险业的惯例，保险索赔或诉讼的时效为自货物在最后卸货地卸离运输工具时起算，最多不超过两年。

（四）在洽商保险条款时应注意的几个问题

应尊重对方的意见和要求。有些国家规定，其进口货物必须由其本保险，这些国家有 40 多个。如：朝鲜、缅甸、印度尼西亚、伊拉克、巴基斯坦、加纳、也门、苏丹、叙利亚、伊朗、墨西哥、阿根廷、巴西、秘鲁、索马里、利比亚、约旦、阿尔及利亚、刚果（金）、尼日利亚、埃塞俄比亚、肯尼亚、冈比亚、刚果、蒙古、罗马尼亚、卢旺达、毛里坦尼亚等。对这些国家的出品，我们不宜按 CIF 价格报价成立。

如果国外客户要求我们按伦敦保险协会条款投保，我们可以按受客户要求，订在合同里。因为英国伦敦保险协会条款，在世界货运保险业务中有很大的影响，很多国家的进口货物保险都采用这种条款。

经托收方式收汇的出口业务，成立价应争取用 CIF 价格条件成交，以减少风险损失。因为在我们交货后，如货物出现损坏或灭失，买方拒赎单，我保险公司可以负责赔偿，并向买方追索赔偿。

七、出口收汇核销管理

根据国务院、国家外汇管理局、国家税务总局的有关规定，我国出口企业在办理货物出口报关以及制单结汇以后，应及时地办理出口收汇核销和出口退税手续。为加强管理，简便手续，自 1991 年 5 月 1 日起，我国执行出口收汇核销管理与出口退税管理挂钩的办法。

我国政府部门为了具体贯彻国务院跟踪结汇制度，制定了出口收汇核销管理办法。

（一）出口收汇核销制度

出口收汇核销制度是外汇管理局在海关的配合和外汇指定银行的协助下，以跟"单"（核销单）的方式对出口单位的货物报关出运直至出口收汇的全过程进行监管、核查的一种管理制度。建立出口收汇核销制度是国家加强出口收汇管理，确保国家外汇收入，防止外汇流失的一项重要措施。出口单位必须按照国家规定办理出口收汇核销手续。

（二）出口收汇核销原则

出口收汇核销的对象是经商务部及其授权单位批准有经营出口业务的公司，有对外贸易经营权的企业和外商投资企业，这些对象简称出口单位。在核销过程中外汇管理局的核销原则是：

（1）属地管理。由出口单位向其注册所在地的外管部门申领核销单，一般而言，在何地申领的核销单就在何地办理核销。

（2）谁领谁用。谁申领的核销单由谁使用，不得相互借用，核销单的交回核销或作废、遗失、注销手续也由原领用该核销单的出口单位向其所在地的外管部门办理。

（3）领用衔接。多用多发，不用不发。续发核销单的份数与已用核销单及其已核销情况和预计出口用单的增减量相"呼应"。

（4）单单相应。原则上一份核销单对应一份报关。报关单、核销单、发票、汇票副本上的有关栏目的内容应一致，如有变动应附有关的更改单或凭证。

（三）出口核销的范围

除经批准外一切出口贸易项下的均应办理出口核销手续。它可分为收汇贸易、不收汇贸易和其他贸易三大类。收汇贸易包括一般贸易、进料加工、来料加工、来件装配、有价样品；不收汇贸易包括易货贸易、补偿贸易（实物补偿）、实物投资、记账贸易；其他贸易包括寄售、出境展销（览）、承包工程等，收款和不收款或自用、损耗、赠送、出售、退还兼有的贸易。

（四）出口收汇核销程序

出口收汇核销手续的办理涉及出口企业、出口地海关、外汇管理局和收汇银行等单位，具体出口手续的办理程序如图 6–1 所示。

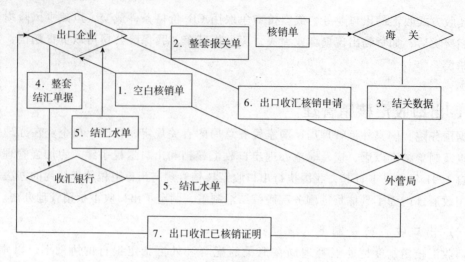

图 6-1 出口收汇核销业务流程

①出口企业从外汇管理局领取已编号的空白核销单。

②出口企业在货物出口前，将注明报关单编号的核销单连同整套出口报关单交海关，办理出口报关手续。

③货物出运以后海关将反映出口货物的实际情况的结关数据发送给外汇管理局。

④出口企业凭整套结汇单据通过收汇银行向进口商或进口地银行收取货款。

⑤收汇银行收到进口商或进口地银行的付款后，向出口企业和外汇管理局发送结汇水单，通知收汇情况。

⑥出口企业在收到货款后，向外汇管理局办理出口收汇核销申请。

⑦外汇管理局根据出口企业的核销申请，凭银行的结汇水单对海关的出口货物进行收汇核销。核对无误后向出口企业发送出口收汇已核销注明。

出口收汇核销方式有外汇管理部门核销、出口单位配合和出口单位自核、外汇管理部门抽核两种方式。但后一种方式需要具备一定的基础条件和良好的核销实绩，并已实行与外汇管理部门兼容的计算机软件管理。

（五）出口收汇核销的主要内容

1. 三个一致性

出口单位向外管部门办理核销时，对所提供的各类单据应做到三个"一致性"：

（1）金额一致性。属收汇贸易的，报关单上的成交价格总额应与结汇水单/收账通知上的金额及其扣款额一致；不属收汇贸易的，报关单上的成交价格总额应与有关批准文件上金额及其抵扣额一致。如果发生差额，无论是多收汇、还是少收汇、甚至不收汇，不管是多出口、还是少出口、甚至是不出口，均应附有关凭证并加以说明。

（2）编号一致性。在报关单和结汇水单/收账通知上填写的核销单编号应与所附核销单的编号一致。对一票出口多笔收汇者或多票出口一笔收汇者，要将对应的核销单编号全部填上。

（3）名称一致性。报关单、核销单、结汇/收账通知上的名称和信用证受益人、运单（提单）委托人、保单投保人及其有关批文上的出口单位名称要一致；报关单、核销单和发票上的商品品名、价格条件要一致；报关单、运输单及保险单上的品名、数量、金额、起运港、目的港要一致。

2. 审核要点

在办理核销时，外汇管理部门主要审核以下五点：①核销单项下达应收外汇是否已全额收妥；②核销单项下的收汇是否为正点收汇，是否为正点核销；③该笔收汇是否按规定进行；④是否按规定支付有关费用；⑤收汇差额是否合理。

3. 不予核销的情况

对有下列情况之一者，外汇管理部门不予核销：①未按出口收汇核销规定及时收汇者；②未按规定办理结汇或收账者；③无核销专用结汇水单/收账通知或其上没有注明核销单编号者；④核销单与报关单内容不一致或有涂改者；⑤出口商品收汇后的单价低于有关商会规定的出口协调价者；⑥超过规定支付佣金、回扣及其他贸易从属费者；⑦违反出口收汇核销规定的其他情况。

（六）核销单作废、报关后核销单遗失以及退关后核销单注销手续

（1）核销单作废手续。出口单位丢失核销单后必须在五个工作日内向外汇管理局申报，填妥"核销单作废申报表"，经核实批准后予以注销。外汇管理局将统一登报声明作废，费用由丢失核销单者负责。

（2）报关后核销单遗失办理手续。出口单位在报关后遗失核销单，应及时向外汇管理局申报，并填妥"报关后核销单遗失申报表"。

（3）出口货物因故退运。出口货物因故退运时，出口货物发货人应先到外汇管理局办理出口收汇核销单注销手续，并填妥"退关后核销单注销申报表"。外汇管理局给出口货物发货人出具证明，出口货物发货人持证明和原海关出具的专为出口收汇核销用的报关单向海关办理退运货物的报关手续。退运货物如属出口退税货物，出口货物发货人还应向海关交验审批出口退税的税务机关出具的未退税或出口退税款已收回的证明和原出口退税专用报关单，凭以办理退运手续。

出口收汇核销管理办法实施多年来，不仅提高了出口收汇率，加快结汇速度，而且严格了结汇制度，有力地配合有关主管部门对出口贸易的管理。

（七）进口售付汇和付汇核销管理

根据有关规定，从 2000 年 3 月 1 日起。各外汇指定银行与外汇管理局将依据海关进口报关单证明联上不同的"贸易方式"类别，进行售付汇和付汇核销管理。

报关单是进行相应纳税、购汇、付汇的重要凭证，但并非所有报关单的进口都需要对外付汇。因此，国家外汇管理局和海关总署联合发布了《关于对进口货物报关单证明联分类进行售付汇、核销管理有关问题的通知》。该通知将报关单按"贸易方式"分为"可以对外售（付）汇的贸易方式"、"有条件对外售（付）汇贸易方式"和"不得对外售（付）汇的贸易方式"三类。企业必须按照海关有关管理法规，依据实际的交易类别，如实向海关申报，各

外汇指定银行及外汇管理局在为企业办理售付汇及核销时，必须认真辨认报关单上"贸易方式"这一栏的类别，按规定分类进行售付汇的外汇核销管理。

八、出口退税管理

出口退税是世界各国鼓励出口的通行做法。为使我国产品与其他国家产品一样，以不含税成本进入国际市场，在同等税收条件下进行竞争，我国从 1985 年 4 月 1 日起对出口产品实行退税制度。

根据国务院对出口产品实行"增多少，退多少"、"未征不退"和"彻底退税"的基本原则，我国制定了一系列出口产品退税的具体政策规定，使出口退税的规定逐步制度化、合理化，并为此提供充分的法律依据。这些法律规定有《出口货物退（免）管理办法》、《出口货物退（免）税若干问题规定》、《海关对出口退税管理办法》等。

（一）出口退税范围

出口退税的产品通常是外贸企业自营出口的已税产品、生产企业直接出口的自产产品、企业之间联营出口的已税产品、委托代理出口的已税产品以及有些特定出口的退税产品。出口产品的应退税种包括产品税、增值税、营业税和特别消费税四种，均为间接税。凡在这四项税种征收范围内的出口产品，除国家明确规定不予退税者外，在产品报关离境后，均予以退还已征税款或免征应税税款。

根据有关法律，国家明确不予退税的出口产品有：原油、成品油、援外产品和国家禁止出口的产品。对高税率产品的退税实行严格的审核和管理制度。

（二）出口退税的操作程序

为进一步加强出口退税的管理，堵塞在出口退税管理中的漏洞，我国政府实行出口退税和出口收汇核销挂钩的政策。需要办理出口退税的企业，必须先向所在地税务机关办理出口企业退税登记。以后在产品出口向海关报关时，应另行填写"出口退税专用报关单"，经海关审核单证，查验货物并签署认可后，出口企业方可向税务机关提出退税申报。出口企业在办理出口退税申报时，应向税务部门提交的单据有：已填制的"出口产品退税申请表"和"三单两票"，即出口货物报关单、银行的出口结汇水单、出口收汇核销单（退税专用联）、出口产品购货发票和出口销售发票，经外经贸管理部门及时稽核和税务机关审核无误后才予办理。

出口退税工作是整个出口业务中的最后一个环节，出口退税是否及时和足额直接影响到出口企业的效益。因此，出口商对该环节工作的质量和效率尤为关注。其具体流程如图 6-2 所示。

①通过备货阶段的工作，国税局退税处从税务局获得了出口退税专用税票；

②通过结关环节的工作，国税局退税处从海关获得了出口货物结关单据；

③通过出口收汇核销环节的工作，国税局退税处从外汇管理局获得了出口收汇核销单；

④出口商在有关单据和手续齐全的情况下，向外经贸委财务处发送出口退税稽核申请；

⑤财务处稽核通过后，向出口商和国税局退税处发送出口退税已稽核信息；

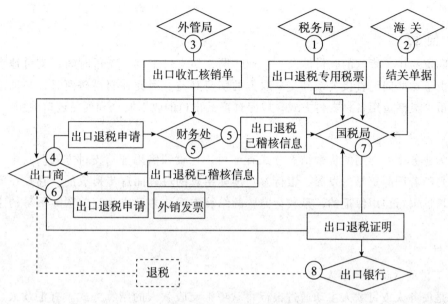

图 6-2　出口退税业务流程

⑥出口商接到财务处已稽核信息后，向国税局退税处发送出口退税申请和退税所需要的其他单据；

⑦国税局退税处对出口退税专用税票、外销发票、海关结关单据、出口收汇核销单等出口退税所需要的单据内容的正确性和一致性等进行审核，根据审核结果向出口商和负责办理退税的出口地银行发送出口退税证明；

⑧出口商向办理退税的银行进行退税。

（三）出口退税专用税票的计算机管理

为了加强出口退税及相关信息的管理，国家税务总局于 2000 年 6 月发出了"关于加强出口货物退税专用税票电子信息管理工作的通知"。根据该通知的规定：

预缴税款的征收部门必须用电子计算机开具专用税票及分割单。生成开具专用税票及分割单的电子信息，会同计财（会）部门对缴税后的专用税票电了信息进行核销后生成上传的电子信息，以软盘或通过网络的形式送交信息部门。

信息部门编制的相关软件须纳入征管软件系统，实行统一管理。生产销售出口货物的企业应按照专用税票管理的规定向所在地主管征税的税务机关申请开具专用税票及其分割单。

各省级国家税务局信息部门应于每月 20 日前，将上月全省所有专用税票（包括分割单）的电子信息上传给国家税务总局，同时对属于本地区出口企业的专用税票信息下发给各级退税部门，总局不再下发这部分信息。

进出口税收管理部门在审批退税时，须将专用税票与其电子信息进行认真核对；凡核对不符的，应分析原因，及时将有关情况反馈有关部门。有关部门应及时予以纠正。专用税票及其分割单必须与电子信息核对无误后方可办理退税，否则不予退税。

九、结算

在国际贸易中，货款的收付涉及一系列问题，如支付工具、支付时间、支付地点、支付方式等。由于这些问题直接关系到交易双方的切身利益。因此在交易磋商时，必须选用适当的计价货币，灵活运用各种支付方式，以保证商品出口的收汇安全和商品进口的用汇安全。

（一）常用的结算方式

在实际业务中，常用的货款结算方式有汇付、托收和信用证等支付方式。其中，信用证支付方式是随着国际贸易的发展、银行参与国际结算的过程而逐步形成的。它是在商业信用保证之上增加银行信用保证的，是较为完善的结算方式，并已成为当前国际贸易的主要结算方式。

1. 汇付

（1）汇付的含义及当事人。

汇款是债务人或付款人主动通过银行将款项汇交收款人的结算方式。有汇款人、收款人或受益人、汇出行和汇入行等四个当事人。汇款的信用基础是商业信用，属于顺汇。

（2）汇付的种类。

一是电汇（T/T）：电汇是汇出行应汇款人申请，通过加押电报或电传指示汇入行解付一定金额给收款人的汇款方式。电汇的特点是安全、高速、收费较高，适用于金额大，紧急汇款。

二是票汇（D/D）：票汇是指汇出行应汇款人的申请，开出银行即期汇票（Banker's Demand Draft）交汇款人，由其自行携带出国或寄送给收款人凭票取款的汇款方式。

三是信汇（M/T）：信汇是汇出行应汇款人申请，用信函指示汇入行解付一定金额给收款人的汇款方式。信汇特点是收费低廉、速度慢。

（3）汇款方式的实际运用。

①预付货款（payment in advance）。预付货款，在外贸行业内俗称前 T/T，是指进口商在未收到货物之前，将货款通过银行汇给出口商的结算方式。预付货款是对进口商而言，对出口商而言则是预收货款。

根据进口商付款时间不同，前 T/T 可分为"装运前 T/T"和"装运后见提单传真件 T/T"。"装运前 T/T"，是指进口商将货款通过银行汇给出口商，出口商收到款项后，根据双方签订的合约，在一定时间内将货物运交进口商的结算方式。"装运后见提单传真件 T/T"，是指出口商在货物出运后把海运提单传真给进口商看，进口商马上支付货款的结算方式。

前 T/T 对出口商很有利，因为出口商在货物所有权转移给进口商之前就得到货款，占有很大的主动权，基本没有风险。而对进口商而言则刚好相反，他不仅要承担不能按时按量按质收到货物的风险，收到货物前付出货款也造成了资金周转困难和利息损失。因此，前 T/T 通常只用于以下两种情况：进出口双方关系密切，相互了解对方资信。特别是进出口双方属于子母公司关系。出口货物是紧俏商品，在货源有限时，进口商不惜预付货款。

②货到付款（payment after arrival of the goods）。货到付款，在外贸行业内俗称"后 T/

T"，是指进口商在收到出口商发出的货物之后才按合同规定支付货款的方式。"后 T/T"属于赊销交易（O/A）或延期付款。

货到付款对进口商有利。因为货物未到或货物不符合合同规定，进口商可不付款，进口商由此在整个交易中占据主动地位，不用担什么风险；进口商在收到货物后，有时甚至是出售货物后再付款，无偿或只要承担很小的利息即可占用出口商的资金。而出口商则要承担交易风险，还造成了一定的资金积压。

③部分预付货款部分货到付款。考虑到风险均等的原则，进出口双方往往采用部分预付货款部分货到付款的折中处理办法。在实践中，这种汇款结算方式较为常见。

2. 托收

托收（collection）：托收是出口商出具汇票，委托其所在地银行通过进口地银行向进口商收取货款的方式。托收的信用基础是商业信用，属于逆汇。托收的当事人：委托人（principal）、托收行（remitting bank）、代理行（collecting bank）和付款人（drawee）。托收的种类：国际商会将托收分为光票托收和跟单托收。

（1）光票托收（clean collection）：是指不附有商业单据，仅有金融单据的托收。光票托收一般用于收取货款尾数、代垫费用、佣金、样品费等从属费用。

（2）跟单托收（documentary collection）：是指附有商业票据的托收。跟单托收可以带有金融单据托收，也可不带有金融单据托收。国际贸易中货款的托收大多采用跟单托收。

根据交单条件的不同，跟单托收可分为付款交单、承兑交单和凭其他条件交单三种：

（1）付款交单（delivered documents against payment，D/P）。付款交单是指代收行必须在进口商付款之后方能将单据交予进口商的方式。付款交单根据付款时间的不同又可分为即期付款交单和远期付款交单。

（2）承兑交单（delivered documents against acceptance，D/A）。承兑交单是指代收行向进口商提示汇票和单据，进口商在汇票上承兑后即可取得全套单据用于提货，付款人在汇票到期时再履行付款义务的一种托收方式。

（3）凭其他条件交单（deliver documents on other terms and conditions）。在实践中，也有凭第三者担保交单，如凭代收行或其他银行担保，代收行就可以交单给进口商。

在托收业务操作中，对出口商最理想的是即期付款交单。

托收业务的融资方式：

（1）托收出口押汇（collection bills purchased）。托收出口押汇是指托收行买入出口商开立的跟单汇票及/或装运单据。托收行成为跟单汇票的善意持票人，等代收行收到进口商付款并汇回托收行以归还托收行的垫款，若对方拒付即可行使追索权，向出口商索回相关款项。

（2）进口押汇。进口押汇，又称为信托收据（trust receipt，T/R），是进口人借单时提供的一种书面信用担保文件，愿以代收行的受托人身份进行提货、报关、存仓、保险、出售等业务操作，并承认货物所有权仍属银行，货物售出后所得货款，应于汇票到期时交银行，这是代收行自己向进口人提供的信用便利，与出口人无关。这是代收银行对进口商的资金融通，允许进口商在付款前开立信托收据交给代收行，凭以借出货运单据先行提货，以便出售货物。待售出货物后，用货款偿还代收行，换回信托收据。如果进口商最终不付款，代收行将承担

153

付款责任。

如果借单指示是出口商提出的，则称为"远期付款交单·凭信托收据借单"（D/P at × × days after sight to issue trust receipt in exchange for documents，D/P·T/R）。D/P·T/R 的收款风险将由出口商自己承担。

出口托收操作的注意事项：

其一，认真调查进口商的资信状况。若进口商的资信状况不确定，尽量不采用托收业务，即使采用，争取预付 30% 货款，70% 货款采用 D/P at sight 收取。

其二，尽量采用 CIF 贸易术语。这样操作，出口商可以避免进口商拒付货物遇险时很难向保险公司索赔的尴尬局面。

其三，慎重与来自贸易管制和外汇管制严格国家的进口商进行贸易。出货前，一定要求对方先办好相关官方批件，以免出现货到目的港无法办理进口报关而致使进口商拒付的情况。

其四，提单的收货人最好做成空白指示抬头（to order），不能做成代收行所指定的人。因为根据 URC522 的规定，代收行无处理货物的义务。

3. 信用证结算方式的业务流程

采用信用证支付方式结算货款，从最初的进口人向银行申请开立信用证，一直到开证行付款后，进口人向开证行付款赎单要经过多道环节，并需办理各种手续。信用证方式结算货款过程中最基本的环节和手续如图 6-3 所示。

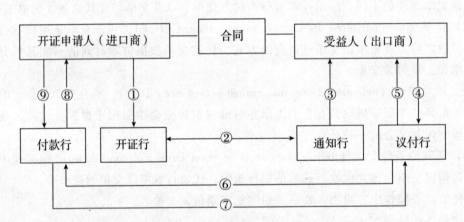

图 6-3　信用证业务流程

①进口人填写开证申请书，向当地银行提出申请，并交纳押金或提供其他担保，要求银行（开证行）向出口人开出信用证。

②开证银行根据申请书内容开立信用证，寄给出口人所在地的分行或代理行（通知行）。

③通知行审核信用证的真伪，确认无误后，向受益人转交该信用证。

④受益人审核信用证无误后，按信用证规定备货出运，缮制各项单据，开出汇票。在信用证规定的有效期内送请当地银行（议付行）议付。

⑤议付银行按信用证条款审核单据，确认单据和汇票符合信用证规定，就按汇票金额扣除利息和手续费，把款项垫付给出口人。

⑥议付行将汇票和单据寄给开证行（或其指定的付款行）进行索汇。

⑦开证行（或其指定的付款行）审核单据与信用证无误后，付款给议付行。

⑧开证行通知进口人付款赎单。

⑨进口人付款后取得货运单据，凭以向承运人提货。

第四节　进 口 业 务

一、进口前的准备

（一）进口商品审批

我国规定，一切进口货物都须经过有关政府部门的审查批准。有关国计民生的大宗敏感性重要进口商品，以及限制进口的某些机电仪器产品，均须经国家级主管部门审批；国际市场上相对集中、价格敏感或国内紧缺的重要物质，由中央分配各地方一定的进口额度，由地方主管部门审批；大凡一般商品，均由地方主管部门审批。进口商品的单位根据国家的进口计划或经省、市、自治区政府主管部门批准的进口计划提出订货申请书，即填写进口订货卡片。由于国内企业一般无经营进口权或进口商品超出其经营范围，他们进口商品，必须委托有对外经营权的进出口公司或外贸企业代理进口。而进口订货卡片就是进出口公司办理进口业务的主要依据之一，内容包括：商品中、外文名称、品质、规格、数量、包装、生产国别或厂商名称、用途、估计外币金额、要求到货时间、外汇来源等。进出口公司在收到用货单位的进口订货卡以及其他政府批准进口的各种文件后，应认真审查各项具体内容：如进口商品是否符合进口原则，订货卡的中外文品名是否正确，规格是否完整，要求是否适度，用途清楚与否，外汇落实情况以及估计金额是否足够等。一旦发现有含糊不清或错误的地方，应立即采取更正或其他相应措施，以保证进口交易的顺利进行和进口后的经济效益。

（二）进口商品市场的调查和选择

进口商品市场的调查和选择主要是指通过多种渠道，广泛了解国外欲购商品市场的供销状况、价格动态和各国有关的进出口政策、法规措施和贸易习惯作法。根据进口商品的不同规格、不同技术条件、不同供应地区，进行分析比较，在贯彻国别地区的政策前提下，结合我方的购买意图，尽量安排在产品对路、货源充足、价格较低的地区市场进行采购。市场的调查研究包括许多方面：

（1）进口商品调研。根据我方的经济实力和现有的技术水平，了解国外产品的技术先进程度、工艺程度和使用效能，以便货比三家，进口我们最需要的、商品质量相对较好、技术水平相对较高的商品。

（2）国际市场价格调研。国际市场价格经常因为经济周期、通货膨胀、垄断与竞争、投机活动等多种因素影响变幻不定，并且各个国家和地区的同类商品由于自然、技术条件、成本及贸易政策不同等原因价格也不一致。这就要求我们对上述以及其他影响进口商品价格的

诸因素进行详细分析，选择在价格最有利的国家和市场采购商品。

（3）国际市场供求关系的调研。由于商品产地、生产周期、产品销售周期、消费习惯和水平因素的影响，国际市场上我方欲购商品的供给与需求状况也在不断变化。为保障我方进口货源充足和其他有利条件，有必要对世界各地的进口市场的供求状况作详细研究，以便作出最有利的抉择。

（4）在选择进口商品市场时，进口商品国家的相关贸易政策和法规也不容忽视。比如该国鼓励、限制商品出口政策，海关税收，数量配额等。国家的政治局势动荡与否也值得关注。

（5）进口商品在注重经济效果的同时，还要贯彻国别政策。凡是能从发展中国家买到同等条件的商品，应优先从这些国家购买。如果我们有贸易顺差，则更应安排对该国家的进口。有时商品进口市场的选择，也从政治上考虑，密切配合外交活动。

总之，进口商品的市场调查是多方面、全方位的综合研究、选择好进口商品市场也是商品进口经营方案的重要内容。

（三）选择交易对象

在进口商品时，寻找和了解贸易伙伴的途径或渠道是很多的。例如：通过我驻外商务机构、领事馆以及中国银行或其他外商银行的介绍；通过国际友好组织（如中日、中美、中法友好协会等）、各国的商业或工业民间组织以及国内外的国际咨询公司进行了解咨询；从国内外报章、杂志上的广告或行名录、厂商年鉴中了解和物色潜在客户；另外还可通过举办各种展销会、广交会、小交会、博览会以结识客户。不过通过这些途径得到的信息都较为泛泛。为了对客户有进一步深入地了解，对客户的资信调查可从以下四个方面分析：

①支付能力。主要是考察客户的注册资本额、营业额、潜在资本、资本负债和借贷能力等，以了解其财力状况如何。②经营能力。分析了解客户的供销渠道、联系网络、贸易关系、经营作法等经营活动能力的大小。③经营作风。主要是指企业的商业信誉、商业道德、服务态度、公共关系水平等是否良好。④经营范围。包括企业经营的商品品种、业务范围以及是否与我国做过交易等；客户背景等。

选择贸易伙伴直接关系着进口的得失与成败，是交易前准备工作中至关重要的环节。进口公司应通过各种途径从各个方面对客户进行全面了解，从而选择最合适、成交可能性最大的客户。

（四）制定进口商品经营方案

安排好采购市场和选择好交易对象是经营方案的重要内容。除此以外，在方案中还要对订购商品的数量、时间、价格、贸易方式和交易条件等做出妥善合理的安排，以作为对外交易洽谈和进口的重要依据。

订购的数量和时间安排，要根据用货单位的需要，洞察国外市场波动，防止采购时间、数量过度集中以致外商提高价格或提出其他苛刻条件等，争取在保证满足国内需要的前提下，在最有利的时机成交适当的数量。

价格往往是买卖双方争论的焦点。如我方出价过低，不利于成交，完不成采购任务；出价过高，又将浪费国家外汇，甚至影响经济效益或亏损。因此在对国际市场价格作出详细调查的基础上，参照近期进口成交价，拟定出价格掌握幅度，并不宜过早透露给外商。

进口业务除采用单进的贸易方式外，还应针对不同的商品特点、交易地区、交易对象，灵活多样地采取招标、易货、补偿贸易、三来业务和技术贸易等多种方式；交易条件的制定，比如品质、运输、保险、商检，以及价格上的佣金、折扣等内容，也要在处理时机动灵活，以便既利于进口成交，又维护了我方利益。

（五）　报批用汇计划

进口商品所用的一切外汇均须按一定程序向主管部门申请批准用汇计划。进口商品经国务院批准，列入中央进口计划的，一般由中央拨给外汇地方；地方进口商品使用的外汇来源主要有中央分配的、经中央批准的专项外汇和周转外汇。在我国的进口业务的实践中，外贸公司的进口业务分自营进口和代理进口两种。一般用货单位委托外贸公司代理经营的，所使用外汇均须经规定部门批准后，才能向中国银行购买。在外汇落实后，才能办理进口业务。

（六）　申领进口许可证

国务院规定统一管理的进口商品和国际市场竞争性强的商品，以及中央各部门进口的许可证商品，由外经贸部发证（或授权各外经贸部特派员办事处发证），其余授权省级经贸厅（委、局）发证。

对进口商品实施许可证制是国家管理进出口贸易的一种重要行政手段。对于国家规定必须申领进口许可证的商品，进口单位必须于办妥进口商品的审批和申请外汇手续后，填制进口许可证申请表，连同有关应提交文件，向发证部门申领进口许可证。

二、进口交易的磋商

进口交易的磋商是签订和履行进口合同的基础，是国际购买货物的完整交易程序的不可缺少的重要组成部分。进口交易的磋商包括磋商的形式、内容和程序三个方面。磋商的方式通常有：一是书面洽谈方式，如采用信件、电报、电传、传真等通讯方式来洽谈交易；二是口头洽谈方式，如请外商来国内面谈或参加广交会、国际博览会等，另外还包括双方通过国际长途电话进行的交易磋商；三是行为表示的方式，如在拍卖市场上的拍卖、购进活动等。进口交易磋商的内容，主要是就购进某种商品的各项交易条件，如商品的品质、数量、包装、价格、装运、支付、索赔、仲裁等进行协商。由于许多老客户之间，事先已就"一般交易条件"达成协议或形成了一些习惯作法，或者已订长期的贸易协议等原因，一笔交易就不一定需要对各项条款一一重新协商。

进口交易磋商的一般程度包括：询盘、发盘、还盘和接受四个环节。其中发盘和接受是达成交易的必备环节和法律步骤。

（一）　询盘（inquity/enquity）

询盘是交易的一方向另一方询问买或卖某种商品或某几种商品的各项交易条件，这种口头或书面的表示，即为询盘。询盘对询盘人没有约束力，但我们在布置询盘时仍要注意策略。一是询盘的对象既不能过窄，也不能过宽。过窄难于了解国外市场情况，过宽则会引起市场价格波动。二是询盘的内容既要能使客户进行工作，提供报盘资料，又要防止过早透露采购

数量、价格等意图，被客户摸到底细。在书面洽谈的交易方式中，询盘还应注明编号以加速国外复电、复函的传递，并说明应报货价的种类和价格条件，并且对于商品品种、规格、型号、技术要求务尽其详，以免进口商品不符合要求。

（二）发盘（offer）

发盘是指交易的一方向另一方提出购买或出售某种商品的各项交易条件，并表示愿意按这些条件与对方达成交易、订立合同的行为。根据《联合国国际货物销售合同公约》（以下简称公约）的解释，构成一项发盘应具备以下条件：

其一，向一个或一个以上的特定人发出比如出口商为招揽用货单位而向一些国外客户寄发的商品目录、报价单、价目表或刊登的商品广告等，都不是发盘。

其二，表明发盘人的订约意图和受其约束这是指发盘人向受盘人表示，在得到有效接受时，双方即可按发盘的内容订立合同。发盘中通常都规定有效期，作为发盘人受约束和受盘人接受的有效时限。在有效期内，一般不得反悔或更改发盘条件。但发盘亦可因撤回而阻止未能生效或因拒绝、还盘、撤销、法律实施、过期等失效。

其三，内容必须十分确定

发盘内容应该是完整的、明确的和终局的。"完整"是指货物的各种主要交易条件完备；"明确"是指主要交易条件不能用含糊不清、模棱两可的词句。"终局"是指发盘人只能按发盘条件与受盘人订立合同，而无其他保留或限制性条款。

我们在收到国外客户针对我方询盘所发来的报盘或发盘后，应进行审核和比价工作。审核的要点是：①审核报盘的种类。国外来盘是实盘还是虚盘，如属实盘，就不要错失良机，应在有效期内答复。②审核报盘的内容。商品的规格、数量是否符合用货部门的要求，所报价格条件和所使用购货币能否被我方接受等。③交货期限是否符合用货部门生产上的需要，以及其他应审核的内容。比价是指对国外来的几个跟盘（发盘），认真研究对比，如对商品品质、数量、包装、交货条件相同等的发盘进行价格比较，对各种不同交易条件的发盘进行综合分析比较，将同一商品过去的成交价与现行的施价相比较；同时，还要注意不同品质的差价，不同成交数量的差价，不同销售季节的差价以及汇率的变化。在经过对数个报盘（发盘）的审核和比价之后，就可以有针对性的还盘。

（三）还盘（counter offer）

还盘是指受盘人收到发盘后，经过比价，对发盘的内容不同意或不完全同意。为了进一步洽商交易，面向发盘人提出修改建议或新的限制性条件的口头或书面表示。在我国的进口业务中，我方一经还盘，原发盘即失去效力，发盘人不再受其约束，一项还盘等于是受盘人向原发盘人提出的一项新的发盘。还盘可以是还价，也可以是改变其他交易条件，如改变支付条件、改变贸易术语、提高佣金和折扣等，使各种交易条件对我方更有利。

（四）接受（acceptance）

接受是指受盘人无条件地同意发盘人在发盘中提出的各项交易条件，并同意按照这些条件订立合同的一种肯定表示。这在我国法律上称为承诺。根据《公约》的规定，一项有效的接受必须具备下列条件：

（1）接受必须由受盘人作出。

（2）接受的内容必须与发盘相符。按照法律原则，接受是无条件地同意发盘中交易条件。但根据《公约》精神，一些非实质性的变更，"除非发盘人在不过分迟延的时间内以口头或书面的通知反对"，仍构成有效接受。

（3）接受必须以一定的方式表示出来；公约规定："受盘人声明或做出其行为表示同意一项发盘，即为接受；沉默或不行为本身不等于接受。"

（4）接受通知必须在发盘有效期内送达发盘人。在进口业务中，如果对方发盘中的条件比较合理，且对我较为有利。就要在有效的期限内发出接受的通知，以便正式签订书面合同。

小　结

本章主要介绍国际贸易业务过程中的基本概念及流程，具体包括国际货物贸易与服务贸易的基本概念；我国出口业务开展过程中许可证管理、原产地管理、商品检验、海关监管、货物托运、保险、出口收汇核销、退税及货款结算等相关管理制度；进口业务的基本流程及交易过程中的一些重点问题。

思 考 题

1. 国际货物贸易中的产品主要有哪几大类？

2. 国际货物贸易中的反倾销协定（ADA）内容是什么？

3. 国际货物贸易中的贸易技术壁垒（TBT）协定内容是什么？

4. 对比分析国际服务贸易的定义。

5. 服务贸易与货物贸易的主要区别有哪些？

6. 服务贸易的主要特征有哪些？

7. 服务贸易的基本方式有哪些？

8. 分析服务贸易壁垒的主要形式及特点。

9. 简要分析出口业务的基本流程。

10. 简要分析海关出口货物监管的流程。

11. 简述货物托运的主要方式及流程。

12. 国际贸易货物遭受承保责任范围内的损失时，保险索赔应做好的工作有哪些？

13. 简述我国国际贸易出口收汇核销的基本原则。

14. 简述我国出口收汇核销基本程序。

15. 简述我国出口退税业务流程。

16. 分析国际贸易主要结算方式。

17. 进口业务中的准备工作有哪些？

18. 分析进口交易磋商的基本环节。

参考文献

［1］吴百福，徐小薇. 进出口贸易实务教程（第五版）. 格致出版社，2007.

［2］徐复. 中国对外贸易. 清华大学出版社，2006.

［3］章学拯，李医群. 国际贸易电子化实务（第二版）. 格致出版社，2010.

［4］陈霜华. 国际服务贸易. 复旦大学出版社，2010.

第七章 财务成本管理

第一节 引 言

财务管理是以企业财务管理活动为研究对象，全面系统地阐述企业财务管理的理论、知识和方法体系的学科。本章将主要介绍财务管理的基础理论知识。首先，介绍财务管理的概念，并围绕概念所涉及的财务管理的对象、目标、内容、原则和方法进行系统的论述；其次，介绍企业财务管理的环境；最后，对资金价值、资金时间价值、有价证券价值等基本财务估值模型的内涵及其计算，以及企业财务风险管理的基本概念、内容和方法等进行深入浅出的阐述。

通过本章的学习，学生可以理解财务管理的基本概念，财务管理的对象、目标、基本内容，了解财务管理在新时期深化发展的状况，同时结合全球运营环境，了解跨国公司的财务管理相关内容，对跨国公司环境下企业财务中应收与预付业务、外币核算与外币管理内容、财务风险管理等内容进行初步认识。

▷【学习要点】▷

1. 掌握企业财务管理的概念，财务管理的目标和内容，应遵循的主要原则，运用的方法。

2. 了解财务管理在新时期深化发展的状况。

3. 明确跨国公司的财务管理的相关内容。

4. 掌握跨国公司环境下企业财务中应收与预付业务、外币核算与外币管理相关内容。

5. 了解并掌握财务风险的概念，财务风险管理内容与方法。

第二节 财务管理概述

一、企业财务管理的概念

财务管理（financial management）是在一定的整体目标下，关于资产的购置（投资），资本的融通（筹资）和经营中现金流量（营运资金），以及利润分配的管理。财务管理是企业管理的一个组成部分，它是根据财经法规制度，按照财务管理的原则，组织企业财务活动，处理财务关系的一项经济管理工作。简单地说，财务管理是组织企业财务活动，处理财务关系的一项经济管理工作。

二、企业财务管理的内容

财务管理的内容可以主要归纳为长期投资和筹资决策管理、财务计划及预算管理、营运资金管理、收益与利润分配等四个方面。

1. 长期投资和筹资决策管理

长期投资一般是指不准备在短时间或短周期内转变为现金的投资。其主要的特点是资金量大，周期长，风险高，实效性强。长期投资根据投资目标要求，用科学的方法对拟订的长期投资方案进行分析、评价、优选。

长期筹资即指资本性地筹资。包括长期债务筹资和股权筹资等方面的内容。长期筹资决策是指为满足企业长期投资和其他经常性资金的需要，对各种方案进行分析评价并选取最佳筹资方案的过程。

2. 财务计划及预算管理

财务计划及预算是指企业未来一定时间内全部经营活动各项具体目标的计划与相应措施的数量说明。包括决策预算、日常业务预算和财务预算三方面的内容。财务预算通过引导和控制经济活动，使企业经营达到预期目标，控制活动过程，发现问题并采取必要的措施，纠正不良偏差，实现预期目标。

财务计划及预算可以实现企业内部各个部门之间的协调。通过各部门预算的综合平衡，能促使各部门管理人员清楚地了解本部门在全局中的地位和作用，尽可能地做好部门之间的协调工作。预算能够作为业绩考核的标准。作为企业财务活动的标准，预算使各项活动的实际执行有章可循。

3. 营运资金管理

营运资金是指企业投放在流动资产上的资金。包括现金、有价证券、应收账款、存货等占用的资金，其资金来源主要为短期债务资金。流动资产与流动负债之差为净营运资金（营运资本），由资本性筹资解决。因此，营运资金管理涉及流动资产与流动负债两个方面。其主要内容包括流动资产配置和短期投融资举措、资金流动性控制和相关财务政策措施等。

4. 收益与利润分配管理

收益分配管理主要是从有效组织收入和控制费用入手，正确处理和落实企业与国家、投资者、债权者以及企业职工之间的经济利益关系，执行正确的股利（分利）政策和其他利益分配原则，合理地进行收益和利润分配。企业收益分配管理的主要内容有收益管理、费用管理和利润分配管理等。

三、企业财务管理的目标

财务管理目标是指企业进行财务活动所要达到的根本目的，它决定着企业财务管理的基本方向。财务管理目标是一切财务活动的出发点和归宿，是评价企业理财活动是否合理的基本标准。

1. 利润最大化

利润代表了企业新创造的财富，利润越多则说明企业的财富增加得越多，越接近企业的目标。但利润最大化目标存在以下缺点：①没有明确利润最大化中利润的概念，这就给企业管理当局提供了进行利润操纵的空间。②不符合货币时间价值的理财原则，它没有考虑利润的取得时间，不符合现代企业"时间就是价值"的理财理念。③不符合风险——报酬均衡的理财原则。它没有考虑利润和所承担风险的关系，增大了企业的经营风险和财务风险。④没有考虑利润取得与投入资本额的关系。该利润是绝对指标，不能真正衡量企业经营业绩的优劣，也不利于本企业在同行业中竞争优势的确立。

2. 股东财富最大化

股东财富最大化是指通过财务上的合理经营，为股东创造最多的财富，实现企业财务管理目标。不可否认，股东财富最大化具有积极的意义。然而，该目标仍存在如下不足：①适用范围存在限制。该目标只适用于上市公司，不适用于非上市公司，因此不具有普遍的代表性。②不符合可控性原则。股票价格的高低受各种因素的影响，如国家政策的调整、国内外经济形势的变化、股民的心理等，这些因素对企业管理当局而言是不可能完全加以控制的。③不符合理财主体假设。理财主体假设认为，企业的财务管理工作应限制在每一个经营上和财务上具有独立性的单位组织内，而股东财富最大化将股东这一理财主体与企业这一理财主体相混同，不符合理财主体假设。④不符合证券市场的发展。证券市场既是股东筹资和投资的场所，也是债权人进行投资的重要场所，同时还是经理人市场形成的重要条件，股东财富最大化片面强调站在股东立场的资本市场的重要，不利于证券市场的全面发展。

3. 企业价值最大化

企业价值最大化是指采用最优的财务结构，充分考虑资金的时间价值以及风险与报酬的关系，使企业价值达到最大。该目标的一个显著特点就是全面地考虑到了企业利益相关者和社会责任对企业财务管理目标的影响，但该目标也有许多问题需要我们去探索：①企业价值计量方面存在问题。首先，把不同理财主体的自由现金流混合折现不具有可比性。其次，把不同时点的现金流共同折现不具有说服力。②不易为管理当局理解和掌握。企业价值最大化实际上是几个具体财务管理目标的综合体，包括股东财富最大化、债权人财富最大化和其他各种利益财富最大化，这些具体目标的衡量有不同的评价指标，使财务管理人员无所适从。③没有考虑股权资本成本。在现代社会，股权资本和债权资本一样，不是免费取得的，如果不能获得最低的投资报酬，股东们就会转移资本投向。

4. 企业资本可持续有效增值

此观点认为：现代企业是一个由多个利益相关者组成的集合体，财务管理是正确组织财务活动、妥善处理财务关系的一项经济管理工作，财务管理目标应从更广泛、更长远的角度来找到一个更为合适的理财目标，这就是利益相关者财富最大化。

但此观点也有明显的缺点：①企业在特定的经营时期，几乎不可能使利益相关者财富最大化，只能做到其协调化。②所设计的计量指标中销售收入、产品市场占有率是企业的经营指标，已超出了财务管理自身的范畴。

从"利润最大化"到"股东财富最大化"到"企业价值最大化"再到"利益相关者财富最大化",无疑是认识上的一大飞跃。但它们都存在着一个共同的缺点:只考虑了财务资本对企业经营活动的影响,而忽略了知识资本对企业经营活动的作用。

四、财务管理深化发展的新时期

1. 财务管理观念的更新

竞争与合作相统一的财务观念。当代市场经济竞争中出现了一个引人注目的现象,这就是原来是竞争对手的企业之间纷纷掀起了合作的浪潮。在知识经济时代,一方面,信息的传播、处理和反馈的速度以及科学技术发展的速度均越来越快,这就必然加剧市场竞争的激烈程度,哪个企业在信息和知识共享上抢先一步,便会获得竞争的优势。而另一方面,信息的网络化、科学技术的综合化和全球经济一体化,又必然要求各企业之间要相互沟通和协作。这就要求企业财务管理人员在财务决策和日常管理中,要不断增强善于抓住机遇,从容应付挑战的能力,在剧烈的市场竞争中趋利避害,扬长避短,同时也要正确处理和协调企业与其他企业之间的财务关系,使各方的经济利益达到和谐统一。

风险理财观念。在现代市场经济中,市场机制的作用,使任何一个市场主体的利益都具有不确定性,客观上存在着蒙受经济损失的机会与可能,即不可避免地要承担一定的风险,而这种风险,在知识经济时代,由于受各种因素影响,将会更加增大,因此,企业财务管理人员必须树立正确的风险观,善于对环境变化带来的不确定性因素进行科学预测,有预见性地采取各种防范措施,使可能遭受的风险损失尽可能降低到最低限度。

信息理财观念。在现代市场经济中,一切经济活动都必须以快、准、全的信息为导向,信息成为市场经济活动的重要媒介。而且,随着知识经济时代的到来,以数字化技术为先导,以信息高速公路为主要内容的新信息技术革命,使信息的传播、处理和反馈的速度大大加快,从而使交易、决策可在瞬间完成,经济活动空间变小,出现了所谓的"媒体空间"和"网上实体"。这就决定了在知识经济时代里,企业财务管理人员必须牢固地树立信息理财观念,从全面、准确、迅速、有效地搜集、分析和利用信息入手,进行财务决策和资金运筹。

知识化理财观念。知识成为最主要的生产要素和最重要的经济增长源泉,是知识经济的主要特征之一。与此相适应,未来的财务管理将更是一种知识化管理,其知识含量将成为决定财务管理是否创新的关键性因素。因此,企业财务管理人员必须牢固树立知识化理财观念。

2. 财务管理目标的重组

知识经济时代的到来,扩展了资本的范围,改变了资本结构。在新的资本结构中,物质资本与知识资本的地位将发生重大变化,即物质资本的地位将相对下降,而知识资本的地位将相对上升。这一重大变化决定了企业在知识经济时代里不再是仅归属于其股东,而是归属其"相关利益主体",如股东、债权人、员工、顾客等。他们都向企业投入了专用性资本,都对企业剩余做出了贡献,因而也都享有企业的剩余。正是在这样的背景下,新制度学派认为,企业的利益是所有参与签约的各方的共同利益,而不仅仅是股东的利益。从美国《公司法》可以看出,要求公司的经营者不能只为公司股东服务,而必须为公司的相关利益主体服务。美国 IBM 公司把其目标提炼为"为员工利益、为顾客利益、为股东利益"三原则。可以说，这些变化都代表着时代发展的要求，都是知识经济时代带来的影响。

3. 财务管理内容的调整与拓展

无形资产将成为企业投资决策的重点。在新的资产结构中，以知识为基础的专利权、商标权、商誉、计算机软件、人才素质、产品创新等无形资产所占比重将会大大提高。1995年，美国许多企业无形资产的比重已高达 60%。这表明，无形资产在企业总资产中所占的比重以及所起的作用已不容忽视，它将日益成为决定企业未来收益及市场价值的主要资产。所以，在知识经济时代，无形资产将成为企业最主要、最重要的投资对象。这就要求企业必须调整旧的投资决策指标，建立切实反映无形资产投入状况及其结果的决策指标体系。

风险管理将成为企业财务管理的一项重要内容。在知识经济时代，由于受下列等因素的影响，将使企业面临更大的风险：①信息传播、处理和反馈的速度将会大大加快。如果一个企业的内部和外部对信息的披露不充分、不及时或者企业的管理当局对来源于企业内部和外部的各种信息不能及时而有效地加以选择和利用，就会进一步加大企业的决策风险。②知识积累、更新的速度将会大大加快。如果一个企业及其职工不能随着社会知识水平及其结构的变化相应地调整其知识结构，就会处于被动地位，就不能适应环境的发展变化，从而会进一步加大企业的风险。③产品的寿命周期将会不断缩短。像电子、计算机等高科技产业，其产品的寿命更短，这不仅会加大存货风险，而且也会加大产品设计、开发风险。④"媒体空间"的无限扩展性以及"网上银行"的兴起和"电子货币"的出现，使得国际间的资本流通加快，资本决策可在瞬间完成，使得货币的形态发生质的变化，这些均有可能进一步加剧货币风险。⑤无形资产投入速度快，变化大，它不像传统投资那样能清楚地划分出期限与阶段，从而使得投资的风险进一步加大。所以，企业如何在追求不断创新发展与有效防范、抵御各种风险及危机中取得成功，是财务管理需要不断研究解决的一个重要问题。

五、跨国公司企业的财务管理

跨国公司财务管理是企业财务管理的一个分支，其基本内容与企业财务管理是一致的。但是，跨国公司面临的是国际环境，因而其财务管理在一般性基础上更有着复杂多变的特点。

世界经济一体化进程，不仅实现了资本的国际化，而且促使金融走向自由化和国际化。随着全球经济体系的形成，跨国公司必须面临更多更激烈的竞争。财务管理可以帮助企业从国际金融市场中以较低的融资成本取得所需的资金，并使其以外币计价的资产或负债的本国币值保持稳定。

跨国公司的财务管理是企业国际化与金融市场一体化的必然产物，其研究的领域涵盖一般财务管理的范围，角度则须从全球环境出发，探讨相关问题。与一般国内企业财务管理相比，跨国公司财务管理具有以下特征：

1. 波动不定且难于预测的汇率变动带来极大的外汇风险

汇率的波动影响着跨国公司经营活动和国际投资组合的收益与风险。汇率波动给跨国公司带来机遇的同时也给跨国公司的经营带来了挑战和压力，使跨国公司经营企业要承受汇率

变动所带来的交易风险、经济风险和换算风险等不同形式的外汇风险。

2. 市场的不完全性给企业带来更多的机会和风险

经济一体化进程不断向前推进的同时，世界各国的市场尚存在较大的不完全性，包括不完全的商品市场、不完全的要素市场以及政府对市场的干预等。市场的不完全性给跨国公司从事跨国界经营活动带来更多的机会和更大的风险。由于各国的经济、政治、法律、社会、文化环境的不同，给跨国公司的经营活动带来的影响和风险也不相同。因此，企业需要适应环境的变化，在进行跨国公司财务管理时，不但要熟悉和考虑母公司的环境因素，而且要深入了解所涉及国家的有关情况。调度和运用所拥有的资源，实现预定的财务目标。

3. 多层次委托代理关系使跨国财务控制成为关键

由于跨国公司的规模往往较大且分散于各国，其代理成本往往高于一般公司。除此之外，跨国公司还需要面多诸多复杂的经营环境，需要从全球环境的竞争态势出发，从整体出发，在全球范围内合理有效地运用组织的资金、评估投资项目，从而形成合理的财务控制体系。

第三节　应收与预付业务

一、应收账款概述

应收及预付款项是企业在日常生产经营过程中由于销售商品、提供劳务等形成的各项债权，是企业流动资产的重要组成部分，主要包括应收账款、应收票据、其他应收款、应收外汇账款和预付账款等。由于外贸企业的经营领域涉及国内、国外两个市场，所以外贸企业应收账款的核算，不仅包括在国内销售商品或提供劳务形成的人民币应收及预付款项，还包括经营国际业务形成的应收外汇账款。应收人民币款项和应收外汇账款在核算方法和核算要求上不尽相同。

应收及预付款项的核算原则：①应收及预付款项应当按照实际发生额记账，并按照不同的购货单位或接受劳务单位名称等设置明细账，进行明细核算。②带息的应收款项，应于期末按照本金（或票面价值）与确定的利率计算的金额，增加其账面余额，并确认为利息收入，计入当期损益。③到期不能收回的应收票据，应按其账面余额转入应收账款，并不再计提利息。④企业应于期末时对应收款项（比包括应收票据）计提坏账准备，坏账准备应当单独核算，在资产负债表中应收款项按照减去已计提的坏账准备后的净额反映。

二、应收国内账款的核算内容

1. 应收国内账款的确认与计价

应收国内账款是外贸企业因在国内销售商品、产品或提供劳务等业务，应向购货方或接受劳务的客户收取的款项，如销售款、劳务费、增值税和代垫的运费等。不单独设置"预收账款"科目的企业，预收的款项也在本科目核算。

由于应收账款是因为赊销业务而产生的，因此，其入账时间与确认销售收入的时间是一致的，外贸企业的应收国内账款应于收入实现时一次确认。如果收入确认的条件不能完全满足，企业也可在发出商品或提供劳务并办妥托收手续后，先反映应收的增值税和代垫的费用，以后收入实现时，再确认应收的销货款或劳务费。

应收国内账款的计价是指应收账款的入账金额。根据《企业会计准则》的有关规定，通常按买卖双方成交时的实际金额即增值税专用发票上注明的价款和增值税再加上代垫的运费等入账。同时企业也应考虑销售活动中是否存在如下因素：商业折扣，现金折扣以及销售折让。

2. 应收国内账款的核算

为及时、准确地反映外贸企业应向国内购货方或接受劳务方收取的款项，企业应设置"应收账款"科目，借方反映企业因销售商品、提供劳务等应向对方收取的款项的增加数，贷方反映减少数，期末余额在借方，表示尚未收回的应收账款数额，期末余额在贷方，表示企业预收的款项，外贸企业应对该科目按不同的购货单位或接受劳务的客户设置明细账，进行明细核算。

三、应收外汇账款的核算

1. 外汇账款结算业务的内容

国际贸易现汇结算的支付方式是多种多样的。目前国际上常用的主要方式有三种：汇付、托收和信用证。这三种方式都涉及付款时间、付款地点和信用方面的问题。

（1）汇付。汇付是指资金从付款一方转移到收款一方，是买卖双方通过银行清算货款的最简便的一种支付方式，是商业信用。即银行对汇款业务不负任何业务上的责任，银行不承担保证付款的义务，而由买卖双方互相提供信用。汇付是利用进出口企业双方所在地银行的汇兑业务进行结算，也就是由汇款人将货款交由当地银行，由该银行委托收款人所在地银行转交收款人。

由于汇付方式风险较大，买卖双方没有绝对信任，难以采用。因此，我国外贸企业在国际贸易结算中，只在少数交易中使用，如预收货款、结算尾差、支付佣金、归还垫款、索赔理赔等情况下使用。而绝大多数交易是采用凭单付款即付货款方式。

（2）托收。托收是卖方为向国外买方收取销售货款和劳务价款，开具以买方为抬头人的汇票，委托银行持以向买方代收款的结算方式。

在托收业务中通常有四个联系人，即委托人（卖方或出口商），托收行（卖方委托的银行），代收行（与托收行有业务联系的国外银行），付款人（买方或进口商）。托收人与托收银行之间的关系、托收银行与代收银行之间的关系都是委托代理关系，或叫代办业务关系。因此，对托收的汇票能否收款银行不负责任，所以，托收结算方式同汇付一样都是商业信用。托收结算方式分为光票托收和跟单托收两种。

（3）信用证结算业务。信用证结算业务简称 L/C 结算。信用证是银行（开证行）应买方的请求，开给卖方的一种保证承担支付货款责任的书面凭证。开证银行授权卖方按信用证上

所列要求以开证行为付款人，开具不得超过规定金额的汇票，随附规定的货运单据，按期在指定地点收取货款。银行以自己的信用，担保买方在支付货款时一定得到货物的单据，同时也向卖方担保交出货物单据就一定能得到货款。它为买卖双方利益提供了一定程序的安全保障，对于资金信用可靠者，可以获得一定程度资金融通的方便。

信用证结算方式的最大特点，也是最大优点在于：开证行付第一性付款责任；信用证不依附于贸易合同，但又必须与贸易合同相符，是一项独立文件；信用证业务的处理是以单据而不以货物为准、这一点对卖方严格地审单审证、保证单证相符，单单相符十分重要，因为开证银行只凭正确的单据付款。开立信用证是银行业务，应由进口商提出申请，由银行据以开证并收取开证手续费。

2. 应收外汇账款的核算

外贸企业的应收外汇账款是外贸企业应收款核算的重要内容之一，外贸企业应设置"应收外汇账款"账户进行核算。"应收外汇账款"账户的借方，核算和反映外贸企业因出口商品和提供劳务应收的外汇账款；贷方核算和反映外贸企业已经收回的各种应收的外汇账款；正常情况下，此科目的余额应在借方，反映外贸企业应收而尚未收回的外汇账款的情况。外贸企业出口商品发生的应收外汇账款，借记"应收外汇账款"账户，贷记"自营出口销售收入"账户；收回应收外汇账款时，借记"银行存款"账户，贷记"应收外汇账款"账户。

四、预付及其他应收款的核算

1. 预付账款的核算

预付款是指外贸企业根据合同规定，预先支付给供货单位或提供劳务单位的款项，不含预付的书报杂志费、财产保险费和预交的税金等。为及时反映企业预付账款的增减变动情况，外贸企业应设置"预付账款"科目，核算和监督发生的预付款业务。借方登记预付和补付的款项，贷方登记收到货物或接受劳务的价值以及退回多付的款项；期末余额在借方，反映外贸企业实际预付的款项；期末余额在贷方，反映外贸企业应补付的款项，属于负债性质，填列在资产负债表"应付账款"项目下。该科目应按供应单位设置明细账，进行明细核算。

预付款业务不多的外贸企业，也可不设置预付账款科目，而将预付的款项直接在应付账款科目借方反映，收到商品或接受劳务时，计入应付账款的贷方，期末如有借方余额，则计入资产负债表的预付账款项目下。

2. 其他应收款的核算

其他应收款是外贸企业除应收账款、应收票据和预付款之外的，由于非购销活动引起的各种应收、暂付给其他单位和个人的款项。如预付给企业内部和个人的备用金、存出的保证金、应收保险公司或其他单位、个人的赔款，以及应收出租包装物的租金等。

其他应收款按实际发生额入账。外贸企业应设置"其他应收款"科目核算各种应收、预付给其他单位和个人的款项。借方登记其他应收款的发生额，贷方登记收回数额，期末余额在借方，反映尚未收回的其他应收款。企业应按其他应收款的项目分类，并按不同的债务人设置明细账，进行明细核算。

第四节　外币业务与核算

一、外汇及汇率

1. 外汇的含义

"外汇"的全称为国际汇兑，是英文 foreign exchange 的意译，一个国家与其他国家的债权债务，总要通过银行把本国货币换成外国货币，或把外国货币换成本国货币，才能达到结算的目的。所以，外汇就是外币或以外币表示的用于国际间结算的各种支付手段。

外汇的概念有动态和静态两种含义。动态的含义是指一种活动或者行为，即把一个国家货币兑换成另一个国家的货币，借以清偿国际间债权债务的经营活动。静态的含义是指一种以外币表示的支付手段，用于国际间的清算。这里所说的"外汇"通常是指其静态的含义。

广义的外汇指的是一国拥有的一切以外币表示的资产。国际货币基金组织（IMF）对此的定义是"外汇是货币行政当局（中央银行、货币管理机构、外汇平准基金及财政部）以银行存款、财政部库券、长短期政府证券等形式保有的在国际收支逆差时可以使用的债权。"

随着国际交往的扩大和信用工具的发展，外汇的内涵不断地得到发展和完善。当前，根据我国《外汇管理暂行条例》的规定，外汇的基本内容包括：①外国货币，包括纸币和铸币等；②外币有价证券，包括政府公债券、国库券、公司债券、股票、息票等；③外币支付凭证，包括票据、银行存款凭证、邮政储蓄凭证等；④其他外汇资金。

外汇对促进国际间经济贸易以及政治、文化交流起着明显的作用，这种作用可以概括为：①转移国际间的购买力，使国与国之间的货币流通成为可能；②促进国际贸易的发展；③便利国际间资金供需之间的调剂，有利于国际投资的进行。

2. 外汇类型

（1）根据外汇是否可以自由兑换，外汇可以分为自由外汇与记账外汇。自由外汇是指不需要外汇管理当局批准，可以自由兑换成其他货币，或者可以向第三者办理支付的外国货币及其支付手段，如美元、英镑、瑞士法郎等。记账外汇亦称协定外汇或双边外汇，它是指两国政府签订支付协定项下收付的外汇，签约双方相互间的贸易或非贸易收支，用约定的货币，通过相互开立的专门账户进行，到一定时期再进行清算。

（2）现汇和期汇。现汇又称即期外汇（spot exchange），在成交后，买卖双方要在两个营业日内交割完毕。电汇、信汇和票汇就属于现汇。期汇又称远期外汇（forward exchange），是指外汇市场上用于远期付款交割的外汇，买卖双方为了防避汇率变动的风险，按照预先商定的币种和数量、期限和汇价，订立外汇买卖合约或协议，在到期日进行交际交割。

3. 外汇的经济特性

（1）外汇是非主权货币。外汇是外国政府发行的，始终依附于外国政府的货币发行权，本国政府没有创造外国货币的功能。本国政府只能对本国货币享有主权，自主发行货币，并

强制本国居民接受本国货币，不允许外国货币作为本国市场的流通工具。

（2）外汇是宝贵的稀缺资源。其一，外汇是以国内优质资源换来的。商品出口获得的外汇是通过出口本国优质资源后换回的外国货币，借入外国债务获得的外汇，尽管事先取得外汇后输出商品或其他资源，但同样要以国内优质资源为偿还代价。

其二，外汇是特殊的战略资源。外汇是获取国外优质资源的交换筹码。拥有外汇就拥有了对境外资源的支配权，就可以方便地运用国外资源来改善本国资源结构，发展本国经济。外汇也可以使一个国家拥有更多地参与国际经济事务的机会，提高其在国际经济中的影响力，甚至提高国际经济中的决策权。

其三，外汇是具有高流动性的资产。由于外汇是以国际市场中随时可以兑换的外国货币组成的货币资产，它能够不受时间、空间的限制，超越国境快速流动。特别是在市场出现异常状况时，高速流动的货币可能会在顷刻间导致货币或金融危机，使一国发展陷于瘫痪。如泰国在 1997 年 7 月受投机资本冲击，不到 20 天时间，泰国中央银行几乎被掏空，几乎使泰国经济倒退十年。

4. 外汇汇率

一个国家在对外债权债务的清偿中，都会发生本国货币和外国货币的折算，即汇率问题。汇率又称汇价（exchange rate），是两种不同货币之间的比价，即用另一种货币表示一种货币的价格，由于它是两种货币之间的比率，故称汇率。通过银行，用本国货币购买外汇，或将外汇按汇率兑换成本国货币，称为外汇兑换，汇率是外汇兑换的折算标准。

国际上常用的汇率标价方法有两种：一是直接标价法（direct quotation），是以一定单位的外国货币为标准，规定对一定单位的外国货币应兑换若干单位的本国货币。二是间接标价法（indirect quotation），是指以一定单位的本国货币为基准，规定对一定单位的本国货币应兑换若干单位的外国货币。我国人民币汇率一直采用直接标价法，而英国则历来采用间接标价法。在我国如果讲汇率上升，由于我国实行直接标价法，正确的含义是指本币贬值，即一单位的外币可以兑换更多的本币。

5. 汇率分类

外汇汇率的种类有很多种，为了认识和把握汇率，可以从不同的角度对汇率进行分类，主要分类如下：

（1）按汇率的稳定性分为固定汇率（fixed rate）和浮动汇率（floating rate）。固定汇率指一国货币同另一国货币的汇率基本固定，其波动被限制在极小的范围内，波动幅度很小。浮动汇率指一国货币当局不规定本币对其他货币的官方汇率，外汇汇率完全由市场供求关系来决定。事实上，完全由市场来决定汇率的浮动并不存在，各国货币当局都审时度势地干预外汇市场，实行有管理的浮动。

（2）按汇率的管制程度可分为官方汇率（official rate）和市场汇率（market rate）。官方汇率指由一国货币当局或外汇管理部门制定和公布的用于一切外汇交易的汇率。市场汇率指在自由外汇市场上买卖外汇所使用的实际汇率。官方汇率与市场汇率之间往往存在差异，在外汇管制较严的国家不允许存在外汇自由买卖市场，官方汇率就是实际汇率。而在外汇管制较松的国家，官方汇率往往流于形式，通常有行无市，实际外汇买卖都是按市场汇率进行。

（3）按银行汇兑方式可分为电汇汇率（telegraphic transfer rate）、信汇汇率（mail transfer rate）以及票汇汇率（demond draft rate），这些汇率是分别用于电汇、信汇和票汇业务中的汇率。

此外，按汇率的制定方法可分为基础汇率（basic rate）和交叉汇率（cross rate）；按外汇交易期限可分为即期汇率（spot rate）和远期汇率（forward rate）；按外汇市场营业时间可分为开盘汇率（opening rate）和收盘汇率（closing rate）。

世界上主要的外汇市场，在欧洲大陆有法兰克福、苏黎世、米兰、巴黎、阿姆斯特丹等，与这些市场相差一个小时，伦敦外汇市场便开始营业（北京时间就是 17：00），伦敦市场开始营业以后，过了五个小时，纽约市场开始营业（北京时间 22：00）。伦敦市场与纽约市场同时营业的几个小时是一天中外汇交易的最高峰，这个交易的最高峰时段，在北京时间就是 22：00 至次日凌晨 1：00。在亚洲时区，东京外汇市场在美国最后的一个市场——旧金山市场交易结束前一个小时开始营业。同时，东京外汇市场与只有一个小时时差的香港、新加坡、中国、中国台北等市场以及澳大利亚、新西兰的外汇市场等联系密切。东京外汇市场在欧洲大陆外汇市场开始营业的一个半小时前结束营业（北京时间就是在 14：30，欧洲大陆外汇市场开始营业）。

各国的金融市场是以各国的货币和国界相隔离的，在金融体制、经营惯例、业务范围和金融资产各方面都有很大的差异。各国金融当局一般对外资银行的进入进行严格控制，并对其业务范围加以限制，以保证本国金融不受外部冲击。在各国金融市场相互隔离的同时，由于国际贸易和资本流动的关系，各国金融市场又保持了一定程度的联系。进入 20 世纪 80 年代后，在信息、网络等高科技不断发展，金融工具不断创新以及许多国家为发展经济而放松金融管制的条件下，各国国内金融市场与国际金融市场联系更紧密，出现了金融市场全球一体化的趋势。

二、外汇管理

1. 外汇管理的内涵

外汇管理又称为外汇管制，是指一国政府为了维持国际收支平衡和外汇行市的稳定，利用各种法令、规定和措施，对外汇的收支、买卖、借贷、转移以及国际间结算、外汇汇率和外汇市场等行为进行组织、协调、制约、控制的过程。

外汇管理的主要方式有：

（1）直接的外汇管理。直接的外汇管理有两类基本手段：外汇价格管制和外汇数量管制。外汇价格管制是指政府通过调整汇率来影响外汇供求关系，实现调控目标，如政府通过采用复汇率制来对外汇的价格和成本进行控制。政府可以规定两个或两个以上的汇率，不同的汇率适用于不同类别的交易项目。外汇数量管制是指政府对外汇收支实行数量调节和控制，如政府通过配给控制，根据用汇方向的优先等级，运用进口许可证和申请批汇制，对有限的外汇资金在各种用汇方向之间进行分配。

（2）间接外汇管理。间接的外汇管理是指不对外汇买卖和汇率进行直接控制，而是通过对进出口贸易及资本输出进行管制，从而间接影响外汇收支和汇率。如西方国家采用外汇平准基金作为缓冲体来稳定外汇水平，基金包括黄金、外汇、本币等。中央银行利用基金进入外汇市场，当国际收支发生逆差，外汇汇率上升时，即出售外汇，防止汇率继续上升；当国际收支发生顺差，引起外汇汇率下跌时，用基金中的本国货币买进外汇，不使外汇汇率下降，这种买卖活动并不直接规定外汇汇率的波动幅度，是对汇率的间接管理。

2. 中央银行外汇管理的主要内容

（1）基本原则。①实行以市场供求为基础的、单一的、有管理的、浮动的人民币汇率；②外商投资企业原则上要做到外汇自求平衡，并落实外汇平衡措施。

（2）登记管理。外商投资企业自营业执照颁发之日起 30 天内，应持批准证书和营业执照副本复印件，到外汇管理部门领取《外商投资企业外汇登记证》，并填写《外商投资企业基本情况表》后，凭证向企业注册地外汇指定银行办理开户手续。异地或境外开户须另向当地外汇管理部门报批。

（3）收支管理。①出口收汇核销管理。外商投资企业出口商品报关前，应向外汇管理部门申领加盖"监督收汇"章的核销单，海关凭有核销单编号的报关单验关放行。企业待外汇收妥后，凭解付行签章的核销单、结汇水单或收账通知以及有关证明文件到外汇管理部门办理出口收汇核销手续。

②进口付汇核销管理。外商投资企业从境外进口商品（包括与进口商品有关的专利、非专利技术、有价样品等），以外汇向境外出口商支付的货款、定金、尾款及贸易从属费用以及与进口商品有关的专利款、技术款等，由银行在办理付汇时同步核销；预付货款项下的进口付汇，银行按规定逐笔核销。

③外商投资企业资本项下外汇支出、偿还外汇债务本息，凭外汇管理部门批件办理；外方投资者的利润、股息和红利的汇出，以及外籍华侨、港澳台职工的工资及其他正当收益的汇出，持董事会分配决议书、纳税证明及有关文件，到外汇指定银行从其外汇账户中支付。

④ 外商投资企业与境内单位、个人的结算一律使用人民币计价结算。

（4）外债管理。①外商投资企业可以根据企业经营的需要向境内银行借入外汇资金，也可以直接向境外银行或企业借入外汇资金，借款单位应在正式签订合同后 10 天内，到外汇管理部门办理《外债登记证》。借款实行自借自还原则，企业还本付息可用创汇收入直接偿还，也可以经外汇管理部门核准后，到调剂市场购买。

②外商投资企业向境内银行借款时，银行有权要求企业提供信用担保或抵押担保。

外商投资企业向境外融资，并由经国家外汇管理局批准经营外汇担保业务的金融机构和有外汇来源的非金融性质企业为其提供担保的，须纳入国家利用外资计划规模。为外商独资企业提供担保，必须有等值的外汇资产作抵押。不得为外商注册资本提供担保，政府机关不能对外担保。

（5）平衡管理。①外商投资企业的外汇收入可以保留现汇，企业买卖外汇仍通过外汇调剂市场办理。企业一切正常外汇收入均可进场卖出。企业正常生产、经营、还本付息和红利汇出应首先从其现账户余额中支付，账户资金不足时可向外汇管理部门提出申请。外汇管理部门审核其人场资格。对企业外方资本金不到位、未按合同规定返销以及未如期达到国产化的，一般不予批准进场。对符合条件的，可进场购买。

②外国投资企业从外汇收支不平衡的外商投资企业中分得的人民币利润，经外汇管理部门核准后转为本企业或其他企业的增资或新投资，可以享受以外汇投资的同等待遇。

（6）报表管理。凡已注册登记的外商投资企业，均应按下列要求报送有关报表。

①外汇收支报告表，该表是半年报表，每年 7 月 10 日之前报送本年度上半年的报表，每年 3 月 10 日之前报送上年度全年的报表，并随附文字说明。

②年终财务报表，要求于每年 3 月 31 日之前报送上年度的年终财务报表，并附中华人民共和国登记注册的会计师的查账报告。

第五节　财务风险管理

一、财务风险概述

1. 风险的含义

风险一般是指在一定条件下和一定时期内可能发生的各种结果的变动程度，包括两个方面的含义：

（1）风险的不确定性和客观性。不确定性是指在一定条件下，人们采取行动可能形成的各种结果，以及每种结果出现的可能性程度。这种可能性既是不确定的，又是客观的，而人们是否冒风险或冒多大风险是可以选择的，是主观行为。

（2）风险是"一定时期内"的风险。它随着时间的延续，事件的不确定性在减少，事件完成或结束，其结果也就完全予以肯定。

2. 财务风险的界定

财务风险是指在企业的各项财务活动中，因企业内外部环境变化即各种难以预计或无法控制的因素影响，在一定时期内，企业的实际财务结果偏离预期而使其蒙受损失的可能性。其主要风险包括筹资风险、投资风险、资金流动性风险、利率风险、并购风险等。

本定义中的财务风险是从企业财务活动全过程来界定的，不是人们通常所指的财务杠杆风险。财务风险贯穿于企业筹集、投资和资金营运等财务活动的各个环节，是各种风险因素在企业财务上的集中体现，而财务杠杆风险只是财务风险的一种表现形式。

二、财务风险管理定义与内容

1. 财务风险管理的定义

财务风险管理是指采取科学、有效的手段和方法，对企业各种财务风险进行预测、识别、预防、控制和处理，以避免或减少财务风险损失的活动。财务风险管理是企业财务管理的有机组成部分，其主要宗旨是增强财务风险意识，树立财务风险可测、可防和可控的信念，建

立科学的财务风险管理机制，有效地控制财务风险。

2. 财务风险管理的内容

（1）筹资风险管理。筹资风险是指企业在融资活动中，由于资金供需市场、宏观经济环境的变化或融资来源结构、币种结构、期限结构等各种不确定因素给企业带来损失的可能性。

（2）投资风险和并购风险管理。投资风险是企业在投资活动中，由于各种难以预测或无法控制的因素使投资收益率达不到预期目标而产生的风险。特别是企业对固定资产、流动资产等有形资产的投资和高新技术、人力资本等无形资产的投资，如果投资决策不科学，投资所形成的资产结构不合理，那么投资项目往往不能达到预期效益，影响企业的盈利水平和偿债能力。并购风险是指由于企业并购外来收益的不确定性造成的未来实际收益与预期收益之间的偏差。

（3）资金流动性风险管理。资金流动性风险亦称现金流量风险，是指企业资金流动性供给（现金流入）与需求（现金流出）不一致所形成的风险，主要表现为"流动性供给不足"和"流动性供给多余"两个方面。现金是获利能力较差的资产，如果企业现金存量过多，会形成机会成本而蒙受损失；如果企业现金供给不足，无法满足日常生产经营、投资和及时偿还到期债务的需要，则可能会给企业带来信用危机，导致企业生产经营陷入困境，以致威胁企业的持续经营，使企业在短期内被吞并或者倒闭。

（4）利率和汇率风险管理。利率风险是指在一定时期内由于利率水平的不确定变动而蒙受经济损失的可能性，例如，利率的上升会使企业的筹资成本上升，企业持有的证券投资价格下降。汇率风险是指在一定时期内由于汇率变动引起企业外汇业务成果的不确定性，一般包括交易风险、折算风险和经济风险。其中，交易风险是企业在以外币计价的交易（如商品进出口信用交易、外汇借贷交易、外汇投资等）活动中，由于交易发生日和结算日汇率不一致，使折算为本币的数额增加或减少的风险；折算风险是企业将以外币表示的会计报表折算为本币表示的会计报表时，由于汇率的变动，而产生汇率折算损失的可能性；经济风险是由于汇率变动对企业产销数量、价格、成本等经济指标产生影响，致使企业未来一定时期的利润或现金流量减少或增加，从而引起企业价值变化的风险。

三、财务风险管理的原则和方法

1. 财务风险管理的原则

（1）风险与收益均衡原则。企业为追求较高的收益必须承担较大的风险，或为减少风险而接受较低的收益。风险与收益均衡意味着对于收益相同或接近的项目，应选择风险最低的；风险形同或接近的项目，应选择收益最高的；对于收益和风险不同的若干项目，收益最高的项目不一定最好，因为其风险往往也最高，应当以企业所能承受的相应风险为前提，再按前两点要求选择项目。

（2）不相容职务分离原则。不相容职务是指那些如果有一个人担任即可能发生错误和舞弊行为，又可能掩盖其错误和舞弊行为的职务。不相容职务分离的核心是"内部牵制"，它要求每项经济业务都要经过两个或两个以上的部门或人员的处理，使得单个人或部门的工作必须与其他人或部门的工作相一致或相联系，并受其监督和制约。企业财务风险的根源，除企业外部环境及其变化因素外，主要是企业内部存在的各种漏洞和问题。财权过于集中，一个人说了算，是企业财务安全性和有效性的严重威胁。因此，加强企业内部控制，强调不相容职务相分离，就能够在制度设计上有效避免财务决策执行的"一言堂"、"一支笔"等现象，以及由此引发的财务风险。

2. 企业财务风险管理的方法

（1）企业财务风险识别的方法。包括现场观察法、财务报表分析法、案例分析法、集合意见法、专家调查法、情景分析法、业务流程分析法等。

（2）企业财务风险评估的方法。财务风险评估是在风险识别的基础上，量化估计财务风险发生的概率和预期造成的损失。财务风险可借助简化模型进行评估。常用的方法有：概率统计法、敏感性分析法、A计分法以及 β 系数与资本资产定价模型（CAPM）等。

（3）企业财务风险预警的方法。财务风险预警是防范财务风险的重要举措。它是根据一定的指标体系，分析企业财务活动和财务管理环境，对潜在的财务风险进行预测，发出财务风险警示信号，以利决策者及时采取防范和化解措施。

3. 企业财务风险管理的策略

选择适当的风险管理策略，可以有效控制财务风险发生的可能性及其造成的损失。企业可以采取的财务风险管理策略主要有以下四种：

（1）规避风险的策略。财务风险回避是指在某项财务活动风险存在和发生的可能性较大时，主动放弃或改变这项财务活动可能引起风险损失的策略。例如，在进行财务决策时，尽量选择风险较小或者无风险的备选方案，对超过企业风险承受能力、难以掌控的风险活动给予回避，在选定方案实施过程中，如发现不利情况，及时终止或调整方案。

（2）预防风险的策略。对于客观存在、无法规避的财务风险，企业应实现采取各种预防措施，以提高自身抵御风险的能力。

①风险预防措施。主要是事先从制度、决策、组织和控制等方面来提高自身抵御风险的能力，并采取相应的预防措施，防止风险损失的发生。例如，在企业内部制定信用政策，建立赊销审批制度和销售责任制度等。对赊销活动进行一定的约束，以预防应收账款回收的风险；在投资决策过程中，对投资项目进行可行性分析，采用科学的方法计算各种投资方案的投资回收期、投资报酬率、净现值以及内含报酬等指标，并对这些指标进行综合评价，在考虑其他因素的基础上选择最佳的投资方案等等。

②风险自保制度。主要是从接受风险、建立风险自保制度方面来提高自身抵御风险的能力，用企业自身财力来承担财务风险所造成的损失。例如，目前我国企业中实行的应收账款、坏账准备等资产减值准备金制度，就是企业积极、有效、合理地防范风险的重要措施。

（3）分散风险的策略。财务风险分散策略是基于现代投资组合理论，在有效分散风险的同时最大限度地获取收益，以达到最优资源配置的目的。风险分散主要指企业通过多元化经营、多方投资、多方筹资、外汇资产多元化、吸引多方供应商、争取多方客户等措施分散相应的风险。例如，从概率统计原理来看，经营多种产业或多种产品，在时间、空间、利润等

因素上相互补充抵消，故多元化经营能分散风险。但多元化并不是万能的，如果企业不切实际地涉及过多项目，主业不突出，不仅不能分散风险，反而会使企业遭受灭顶之灾。

（4）转移风险的策略。财务风险转移策略是指将风险性财务事项通过某种方式转移给其他经济实体或个人，从而消除或减少财务风险损失。转移风险的策略主要有以下两种：

（1）保险转移法。保险转移即企业就某项风险向保险公司投保，交纳保险费，将其固有的或可能造成的损失用小额的保险费用固定下来，补偿因不测事件造成的意外损失，实现财务风险的转移。例如企业财产险、职工人身安全险、车船险等，可以通过投保方式转嫁给保险公司。

（2）非保险转移法。非保险转移法是指企业采取签订远期合同、开展期货交易、转包等方式，将某种特定的风险转移给专门机构或部门，如将产品或一些有特色的业务转包给具有丰富经验、拥有专门人员和设备的专业公司去完成等。这些风险转移方式的特点是通过契约关系或免责规定来转移风险，不必支付保险费、控制费，只要正确运用各种法律知识、合同条款、谈判技巧等手段签好合同即可。其局限性是通过契约和合同只能转移部分风险，当被转移方无法承担所转移的损失时，转移方就得补偿已转移的损失。

上述财务风险管理策略各具特点和适用条件，企业的风险管理者应根据实际情况结合运用。

四、风险评估与收益分析

风险可以理解为在一定条件下可测定概率的不确定性。因此，可利用概率论的方法，按未来预期收益的平均偏离度来估量某项投资的风险。

1. 概率分布与预期收益

一个事件的概率是指该事件的某种后果可能发生的机会。例如，企业某项投资收益率15%的概率为0.5，意味着企业获得15%的投资收益率的机会（可能性）有五成（50%）。如果把一个事件所有可能的结果（如不同的投资收益率）都列出来，对每一结果给予一定的概率（概率之和为1.0），便构成概率分布。概率分布分为离散型和连续型两种。

（1）离散型预期报酬。离散型是一种不连续的概率分布，概率分布在几个特定的随机变量点上，概率分布图形成几条个别的直线，如图7－1为某公司证券投资项目报酬概率分布图。

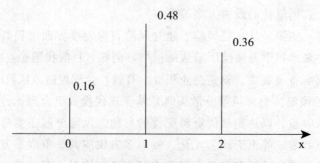

图7－1　某公司证券投资项目报酬概率分布

（2）连续型预期收益。事实上经济周期是逐渐地、连续地从繁荣时期转化为衰退时期，再由衰退时期转化为繁荣时期，因此，经济状况在极度繁荣和极度衰退之间有无数种可能情况的出现，而不只是繁荣、正常和衰退三种情况。如果对每一种可能的结果给予相当的概率（总和仍为 1.0），并且在每一种情况下对两种证券都测定一个收益率，然后再进行类似的计算，则各种概率及其结果为连续型分布。一般来说，概率分布越集中，概率曲线的分布越高，实际投资报酬偏离预期报酬的可能性就越小，其投资风险也就越小。图 7 - 2 标明，B 证券比 A 证券投资风险要小得多。因此，对有风险的投资项目，不仅要分析其预期收益率的高低，而且要研究其风险程度大小。

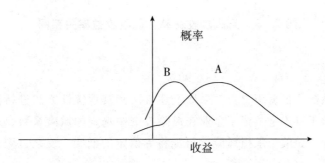

图 7 - 2　证券投资风险比较

2. 风险的衡量

精确计算风险很困难，但是根据连续概率分布图所标明的风险与概率分布的内在联系，可以用标准离差（σ）来衡量。标准离差越小，概率分布越集中，投资风险程度也越低，反之，投资风险程度也越高。标准离差的定义为：

$$\sigma = \sqrt{\sum_{i=1}^{n} P_i (X_i - \overline{X})^2}$$

3. 风险收益分析

风险收益一般是指企业投资收益中超过资金时间价值（不发生通货膨胀的条件下）的收益部分。因此，投资收益类包括无风险收益率和风险收益率（不考虑通货膨胀因素）两部分，而风险收益率高低与风险程度成正比。它们之间的关系如下列线性公式所示：

$$K = K_0 + K_R = K_0 + bV$$

式中：K 表示投资收益率；K_0 表示无风险收益率；K_R 表示风险收益率；b 表示风险价值系数；V 标识标准离差率。公式中各个因素的关系如图 7 - 3 所示。

风险收益率（bV）是与风险程度呈正比例变化的一条斜线，其斜率为风险价值系数（b）。根据公式 $K = K_0 + bV$，风险价值系数（b）的计算公式为：

$$b = \frac{K - K_0}{V}$$

例如，某企业拟进行某项投资，根据经验数据，该类投资项目包含风险投资收益率一般为 18%，其收益的标准离差率为 90%，无风险收益率为 8%，则该项的风险价值系数为：

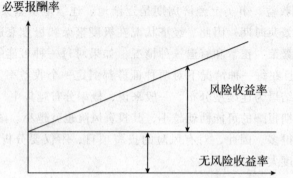

图 7-3　无风险收益率、风险收益率关系图

$$b = \frac{18\% - 8\%}{90\%} = 11\%$$

以上风险价值系数除根据历史资料采取上述方法和其他统计方法进行测算之外，还可以组织有关专家凭经验予以确定、至于企业在风险投资中选定的风险系数，在很大程度上取决于企业对风险的态度，如敢于承担风险，可能将 b 值定的低些；反之，则常常把 b 值定得高一些。

案例：雷曼兄弟破产对企业财务管理目标选择的启示

2008 年 9 月 15 日，拥有 158 年悠久历史的美国第四大投资银行—雷曼兄弟（Lehman Brothers）公司正式申请依据以重建为前提的美国联邦破产法第 11 章所规定的程序破产，即所谓破产保护。雷曼兄弟公司作为曾经在美国金融界中叱咤风云的巨人，在此次爆发的金融危机中也无奈破产，这不仅与过度的金融创新和乏力的金融监管等外部环境有关，也与雷曼公司本身的财务管理目标有着某种内在的联系。

1. 雷曼兄弟破产的内在原因：股东财富最大化

股东财富最大化是通过财务上的合理经营，为股东带来最多的财富。当雷曼兄弟公司选择股东财富最大化为其财务管理目标之后，公司迅速从一个名不见经传的小店发展成闻名于世界的华尔街金融巨头，但同时，由于股东财富最大化的财务管理目标利益主体单一（仅强调了股东的利益）、适用范围狭窄（仅适用于上市公司）、目标导向错位（仅关注现实的股价）等原因，雷曼兄弟最终也无法在此次百年一遇的金融危机中幸免于难。股东财富最大化对于雷曼兄弟公司来说，颇有成也萧何、败也萧何的意味。

股东财富最大化过度追求利润而忽视经营风险控制是雷曼兄弟破产的直接原因。

在利润最大化的财务管理目标指引之下，雷曼兄弟公司开始转型经营美国当时最有利可图的大宗商品期货交易，其后，公司又开始涉足股票承销、证券交易、金融投资等业务。1899 年至 1906 年，雷曼兄弟公司从一个金融门外汉成长为纽约当时最有影响力的股票承销商之一。其每一次业务转型都是资本追逐利润的结果，然而，由于公司在过度追求利润的同时忽视了对经营风险的控制，从而最终为其破产埋下了伏笔。雷曼兄弟公司破产的原因，从表面上看是美国过度的金融创新和乏力的金融监管所导致的全球性的金融危机，但从实质上看，则是由于公司一味地追求股东财富最大化，而忽视了对经营风险进行有效控制的结果。对合成 CDO（担保债务凭证）和 CDS（信用违约互换）市场的深度参与，而忽视了 CDS 市场相当于 4 倍美国 GDP 的巨大风险，是雷曼轰然倒塌的直接原因。

2. 启示

（1）关于财务管理目标的重要性。企业财务管理目标是企业从事财务管理活动的根本指导，是企业财务管理活动所要达到的根本目的，是企业财务管理活动的出发点和归宿。财务管理目标决定了企业建立什么样的财务管理组织、遵循什么样的财务管理原则，运用什么样的财务管理方法和建立什么样的财务指标体系。财务管理目标是财务决策的基本准则，每一项财务管理活动都是为了实现财务管理的目标，因此，无论从理论意义还是从实践需要的角度看，制定并选择合适的财务管理目标是十分重要的。

（2）关于财务管理目标的制定原则。雷曼兄弟破产给我们的第二个启示是，企业在制定财务管理目标时，需遵循如下原则：①价值导向和风险控制原则。财务管理目标首先必须激发企业创造更多的利润和价值，但同时也必须时刻提醒经营者要控制经营风险。②兼顾更多利益相关者的利益而不偏袒少数人利益的原则。企业是一个多方利益相关者利益的载体，财务管理的过程就是一个协调各方利益关系的过程，而不是激发矛盾的过程。③兼顾适宜性和普遍性原则。既要考虑财务管理目标的可操作性，又要考虑财务管理目标的适用范围。④绝对稳定和相对变化原则。财务管理目标既要保持绝对的稳定，以便制定企业的长期发展战略，同时又要考虑对目标的及时调整，以适应环境的变化。

（3）关于财务管理目标选择的启示。无论是雷曼兄弟公司奉行的股东财富最大化，还是其他的财务管理目标，如产值最大化、利润最大化、企业价值最大化，甚至包括非主流财务管理目标——相关者利益最大化，都在存在诸多优点的同时，也存在一些自身无法克服的缺点。因此，在选择财务管理目标时，可以同时选择两个以上的目标，以便克服各目标的不足，在确定具体选择哪几个组合财务管理目标时可遵循以下原则：①组合后的财务管理目标必须有利于企业提高经济效益；有利于企业提高"三个能力"（营运能力、偿债能力和盈利能力）；有利于维护社会的整体利益。②组合后的财务管理目标之间必须要有主次之分，以便克服各财务管理目标之间的矛盾和冲突。

小　结

财务管理是企业经营过程中不可缺少的内容，财务成本的控制和管理是保证企业以较低的成本获得较高的利润的基础性活动。企业的财务管理内容包括投资、预算、利润分配等多方便的内容。

本章主要以从事全球运营活动的外贸企业为研究对象，介绍其在参与全球运营活动过程中遇到并需要解决的相关财务管理活动。包括应收与预付业务，外币核算业务及财务风险管理等活动。通过本章的学习，可以对从事全球运营活动的外贸企业相关财务管理活动的内容、

特点等进行了解，掌握从事全球运营业务的外贸企业在运营活动中在财务管理方面应具备的能力、注意的事项及相应的解决方案。同时了解在新形势下企业财务管理活动的新内容、新发展。

思 考 题

1. 财务管理在企业运营中的重要作用是什么？地位如何？

2. 参与全球运营业务的跨国公司在财务管理方面存在哪些特殊性？

3. 参与全球运营业务的跨国公司在财务管理方面应具备哪些能力并处理哪些业务？

4. 与普通公司相比，参与全球运营业务的跨国公司在外币业务中应应对哪些状况？

5. 与普通公司相比，参与全球运营业务的跨国公司在开展全球性经营中存在哪些特殊的财务风险？

6. 与普通公司相比，参与全球运营业务的跨国公司应采取怎样的措施来应对自身的财务风险？

7. 除本章所述内容之外，参与全球运营业务的跨国公司在财务管理活动中还应重视哪些方面的内容？

8. 通过相关媒体和报道，可以了解许多知名的跨国企业因内部财务问题而面临破产或已经倒闭，请思考因财务状况而出现的企业危机出现的原因、特征、状况，并分析相应的规避和解决方案。

9. 作为一名全球运营公司的CFO（首席财务官），应该如何有效地实现本企业的财务成本管理，从而实现企业自身的利益最大化？在财务运营中应注重哪些具体的管理？

参考文献

[1] 毛付根，林涛. 跨国公司财务管理（第2版）. 大连：东北财经大学出版社，2008

[2] 徐兴恩. 新编外贸会计学. 北京：北京经济学院出版社，1995.

[3] 傅自应. 外贸企业会计学（第三版）北京：中国财政经济出版社，2002.

[4] 彭玉书等. 国际结算与外贸会计. 北京：中国青年出版社，1993.

[5] 孔刘柳，张青龙等. 外汇管理理论与实务. 上海：上海人民出版社，2008.

[6] 卡伦·A. 霍契著. 财务风险管理最佳实务. 孙庆红译. 北京：经济科学出版社，2006.

第八章 预测模型

第一节 引 言

预测是人们从过去和现在已知的情况出发，通过对客观事物发展规律的认识，推断出未来的结果的过程。也就是根据得到的有关市场经济活动的各种信息资料，运用一定的方法和数学模型，为一定时期市场对产品或服务的需求量及变化趋势进行推断，从而避免可能产生的错误或失误，为企业研究和制订计划目标和经营决策提供客观依据的活动。

预测在企业生产经营活动中起着十分重要的作用。企业进行经营决策的重要前提条件，就是必须掌握和做出市场环境及发展变化趋势的预测，以保证企业在经营中提高自觉性和克服盲目性；其次，企业制订经营计划，也必须对运营活动进行必要的预测；最后预测可以使企业更好地满足市场需求，提高企业的竞争能力、应变能力，取得好的经济效益。

【学习要点】

1. 了解预测的基本概念和常见的预测方法。

2. 了解和基本掌握常用的预测数学模型，并能在实际预测过程中加以应用。

第二节 预 测 概 述

一、预测基本概念

1. 预测定义

预测，就是对未发生或目前还不确定的事物进行预先的估计和推断，是对事物的未来发展预先进行多种方案的设计和研究。科学的预测是建立在客观事物发展变化规律基础之上的科学推断。预测过程大致如图 8 - 1 所示：

2. 预测的基础和要素

预测理论与众多学科有密切的联系，而且预测对象范围也非常广泛，它建立在众多学科的基础上。运用社会历史发展规律，对社会因素的异同进行具体分析，是预测可行的必要条件。进行预测必不可少的条件还必须包括信息。通过对情报资料的运用和情报信息的收集、筛选，能使预测达到定性和定量的统一。数学模型的运用使预测变得科学、可行。数学模型的完善程度，直接关系着预测的准确度。

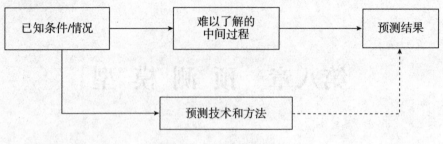

图 8 - 1　预测过程

　　预测包括四大要素：预测人、预测依据、预测方法和预测结果的判断准则。预测人是预测活动的主体；预测依据是指人的经验、知识及所收集到的情报资料，它们与预测质量密切相关；预测方法是进行预测的手段，方法本身是否科学、选择是否恰当，都直接影响到预测的准确度；对预测结果的评判是非常重要的，只有进行实质性的分析，才有可能达到预测最终的目的。

二、预测方法概述

　　根据预测研究对象的不同，预测有不同的分类方法。根据预测的范围，可以将预测分为宏观预测和微观预测。按时间或区间长短划分，预测可分为近期预测（1 年内）、短期预测（1~2 年）、中期预测（2~5 年）和长期预测（5 年以上）。按预测的方法分类，可以将预测分为定性预测和定量预测。

1. 定性预测法

　　定性预测法主要使用经验判断进行预测。该方法利用直观材料，依靠预测者的个人经验、理论知识、分析判断能力，对预测对象的未来发展做出推断。定性预测法简单，相对定量预测法而言所需数据少，因此适应性强，且能考虑无法定量化的因素，能在一定程度上弥补定量分析法的不足。

　　满足以下条件，即可采用定性预测法：①预测变量的相关信息模糊、主观、无法量化；②无法获取预测变量的历史数据或只能获取少量历史数据；③与当前预测相关程度低。定性预测的方法较多，主要有德尔菲法、市场调查预测法、主观概率法、领先指标法等。

2. 定量预测

　　定量预测方法主要包括时间序列法和因果法。当我们仅仅知道想要预测变量的历史值，并利用该历史值来预测变量未来的趋势，这种预测方法就是时间序列法。时间序列法包括平滑法（移动平均法、加权移动平均法、指数平滑法）、趋势投影法、季节影响调整趋势投影法。因果预测法则是利用想要预测的变量与其他一个或多个变量之间存在的因果关系，依据因果关系的规律性进行预测的一种方法。例如，回归分析法就是一种因果预测方法。

　　使用定量预测方法进行预测必须满足以下条件：①必须要有想要预测的变量的历史信息；②上述历史信息可以量化；③可以合理假设过去的模式将持续到未来。

　　如果满足上述条件，就可以采用因果法或时间序列法进行预测。

预测模型是建立在预测方法的基础上，各种预测方法及相互间的联系如图8-2所示。

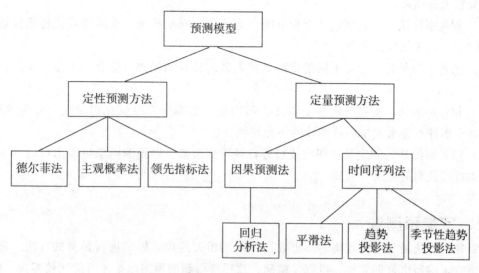

图 8 - 2　预测方法分类

三、定性预测法

定性预测是预测者根据个人所掌握的知识、经验、分析判断能力，对已获得的历史数据进行分析和判断，推导出事物的未来发展，并通过综合各方面意见，作为预测未来的主要依据。

定性预测主要是在相关信息模糊、主观、无法量化、甚至无法获取历史数据的情况下，依据人的主观经验和分析判断能力，是对事物发展的性质进行预测，具有较大的灵活性，且操作简单、费用低。常用的定性预测的方法有：德尔菲法、主观概率法、领先指标法、销售人员估计法、相互影响法、情景预测法等。

（1）德尔菲法。德尔菲法（也称专家调查预测法）根据有专业知识的人的直接经验，对研究的问题进行判断、预测的一种方法。德尔菲法具有反馈性、匿名性、统计性等特点，不受地区、人员的限制，应用广泛、费用低廉。德尔菲法主观性较强，预测结果取决于专家的学识、经验、心理状态和对预测问题感兴趣的程度，所以选择的专家是否合适对德尔菲法预测的结果影响非常大。

德尔菲法的预测过程如下：①确定预测目标，成立预测小组，准备预测问题的背景材料；②选择合适的专家、专业人员；③专家对预测事物的未来发展进行预测，并说明理由和依据，向主持预测的单位提交书面材料；④预测小组对专家的预测意见进行归纳整理；⑤重复步骤（3）。

上述过程可以多次重复，直到多数人的预测结果比较一致为止，再对预测结果进行集中整理，得到切实可靠的预测结果。

（2）主观概率法。人们凭借经验或预感，估算出事物的发生概率就是主观概率法。主观

概率法的预测步骤如下：①准备预测事物的背景资料；②编制主观概率调查表；③获取调查数据，分析调查结果。

（3）领先指标法。首先将经济指标分为领先指标、同步指标、滞后指标，再依据这三类指标之间的关系进行分析预测。

（4）销售人员估计法。对不同的市场销售人员的估计结果进行综合、汇总，作为预测结果值。

（5）相互影响法。通过分析各个事件之间因相互影响而发生变化以及变化发生的概率，来预测各个事件在将来发生的可能性的一种预测方法。

（6）情景预测法。假定某种现象或趋势将持续到未来，对预测对象可能出现的情况或引起的后果进行预测的方法。

四、定量预测法

定量预测方法是利用所收集的历史数据，采用相关的数学模型进行预测的方法。定量预测要求所收集的历史数据完整、可靠、精确，这样所得到的预测结果才可能比较客观、精确，不足之处在于，定量预测难以考虑非定量因素的影响。定量预测方法可分为因果关系预测和时间序列预测。常见的回归分析就属于因果关系预测方法；时间序列预测方法包括移动平均、加权移动平均、指数平滑法等。

1. 回归分析预测法

在时间序列中，我们把时间序列的时期值 t 称为自变量，而把要预测的时间序列值 X_t 称为因变量。回归分析就是研究某个因变量（随机变量）与其他一个或多个自变量（变量）之间的关系。只含一个自变量和一个因变量的回归分析叫做一元回归分析；含有多个自变量的回归分析就是多元回归分析。在回归分析中，若自变量和因变量的次数都是一次，则称线性回归，否则称为非线性回归。

正确判断两个变量之间的相互关系，选择预测目标的主要影响因素作为自变量，对回归分析预测结果非常重要。

回归分析法的步骤如下：①分析历史数据，找出变量之间的因果关系，确定预测目标、自变量、因变量；②根据变量之间的因果关系，选择合适的数学模型，建立预测模型；③对预测模型进行检验，估算误差，确定预测值。

2. 时间序列预测法

回归模型预测法因在实际情况中难以找到影响预测目标的主要因素，而无法进行准确的预测，时间序列平滑预测法可弥补其不足。时间序列预测法，是将预测变量的历史数据按照时间顺序排成时间序列，分析其随时间变化的趋势，推断出预测目标的未来值。时间序列法中，预测变量的历史值在时间上存在着规则或不规则的变化关系，并对未来预测结果起决定性的作用，这种测量数据在时间上的变化关系就称为时间序列的因素，它包括趋势、周期、季节和不规则因素四种。

时间序列的数据可以是任何等间隔的时间采集，即使这些数据具有随意的波动性，但在较长时间段内,这些数据会相对平滑地逐渐变大或变小。时间序列长时间、逐渐的变化就称为趋势投影。在特别时间段内,时间序列数据可能会受到季节性因素的影响,而与趋势数据不同,这种变化规律可以通过季节指数来表示。

当时间序列数据受到某种周期因素的影响后,还可能发生周期性变化。有时,时间序列还受到其他不规则因素影响,出现随机的变化,从而造成时间序列的短期性、不可预测性和非线性。因此,时间序列预测法可分为确定性时间序列预测法和随机时间序列预测法。

确定性时间预测法常用的方法有移动平均法、指数平滑法、差分指数平滑法、自适应过滤法、直线模型预测法、多项式模型预测法、指数曲线模型预测法、修正指数曲线模型预测法、成长曲线预测模型和季节变动预测法。随机时间序列预测法是通过时间序列模型来预测的方法。

第三节 常用预测数学模型

一、多项式预测模型

时间序列是指一组按时间位序排列的数据,常用的方法有移动平均法、指数平均法和季节指数法等。最小二乘法是时间序列数据分析的最基本的方法,由相同原理可推导出不同的预测计算方法,这些方法可以针对不同情况加以应用。但由于这些方法缺少具体的因果分析,所以适用于中、短期预测,用于长期预测可信度较差。

1. 最小二乘法

最小二乘法是时间序列数据分析的最基本的方法。假设对应时间 t,有函数 $x(t)$ 与之对应,而 $x(t)$ 可以用一个 m 次多项式近似描述。另外,假设有 n 个观测数据 x_1,x_2,x_3,$\cdots$,x_n,建立数学模型如下:

$$x_j = x(t_j) + e_j \tag{1}$$

其中,$x(t_j) = a_0 + a_1 t_j + a_2 t_j^2 + \cdots + a_m t_j^m$,$(j=1, 2, \cdots, n)$ (2)

x_j 是 t_j 点的观测值;$x(t_j)$ 是函数在 t_j 点的取值,这里用多项式近似表示(忽略截断误差);e_j 是随机误差,也称残差。

随机误差 e_j 服从正态分布,其均值为 0,样本方差为 σ^2,即符合条件

$$e_j \sim N(0, \sigma^2) \quad (j=1, 2, \cdots, n) \tag{3}$$

现来确定多项式系数,由(1)式可得

$$e_j = x_j - x(t_j) = x_j - (a_0 + a_1 t_j + a_2 t_j^2 + \cdots + a_m t_j^m) \quad (j=1, 2, \cdots, n) \tag{4}$$

残差平方和为:$Q = \sum_{j=1}^n e_j^2 = \sum_{j=1}^n (x_j - a_0 - a_1 t_j - a_2 t_j^2 - \cdots - a_m t_j^m)^2$ (5)

要确定多项式系数,使残差平方和达到最小,可按极值定理,解以下正规方程组:

$$\begin{cases} \dfrac{\delta Q}{\delta a_0} = 0 \\ \dfrac{\delta Q}{\delta a_1} = 0 \\ \cdots \\ \dfrac{\delta Q}{\delta a_m} = 0 \end{cases} \tag{6}$$

经整理得：

$$\begin{cases} na_0 + \sum t_j a_1 + \cdots + \sum t_j^m a_m = \sum x_j \\ \sum t_j a_0 + \sum t_j^2 a_1 + \cdots + \sum t_j^{m+1} a_m = \sum t_j x_j \\ \cdots \\ \sum t_j^n a_0 + \sum t_j^{n+1} a_1 + \cdots + \sum t_j^{m+n} a_m = \sum t_j^n x_j \end{cases} \tag{7}$$

上式是一个关于 a_0，a_1，a_2，$\cdots$，a_m 的线型方程组，可用多种方法和软件工具进行求解。把解出的系数值代入式（2），便得出拟合多项式曲线。评价曲线与观测值的拟合程度，可以用样本方差的估计值 S 来衡量，S 可用以下（8）式求出。

$$S^2 = \frac{1}{n} Q \tag{8}$$

例：某地 2003 年到 2010 年某类商品年销售量如表 8 - 1 所示，为了对今后该地区该商品的年销售量进行预测，试做出拟合曲线。

表 8 - 1 　　　　　　　　某地某类商品年销售量的历史数据　　　　　　　（单位：百件）

时间	2003	2004	2005	2006	2007	2008	2009	2010
观测值	214	223	227	238	248	253	265	276
拟合值	212.5	221.21	229.93	238.64	247.36	256.07	264.79	273.50
残差	- 1.5	- 1.79	2.93	0.64	- 0.64	3.07	- 0.21	- 2.50

解：首先以时间 t 为横坐标，某类商品年销售量为纵坐标，在坐标空间标出已有数据的点，通过分析得知，可用直线或多项式曲线逼近，这里用 1 次多项式拟合观测数据。

$$x_j = a + bt_j + e_j \quad (j = 1, 2, \cdots, 8) \tag{9}$$

其中，e_j 是观测误差，并假设 e_j 满足条件式（3），然后用最小二乘法来求解与观测数据点相拟合的直线方程：

$$x = a + bt \tag{10}$$

这里只要求出系数 a 和 b 的估计值，使残差平方和达到最小即可。由式（9）解出 e_j，得

$$e_j = x_j - (a + bt) \tag{11}$$

残差平方和为：

$$Q = e_1^2 + e_2^2 + \cdots + e_8^2 = \sum \left[x_j - (a + bt_j) \right]^2 \tag{12}$$

对应正规方程组为

$$\begin{cases} na + b\sum t_j = \sum x_j \\ a\sum t_j + b\sum t_j^2 = \sum t_j x_j \end{cases} \tag{13}$$

这里 $n = 8$。

求解上述方程得

$$a = 203.7865$$
$$b = 8.7143$$

代入式（10），得到最优拟合直线表达式为

$$x = 203.7865 + 8.7143t \tag{14}$$

残差平方和为

$$Q = e_1^2 + e_2^2 + \cdots + e_8^2$$

样本差

$$S = 1.9418$$

曲线与观测数据之间的拟合程度，可以用标准差来衡量，也可以以一个"相关系数"衡量，它是衡量两组数据（时间数据与对应的观测数据）的相关程度。设 $\overline{X}$ 表示观测值的平均数，相关系数为

$$r = \sqrt{\frac{\sum [X_j - X(t_j)]^2}{\sum (X_j - \overline{X})^2}} \tag{15}$$

为了预测，必须要有观测数据，然而观测数据中可能有不合理的数据（即"野值"），它将影响预测的精度，为此必须进行数据合理性检验。简单的检验方法是直观检验，即在上图中，用手工做一条拟合曲线，若发现偏差绝对值太大的观测值即认为是"野值"，当然也有更正规的检验方法。处理"野值"的办法有很多，比如，直接去掉野值；用拟合值代替"野值"；用相邻的两个数据加权平均等。

2. 多项式预测模型

（1）预测模型。对应于时间 t_0，t_1，$\cdots$，t_n，有一组数值 $x(t_0)$，$x(t_1)$，$\cdots$，$x(t_n)$，即 $x = x(t)$ 是时间 t 的函数，假定 $x = x(t)$ 可以用一个 m 次多项式来描述，即有

$$x(t) = a_0 + a_1 x(t - t_{n+r}) + \cdots + a_m(t - t_{n+r})^m \tag{16}$$

且对应于 t_0，t_1，$\cdots$，t_n 时刻，有一组实际观测数据 x_0，x_1，$\cdots$，x_n，试求 t_{n+1} 时刻的最佳估计值。这里 r 为整数，当 $r > 0$ 时，估计值就是预测值，当 $r \leqslant 0$ 时，估计值就是经滤波的平滑值。假定观测数据对应的时间间隔相等，即

$$t_j = t_0 + jh \quad (j = 1, 2, \cdots, n) \tag{17}$$

其中，h 为时间间隔。

另外，假定 $e_j = x_j - x(t_j)$ 是服从正态分布的随机误差，根据最小二乘法原理和正规多项式可以导出，对应于 t_{j+r} 时刻的最佳估计值可表示为：

$$\overline{X}(t_{n+r}) = \sum_{k=0}^{n} w_k X_k \tag{18}$$

其中，w_0，w_1，$\cdots$，w_n 为预报权系数，它与采样点数 $n+1$、拟合多项式次数 m、预报点数 r 有关。

（2）权系数的计算公式。利用正交多项式可以推导出权系数的表达式。

（3）举例。通过解正规方程组，得出拟合多项式系数，从而求出多项式的表达式。再把预测时间 t 代入表达式，便可求出预测值。还是以最小二乘法中的某地某类商品年销售量的例子为例，如果要预测 2011 年该商品年销售量，可把 $t_9 = 9$ 代入式（14）便可求出一次多项式拟合的预测值：

$$x（t_9）= 203.7857 + 8.7148 \times 9 = 282.21$$

样本差：$S = 1.9548$

同理，可求出二次多项式拟合的预测值：

$$x（t_9）= 208.0714 + 6.1428 \times 9 + 0.2857 \times 9^2 = 286.50$$

样本差：$S = 1.4516$

二、指数预测模型

指数曲线多适用于表示动植物幼年时期的生长情况，耐用消费品初期的普及率，处于增长初期的人口数量，社会经济增长率等。此类问题用指数曲线进行拟合比较合适。

（1）预测模型。指数曲线的一般表达式为：

$$x（t）= ae^{bt} \qquad (1)$$

（2）求解方法。指数模型的求解可分两步进行，先把它转换成多项式，然后再用多项式模型的求解方法求解。对式（1）两边取对数得

$$\lg x（t）= \lg a + bt \qquad (2)$$

再设

$$y（t）= \lg x（t）$$
$$A = \lg a,$$

则式（2）变为

$$y（t）= A + bt \qquad (3)$$

这是一个 1 次多项式（直线）方程，可用最小二乘法求出系数 A 和 b 的估计值，再利用直线方程进行预测计算。还有一种被称为修正指数曲线的模型，如下

$$x（t）= m + ae^{bt} \qquad (4)$$

式（4）还可改写为

$$x（t）- m = ae^{bt} \qquad (5)$$

其中，m 值需要使用迭代法求解，求解过程比较复杂。

三、非时间序列数据的回归预测模型

无论是多项式预测模型还是指数预测模型，都假设所研究的变量可表达成时间的函数，然而，在许多实际问题中，所研究的变量不能表达成时间的函数。对此类问题，要采用其他

预测模型。这种模型大致分两类：①从时间系列数据中取出部分连续数据，分析它们之间的关系，进而找出预测所用的随机过程模型；②对应时间系列，有多个变量的观测值，研究多个变量之间的关系进而找出预测所用的模型。

1. 线性回归模型

（1）预测模型。设变量 y 可表示成变量 x_1，x_2，$\cdots$，x_m 的线性组合，即

$$y = y(x_1, x_2, \cdots, x_m) = a_0 + a_1x_1 + a_2x_2 + \cdots + a_mx_m \tag{1}$$

对应于时间 t_1，t_2，$\cdots$，t_m，上述变量各有一组观测值

$$
\begin{aligned}
&Z_1, Z_2, \cdots, Z_m \\
&x_{11}, x_{12}, \cdots, x_{1n} \\
&x_{21}, x_{22}, \cdots, x_{2n} \\
&\cdots \\
&x_{m1}, x_{m2}, \cdots, x_{mn}
\end{aligned}
\tag{2}
$$

考虑观测时的残差 e_j，有模型

$$y_j = y(x_{j1}, x_{j2}, \cdots, x_{jm}) + e_j = a_0 + a_1x_{1j} + a_2x_{2j} + \cdots + a_mx_{mj} + e_j \quad (j = 1, 2, \cdots, n) \tag{3}$$

式（2）中 Z_j 表示观测值，y_j 表示拟合值。考虑残差平方和

$$Q = \sum[Z_j - y_j]^2 = \sum[Z_j - (a_0 + a_1x_{1j} + a_2x_{2j} + \cdots + a_mx_{mj})]^2 \tag{4}$$

应用最小二乘法，求系数 a_0，a_1，a_2，$\cdots$，a_m 的估计值，使残差平方和达到最小，可用式（4）对各系数求偏导数，并令其为 0，经整理得到如下正规方程组：

$$
\begin{cases}
na_0 + (\sum x_{1j})a_1 + \cdots + (\sum x_{mj})a_m = \sum Z_j \\
(\sum x_{1j})a_0 + (\sum X_{1j}^2)a_1 + \cdots + (\sum x_{1j}x_{mj})a_m = \sum x_{1j}Z_j \\
\cdots \\
(\sum x_{mj})a_0 + (\sum x_{mj}x_{1j})a_1 + \cdots + (\sum x_{mj}^2)a_m = \sum x_{mj}Z_j
\end{cases}
\tag{5}
$$

从中解出系数 a_0，a_1，a_2，$\cdots$，a_m，代入式（1），可得拟合表达式。给出任意一组自变量 x_1，x_2，$\cdots$，x_m，应用拟合表达式便可求出对应的因变量的预测值。

拟合精度可由式（4）算出。这里引入一个参数：相关系数 r，其值为

$$r = \sqrt{\frac{\sum(Z_j - y_j)^2}{\sum(Z_j - \sum\frac{Z_j}{n})^2}} \tag{6}$$

当 r 越接近 1 时，表示预测精度越高，反之，当 r 越接近 0 时，表示预测精度越低。同时，也说明变量之间的相关度。

2. 一元线性回归方程预测

假设两个变量 x 和 y 之间是线性关系，可表达为

$$y = a + bx \tag{7}$$

对于观测数据，要考虑随机误差，其关系式为

$$y_j = a + bx_j + e_j \tag{8}$$

其正规方程组为

$$\begin{cases} na + (\sum x_j)b = \sum y_j \\ (\sum x_j)a + (\sum x_j^2)b = \sum x_j y_j \end{cases} \qquad (9)$$

采用与前面多项式拟合一样的方法，可计算出式（8）的系数 a 和 b，然后就可以计算出预测值，并计算出 r 的值，来判断预测值的精度。不同的只是 x_j 的数值一般不等间隔，也不一定是按递增顺序排列。

3. 二元线性回归方程预测

二元回归方程与一元回归方程的区别在于，二元回归方程有两个自变量 x_1 和 x_2，因变量为 y，则回归方程为

$$y_1 = a + bx_{1j} + cx_{2j} + ej \qquad (10)$$

正规方程组为

$$\begin{cases} na + (\sum x_{1j})b + (\sum x_{2j})c = \sum Z_j \\ (\sum x_{1j})a + (\sum x_{2j}^2)b + (\sum x_{1j}x_{2j})c = \sum x_{1j}Z_j \\ (\sum x_{2j})a + (\sum x_{2j}x_{1j})b + (\sum x_{2j}^2)c = \sum x_{2j}Z_j \end{cases} \qquad (11)$$

同样采用前面的方法可求解出系数 a、b、c。代入式（10），可求出预测值，并通过计算 r 的值检验所计算出的预测值的合理性及变量之间的相关度。

四、移动平均法

在实际问题中，当观测数据波动较大，很难找出一条理想的曲线进行拟合时，可采用移动平均线来描述变量的变化趋势。移动平均法只用最后一组数据来预测未来值，非常容易操作；但选择数据值的数目 n，与预测结果的精度关系非常大，且认为每个数据对预测值的贡献是相同的，因此，移动平均法不可避免存在一定的误差。

1. 移动平均线外推预测

移动平均线是从一系列的时间系列数据中，取出最近一段数据值，求出其平均值，按照时间顺序把逐个平均值的点连接起来，就构成移动平均线。对应时间 t_1，t_2，…，t_n 有观测值 x_1，x_2，…，x_n 移动平均值 y_j 用表示，即

$$y_j = (x_j + x_{j-1} + \cdots + x_{j-k+1})/k \qquad (1)$$

例：对于表 8 - 2 中的数据，可求出 $k = 5$ 点的移动平均值，这些平均值描绘在坐标上，就构成移动平均线。

相比较观测数据连线而言，移动平均线会显得平滑一些，所反映的趋势更加清晰。利用移动平均线可作变化趋势预测，也可以做定量预测。移动平均线外推预测是一种简单的定量方法，基本过程是利用平滑后的数据进行外推，然后用倾向值修正。这里的平滑数据是指移动平均值，它在一定程度上降低了随机波动的影响。移动平均值外推公式为：

$$\overline{Y}_{n+1} = \omega_1 y_{n-k} + \omega_2 y_{n-k+1} + \cdots + \omega_{k-1} y_{n-1} + \omega_k y_n \qquad (2)$$

时间序号	1	2	3	4	5	6	7	8	9	10	11
交易价格	8.88	9.10	8.60	8.78	8.55	8.90	9.00	8.90	8.60	8.56	8.44
5 日均值	—	—	—	—	8.78	8.79	8.77	8.83	8.79	8.79	8.70
10 日均值	—	—	—	—	—	—	—	—	—	8.79	8.74

表 8 – 2　　　　　　　某商品逐日价格表及 5 日、10 日移动平均值

其中，y_n，y_{n-1}，$\cdots$，y_{n-k} 是移动平均值，由式（1）计算出；ω_1，ω_2，$\cdots$，ω_k 是预报权系数，利用权系数计算公式，可计算出；由式（1）可推出修正公式：

$$\overline{X}_{n+1} ky_{n+1} - (x_n + x_{n-1} + \cdots + x_{n-k+1}) \tag{3}$$

2. 加权移动平均法

加权移动平均法是移动平均法的改进，它根据 n 个最近数据的不同位置，赋予不同的权重。所以也可以把移动平均法看做是加权移动平均法的一个特例。一般情况下，在加权移动平均法中，越近的数据赋予的权数越大。

加权移动平均法也比较简单，只用最后一组数据来预测未来的值；与移动平均法类似，加权移动平均法选择数据值的数目 n 与预测结果的精度关系非常大 ，但每个数据对预测数据的贡献与权值大小密切相关。

加权移动平均法把观测值作为以前的时间序列数据的函数来计算，这种模型被称为随机过程模型。对应于时间 t_1，t_2，$\cdots$，t_n 有观测值 x_1，x_2，$\cdots$，x_n，其随机过程模型为：

$$x_{k+1} = a_1 x_1 + a_2 x_2 + \cdots + a_k x_k + e_k \tag{4}$$

这里再介绍线性连锁法（维纳法），其模型为

$$x_{j+1} ax_j + bx_{j-1} + e_j$$

以 y_j 表示 t_j 时刻的预测值，计算公式为

$$y_{j+1} = ax_j + bx_{j-1} \tag{5}$$

把 $j = 2$，3，$\cdots$，n 对应的数据代入式（4），则有

$$x_3 = ax_2 + bx_1 + e_3$$
$$x_4 = ax_3 + bx_2 + e_4$$
$$\cdots \tag{6}$$
$$x_n = ax_{n-1} + bx_{n-2} + e_n$$

根据式（6），选择使 $\sum e_j^2$ 为最小的 a 和 b 值，可解正规方程组

$$\left(\sum x_{j-1}^2\right) a + \left(\sum x_{j-1} x_{j-2}\right) b = \sum x_j x_{j-1}$$
$$\left(\sum x_{j-1} x_{j-2}\right) a + \left(\sum x_{j-2}^2\right) b = \sum x_j x_{j-2} \tag{7}$$

其中，$\sum$ 是 j 从 3 到 n 求和。

五、生长理论曲线模型

上述多种预测模型基本上都是解决短、中期预测问题，它们都假设变量结构或变量之间的

结构不发生变化，即应用拟合方程或形式函数关系的变量延伸来预测。这些函数关系式都是常见的形式，没有太多理论依据。在生长理论曲线中，最著名的是 logistic 模型，其表达式为

$$x(t) = \frac{A}{1 + Be^{-ct}} \tag{1}$$

数据结构模型为

$$x_j = x(t_j) + v_j \tag{2}$$

其中，A、B、C 是非负未知参数，v_j 为随机变量，彼此没有相关关系，服从正态分布。

因为曲线方程包含的参数是非线性的，不能像前面一样，直接应用最小二乘法来简单地估计其参数值。这里将采用迭代法，将非线性条件转化为线性化条件。总体思路是先找出一组初值，然后用迭代法逐步修正，当残差平方和达到最小时的参数 A、B、C 就是所求的模型参数。具体步骤如下：

（1）初值计算。假设对应于时间 t_1，t_2，$\cdots$，t_n 有观测值 x_1，x_2，$\cdots$，x_n，因为生长曲线的数据是递增的，所以 t_1 时刻对应的观测值 x_1 最小，t_n 时刻对应的观测值 x_n 最大。由于

$$A = X_1(1 + Be^{-Ct_1}) = X_n(1 + Be^{-Ct_n})$$

解得

$$B = \frac{X_n - X_1}{X_1 e^{-Ct_1} - X_n e^{-Ct_n}} \tag{3}$$

由 B 的非负条件可知，C 应满足

$$C \geqslant C_1 = \frac{\lg x_n - \lg x_1}{t_n - t_1} \tag{4}$$

取 $C = C_1 + 0.01$ 代入（2）式，求出 A 的初值

$$A_0 = \alpha_n(1 + Be^{-Ct_n}) \tag{5}$$

代入曲线方程，并整理得

$$\frac{A_0}{x} - 1 = Be^{-Ct} \tag{6}$$

考虑随机误差，有数据结构模型

$$v_j = (\lg B - Ct)_j - \lg B + Ct_j \tag{7}$$

依次解得 C 的估计值记为 C_0，作为 C 的初值；B 的初值 R_0。

（2）偏差修正。由（2）式可得残差平方和为

$$Q = \sum v_j^2 = \sum [x_j - x(t_j)]^2 \tag{8}$$

在计算残差平方和最小的正规方程组，解出 ΔA，ΔB，ΔC，然后代入下式进行修正

$$\begin{aligned}
A_{j+1} &= A_j - k\Delta A \\
B_{j+1} &= B_j - k\Delta B \\
C_{j+1} &= C_j - k\Delta C \\
&(j = 0, 1, 2, \cdots)
\end{aligned} \tag{9}$$

其中，k 为常数，且 $0 \leqslant k \leqslant 1$。

然后，以 A_{j+1}，B_{j+1}，C_{j+1} 为模型参数，代入正规方程组，迭代求解，直至收敛。

第四节　物流运输需求预测

在物流运输过程中，不同层次的运输管理者，不论是进行运输系统的规划建设，还是进行运输方案的计划决策，都需要分析货运需求及其发展趋势。从某种意义上说，运输需求的数量和质量特征决定运输供给的数量、特征以及相应的运输组织方式和组织水平。因此分析货物运输需求特点，准确预测货运量及其发展趋势，对提高物流运输组织工作的预见性、改进运输规划具有重要的意义。

一、物流运输需求预测方法概述

物流运输需求预测是根据物流运输需求的变化规律、历史和现状，分析相关影响因素，对物流运输需求发展的状况、前景和趋势进行的一种推测。物流运输需求预测是物流运输需求分析的重要内容之一，是一项重要的基础性工作；科学、可靠的预测对于进行运输经济分析和运输系统决策将产生重要影响。

物流运输需求预测的内容比较多，例如，根据主体目的及作用的不同，常见的预测内容包括社会总运输量预测、各种运输方式的运输量预测、地区之间的运输量预测、运输企业在运输市场上的占有率预测等。按照预测指标的不同，预测的内容可以是发送量预测、到达量预测、周转量预测、平均运程预测等。

对不同的物流运输主体，如经济管理综合部门、中央或地方的运输主管机构、物流企业等，物流运输需求预测的作用不同。对于国民经济宏观管理部门而言，货物运输需求量预测是编制国民经济计划、制定经济发展战略、进行运输基础设施建设的基本依据；对于各级运输主管来说，运输需求量预测是对各种运输方式进行规划和进行有效的宏观调控的重要依据；对于具体的运输企业来说，运输需求量预测是企业制定经营战略、保证企业经营决策科学性的重要依据。货运量预测还是运输组织工作中规划运能利用和编制日常运输计划的基本依据，也是配置运输设备的依据。因此，准确预测货运量及其发展趋势，对提高物流运输组织工作的预见性、改进运输规划具有重要意义。从某种意义上，运输需求的数量和质量特征决定运输供给的数量、特征以及相应的运输组织方式和组织水平。

1. 物流运输需求预测基本问题概述

物流运输需求是社会经济生活在货物空间位移方面所提出的有支付能力的需要；而货物运输量是在一定运输供给条件下所能实现的货物空间位移量。在运输需求与运输供给基本均衡、或供给大于需求的情况下，运输需求量等于现实的运输量。如果供给不足，实际运量就要小于经济发展所产生的运输需求量。因此，符合经济发展实际的运输需求能否实现，不仅取决于支付能力，还取决于运输供给能力。只有在运力完全能满足社会需求的情况下，运量才是需求量；当运输供给严重不足时，现实的运输量只是运输需求的一部分。

以往根据历史运输量数据直接预测未来的运输需求，即以运输量预测简单代替运输需求

量预测，这种做法存在一定局限性，尤其是在一个运输供给长期不足的地区，因为这样预测的结果不能完全反映出经济发展对运输的真正需求。

但由于实际工作中运输量预测已经被人们广泛接受和使用，如何消除或减少运输量与需求量之间的不一致而带来的影响呢？在社会运输供给长期不足的情况下，我们可以在运输量预测的基础上，再对所预测的结果进行适当的调整，以便能更真实地反映经济发展对物流运输业的实际需求。

2. 物流运输需求预测的分类

由于预测的对象、范围、时间、层次、内容等的不同，按照不同的标准，将运输预测划分成多种不同的类型。

（1）按预测的范围分类。按物流运输需求预测的范围来划分，可分为宏观运输需求预测和微观运输需求预测。

（2）按预测的技术分类。一般可分为定性预测和定量预测，分别都有很多种不同的预测方法，这些方法又可归纳为三类：定性预测法、时间序列预测法、因果关系预测法。

物流运输需求的定性预测主要以研究货物运输需求发展变化规律为基本出发点，以分析影响货运需求变化的各因素为主要内容，主要利用判断、直觉、调查或比较分析等手段，对未来的货物运输需求做出定性的估计。

应用时间序列分析法进行物流运输需求预测，就是将影响货物运输需求变化的一切因素按"时间"综合起来描述，只考虑货物运输需求随时间的变化规律。该方法的基本前提就是假设未来的时间变化模式会重复过去的模式。

货物运输需求受很多因素的影响，如果能够找到影响货物运输需求结果的一个或几个因素（自变量），建立这些因素之间的数学模型，就可以利用该模型中随自变量变化而发生变化的因变量的预测值，这个过程就是货运需求量的因果关系预测法。

二、物流运输量的时间序列预测法

指数平滑预测法是在移动平均预测法的基础上，发展起来的一种时间序列预测法。它包括一次指数平滑预测法、二次指数平滑预测法、高次指数平滑预测法。这里主要介绍一次指数平滑预测法。一次指数平滑预测法，利用时间序列中本期的实际值与本期的预测值加权平均作为下一期的预测值，其基本公式为：

$$F_{t+1}^{(1)} = \alpha \cdot x_t + (1-\alpha) F_{t-1}^{(1)} \tag{1}$$

其中，t 为本期的时间；

$F_{t+1}^{(1)}$ 为 $t+1$ 时刻的一次指数平滑值（t 时刻的预测值）；

α 为指数平滑系数，$0 < \alpha < 0$；

x_t 为在 t 时刻的实际值。

从公式可以看出，前期的预测值包含了所有历史因素的影响，因此，在任何时刻，只需保有一个数字，就包含了需求的所有历史情况。应用上述公式进行预测，首先要解决两个参数即初始值和平滑系数的取值。

（1）选取 $F_0^{(1)}$。$F_0^{(1)}$ 又称初始值，是不能直接得到的，需要通过一定的方法选取。若时间序列数据个数较多且比较可靠时，可以将已有数据中的某一个或已有数据中某一部分的算术平均值或加权平均值作为初始值 $F_0^{(1)}$；若收集的时间序列数据个数较少或数据的可靠性较差时，则可采用定性预测法选取 $F_0^{(1)}$。

（2）选择 α。

α 又称为平滑系数，其值 $0 < \alpha < 1$。α 取值大小体现了不同时期数据在预测中所起的作用。α 的值越大，对近期数据的影响也越大，模型的灵敏度就越高；α 值越小，则对近期数据的影响就越小，消除了随机波动性，只反映长期的大致发展趋势。如何选择 α 的值，是用好指数平滑模型的一个技巧。

下面通过一个例子来说明一次指数平滑预测过程。

例：某卡车运输公司必须决定每周所需的卡车和司机的数量。通常的做法是司机在星期一出发去取货或送货，在星期五回到出发点。对卡车的需求可由该周要运送的货物总量来决定；但为了制订计划，必须提前一周得到有关数字。表 8 - 3 给出的是过去 10 周中的货运量。要求用一次指数平滑模型预测下一周的货运量。

表 8 - 3　　　　　　　　　货运公司过去 10 周中的货运量

序号	周	货运量/万吨
1	10 周前	205.6
2	9	234.9
3	8	189.5
4	7	151.4
5	6	119.4
6	5	226.8
7	4	265.3
8	3	203.9
9	2	239.9
10	1（本周）	250.8

解：

（1）利用最早的 4 周数据开始预测（确定 F_0），即

$F_0 = (205.6 + 234.9 + 189.5 + 151.4)/4 = 195.4$ 万吨

（2）分别令 $\alpha = 0.1$、$\alpha = 0.2$、$\alpha = 0.3$，运用公式（1）从第 5 个数据（6 周前）开始预测货运量，直到预测出下一周的货运量，预测过程及使用算式如下：

6 周前的货运量预测式（第一次预测值）为：

$F_5 = \alpha \cdot x_4 + (1 - \alpha)F_0 = 0.1 \times 151.4 + (1 - 0.1) \times 195.4 = 191.0$ 万吨，依次，

$F_6 = \alpha \cdot x_5 + (1 - \alpha)F_5 = 0.1 \times 119.4 + (1 - 0.1) \times 191.0 = 183.84$ 万吨

$F_7 = \alpha \cdot x_6 + (1 - \alpha)F_6 = 0.1 \times 226.8 + (1 - 0.1) \times 183.84 = 188.1$

......

$F_{11} = \alpha \cdot x_{10} + (1 - \alpha)F_{10}$

预测结果如表 8 - 4 所示。

表 8 - 4 货运量预测结果

序号	周次	货运量（万吨）	$a = 0.1$ 预测值	$a = 0.2$ 预测值	$a = 0.3$ 预测值
1	10 周前	205.6			
2	9	234.9			
3	8	189.5			
4	7	151.4			
5	6	119.4	191.0	186.6	182.2
6	5	226.8	183.8	173.1	163.3
7	4	265.3	188.1	183.9	182.4
8	3	203.9	195.8	200.1	207.3
9	2	239.9	196.6	200.9	206.2
10	1	250.8	201	208.7	216.3
下周预测值			205.9	226.7	217.1

三、物流运输量预测的回归分析法

物流运输需求量一般都受到除时间以外的其他很多因素的影响，例如国民经济发展规模、产品规模、运输价格等。一般而言，国民经济的发展规模越大、发展速度越快，对货物的运输需求量就会快速上升。但我们不能用一个确切的函数关系式来表示货运需求量与经济发展规模之间的关系，只能通过统计学中的回归分析法来确定。

回归分析预测方法就是根据事物内部因素变化的因果关系，通过数理统计方法建立变量间的回归方程，对变量间的相关程度进行描述，从而预测事物未来发展趋势的方法。要建立变量间的回归关系，首先必须分析变量间是否具有相关性。只有存在相关关系，才能考虑建立回归模型进行预测。根据回归分析模型中考虑的自变量个数，可分为一元回归分析和多元回归分析；按变量之间的关系，又可分为线性回归和非线性回归。大多数的非线性回归问题可转化为线性回归的问题进行处理，这里只介绍线性回归预测方法。

一元线性回归预测方法是最简单的回归预测模型。下面通过例题介绍一元线性回归模型的建立及预测过程。

例：某市 2003—2007 年的货运量与该市社会总产值的一组统计资料如表 8 – 5 所示。试分析该市货运量与社会总产值之间的关系。并预测：在运输供给状况不变的前提下，当该市的社会总产值达到 50 亿万元时，该市的货运量估计是多少？

表 8 – 5   **某市货运量与社会总产值的统计数据**

年度	货运量 Y_i/千万吨	总产值 X_i/千万吨
2003	15.0	39.4
2004	25.8	42.9
2005	30.0	41.0
2006	36.6	43.1
2007	44.4	49.2

解：（1）数据的直观分析及散点图描述，如图 8 – 3 所示。

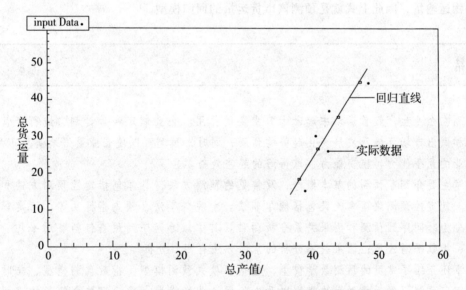

图 8 – 3 货运量与社会总产值之间的散点图及回归直线

可见，货运量 Y 是随着社会总产值 x 的增加而增加的，因而变量 Y 与变量 x 是正相关的。

（2）建立一元线性回归方程。假设货运量 Y 与社会总产值 X 是正相关的，其方程为：

$$y = a + bx$$

其中，a 和 b 是回归系数。

按照最小二乘法即可求解出回归系数。

$$b = \frac{\sum x_i y_i - n\,\overline{xy}}{\sum x_i^2 - n\,\overline{x}^2}$$

$$a = \overline{y} - b\,\overline{x}$$

$$\overline{x} = \frac{1}{n}\sum x_i$$

$$\overline{y} = \frac{1}{n}\sum y_i$$

（3）求解回归系数，得到回归模型。

利用（x，y）的观测数据（x_i，y_i），代入上述公式，可计算出回归系数 a，b：

$$b = 2.6$$

$$a = -81.9$$

因此，该市货运量与社会总产值之间的相关方程为：

$$y = -81.9 + 2.6x$$

在现有的运输供给条件下，当确定了该市的社会总产值时，就可用该回归方程估算出当年的货物运输量，因此上式就是预测该市货运量的回归模型。

小 结

预测在企业生产经营活动中起着十分重要的作用。企业制定经营计划、进行经营决策必须掌握和做出市场环境及发展变化趋势的预测，同时，预测可以使企业更好地满足市场需求，提高企业的竞争能力、应变能力，取得好的经济效益。

本章主要介绍了预测的基本概念，及常见的预测方法，具体包括定性预测方法和定量预测方法。就定性预测法而言，又包括德尔菲法、主观概率法、领先指标法等。而定量预测方法又可分为时间序列预测和因果关系分析两种。其中，时间序列预测包括移动平均、加权移动平均、指数平滑法等；因果关系分析的常用方法有回归分析等。

本章还介绍了常用的预测数学模型，包括多项式预测模型、指数预测模型、非时间序列数据的回归预测模型、移动平均模型以及生长理论曲线模型，最后简单介绍了物流运输需求预测的简单应用。

思 考 题

1. 什么是预测？

2. 预测包括哪些要素？

3. 一般预测过程包括哪些环节？

4. 常用的预测方法有哪些？

5. 常见的定性预测方法有哪些？

6. 常见的定量预测方法有哪些？

7. 如何依据实际情况选择合适的预测方法？

8. 什么是物流货物运输需求？

9. 影响货物运输需求的因素有哪些？它们是如何影响货物运输需求的？

10. 为什么要进行物流运输需求预测？

参考文献

［1］徐裕生，张海英. 运筹学. 北京大学出版社，2006.

［2］方兆本等. 运筹学应用基础. 中国科技大学出版社，2006.

［3］缪兴锋，秦明森. 物流运筹学方法. 华南理工大学出版社，2007.

［4］陈军. 现代物流运筹学. 武汉理工大学出版社，2008.

［5］沈艳萍. 物流运筹学. 重庆大学出版社，2007.

［6］王长琼. 物流运输组织与管理. 华中科技大学出版社，2009.

［7］黄远新. 物流运输管理. 四川大学出版社，2006.

［8］陈士成. 运筹学：数据、模型与决策. 兰州大学出版社，2009.

［9］邹辉霞. 供应链物流管理. 清华大学出版社，2004.

第九章　设计与效率模型

第一节　引　言

本章主要介绍产品、服务设计及工作设计的基本概念及常用模型。具体包括产品设计的意义、产品设计的基本要求、产品设计的基本程序；服务设计的基本过程；用于产品设计的典型模型——卡诺模型；工作设计的基本内容，工作绩效评估的测量步骤、方法、技术及一种具体的工作测量方法——工作抽样。

产品设计反映着一个时代的经济、技术和文化。产品设计的重要性由于产品设计阶段要全面确定整个产品策略、外观、结构、功能，从而确定整个生产系统的布局，因而，产品设计的意义重大，具有"牵一发而动全局"的重要意义。如果一个产品的设计缺乏生产观点，那么生产时就将耗费大量费用来调整和更换设备、物料和劳动力。相反，好的产品设计，不仅表现在功能上的优越性，而且便于制造，生产成本低，从而使产品的综合竞争力得以增强。许多在市场竞争中占优势的企业都十分注意产品设计的细节，以便设计出造价低而又具有独特功能的产品。许多发达国家的公司都把设计看作热门的战略工具，认为好的设计是赢得顾客的关键。

工作设计是通过满足员工与工作有关的需要来提高工作绩效的一种管理方法，因此，工作设计是否得当对激发员工的工作动机、增强员工的工作满意感以及提高生产率都有重大的影响。

〉【学习要点】〉

1. 了解掌握产品设计的基本要求及流程步骤。
2. 了解掌握服务设计的基本过程。
3. 了解掌握产品设计的常用模型——卡诺模型。
4. 了解工作设计的基本内容。
5. 了解掌握工作绩效评估的步骤、方法及技术。
6. 掌握工作抽样的步骤和流程。

第二节　产品设计的要求

一项成功的设计，应满足多方面的要求。这些要求，有社会发展方面的，有产品功能、质量、效益方面的，也有使用要求或制造工艺要求。一些人认为，产品要实用，因此，设计产品首先是功能，其次才是形状；而另一些人认为，设计应是丰富多彩的和使人感到有趣的。设计人员要综合地考虑这些方面的要求。下面详细讲述这些方面的具体要求：

一、社会发展的要求

设计和试制新产品，必须以满足社会需要为前提。这里的社会需要，不仅是眼前的社会需要，而且要看到较长时期的发展需要。为了满足社会发展的需要，开发先进的产品，加速技术进步是关键。为此，必须加强对国内外技术发展的调查研究，尽可能吸收世界先进技术。有计划、有选择、有重点地引进世界先进技术和产品，有利于赢得时间，尽快填补技术空白，培养人才和取得经济效益。

二、经济效益的要求

设计和试制新产品的主要目的之一，是为了满足市场不断变化的需求，以获得更好的经济效益。好的设计可以解决顾客所关心的各种问题，如产品功能如何、手感如何、是否容易装配、能否重复利用、产品质量如何等；同时，好的设计可以节约能源和原材料、提高劳动生产率、降低成本等。所以，在设计产品结构时，一方面要考虑产品的功能、质量；另一方面要顾及原料和制造成本的经济性；同时，还要考虑产品是否具有投入批量生产的可能性。

三、使用的要求

新产品要为社会所承认，并能取得经济效益，就必须从市场和用户需要出发，充分满足使用要求。这是对产品设计的起码要求。使用的要求主要包括以下几方面的内容：

（1）使用的安全性。设计产品时，必须对使用过程的种种不安全因素，采取有力措施，加以防止和防护。同时，设计还要考虑产品的人机工程性能，易于改善使用条件。

（2）使用的可靠性。可靠性是指产品在规定的时间内和预定的使用条件下正常工作的概率。可靠性与安全性相关联。可靠性差的产品，会给用户带来不便，甚至造成使用危险，使企业信誉受到损失。

（3）易于使用。对于民用产品（如家电等），产品易于使用十分重要。

（4）美观的外形和良好的包装。产品设计还要考虑和产品有关的美学问题，产品外形和使用环境、用户特点等的关系。在可能的条件下，应设计出用户喜爱的产品，提高产品的欣赏价值。

四、制造工艺的要求

生产工艺对产品设计的最基本要求，就是产品结构应符合工艺原则。也就是在规定的产量规模条件下，能采用经济的加工方法，制造出合乎质量要求的产品。这就要求所设计的产品结构能够最大限度地降低产品制造的劳动量，减轻产品的重量，减少材料消耗，缩短生产周期和制造成本。

第三节　产品设计程序

一、技术任务书

技术任务书是产品在初步设计阶段内，由设计部门向上级对计划任务书提出体现产品合理设计方案的改进性和推荐性意见的文件。经上级批准后，作为产品技术设计的依据。其目的在于正确地确定产品最佳总体设计方案、主要技术性能参数、工作原理、系统和主体结构，并由设计员负责编写（其中标准化综合要求会同标准化人员共同拟订），其编号内容和程序作如下规定：

（1）设计依据（根据具体情况可以包括一个或数个内容）：

①部、省安排的重点任务：说明安排的内容及文件号；②国内外技术情报：在产品的性能和使用性方面赶超国内外先进水平或产品品种方面填补国内"空白"；③市场经济情报：在产品的形态、形式（新颖性）等方面满足用户要求，适应市场需要，具有竞争能力；④企业产品开发长远规划和年度技术组织措施计划，详述规划的有关内容，并说明现在进行设计时机上的必要性。

（2）产品用途及使用范围。

（3）对计划任务书提出有关修改和改进意见。

（4）基本参数及主要技术性能指标。

（5）总体布局及主要部件结构叙述：用简略画法勾出产品基本外形、轮廓及主要部件的布局位置，并叙述主要部件的结构。

（6）产品工作原理及系统：用简略画法勾出产品的原理图、系统图，并加以说明。

（7）国内外同类产品的水平分析比较：列出国内外同类型产品主要技术性能、规格、结构、特征一览表，并作详细的比较说明。

（8）标准化综合要求：①应符合产品系列标准和其他现行技术标准情况，列出应贯彻标准的目标与范围，提出贯彻标准的技术组织措施；②新产品预期达到的标准化系数：列出推荐采用的标准件，通用件清单，提出一定范围内的标准件，通用件系数指标；③对材料和元器件的标准化要求：列出推荐选用标准材料及外购元器件清单，提出一定范围内的材料标准化系数和外购件系数标准；④与国内外同类产品标准化水平对比，提出新产品标准化要求；⑤预测标准化经济效果：分析采用标准件、通用件、外购件及贯彻材料标准和选用标准材料后预测的经济效果。

（9）关键技术解决办法及关键元器件，特殊材料资源分析。

（10）对新产品设计方案进行分析比较，运用价值工程，着重研究确定产品的合理性能（包括消除剩余功能）及通过不同结构原理和系统的比较分析，从中选出最佳方案。

（11）组织有关方面对新产品设计的方案进行评价，共同商定设计或改进的方案是否能满足用户的要求和社会发展的需要。

（12）叙述产品既满足用户需要，又适应本企业发展要求的情况。

（13）新产品设计试验，试用周期和经费估算。

二、技术设计

技术设计的目的，是在已批准的技术任务书的基础上，完成产品的主要计算和主要零部件的设计。

（1）完成设计过程中主要的试验研究（新原理结构、材料元件工艺的功能或模具试验），并写出试验研究大纲和研究试验报告。

（2）做出产品设计计算书（如对运动、刚度、强度、振动、热变形、电路、液气路、能量转换、能源效率等方面的计算、核算）。

（3）画出产品总体尺寸图、产品主要零部件图，并校准。

（4）运用价值工程，对产品中造价高的、结构复杂的、体积笨重的、数量多的主要零部件的结构、材质精度等选择方案进行成本与功能关系的分析，并编制技术经济分析报告。

（5）绘出各种系统原理图（如传动、电气、液气路、连锁保护等系统）。

（6）提出特殊元件、外购件、材料清单。

（7）对技术任务书的某些内容进行审查和修正。

（8）对产品进行可靠性、可维修性分析。

三、工作图设计

工作图设计的目的，是在技术设计的基础上完成供试制（生产）及随机出厂用的全部工作图样和设计文件。设计者必须严格遵守有关标准规程和指导性文件的规定，设计绘制各项产品工作图。

（1）绘制产品零件图、部件装配图和总装配图。①零件图：图样格式、视图、投影、比例、尺寸、公差、形位公差、表面粗糙度、表面处理、热处理要求及技术条件等应符合标准；②部件装配图：除保证图样规格外，包括装配、焊接、加工、检验的必要数据和技术要求；③总装配图：给出反映产品结构概况，组成部分的总图，总装加工和检验的技术要求，给出总体尺寸。

（2）产品零件、标准件明细表，外购件、外协件目录。

（3）产品技术条件包括：①技术要求；②试验方法；③检验规则；④包装标志与储运。

（4）编制试制鉴定大纲：试制鉴定大纲是样品及小批试制用必备技术文件。要求大纲具备以下四个方面。

①能考核和考验样品（或小批产品）技术性能的可靠性、安全性，规定各种测试性能的标准方法及产品试验的要求和方法。②能考核样品在规定的极限情况下使用的可行性和可靠性；③能提供分析产品核心功能指标的基本数据。④还必须提出工艺、工装、设备、检测手段等与生产要求、质量保证、成本、安全、环保等相适应的要求。

（5）编写文件目录和图样目录。

①文件目录包括：图样目录、明细表、通（借）用件、外购件、标准件汇总表、技术条件、使用说明书、合格证、装箱单、其他。②图样目录：总装配图、原理图和系统图、部件装配图、零件图、包装物图及包装图、安装图（只用于成套设备）。

（6）包装设计图样及文件（含内、外包装及美术装潢和贴布纸等）。

（7）随机出厂图样及文件。

（8）产品广告宣传备样及文件。

（9）标准化审查报告：指产品工作图设计全部完成，工作图样和设计文件经标准化审查后，由标准化部门编写的文件，以便对新设计的产品在标准化、系列化、通用化方面作出总的评价，是产品鉴定的重要文件。标准化审查报告分样品试制标准化审查报告和小批试制标准化审查报告。

四、产品设计的方法

1. 组合设计

组合设计又称模块化设计，是将产品统一功能的单元，设计成具有不同用途或不同性能的可以互换选用的模块式组件，以便更好地满足用户需要的一种设计方法。当前，模块式组件已广泛应用于各种产品设计中，并从制造相同类型的产品发展到制造不同类型的产品。组合设计的核心是要设计一系列的模块式组件。为此，要从功能单元着手研究几个模块式组件应包含多少零件、组件和部件，以及在组合设计时每种模块式组件需要多少等。

在面临竞争日益加剧、市场分割争夺异常激烈的情况下，仅仅生产一种产品的企业是很难生存的。因此，大多数制造厂家都生产很多品种。这不仅对企业生产系统的适应能力提出新的要求，而且显然要影响产品设计的技能。生产管理的任务之一，就是要寻求新的途径，使企业的系列产品能以最低的成本设计并生产出来。而组合设计则是解决这个问题的有效方法之一。

2. 计算机辅助设计

计算机辅助设计是运用计算机的能力来完成产品和工序的设计。其主要职能是设计计算和制图。设计计算是利用计算机进行机械设计等基于工程和科学规律的计算，以及在设计产品的内部结构时，为使某些性能参数或目标达到最优而应用优化技术所进行的计算。计算机制图则是通过图形处理系统来完成，在这一系统中，操作人员只需把所需图形的形状、尺寸和位置的命令输入计算机，计算机就可以自动完成图形设计。计算机辅助设计常用软件：Autocad［1］、Pro/E、CATIA、Solidworks、UG NX、CAXA 等。

3. 面向可制造与可装配的设计

面向可制造与可装配的设计是在产品设计阶段设计师与制造工程师进行协商探讨，利用这种团队工作，避免传统的设计过程之中"我设计，你制造"的方式而引起的各种生产和装配问题以及因此产生的额外费用的增加和最终产品交付使用的延误。

第四节 服 务 设 计

严格地说，产品（product）是一个大概念，它是指能够为顾客提供某种利益的客体或过程。而服务（service）和有形商品（goods）则是产品概念下的两个小概念。

一、服务产品的要素

1. 核心服务

核心服务是公司的产品为市场所接受的关键，它体现了公司最基本的功能。

2. 便利服务

便利服务是指方便核心服务使用的服务；为了让顾客能够获得核心服务，必须有便利服务配合。

3. 支持性服务

支持性服务其作用是增加服务的价值或者使公司的服务同其他竞争者的服务区分开来。

其中，核心服务是细胞核，顾客真正购买服务产品的核心利益即在于此；便利性服务是细胞质。没有它们，细胞核就会很快因缺乏支撑与营养而消亡，而支持性服务则是细胞壁，决定着服务包细胞体的规模，顾客也通过感受壁的韧性来评判服务包的特性。对一个富有生命力的服务包来说，三者缺一不可。

随着经济的全球化和新技术的发展，服务组织要生存，就必须开发新的服务。新的服务就是以前不曾提供、使顾客感到体验或接受到新的服务。对服务业，服务设计必须把"服务"本身和"服务传递系统"作为一体来考虑。

在现代市场上，服务企业大体上总是通过两种途径引入新产品：一是通过购买或特许经营的方式从外部获得，这种战略在国际市场营销过程中较为常见；二是从企业内部进行新型服务产品的开发。

二、服务创新的方法：

1. 全新型服务创新：在服务内容和方式上创造新的与原有服务完全不同的服务。

2. 延伸型服务创新：在原有服务的延伸领域（或相关领域）开发不同于原有服务的新服务产品。

3. 拓展型服务创新：对现有产品的特征予以改进和提高。

4. 替代型服务创新：服务内容相同，不同的是服务手段。

5. 改进型服务创新：改进型服务创新是指对原有服务的程序、方式、手段、时间、地点人员等服务要素进行改进。从改进型服务创新到全新型服务创新，是一个从量变到质变的过程，一项全新型服务创新往往建立在大量改进型服务创新的基础上。

服务设计的基本过程如图 9-1 所示：

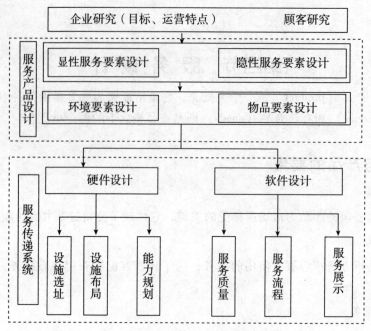

图 9 - 1　服务设计基本流程

服务设计的开发分为前期计划和后期实施两个阶段，如图 9 - 2 所示。

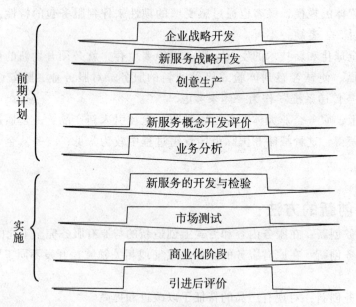

图 9 - 2　服务设计开发过程

第五节　卡诺模型

卡诺模型（Kano Model）是一个非常有创意的品质表示模型，一般也称为二维品质模型。所谓二维（two-dimension）即是包括两个维度，其一为从顾客观点的满意程度，属于客户主观感受，另一为从产品品质观点的提供，属于客观的产品机能或功能。狩野模型示意如图 9-3 所示。

二维品质是相对于一维品质（one-dimension）所提出之扩展模型，其中一维品质是说，当产品品质越好或是需求越受到满足时，则客户满意度越高，两者呈现是线性的（linear）关系。从一维品质观点出发，会得到增加品质则客户越满意结论。

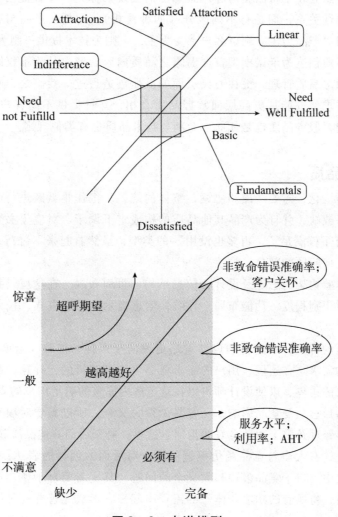

图 9-3　卡诺模型

卡诺模型（Kano Model）是日本品管大师狩野纪昭（Noriaki Kano）博士于1984年所提出。狩野教授所定义之三种品管，分别为品质管制、品质管理与魅力品质创造，其中卡诺模型即是阐述魅力品质创造重要理论模型。

狩野教授指出，品质要素包括四部分：无差异品质（indifference），魅力品质（attractive），一维品质（one-dimensional）与必要品质（must-be）。必要品质即是产品的基本要求，从狩野模型来看，不论产品品质如何提升，客户都会有满意度的上限。无差异品质即是产品品质与客户满意度不敏感，或称无差异，换言之此品质要求非客户所重视。一维品质又称为线性品质，若品质好，客户即满意度高，反之，品质差客户便给予负面评价。魅力品质即是具有魅力特质之品质需求，当此品质未彰显时，客户根本没有感觉，但是随着产品品质的增加，客户满意度以指数方式增加，并且增高幅度远高于一维品质。基于此，魅力品质即客户"意想不到的品质"，并可创造客户深度满足。

卡诺模型的创意处在于将品质与客户满意度的表现具体化，并且提出量化指标。品质与满意度并非全然线性关系，而是有不同区分（四种模式）。此外，产品与客户满意，一则客观一则主观，一则以产品为主一则以客户感受为主，一则为技术提供一则为客户需求。

最后，魅力品质创造为卡诺模型首度揭露之品质内容，魅力品质不仅跳脱物质层面的品质管制、流程层面之品质管理，更往心灵层面的品质创造迈进。换言之，唯有真实掌握不同层级品质与品质需求，方能从更高层面掌握品质真相，并且提供不同客户不同产品与服务。产品品质有此规则，服务品质也是如此，专利与技术品质也有类似规则。

一、必要品质

随着需求不断变化，需要严谨和协调，整体的统筹。工作是默默进行的，并非充满耀眼的创新点，但不可或缺，并且为产品其他品质的构成定下调子。对应于必要品质，就是所谓的"没有不行，有了就满足了，再多也没用"的类型，虽然看起来不讨巧，但是却是最基础的体验，不能出任何问题的部分。

整体信息及体验构架的思考及设计，信息结构，页面布局。在这里，我们会关注信息的可及性，认知的可识别程度，功能布局，导航，信息提示，扩展方式，控件类型，整体风格的接受程度。

鉴于必要品质的特性，在这里的设计策略更偏向于严谨，细致，全面的满足用户需求，并尽量覆盖所有的需求。在这里，用户的需求要是可知可获得的，并且产品的策略也要定义出明确的产品需求的边界，以使设计师可以在这范围内完整的满足用户的需求。

在这里，产品形态易受竞品影响，又容易做得大又全，所以需要对项目状况有深入到位的了解，并与产品经理及整个团队良好的沟通。这里，对于后面其他品质起到了塑造的效果，如果在这个层次上，有太多与竞品相仿痕迹的话，对后面的创新的表达，有着很大的影响，落入了一个套路之中。对于竞品痕迹和大又全的问题，其实需要对于整个产品和界面有一个核心的理念和逻辑，将所有的功能和体验的流程串起来，形成完善并容易接受的体系，是这里最需要做的事情。

二、一维品质

优化，优化，再优化。真正的战场，闪耀品质光芒的地方。需要设计师深入的去到每一个细节，去不断地进行局部的迭代改进和重构，在这个过程不断经历对于产品和用户的重新认知，设计，实现的过程。

对于一维品质，强调的是，用户对于功能及性能的最大化的诉求，及信息的复杂交互和呈现。对于设计来说，信息及交互流程的可用性，易用性，耐用性，可习性，鲁棒性，及可扩展性等都会强烈的影响一维品质的素质。

同时一维品质本身的属性：用户满意度与品质成正相关，也就是说，我们要尽所能的进行体验上的优化，来获得更好的用户满意度。这里需要注意的是，在这个阶段，设计优化本身，随着逐步深入，遇到的限制和阻碍会越来越多，而实现的细节反馈会变得非常重要。而设计同样力量的投入的用户价值收益会下降。

此时，需要返回构架层面来拓展更大的空间及深入的维度，同时也可以从无差质量中获取突破性的方法，将其转化为一维品质的一种或者魅力质量来解决。同时，一维品质本身的用户价值边际效用衰减也会随着优化的深入，逐渐显示出来。所以我们在处理二维质量可用性的时候一定要经常性的评估反馈与调整。

三、魅力品质

对于魅力品质，这是一个非常敏感及有趣的话题，而影响他的因素又更加的复杂和多样，其结果的获得依赖于非常多的因素。

首先，当产品层面没有方向上的倾向的时候，对于设计上局部的创新，需要长期的坚持和优化，才有可能从用户不认知的无差品质，升级为非常有价值的和忠诚感的魅力属性，而在成为魅力属性后，经历时间的演化和竞品的模仿后，又会退化为必须品质。所以，局部创新建立魅力属性的过程是一个需要耐心和坚持的过程，更需要优良的用户体验才能使一个点成为真正的魅力点。

有些时候，人们在想象中将魅力品质建立在设计灵感上。而其实真正创新性的魅力品质是建立在非常了解用户，对潜在需求的深入挖掘和贴切的设计实现上。透彻、深入、真诚地对待每一个潜在的需求，才可能去在各种各样的创意中，发掘出真正有价值的特性。

另外，有一种魅力品质，是普遍存在的，和品牌价值有着紧密结合的，就是一维质量在向右端不断推进的过程中，转变为魅力质量，这种情况虽然不是一个讨巧的方式，但是也是最不容易流失的一种魅力品质。所以对于一个产品本身一维质量的打磨，是产品的本质也是核心。但是，当核心本身也是会不断流失的一种品质，这种流失是长时间的，并不会因为竞争对手一时间的跟进而立刻流失，他的失去主要是在于自身品质的慢慢下降，导致的口碑下降。要小心的是，如果口碑变差，回复的过程也是非常艰难而漫长的。

四、无差异品质

对于无差异品质，可以看做是可有可无的。关于无差异品质一般是被人们最后考虑到的。

根据 80/20 原则，普遍将无差异品质归于非主流的需求当中。实际情况中，单一用户的反馈或者团队中的某人的个人意见，经常会造成对于某些无差异品质的过度关注。这是对于设计成本的一种损失，要注意，如果可能通过用户访谈或其他一些方式将其定义为无差异品质，就可以避免在不必要的地方投入过大精力，而集中力量去做最为重要的核心部分。

在某些情况下，无差异内容是可以向其他品质进行转化的，而这种转化，有时候是执行团队去推进，而更多的情况，是用户自己去进行的发掘，这就要求我们对于一些暂时没有明显价值的品质，进行针对用户使用的简单观察，睁一只眼闭一只眼。有的时候真的仅仅是时候未到。

第六节　工　作　设　计

工作设计（job design）所要解决的主要问题是组织向其他分配工作任务和职责的方式。

一、工作设计的主要内容

（1）工作任务。工作任务要考虑工作是简单重复的，还是复杂多样的，工作要求的自主性程度怎样，以及工作的整体性如何。

（2）工作职能。工作职能指每项工作的基本要求和方法，包括工作责任、工作权限、工作方法以及协作要求。

（3）工作关系。工作关系指个人在工作中所发生的人与人之间的联系，谁是他的上级，谁是他的下级，他应与哪些人进行信息沟通等。

（4）工作结果。工作结果主要指工作的成绩与效果，包括工作绩效和工作者的反应。

（5）对工作结果的反馈。对工作结果的反馈主要指工作本身的直接反馈（如能否在工作中体验到自己的工作成果）和来自别人对所做工作的间接反馈（如能否及时得到同级、上级、下属人员的反馈意见）。

（6）任职者的反应。任职者的反应这主要是指任职者对工作本身以及组织对工作结果奖惩的态度，包括工作满意度、出勤率和离职率等。

（7）人员特性。人员特性主要包括对人员的需要、兴趣、能力、个性方面的了解，以及相应工作对人的特性要求等。

（8）工作环境。工作环境主要包括工作活动所处的环境特点、最佳环境条件及环境安排等。

二、工作设计的步骤

一个好的工作设计可以减少单调重复性工作的不良效应，充分调动劳动者的工作积极性，也有利于建设整体性的工作系统。

为了提高工作设计的效果，在进行工作设计时应按以下几个步骤来进行：

（1）需求分析。工作设计的第一步就是对原有工作状况进行调查诊断，以决定是否应进行工作设计，应着重在哪些方面进行改进。一般来说，出现员工工作满意度下降和积极性较低、工作情绪消沉等情况，都是需要进行工作设计的现象。

（2）可行性分析。在确认工作设计之后，还应进行可行性分析。首先应考虑该项工作是否能够通过工作设计改善工作特征；从经济效益、社会效益上看，是否值得投资。其次应该考虑员工是否具备从事新工作的心理与技能准备，如有必要，可先进行相应的培训学习。

（3）评估工作特征。在可行性分析的基础上，正式成立工作设计小组负责工作设计，小组成员应包括工作设计专家、管理人员和一线员工，由工作设计小组负责调查、诊断和评估原有工作的基本特征，分析比较，提出需要改进的方面。

（4）制定工作设计方案。根据工作调查和评估的结果，由工作设计小组提出可供选择的工作设计方案，工作设计方案中包括工作特征的改进对策以及新工作体系的工作职责、工作规程与工作方式等方面的内容。在方案确定后，可选择适当部门与人员进行试点，检验效果。

（5）评价与推广。根据试点情况及进行研究工作设计的效果进行评价。评价主要集中于三个方面：员工的态度和反应、员工的工作绩效、企业的投资成本和效益。如果工作设计效果良好，应及时在同类型工作中进行推广应用，在更大范围内进行工作设计。

三、岗位设计的内涵

岗位设计是在工作分析的信息基础上，研究和分析工作如何做以促进组织目标的实现，以及如何使员工在工作中得到满意以调动员工的工作积极性。岗位设计又称工作设计，是指根据组织需要，并兼顾个人的需要，规定每个岗位的任务、责任、权力以及组织中与其他岗位关系的过程。它是把工作的内容、工作的资格条件和报酬结合起来，目的是满足员工和组织的需要。岗位设计问题主要是组织向其员工分配工作任务和职责的方式问题，岗位设计是否得当对于激发员工的积极性，增强员工的满意感以及提高工作绩效都有重大影响。

四、岗位设计的主要内容

岗位设计的主要内容包括工作内容、工作职责和工作关系的设计三个方面。

1. 工作内容

工作内容的设计是工作设计的重点，一般包括工作广度、深度、工作的自主性、工作的完整性以及工作的反馈五个方面：

（1）工作的广度。工作的广度，即工作的多样性。工作设计得过于单一，员工容易感到枯燥和厌烦，因此设计工作时，尽量使工作多样化，使员工在完成任务的过程中能进行不同的活动，保持工作的兴趣。

（2）工作的深度。设计的工作应具有从易到难的一定层次，对员工工作的技能提出不同程度的要求，从而增加工作的挑战性，激发员工的创造力和克服困难的能力。

（3）工作的完整性。保证工作的完整性能使员工有成就感，即使是流水作业中的一个简单程序，也要是全过程，让员工见到自己的工作成果，感受到自己工作的意义。

（4）工作的自主性。适当的自主权力能增加员工的工作责任感，使员工感到自己受到了信任和重视。认识到自己工作的重要，使员工工作的责任心增强，工作的热情提高。

（5）工作的反馈性。工作的反馈包括两方面的信息：一是同事及上级对自己工作意见的反馈，如对自己工作能力，工作态度的评价等；二是工作本身的反馈，如工作的质量、数量、效率等。工作反馈信息使员工对自己的工作效果有个全面的认识，能正确引导和激励员工，有利于工作的精益求精。

2. 工作职责

工作职责设计主要包括工作的责任、权力、方法以及工作中的相互沟通和协作等方面。

（1）工作责任。工作责任设计就是员工在工作中应承担的职责及压力范围的界定，也就是工作负荷的设定。责任的界定要适度，工作负荷过低，无压力，会导致员工行为轻率和低效；工作负荷过高，压力过大又会影响员工的身心健康，会导致员工的抱怨和抵触。

（2）工作权力。权力与责任是对应的，责任越大权力范围越广，否则二者脱节，会影响员工的工作积极性。

（3）工作方法。包括领导对下级的工作方法，组织和个人的工作方法设计等。工作方法的设计具有灵活性和多样性，不同性质的工作根据其工作特点的不同采取的具体方法也不同，不能千篇一律。

（4）相互沟通。沟通是一个信息交流的过程，是整个工作流程顺利进行的信息基础，包括垂直沟通，平行沟通，斜向沟通等形式。

（5）协作。整个组织是有机联系的整体，是由若干个相互联系相互制约的环节构成的，每个环节的变化都会影响其他环节以及整个组织运行，因此各环节之间必须相互合作相互制约。

3. 工作关系

组织中的工作关系，表现为协作关系，监督关系等各个方面。通过以上三个方面的岗位设计，为组织的人力资源管理提供了依据，保证事（岗位）得其人、人尽其才、人事相宜；优化了人力资源配置，为员工创造更加能够发挥自身能力，提高工作效率，提供有效管理的环境保障。

五、岗位设计的方法

岗位设计的方法有多种，但其中心思想是工作丰富化，而工作丰富化的核心是激励的工作特征模型。

1. 工作轮换

工作轮换是属于工作设计的内容之一，指在组织的不同部门或在某一部门内部调动雇员的工作。目的在于让员工积累更多的工作经验。

2. 工作扩大化

工作扩大化的做法是扩展一项工作包括的任务和职责，但是这些工作与员工以前承担的工作内容非常相似，只是一种工作内容在水平方向上的扩展，不需要员工具备新的技能，所以，并没有改变员工工作的枯燥和单调。

3. 工作丰富化

所谓的工作丰富化是指在工作中赋予员工更多的责任、自主权和控制权。工作丰富化与工作扩大化、工作轮调都不同，它不是水平地增加员工工作的内容，而是垂直地增加工作内容。这样员工会承担更多重的任务、更大的责任，员工有更大的自主权和更高程度的自我管理，还有对工作绩效的反馈。

六、工作设计的原则与实例

（1）给员工尽可能多的自主性和控制权。例如，维修部经理允许维修人员自己订购零件和保管存货。

（2）让员工对自己的绩效做到心中有数。例如，主管与下属进行定期的绩效反馈面谈，并且建立渠道让员工了解同事和客户对自己的评估。

（3）在一定范围内让员工自己决定工作节奏。例如，实行弹性工作时间政策。

（4）让员工尽量负责完整的工作。例如，建立项目管理制度，使员工独立负责一个项目从而接触一项工作的全部过程。

（5）让员工有不断学习的机会。例如，让员工参加各种技能的培训并进行工作轮换，丰富员工所掌握的技能。

七、影响工作设计的主要因素

一个成功有效的岗位设计，必须综合考虑各种因素，既需要对工作进行周密的有目的的计划安排，并考虑到员工的具体素质、能力及各个方面的因素，也要考虑到本单位的管理方式、劳动条件、工作环境、政策机制等因素。具体进行岗位设计时，必须考虑以下三方面的因素：

1. 员工的因素

人是组织活动中最基本的要素，员工需求的变化是岗位设计不断更新的一个重要因素。岗位设计的一个主要内容就是使员工在工作中得到最大的满足，随着文化教育和经济发展水平的提高，人们的需求层次提高了，除了一定的经济收益外，他们希望在自己的工作中得到锻炼和发展，对工作质量的要求也更高了。只有重视员工的要求并开发和引导其兴趣，给他们的成长和发展创造有利条件和环境，才能激发员工的工作热情，增强组织吸引力，留住人才。否则随着员工的不满意程度的增加，带来的是员工的冷漠和生产低效，以致人才流失。因此岗位设计时要尽可能地使工作特征与要求适合员工个人特征，使员工能在工作中发挥最大的潜力。

2. 组织的因素

岗位设计最基本的目的是为了提高组织效率，增加产出。岗位设计离不开组织对工作的要求，具体进行设计时，应注意以下三点：

（1）岗位设计的内容应包含组织所有的生产经营活动，以保证组织生产经营总目标的顺

利有效实现。

（2）全部岗位构成的责任体系应该能够保证组织总目标的实现。

（3）岗位设计应该能够助于发挥员工的个人能力，提高组织效率。这就要求岗位设计时全面权衡经济效率原则和员工的职业生涯和心理上的需要，找到最佳平衡点，保证每个人满负荷工作，使组织获得组织的生产效益和员工个人满意度及安宁两方面的收益。

3. 环境因素

环境因素包括人力供给和社会期望两方面。

（1）岗位设计必须从现实情况出发，不能仅仅凭主观愿望，而要考虑与人力资源的实际水平相一致。例如：在我国目前人力资源素质不高的情况下，工作内容的设计应相对简单，在技术的引进上也应结合人力资源的情况，否则引进的技术没有合适的人使用，造成资源的浪费，影响组织的生产。

（2）社会期望是指人们希望通过工作满足些什么。不同的员工其需求层次是不同的，这就要求在岗位设计时考虑一些人性方面的东西。在21世纪，激励越来越受到管理者的重视，因为它是对员工从事劳动的内在动机的了解和促进，从而使员工在最有效率、最富有创造力的状态下工作。岗位设计直接决定了人在其所从事的工作中干什么、怎么干，有无机动性，能否发挥其主动性、创造性，有没有可能形成良好的人际关系等。优良的岗位设计能保证员工从工作本身寻得有意义与价值，可以使员工体验到工作的重要性和自己所负的责任，及时了解工作的结果，从而产生高度的内在激励作用，形成高质量的工作绩效及对工作高度的满足感，达到最佳激励水平，为充分发挥员工的主动性和积极性创造条件，组织才能形成具有持续发展的竞争力。

八、工作设计中的社会技术理论

工作设计中的社会技术理论认为在工作设计中应该把技术因素与人的行为、心理因素结合起来考虑。任何一个生产运作系统都包括两个子系统：技术子系统和社会子系统。如果只强调其中的一个而忽略另一个，就有可能导致整个系统的效率低下，因此应该把生产运作组织看作一个社会技术系统，其中包括人和设备、物料等，既然人也是投入要素，这个系统就应具有社会性。人与这些物性因素结合得好坏不仅决定着系统的经济效益，还决定着人对工作的满意程度，而后者，对于现代人来说是很重要的一个问题。因此，在工作设计中，着眼点与其说放在个人工作方式的完成方式上，不如说应该放在整个工作系统的工作方式上。也就是说，工作小组的工作方式应该比个人的工作方式更重要。

如果把生产运作组织方式、新技术的选择应用和工作设计联系起来考虑的话，还应该看到，随着新技术革命和信息时代的到来，以柔性自动化为主的生产模式正在成为主流。但是，这种模式如果没有在工作设计中的思想和方法上的深刻变革，是不可能取得成功的。为此，需要把技术引进和工作设计作为一个总体系统来研究，将技术、生产组织和人的工作方式三者相结合，强调在工作设计中注重促进人的个性的发展，注重激发人的积极性和劳动效率。这种理论实际上奠定了现在所流行的"团队工作"方式的基础。

第七节 工 作 测 量

工作测量，在工业工程中又称为时间研究（time study），是各种时间测定技术的总称，用以制定各项工作或作业的时间标准，确定劳动定额，并通过某种研究方法（如工作抽样）评价现实的工作时间利用情况以及人员工作效率。简言之，工作测量就是在一定的标准测定条件下，确定人们作业活动所需的时间、并制定出时间标准或定额的一种科学管理方法。工作测量是企业制订劳动力需求计划、确定生产能力需求、预测生产成本、制定劳动工资及奖励激励等项工作的基础。

工作测量方法主要用于工作中的绩效评估流程，为绩效评估提供准确可行的数据和模式。工作测量的方法较多，这里主要介绍测时法、预定时间标准法和工作抽样法。

（一）测 时 法

测时法，又称直接时间研究，是用秒表和其他一些计时工具，来实际测量完成一件工作所需要的时间。其基本过程如下：

（1）选择观测对象；

（2）划分作业操作要素，制定测时记录表；

（3）记录观测时间，剔除异常值，并计算各项作业要素的平均值；

平均时间$(t_i) = (\sum t_{ij}/n)$（对 i 要素的 j 次观察，$j = 1,2,\cdots,n$）

（4）计算作业的观察时间；

作业的观察时间 $= \sum t_i (i = 1,2\cdots)$

（5）效率评定，计算正常作业时间；

工常作业时间 = 作业的观察时间 × 评定系数

评定系数是指研究人员理想中的正常时间占实测时间的百分比。

（6）考虑宽放率，确定标准作业时间。

（二）预定时间标准法（PTS）

PTS 法把人们所从事的所有作业都分解成基本动作单元，对每一种基本动作都根据它的性质与条件，经过详细观测，制成基本动作的标准时间表。当要确定实际工作时间时，只要把作业分解为这些基本动作，从基本动作的标准时间来查出相应的时间值，累加起来作为正常时间，再适当考虑宽放时间，即得到标准作业时间。

（三）工作抽样法

工作抽样法是由研究人员选择随机时刻对现场操作者或设备助工作情况进行瞬时观察，记录其从事某类工作出现的次数，运用概率及数理统计方法，通过可靠度和准确度计算，推定观察对象的整体工作状况。工作抽样法的分析研究结果，可用于制定时间定额中各类工时消耗的比例，为确定作业标准时间提供依据。

工作抽样法的特点是采用间断观测方式，不是记录观测的时间，而是记录对观测到的事

件性质（如工作还是停工）做出的判断结果。所以操作方便、简单省时，不需要专门的观测工具，资料也容易整理，观测的精度可以控制，只要根据需要确定一个精度，就可计算出达到该精度所得要的观测次数。由于工作抽样的观察时间可以比较长，次数达到成百上千，因而得出的结论更有代表性，容易为人们接受。但这种方法有局限性，只能用于工作状态的时间分析，不适于工作过程的时间分析。

第八节 工 作 抽 样

工作抽样（work sampling）又叫比率——延迟研究，是应用统计抽样方式，进行工作测量的一种技术，广泛适用于工厂、农场、政府行政机关及服务行业的工作改善与工作测量。

工作抽样是根据观测时的抽样次数来推断发生的时间长短，它的基本原则是：观测的数目与要区别的活动的时间量成比例。

即：时间的构成比率$(P) = \dfrac{\text{活动项目被观测到的次数}(X)}{\text{观测次数}(N)}$

根据这一原则，可以用抽样观测结果，对工作活动做出某种描述，利用它可以改善工作，确定宽放时间，确定标准时间，修正标准时间。

工作抽样的程序

1. 明确工作抽样的目的

目的不同，所要求的准确度、观察项目的分类、观察时间的选定和结果的整理方法等也不相同。例如：如果抽样的目的是为了调查机器的机动率，其调查项目可以简单地分为［作业］与［空闲］两部分。如果调查的目的是为了查明机器发生空闲的原因，以便采取对策，则须将机器发生空闲的原因详细分类列出。

2. 调查项目分类

目的确定后，要拟定具体的调查项目，对调查项目进行详细分类，例如：调查人员的非生产情况，对于构成作业人员非生产行为的各种现象来说，要确定他有哪些项目。

3. 进行预备观测，估计发生率

从调查目的考虑，活动内容如何具体的分类，以防不可预测的项目发生，为确定整个项目观测次数，必须在正式实施抽样前进行 1～2 天的预备观测，以估计被观测项目的时间构成比率(P)，观测次数一般可为 100～200 次。

4. 决定观测总次数

一般在 95% 置信度，相对误差 S 或绝对误差 E 下，分别按以下公式求之：

$$N = 4(1-P)S^2P$$

$$N = 4P(1-P)/E^2 \quad 或$$

N—为观测次数

S—为相对误差

E—为绝对误差

P—为预备观测时间构成比率

一般的工作抽样，E 为 ±（2%～3%），S 为 ±（5%～10%）。但用于不同目的的工作抽样，其误差标准也不相同。

小　结

本章主要介绍产品、服务设计及工作设计的基本概念及常用模型。具体包括产品设计的意义、产品设计的基本要求、产品设计的基本程序；服务设计的基本过程；用于产品服务设计的典型模型——卡诺模型；工作设计的基本内容，工作绩效评估的测量步骤、方法、技术及一种具体的工作测量方法——工作抽样。

思 考 题

1. 简要分析产品设计的意义。
2. 产品设计的要求有哪些？
3. 简述产品设计的基本方法。
4. 服务产品的要素主要包括什么内容？
5. 分析说明服务设计的基本过程。
6. 简要分析卡诺模型。
7. 简述品质要素的组成内容。
8. 简述工作设计的主要内容。
9. 工作设计的基本步骤有哪些？
10. 简要分析工作设计的内涵。
11. 影响工作设计的主要因素有哪些？
12. 简述工作测量的基本步骤。
13. 工作测量的基本技术有哪些？
14. 简述工作抽样的基本程序。

参考文献

［1］陈志祥编．生产运作管理教程．清华大学出版社，2010.

［2］陈荣秋，马士华．生产运作管理（第3版）．机械工业出版社，2009.

[3] 徐盛华，林业霖．现代企业管理（第2版）．清华大学出版社，2011.

[4] 谢质彬．产品系统设计．清华大学出版社，2011.

[5] （美）奥托．伍德．产品设计．齐春萍等译．电子工业出版社，2011.

[6] 江彬．产品创新设计．北京理工大学出版社，2009.

[7] （美）卡尔·T. 犹里奇，斯蒂芬·D. 埃平格．产品设计与开发（第4版）．东北财经大学出版社，2009.

[8] 姜斌．基于计算机辅助设计的数字化设计管理平台模式建构与分析．南京理工大学硕士论文，2004.

[9] 夏世德．电子信息新产品研发创新项目管理．昆明理工大学硕士论文，2007.

[10] 罗助年．广州安费诺公司超产奖励计划的诊断与优化．兰州大学硕士论文，2010.

第十章 库存模型

第一节 引 言

在库存理论中，人们将库存分为独立需求库存与相关需求库存两种。所谓独立需求是指需求变化独立于人们的主观控制之外，因而其数量与出现的概率是不确定的、模糊的。而独立需求的库存控制模型又根据其主要参数的确定与否，分为确定型与随机型两种。

确定型库存控制模型，是指需求量、提前期都是确定的条件下的库存控制模型，其基本管理方法是经济订货批量法。用经济订货批量法来制定库存策略，不但可以确定订货量，而且还可以确定订货周期。

在随机性库存控制模型中，经济订货批量的计算是十分复杂的，它是订购成本、储存成本与缺货成本的总期望值最小时的订货批量。而为了计算相关成本的数学期望，必须了解需求的概率分布规律，并利用概率密度函数与分布函数进行一系列复杂的运算。相比确定型库存控制模型，随机型库存控制模型要决定的参数是再订货点库存量和安全库存量。

>【学习要点】>

1. 了解周期库存和安全库存的概念。
2. 了解典型库存控制方法。
3. 掌握不同不确定状况下安全库存水平的确定。
4. 掌握基本的订货策略。
5. 掌握订货批量的确定原则和方法。

第二节 订货批量模型

一、经济订货批量模型

经济订货批量（economic order quantity，EOQ）模型。该模型有如下假设条件：

（1）外部对库存系统的需求率已知，需求率均匀且为常量。年需求率以 D 表示，单位时间需求率以 d 表示。

（2）一次订货量无最大最小限制。

（3）采购、运输均无价格折扣。

（4）订货提前期已知，且为常量。

（5）订货费与订货批量无关。

（6）维持库存费是库存量的线性函数。

（7）不允许缺货。

（8）补充率为无限大，全部订货一次交付。

（9）采用固定量系统。

在以上假设条件下，库存量的变化如图 10-1 所示。从图 10-1 可以看出，系统的最大库存量为 Q，最小库存量为 0，不存在缺货。库存按数值为 D 的固定需求率减少。当库存量降到订货点 RL 时，就按固定到货量 Q 发出订货。经过一固定的订货提前期 LT，新的一批订货 Q 到达（订货刚好在库存为 0 时到达），库存量立即达到 Q。显然，平均库存量为 $Q/2$。

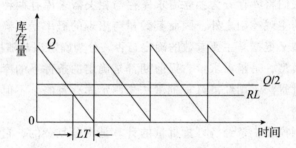

图 10-1 经济订货批量假设下的库存变化

若以 C_T 表示年库存总费用，则

$$C_T = C_H + C_R + C_P + C_S \qquad \text{式（10-1）}$$

C_H：年维持库存费；

C_R：年补充订货费；

C_P：年购买费（加工费）；

C_S：年缺货损失。

在 EOQ 模型的假设条件下，式（10-1）中 C_S 为零，C_P 与订货批量大小无关，为常量，因此，

$$C_T = C_H + C_R + C_P = H\ (Q/2)\ + S\ (D/Q)\ + pD \qquad \text{式（10-2）}$$

式中，S 为一次订货或调整准备费；H 为单位维持库存费，$H = ph$，p 为单价，h 为资金效益系数；D 为年需求量。

年维持库存费 C_H 随订货批量 Q 增加而增加，是 Q 的线性函数；年订货费 C_R 与 Q 的变化成反比，随 Q 增加而下降。不计年采购费用 C_P，总费用 C_T 曲线为 C_H 曲线和 C_R 曲线的叠加。C_T 曲线最低点对应的订货批量就是最佳订货批量，如图 10-2 所示。为了求出经济订货批量，将式（10-2）对 Q 求导，并令一阶导数为零，可得：

$$Q^* = EOQ = \sqrt{\frac{2DS}{H}} \qquad \text{式（10-3）}$$

订货点 RL 可按式（10-4）计算：

$$RL = D \cdot LT \qquad \text{式（10-4）}$$

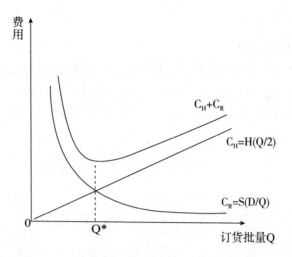

图 10 – 2　年费用曲线

在最佳订货批量下，

$$C_H + C_R = S\ (D/Q^*)\ + H\ (Q^*/2)$$

$$= \frac{DS}{\sqrt{\dfrac{2DS}{H}}} + \frac{H}{2}\sqrt{\frac{2DS}{H}} = \sqrt{2DSH} \qquad 式（10 – 5）$$

从式（10 – 3）可以看出，经济订货批量随单位订货费增加而增加，随单位增加而减少。因此，价格昂贵的物品订货批量小，难采购的物品一次订货批量要大一些。这些都与人们的常识一致。

例：S 公司以单价 10 元每年购入某产品 8000 件。每次订货费为 30 元，资金年利率为 12%，单位维持库存费按所库存货物价值的 18% 计算。若每次订货的提前期为 2 周，试求经济订货批量、最低年总成本、年订货次数和订货点。

解：这是一个直接利用 EOQ 公式的问题。显然，$p = 10$ 元/件，$D = 8000$ 件/年，$S = 30$ 元，$LT = 2$ 周。H 则由两部分组成，一是资金利息，一是仓储费用，即 $H = 10 \times 12\% + 10 \times 18\% = 3$ 元/（件·年）。

因此，$EOQ = \sqrt{\dfrac{2DS}{H}} = \sqrt{\dfrac{2 \times 8000 \times 30}{3}} = 400$（件）

最低年总费用为：

$C_T = P \cdot D + S \cdot (D/Q^*) + H \cdot (Q^*/2)$

$= 8000 \times 10 + (8000/400) \times 30 + (400/2) \times 3 = 81200$（元）

年订货次数

$n = D/EOQ = 8000/400 = 20$（次）

订货点 $RL = (D/52) \cdot LT$

$\quad\quad\quad = 8000/52 \times 2 = 307.7$（件）

二、价格折扣模型

为了刺激需求，诱发更大的购买行为，供应商往往在顾客的采购批量大于某一值时提供优惠的价格。这就是价格折扣。图 10 – 3 表示有两种数量折扣的情况。当采购量小于 Q_1 时，单价为 p_1；当采购量大于或等于 Q_1 而小于 Q_2 时，单价为 p_2；当采购量大于或等于 Q_2 时，单价为 p_3。$p_3 < p_2 < p_1$。

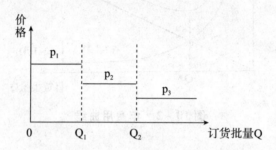

图 10 – 3　有数量折扣的价格曲线

价格折扣对于供应厂家是有利的。因为，生产批量大，则生产成本低，销售量扩大可以占领市场，获取更大利润。价格折扣对用户是否有利，要作具体分析。

在有价格折扣的情况下，由于每次订购量大，订货次数减少，年订货费用会降低。但订购量大会使库存增加，从而使维持库存费增加。按数量折扣订货的优点是单价较低，年订购成本较低，较少发生缺货，装运成本较低，而且能比较有效地对付价格上涨。其缺点是库存量大，储存费用高，存货周转较慢且容易陈旧。接不接受价格折扣，需要通过价格折扣模型计算才能决定。

价格折扣模型的假设条件仅有一条（条件 3）与 EOQ 模型假设条件不一样，即允许有价格折扣。由于有价格折扣时，物资的单价不再是固定的了，因而传统的 EOQ 公式不能简单地套用。图 10 – 4 所示为有两个折扣点的价格折扣模型的费用。年订货费 C_R 与价格折扣无关，曲线与 EOQ 模型的一样。年维持库存费 C_H 和年购买费 C_P 都与物资的单价有关。因此，费用曲线是一条不连续的曲线。但是，无论如何变化，最经济的订货批量仍然是总费用曲线 C_T 上最低点所对应的数量。由于价格折扣模型的总费用曲线不连续，所以成本最低点或者是曲线效率（即一阶导数）为零的点，或者是曲线的中断点。求有价格折扣的最优订货批量可按下面步骤进行：

（1）取最低价格带入基本 EOQ 公式，求出最佳订货批量 Q^*，若 Q^* 可行（即所求的点在曲线 C_T 上），Q^* 即为最优订货批量，停止。否则进入步骤（2）

（2）取次低价格带入基本 EOQ 公式求出 Q^*，若 Q^* 可行，计算到货量为 Q^* 时的总费用和所有大于 Q^* 的数量折扣点（曲线中断点）所对应的总费用，取其中最小总费用所对应的数量即为最优订货批量。

（3）若 Q^* 不可行，重复步骤（2），直到找到一个可行的 EOQ 为止。

例：S 公司每年要购入 1200 台 X 产品。供应商的条件是：（1）订货量大于等于 75 台时，单价 32.50 元；（2）订货量小于 75 台时，单价 35.00 元。每次订货的费用为 8.00 元；单位

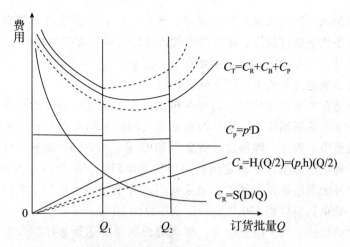

图10-4　有两个折扣点的价格折扣模型的费用

产品的年库存维持费用为单价的12%。试求最优订货批量。

解：这是一个典型的数量折扣问题，可以按这类问题的一般求解步骤解答

a）当 $C = 32.50$ 时，$H = 32.50 \times 12\% = 3.90$；$S = 8.00$；$D = 1200$

则：

$$EOQ\ (32.50) = \sqrt{\frac{2 \times 1200 \times 8}{3.90}} = 70.16$$

因为只有当订货量大于等于75时，才能享受单价为32.50元的优惠价格，也就是说，70.16是不可行的（即70.16所对应的点不在曲线 C_T 的实线上）。

b）求次低的单价 $C = 35.00$ 时的情况。此时，$H = 35.00 \times 12\% = 4.20$；$S = 8.00$；$D = 1200$

$$EOQ\ (35.00) = \sqrt{\frac{2 \times 1200 \times 8}{4.20}} = 67.61$$

当单价为35.00元时，经济订货批量取68单位，这与供应商的条件是不矛盾的，因而68可行的订货批量。在这里，订货量大于68的数量折扣点只有一个，即75单位。因此应该分别计算订货量为68单位和75单位时的总成本 $C_T\ (68)$ 和 $C_T\ (75)$

$$C_T\ (68) = (68/2) \times 4.20 + (1200/68) \times 8 + 1200 \times 35.00$$
$$= 42283.98\ （元）$$

$$C_T\ (75) = (75/2) \times 3.90 + (1200/75) \times 8 + 1200 \times 32.50$$
$$= 39274.25\ （元）$$

由于 $C_T\ (75) < C_T\ (68)$，所以最优订货批量应为75台

第三节　安 全 库 存

确定性固定订货量系统的决策分析方法较简单，但由于假设条件较多，与实际生产系统的情况出入较大，影响了其实用价值。不同于确定性固定订货量系统，非确定性固定订货量

系统由于无法准确预测系统的需求变化，因此，根本无法完全消除缺货现象的发生，如何确定有缺货情况发生条件下的订货点，是非确定性固定订货量系统的库存控制决策的分析重点。造成不确定的因素是多方面的，其中最主要有

订货提前期的不确定性和需求量的不确定性两方面。

因此，必须有适合于非确定性特征的库存模型。在非确定性特征的库存模型中，库存由两部分组成：第一部分是周期库存，用于两次订货之间的平均库存消耗，周期库存量可采用确定性固定订货量模型来确定，即每次订货量为 EOQ 量；另一部分是安全库存，安全库存的设置是为了预防不确定性需求或不确定提前期中的变动问题。安全库存（safety stock）的量为超出预期需求之外的附加库存。例如，如果我们的月平均需求量为 100 件，且预计下月的需求量保持不变，如果我们订购 120 件，则安全库存为 20 件。

设置安全库存的目的是为了防止缺货，那么防止缺货要达到怎样的程度？是绝对防止还是允许有一定的限度？安全库存量的确定可以依据多种不同的标准。一种常见的方法是简单的规定应该存储几周的供应量作为安全库存。但是，另有一种更好的办法是使用一种能跟踪需求的变化幅度的方法。安全库存量是设置取决于需求率和提前期的变动情况，以及所准备达到的对顾客的服务水平。

对于满足给定水平的需求所需的安全库存数量，可以通过计算机仿真或统计技术来确定。在计算安全库存水平时，有必要考虑需求和补货周期变动的共同作用。这可以通过收集在统计上有效的最近的销售量和补货周期样本数据来实现。一旦数据收集完毕，可以通过采用以下计算通式确定安全库存的需要：

$$ss = \alpha \sqrt{Et \cdot \sigma_d^2 + (Ed)^2 \cdot \sigma_t^2}$$

其中 SS = 安全库存

α = 安全系数

E_t = 平均提前期

E_d = 平均日需求量

σ_t = 提前期的标准差

σ_d = 需求量的标准差

α 的计算可根据既定的服务水平（不缺货率），查正态分布表得出。图 10 - 5 显示了正态分布的区域关系。

σ 的计算可根据下式计算

$$\sigma_d = \sqrt{\sum_{i=1}^{n} (d_i - E_d)^2 q_i}$$

其中 d_i = 提前期内第 i 天的实际需求量；

E_d = 日需求量的期望值（均值）；

q_i = 提前期内第 i 种日需求量出现的概率；

n = n 种日需求量。

一、需求变动下的安全库存

在影响安全库存设置的两个主要因素中，若提前期保持不变，需求发生变化，则意味着

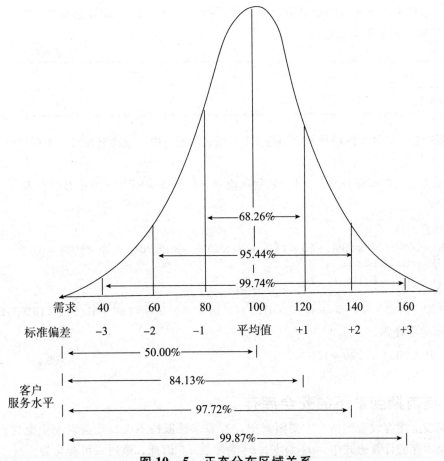

图 10 − 5　正态分布区域关系

前述安全库存的计算通式中，σ_t 为零，E_t 为常数 t。因此，该通式可简化为

$$ss = \alpha \cdot \sigma_d \sqrt{t}$$

其库存变化情况如图 10 − 6 所示。

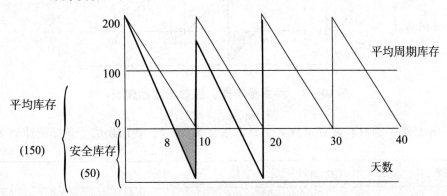

图 10 − 6　提前期不变，需求变动情况

例：一家建筑材料配送中心对历史记录进行统计分析，得出混凝土在提前期（备货期）20 天内的日库存需求概率发布如下。

日需求量 d（吨）	30	40	60	70	80	90
概率（%）	20	10	15	25	20	10

如果管理者愿意承担的缺货风险超过 3%，那么该配送中心应持有的安全库存量应为多少。

求解：

（1）确定 α：根据服务水平 $= 1 -$ 缺货风险率 $= 1 - 3\% = 97\%$，查正态分布表可得 $\alpha = 1.88$

（2）计算 σ_d：

$E_d = 30 \times 20\% + 40 \times 10\% + 60 \times 15\% + 70 \times 25\% + 80 \times 20\% + 90 \times 10\% = 61.5$

$$\sigma_d = \sqrt{\sum_{i=1}^{n} (d_i - E_d)^2 q_i}$$

$$\sqrt{(30 - 61.5)^2 \times 20\% + (40 - 61.5)^2 \times 10\% + \cdots + (90 - 61.5)^2 \times 10\%} \approx 20.3$$

（3）安全库存为：

$SS = 1.88 \times 20.3 \times \sqrt{20} \approx 171$ 吨

二、提前期变动下的安全库存

在影响安全库存设置的两个主要因素中，若需求量保持不变，提前期发生变化，则意味着前述安全库存的计算通式中，σ_d 为零，E_d 为常数 d。因此，该通式可简化为

$$ss = \alpha \cdot \sigma_t \cdot d$$

其库存变化情况如图 10 - 7 所示。

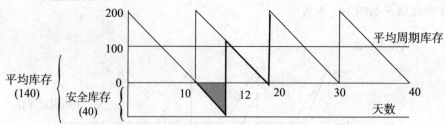

图 10 - 7　需求量不变，提前期变动情况

例：一家厂商的原材料库对材料 A 的日需求量为 35 件，提前期的变化据统计如下：

提前期天数	10	11	12	13	14	15
出现概率（%）	10	20	35	20	10	5

在既定的服务水平 98% 的情况下，安全库存的计算如下：

（1）确定 α：根据服务水平 98%，查正态分布表，得 $\alpha = 2.05$

（2）计算 σ_t：

$$E_t = 10 \times 10\% + 11 \times 20\% + 12 \times 35\% + 13 \times 20\% + 14 \times 10\% + 15 \times 5\% = 12.15$$

$$\sigma_t = \sqrt{(10 - 12.15)^2 \times 10\% + (11 - 12.15)^2 \times 20\% + \cdots + (15 - 12.15)^2 \times 5\%} \approx 1.28$$

（3）则安全库存确定为：

$$SS = 2.05 \times 1.28 \times 35 = 92 \text{ 件}$$

三、需求和提前期同时变动

在影响安全库存设置的两个主要因素中，若需求量和提前期同时变动，则使用安全库存通式计算所有设置安全库存水平。

$$ss = \alpha \sqrt{Et \cdot \sigma_d^2 + (Ed)^2 \cdot \sigma_t^2}$$

其库存变化情况如图 10-8 所示。

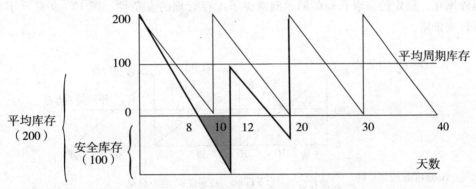

图 10-8 需求和提前期同时变动

例：卡顿公司销售一种儿童艺术玩具，根据历史数据，卡顿公司得到提前期内日需求量的相关数据如下、在服务水平不低于 98% 时，应保有多少安全库存？

日需求量（件）	40	50	60	70	80	90
概率	0.1	0.2	0.2	0.2	0.2	0.1
提前期（天）	5	6	7	8		
概率	0.1	0.3	0.4	0.2		

解：

$$E_t = 5 \times 0.1 + 6 \times 0.3 + 7 \times 0.4 + 8 \times 0.2 = 6.7 \text{ 天}$$

$E_d = 40 \times 0.1 + (50 + 60 + 70 + 80) \times 0.2 + 90 \times 0.1 = 65$ 件

$\sigma_d = \sqrt{(40-65)^2 \times 0.1 + (50-65)^2 \times 0.2 + \cdots\cdots + (90-65)^2 \times 0.1} = 15$

$\sigma_t = \sqrt{(5-6.7)^2 \times 0.1 + (6-6.7)^2 \times 0.3 + (7-6.7)^2 \times 0.4 + (8-6.7)^2 \times 0.2} = 0.9$

当服务水平为98%时，查表得

$\alpha = 2.05$

则安全库存为

$SS = 2.05 \times \sqrt{6.7 \times 15^2 + 65^2 \times 0.9^2} \approx 2.05 \times 70 \approx 144$ 件

第四节　经济库存（周期库存）

周期库存（cycle stock）是由于销售或生产过程的库体补充而产生的库存。这种库存是为了满足确定情况下的需求。也就是说，当公司可以预测需求和补货周期（提前期）时，需求和提前期不变的情况下，订货批量对平均库存投资的影响。

例如，如果某产品每天总是销售 20 单位，提前期总是 10 天。则在周期库存之外就不再需要额外库存。稳定的需求和提前期预测减少了库存管理的复杂性。图 10 - 9 显示了 3 中可选的再订货策略。

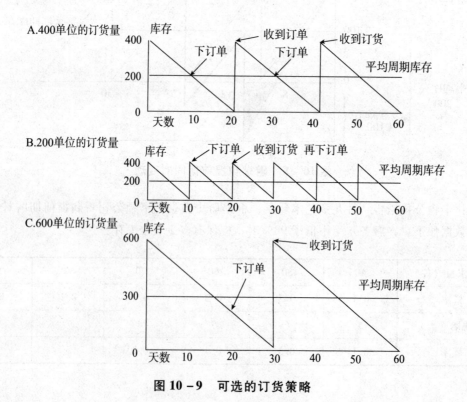

图 10 - 9　可选的订货策略

一、固定订货点，固定订货批量模型

管理者很少能够有把握地知道公司产品的预期需求是什么样的。许多因素会影响预测的准确度，包括经济环境、竞争行为、政府政策的变化、生产的变化、消费者购买方式的变化等。订货周期时间也不是稳定不变的。运输时间也是变动的，可能要花费更多的时间来满足一份订单，或者有时候要等待已编排好的生产计划，供应商的零部件和原材料的供应提前期可能是不稳定的，而且供应商可能不具有对需求变化做出及时反应的能力。

其结果是，管理者面临选择，要么以安全库存的形式维持额外的库存，要么冒配送中心缺货而引起的潜在销售收入损失的风险。因此，我们必须做好成本权衡：库存持有成本与缺货成本的权衡。

与需求和提前期相关的不确定性使大多数管理者将工作重点放在何时订货问题上，而不是放在订货批量问题上。订货批量在某种程度上是重要的，它影响了订单数，结果也影响了在每一个订货周期末，公司处于潜在的缺货状态的次数。订单发出的点，是在等待库存补货的同时企业满足需求的未来能力的一个主要的决定因素。

在不确定的环境下库存控制所采用的一种方法是固定订货点、固定订货批量模型。在这种方法中，当手头和已订购的库存数下降到预先确定的满足订货周期内的需求所需的最小库存水平时，发出订单。无论何时需求使库存水平下降到订货点，企业订购数量等于经济订货批量的产品。

二、固定订货周期模型

相反，固定订货间隔期模型将现有库存与需求预测值相比较，然后在规定的时间定期地发出订单，订购必要数量的产品。也就是说，订单之间的间隔期是固定的。这种方法有利于将一个供应商采购的各种物品的订单结合起来，从而有资格获取采购的数量折扣和联合运输所引起的成本节约。如图 10 - 10 所示。

图 10 - 10　中的 a 部分表示在固定订货点、固定订货批量模型中，补货订单分别在第 15 天、27 天、52 天发出。相反，当采用固定订货间隔周期模型时（b 部分），在第 15 天、35 天、55 天每间隔 20 天发出订单。在采用固定订货间隔期模型时，有必要在第 15 天预测从第 20 天到 40 天的需求，在第 35 天预测从第 40 天到第 60 天的需求，等等。固定订货间隔周期系统更加有适应能力，因为管理者不得不考虑销售活动的变化，为每一个订货间隔期的需求进行预测。

第五节　库　存　控　制

库存查证的基本方式分为两种，一种是连续检查控制法，侧重于对库存量的连续观测，并以此作为库存控制的主要依据；另一种是定期检查控制法（或周期检查法），通过固定时

a.固定订货点，固定订货批量模型

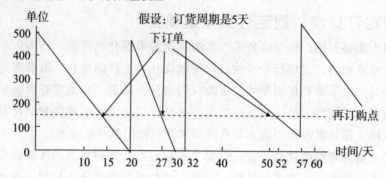

b.固定订货间隔模型

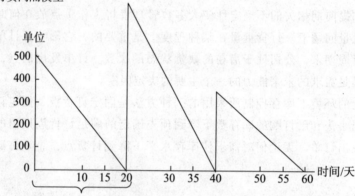

订货间隔是20天，订货周期是5天

图 10 – 10　不同订货策略比较

间间隔的检查，达到控制库存的目的。

一、连续检查控制法

采用连续检查控制法（也称定量法，订货点法）的生产系统，在每次物资出库时，均盘点剩余物资，检查库存量是否低于预先设定的订货点，如果低于订货点，则应该发出订货指令。由于从订货指令发出到所购物资入库，通常需要一段时间（订货提前期），在此期间库存储备不断减少，去做不断地投入生产环节，转换成产品，直到库存储备降低到最低点。当订货物资到货时，库存储备得到补充，达到最大值。

一个企业采用连续检查控制方式后，其库存控制存在如下特点：

（1）每次的订货批量通常是固定的；

（2）相邻两次订货的时间间隔通常是变化的，其大小主要取决于需求量的变化情况，需求大则时间间隔短，需求小则时间间隔长。

尽管每次发出订货指令时库存储备基本相等，但由于需求可能是随时变化的，造成库存储备的极大极小值时高时低，并不稳定。基于上述特点，连续检查控制方式的库存控制要点是订货批量的确定与订货点的设立。前者影响整个平均库存水平，后者影响服务水平。

二、周期检查控制法

周期检查控制方式采用定期盘点库存，并根据库存情况，结合下一计划期预计的需求情况确定每次的订货批量。如果目前库存储备较少，或者预计需求将增加时，可以适当地增加订货批量，反之则可以减少订货批量。

周期检查控制法，每两次订货的时间间隔是固定的，因此，此控制方式也称为固定订货期系统。与连续检查控制法不同，订货批量通常是变化的。此种控制方式的关键是确定订货期。周期检查控制方式采用固定的订货间隔期，通常按月或季度来划分。例如，采用周期检查控制方式的生产企业从客观上比较容易制定出统一的采购计划，将一段时间企业需要采购的物资汇总采购，更容易获得价格优惠。

三、库存重点控制方法

企业的库存物资种类繁多，对企业需用的全部物资进行管理是一项复杂而繁琐的工作，如果管理者对所有的库存物资均匀地投入其精力，通常只能使其有限的精力过于分散，只能进行较落后的粗放式库存管理，管理效率低下。因此，在库存控制工作中，应该强调重点管理的原则，将管理重心放在重点物资上，对重点物资加强管理。ABC分析法便是库存重点控制的常用方法之一。这种方法是由意大利经济学家帕累托（Pareto）在调查19世纪米兰的社会财富状况时提出并应用于分析的。他发现，米兰市社会财富的80%，被占人口20%的少数人占有，而占人口80%的人却仅占有20%的社会财富。帕累托将其结果，按从富到贫的顺序排列，绘制成管理界熟知的帕累托图。

后人的研究发现，类似帕累托图所示的分布不均匀现象，不仅存在于社会财富的分配上，而且普遍存在于社会经济生活中的许多方面。在库存方面，库存物资占用的资金量的分布情况，与帕累托图分布相类似。少数库存物资占用了大部分的流动资金，这些物资无疑应该是成本控制的要点，搞好这些重要物资的控制工作，便搞好了整个企业的库存管理。基于上述认识以及库存物资自身存在的客观规律，库存管理的ABC分析法应运而生。

该方法的基本思路是，将企业的库存物资按其占用资金的多少，依次划分为A、B、C三大类，并通过对不同的库存物资采用不同的管理方法，增强管理的针对性，达到简化管理程序，提高管理效率的目的。

来看一个ABC分析的例子。根据产品进行的销售数量分析揭示，A类物品占用品种数的5%和销售额的70%，B类物品占用品种数的10%和销售额的20%，而C类物品占用剩余的65%的品种种类和只有10%的销售额。最后20%的物品在过去一年中没有销售额。在公司的库存中几乎总能够发现这种类型的统计分布。虽然物品的销售集中程度将随公司的不同而不同，但是曲线的形状却基本相似。帕累托图如图10－11所示。

对于ABC库存管理方式，大致可采取如下三种不同的策略：

（1）对于A类物品：对每件产品都要作编号，要尽可能慎重正确地预测需求量，少量采购，尽可能在不影响需求的情况下减少库存量；与出货对象合作，以使出库量平准化，以降

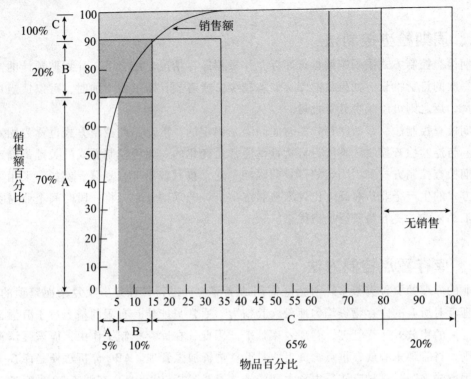

图 10 – 11   ABC 分类

低需求变动，减少安全库存量；与供应商协调，尽可能缩短提前期；采用定期订货的方式，对库存做定期的检查，严格执行盘点，以提高库存精确度，对交货期加强控制，在制品及发货亦需从严控制；货品放在易于出入库的位置上，并实施货品包装外形标准化，增加出入库单位；采购须经高层主管核准。

（2）对于 B 类物品：采用定量订货方式，但对订货提前期较长，或需求量有季节性变动趋势的物品宜采用定期订货方式，每二、三周盘点一次，中量采购；采购须经中级主管核准。

（3）对于 C 类物品：采用复仓制或定量订货方式以减少订货操作环节，大量采购，以利于数量折扣；简化库存管理手段，减少或取消这一类的管理人员，并尽量废除料账，出库单及订购单等单据，以最简单的方式管理；安全库存量应当较大，以免发生缺货；可交由生产现场保管使用，每月盘点一次即可；采购仅须经基层主管核准。

在选择连续检查控制方式还是周期检查控制方式时，物资类别是考虑因素之一。一般地讲，A 类物资采用连续检查控制方式较好，而周期检查控制方式较多地应用与 C 类物资管理。需要指出的是，在实际的库存物资分类工作中，在考虑占用资金情况的同时，还应兼顾供应以及物资重要程度等因素。一些特别关键的或供应较难保障的物资，虽然占用资金较少，但需要按 A 类物资对待。例如，某些关键的设备备件，尽管价值不高，但对保证企业正常运作非常重要，一旦没有保持足够的库存量，出现故障时将无法及时排除，造成企业的重大经济损失。另一些供应过程较难控制的物资，管理者也必须保持足够的库存储备，控制好订货提前期，以备供应出现问题时，企业不至于停产。

小 结

本章主要介绍了库存问题的基本模型，包括经济订货批量模型、价格折扣模型、在安全库存模型的讨论中，根据影响安全库存的不同不确定因素，分别讨论了需求变动，提前期变动以及需求和提前期同时变动状况下的安全库存设置决策。对于企业日常运作中的周期库存也进行了详细介绍。

此外，通过连续检查控制法，周期检查控制法和库存重点控制法的分析，介绍了企业基本的库存控制方法。

思 考 题

1. 在库存总费用的组成中，哪些费用随库存量增加而上升？哪些费用随库存量增加而下降？

2. 库存成本由哪些成本组成，订货批量变化如何影响各项成本的变化？

3. 基本 EOQ 模型有哪些假设条件，如何在生产实际中应用该模型？

4. 基于客户服务水平的库存管理战略在实际应用中可行吗？这种库存管理策略所导致的后果会怎样？它对不同的客户群会产生怎样的影响？

5. 在市场需求日益不确定的状况下，企业如何保持适度的库存水平以满足客户的需求？

6. 说明 ABC 分析法的工作原理与分类的具体方法，以及为什么该法可以用于库存的重点控制工作。

7. 在什么条件下，企业管理者会倾向于采用固定订货批量订货系统，而不用固定订货期系统？使用固定期订货系统有哪些缺点？

8. 某电机制造商每年需使用某型号传感器 350 只，每只传感器的价格为 725 元，每年的库存费用是产品价值的 26%，每次订货费为 100 元，求：

(1) 经济订货批量；

(2) 已知传感器的安全库存是 4 台，求年订货费用和库存费用。

9. 某公司每年需用某元件 3000 件。每次订货的固定成本为 250 元。单位维持库存费为货物价值的 25%。现有三个货源可供选择：A：不论订购多少单都 10 元；B：订购量必须大于等于 600 件，单价 9.50 元；C：订货起点为 800 单位，单价 9.00 元。试确定该公司的订货策略，并计算年最低库存费用。

10. 某饭店的啤酒平均日需求量，满足均值为 15 桶，标准偏差为 2 桶的正态分布；提前期满足均值为 5 天，标准偏差为 2 天的正态分布，试确定：

(1) 基准安全库存；

(2) 97.72% 客户满意度下的安全库存；

（3）99.87％客户满意度下的安全库存。

11. 某超市对其染发产品的销售进行了统计，数据如下，如果你是物流经理，应该如何进行 ABC 分类。请分类并作图示意。

品名	销售利润（元）	销售量（件）
棕色	5800	260
紫色	500	68
黄色	250	55
红色	340	95
绿色	420	170
金色	410	352
黑色	670	2424

12. 某公司每年要按单价 4 元购入某零件 36000 件。每次订货费用为 90 元，订货提前期为 5 天，每年按 250 天计。单位维持库存费为单价的 25％。试求经济订货批量、订货间隔期、最高库存水平和最低年总成本。

参考文献

[1] 陈荣秋，马士华. 生产与运作管理. 高等教育出版社，1999.

[2] 季建华. 运营管理. 上海交通大学出版社，2004.

[3] 骆温平. 物流与供应链管理. 电子工业出版社，2002.

[4] 朱道立，龚国华，罗齐. 物流和供应链管理. 复旦大学出版社，2001.

[5] 陈荣秋，马士华. 生产运作管理. 机械工业出版社，2003.

第十一章 精益模型

第一节 引 言

精益生产的实质是一种生产管理技术，它能够大幅度减少闲置时间、作业切换时间、库存、低劣品质、不合格的供应商、产品开发设计周期以及不及格的绩效，它是继大批量生产方式之后，对人类社会和人们的生活方式影响巨大的一种生产方式。

通过本章的学习，学生能够掌握精益生产的概念、起源，了解精益生产管理的含义、内容，了解精益生产模型的构建过程及应用价值。对精益生产中的核心技术——JIT技术进行了解，明确其应用的原理、目标及实施效能，了解JIT技术的具体应用范畴和应用原则。通过对精益生产在新形势下的应用，学生可了解精益生产管理当前的发展状况和发展趋势。

> 【学习要点】

1. 了解精益生产的概念、起源和具体内容。
2. 了解精益生产模型的构建过程及模型架构。
3. 掌握JIT技术的含义及应用原理、目标及作用。
4. 了解JIT技术的具体应用范畴和应用原则。
5. 了解精益管理技术的最新发展。

第二节 精益生产管理概述

一、精益生产简介

精益生产（lean production）一词来源于日本，是美国麻省理工学院国际汽车项目组的研究者John Krafoik为日本汽车工业的生产方式起的名字。与传统的大批量生产相比，精益生产的特点是只需要一半的人员、一半的投资、一半的生产场地、一半的产品开发时间、一半的生产周期时间和更少的库存，就能生产出更高品质、更多品种的产品。

精益生产方式最初起源于日本的丰田（TOYOTA）汽车公司。精益生产的某些内容早在20世纪30年代就被日本企业所采用，但直到70年代，丰田公司的大野耐一通过应用精益生产方式，把丰田公司的交货期和产品品质提高到世界领先地位时，精益生产才受到更多的关注，得到更加准确的研究与描述。

精益生产的基本思想可用一句广为流传的话来概括，即Just In Time（JIT）。中文意思是

"在需要的时候，按需要的数量，生产出所需的产品"。因此，有些管理者也称此生产方式为"JIT"生产方式，也有文献或资料中称为准时制生产方式、适时生产方式或看板生产方式。其核心思想包括零库存和快速市场响应。

（1）零库存。精益生产是一种追求无库存的生产方式，或使库存达到最小化的生产方式。为达到"零库存"的目的，很多公司开发出了包括"看板"等在内的一系列具体方法和措施，并逐渐形成了一套独具特色的生产经营体系。

（2）快速市场响应。为了快速应对市场的变化，灵活适应市场动态，精益生产研究者开发了细胞生产、固定变动生产等生产方式及编程方法。

在传统的方式下管理者们接受有少量缺陷的产品，他们也接受安全库存量（最低库存量）。而精益生产者着眼于完美，目标是没有不合格品，库存为零，排除一切不产生价值的工作（作业）。通过提高产品品质、取消库存、注重团队合作和沟通、扩展员工的技术、培养员工的改善技能而不断使他们自我提高，从而实现"0"浪费的目标。在追求精益生产的过程中，精益生产的参与者们通过不断地建立一个有机的生产体系，让员工接受更富有挑战的工作，使他们达到更加迅速地对市场做出反应的目的。

精益生产要求不断取消那些不能增加产品价值的工作。因此我们可以认为精益生产中包含一种减少浪费的哲学。

日本众多的优秀汽车制造业企业，在20世纪六七十年代开始广泛实施精益生产，并获得了巨大成功，以低成本、高品质的产品享誉世界。到80年代，欧美及中国台湾、韩国等制造业企业也开始引入精益生产方式，特别是美国的制造业，不仅仅引入，还基于自身电脑技术发达的优势，将精益生产的很多思想应用于MRP系统中，使其MRP系统在80年代中后期开始领先世界。

二、精益生产管理及内容

1. 精益生产管理的含义

精益生产管理是一种以客户需求为拉动，以消灭浪费和不断改善为核心，使企业以最少的投入获取成本和运作效益显著改善的一种全新的生产管理模式。它的特点是强调客户对时间和价值的要求，以科学合理的制造体系来组织为客户带来增值的生产活动，缩短生产周期，从而显著提高企业适应市场万变的能力。

精益生产管理的特征是以顾客为中心确定产品的价值结构，以"看板"为信息传递和控制手段的拉动式生产，采用"单件流生产"体系及多动能及团队工作方式组织生产与运行，产品的设计开发采用并行工程进行，保证品质实现"零不良"管理。

精益生产管理在以下方面具有明显的应用优势：①人力资源利用优势。采用精益生产方式，使精益生产的劳动生产率是大规模生产方式下的几倍。②新产品开发周期短。在日本，精益企业开发一辆全新的车一般只需4年左右，而其他企业则需要6~7年。③库存极少。精益企业的在制品库存量只有大规模生产企业的1/10甚至更少。④厂房空间小。采用精益生产方式，同样规模的工厂的生产面积只有大量生产方式工厂的1/2，投资也只有1/2。⑤产品质量高。产品质量可以提高多倍。

精益生产管理可以为企业提供更多的品种、更高的质量、更低的价格的产品，使企业在市场中保持更高的竞争优势。

经过几十年的发展演变，精益管理已经形成一整套完整的管理理论和方法体系，包括从企业的经营理念、管理思想到生产的组织、计划与控制，以及人力资源的开发利用等等。精益生产管理为汽车工业带来了一场全新革命，也为其他的制造业带来了新的生机。如果说20世纪的福特流水线生产方式拉开了现代化大生产的序幕，把制造业从手工生产推进到大规模生产的新时代，那么精益管理则是一架"改变世界的机器"，它在社会进入到需求多样化的新阶段时应运而生，它既具有大批量流水生产的高效率、低成本的优点，又具有单件小批量生产灵活多变的优点。精益生产管理虽然产生于汽车业，但对于一切重复性程度高的生产类型企业都是普遍适用的。这种生产方式使人们可以更有效地利用生产资源，在最短的时间内制造出更多、更好、更便宜的产品，使人们得到更多的实惠。

精益生产管理必将在工业和信息产业的各个领域取代大量生产方式与残存的单件生产方式，成为21世纪的标准的全球生产体系模式。

2. 精益生产管理内容

精益生产管理的内容包括精益生产战略、生产过程组织、精益生产过程组织的要求、生产计划、质量管理、全面生产维护、精益采购、精益设计等内容。

（1）精益生产战略。精益生产战略就是JIT——及时生产。它超越了三种通用生产战略，由于采用了全新的创造性的战略理念——JIT，从而克服了各竞争基点的矛盾和排他性限制，可同时实现成本、质量、时间、柔性等竞争优势。精益生产战略目标是生产成本低、产品质量高、产品品种多和产品交货快。其具体体现就是只在需要的时候、按需要的量、供应所需的产品。精益生产战略的理念是彻底消除生产中的阻碍因素。

精益生产要遵循的原则有：连续的改善、一次减一点、简化、目视管理、专注于顾客的需求、尊重员工。实施JIT生产战略需要一定的支撑条件，这些支撑条件包括拉动式生产、生产自助化、生产均衡化、生产柔性化、生产流畅化及供应商伙伴关系。

（2）生产过程组织。精益生产采用的是单件流生产方式即全场一体化的混合流水方式，不仅装配采取混合流水方式，在零部件的加工过程中，也主要以单件流生产为主。

在精益生产中由于采用了流水生产，因此以产品专业化的形式为主进行设备布置，按加工顺序排列设备。为了减少作业人员在操作多台直线布置设备时加工完成返回起点时存在"步行的浪费"，这既浪费了体力，也浪费了时间，设备采用U型布置，形成了U型生产线。

精益生产要求生产系统能够快速适应市场的变化，可以更快更好地满足顾客的多变化和快速交货的要求。精益生产缩短生产周期是通过缩短产品的加工周期、缩短搬运时间、缩短等待时间和缩短其他业务的处理时间来实现的。缩短产品的加工周期的手段是：全工厂一体化的流水生产，通过小批量生产缩短产品加工周期以及缩短作业切换时间。

（3）精益生产过程组织的要求。精益生产过程组织的要求是均衡化生产、柔性化生产和流畅化生产。均衡化生产就是在当月里，用与各种产品的平均销售速度同步的速度生产每一

件产品，也就是与销售周期同步生产产品。

柔性化生产的含义包括三个方面：一是多品种生产的能力，可称为品种的柔性；二是应对交货时间提前或延期的能力，可称为时间的柔性；三是应对数量增减的能力，可称为数量的柔性。柔性化生产的实现条件是模块化设计、设备混合使用与灵活工艺安排、企业的生产组织结构的柔性以及所有工作部门的提速。

流畅化生产的含义是物料一投入生产，工序间、部门间不设置仓库，前一工序结束后，立刻转入下一工序，产品被一件一件、连续地生产出来。流畅化生产是通过"后工序领取"（拉动式）的方式来实现的，即后工序只在需要的时候到前工序领取所需的加工品；前工序只按照被领取走的数量和品种进行生产。实现生产流畅化的手段是"单件流"生产，即流水生产。

（4）生产计划。精益生产计划中最独特之处是只向各个工序下达综合计划，使其明确在综合计划期里大致的生产品种和数量计划，作为其安排作业的一个参考基准，而真正作为生产指令的投产顺序计划的主生产排程计划只下达到最后一道工序（如总组装线）。其余所有工序的作业现场没有任何生产计划表，其需要生产的品种与数量是由后工序在需要的时候顺次向前工序传递的"看板"指定的。

精益企业在生产管理指标上首先追求生产准确及时，其次追求生产所用的单位时间短、单位成本低、再次为追求生产总量、追求准确及时生产，保证生产不停顿、不滞留、准确及时交货、"0"库存。追求生产所用的时间短、单位成本低可保证生产的高效率、低成本。最后追求生产总量的增长可保证销售额增长的要求。库存回转率也是重要的生产管理指标。

（5）质量管理。精益质量管理的目标是"0"不良，是通过事前预防不合格品的发生来保证的，要从操作者、机器、工具、材料和生产过程等方面保证不出现不良品，强调从根源上保证质量。这就要建立一个由"质量保证体系、全面质量管理和目视管理"组成的可靠的基础平台。

精益质量管理的特点是"6σ质量管理"和"系统自律控制"。6σ是一个统计测量基准，它表明产品、服务和过程的质量水准。6σ方法可使企业将自己与其他类似的或不同的产品、服务和过程进行比较，通过比较可以知道自己处于什么位置、最重要的一点是，企业可以知道自己的努力方向和如何才能达到此目标。换言之，6σ帮助企业建立了目标和测试客户满意度的标尺。

自律控制的思想源于丰田生产方式的"自动化"，其含义是指生产系统的自律控制。设备的自律控制是通过防错装置化来实现的。防错装置化即让错误不发生或即使发生了也能防止不良品流入下一工序的方法。生产线的自律控制是一种自律机制，一旦发生异常情况，生产线就停下来。异常情况发生的时候，停止生产线有通过人的判断停止和通过自动装置停止两种方法。

（6）全面生产维护（TPM）。TPM实现了从事后维修到预防维护、从预防维护到生产维护、从生产维护（PM）到全面生产维护（TPM），它是实施精益管理不可或缺的部分，为精益管理目标的实现提供基本的保证。在推行零故障的过程中，TPM保障了零缺陷生产、即时生产和绿色生产。没有 TPM 精益管理就不可能实现，这一点已被丰田公司和其他精益企业的实践所证实。

（7）精益采购。精益采购与传统的采购方式的差异主要体现在三个方面：一是从为库存而采购到为订单而采购；二是从采购管理向外部资源管理转变；三是从一般买卖关系向战略协作伙伴关系转变。精益采购的表现形态为实时采购。它的基本思想是在恰当的时间、恰当的地点，以恰当的数量、恰当的质量采购恰当的物品。及时采购包括供应商的支持与合作以及制造过程、货物运输系统等一系列的内容的有机组合。及时采购不但可以减少库存，还可以加快库存周转、缩短提前期、提高采购物的质量，从而获得满意的交货效果。

（8）精益设计。要实现精益生产的"适时、适量、适物"，首先就要实现零缺陷设计、快速设计以及低成本设计、可通过"设试、量试阶段解决消除所有缺陷"、缩短设计周期、主查负责制的项目组织形式、品质预测以及计算机技术的应用实现精益设计。模块化设计、并行工程是精益设计的两个主要方面，精益设计采取主查负责制的矩阵式的项目组织，通过品质预测对产品品质问题实施有效的预防。

三、精益生产实施模型

模型构建的目的与适用范围：用于指导与评价企业实施精益生产方面的工作，共分 16 个分项。外侧预示企业处于危险境地，越往内侧越说明代表企业富有竞争力。随着工作的不断深入，评价得分点将趋近于靶心中的位置。

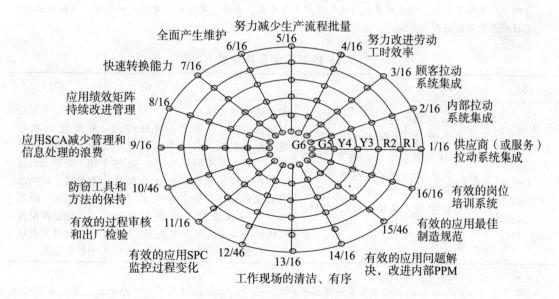

1/16 供应商（或服务）拉动系统集成

R1	R2	Y3	Y4	G5	G6
工作单元使用的材料不能从单元附近获取，是由单元的人从库房中领取	材料的订购是按照一个推动计划或MRP系统进行，材料推动单元不管单元是否需要或不需要	材料放置在工作单元附近，单元使用时易于获取。对单元材料耗用的补充，是以班次、天或者以更长的时间为单位，按一个计划或预计的数量补充，这个计划或预计的数量是根据过去耗用的数量做出的	按工作单元材料消耗的可视信号对置于单元附近的消耗材料进行补充。可视信号可以是看板或别的形式，可视信号应能使人容易地识别出最大和最小库存水平，使补充材料的人容易地识别出需对单元进行材料补充	工作单元实际材料消耗的信号传送给材料供应商，由其对消耗及时补充	由供应商对工作单元的材料消耗进行监控，适时对材料消耗补充

注释：
①工作单元是指具有相同加工过程、或相同产品、或同一顾客的生产工段。
②MRP（material requirements planning）：物料需求计划，是利用生产日程总表（MPS）、零件结构表（BOM）、库存报表、已订购未缴或订单等各种相关资料，经正确计算而得出物料的变量需求，进而提出各种新订购或修正各种已订购的物料的管理技术。
③材料（material）：此处其含义即包括材料，也包括零辅件。

实施提示：
①应最大限度使工作单元减少非增值活动（如领料活动）。
②工作单元所使用的材料应放置在单元附件。
③建立可视信号系统，由工作单元的消耗拉动库房补充；同样，库房也应建立可视信号，以拉动采购。
④材料存货有控制并不断减少，由数据和趋势证明。

2/16 内部拉动系统集成

R1	R2	Y3	Y4	G5	G6
工作单元之间的材料流转是按照一个以小时、班次或以天为周期的计划进行的	工作单元所有人员都接受了JIT的培训，都认识到了单件流转要比批量流转的生产方式好	拉动系统信号（如看板、最大/最小水平）指示单元要为下序生产产品的数量，单元应用该信号组织生产	单元成员按照拉动系统信号生产，系统信号根据顾客的使用情况、用不同的颜色区域表示生产的先后顺序，如红-黄-绿颜色，红色代表最优先生产，其他依序缓之	从原材料到产成品整个过程，通过拉动系统把各个生产单元的生产连接起来	单元成员有了足够的知识和经验，能够审查其他工作单元的过程流转、识别改进的机会，单元成员能够帮助其他单元开发有效的拉动系统

注释：
①单件流（one piece flow）：零件在前一道工序加工一结束，立即流转到下一工序加工，这是最快的流转方式，工序间为"零库存"。

实施提示：
①在产品整个过程中，设定流转批量，批量越小越好、最好是单件流。在那些控制过程建立"超市"，确定"超市"最大和最小存货水平。
②建立单元间的拉动系统。

3/16 顾客拉动系统集成

R1	R2	Y3	Y4	G5	G6
工作单元使按照生产计划生产的，计划的生产速率与顾客使用产品的速率没有直接联系。由材料或生产部门制订生产计划，计划人员是工作单元外部的人员	除生产计划之外，没有别的信号指示生产的开始或停止，不管顾客是需要还是不需要，工作单元只是以计划的速率继续生产	由工作单元成员制订生产计划，生产计划是与顾客的需求量相关的，是满足顾客需求的	工作单元按照顾客的需求开始或停止生产，当生产足以满足顾客要求时，单元不再以计划的速率继续生产，而使生产停下来	工作单元按照指示顾客实际需用的可视信号进行生产，按照可视信号补充产成品（可视信号可以是看板、空箱或架子）	工作单元可以根据顾客的最小用量生产，最小用量以可识别的可视信号如一小时产量/一箱数量/一架数量表示。工作单元是柔性的，可以调整成员时间、工具和设备，以能适应顾客的每天变化要求

实施提示：

①顾客拉动是生产拉动系统的源头，应尽最大可能将顾客拉动－单元间拉动－供货系统拉动连接起来。

②要不断降低产成品的存货，实现产成品存货最小化乃至零库存。

③提高生产系统的柔性，以能适应顾客的任何变化要求，从快换和加强技术熟练等方面提高。

4/16 努力改进劳动工时效率

R1	R2	Y3	Y4	G5	G6
工作单元没有对生产效率考核，工作单元不了解生产效率目标和劳动定额指标	工作单元为了满足顾客交付要求，经常需要加班，向顾客准时交付未达到100%。由于工作单元的过程未得到控制，在过去60天内至少曾发生一次额外增加运费的交付	单元成员了解了生产效率目标，知道要为实现目标而努力。工作单元对生产效率作了记录、统计，对趋近定额目标的趋势作了跟踪	单元成员能够审查顾客需求的节拍，按顾客需求节拍确定过程节拍生产。为了消除浪费，对工作单元做了改进，如改进流程、改进单元布置、改进设备布置	单元成员成功地对生产过程作了改进，使过程更合理、消除了过程中的浪费、取得了生产效率超过劳动定额目标至少10%的成效（此时应评审或修订定额）。在过去6个月内，所有顾客订单都准时交付，没有一次额外运费产生	单元成员能够帮助其他单元对过程流程和生产周期时间进行研究改进。单元成员有证据表明他们是少帮助了一个其他单元进行了改进，使生产效率达到了劳动定额目标

注释：

①劳动定额（工时定额）：单位时间内生产产品的数量或生产单位产品所需的标准工时数。

②生产效率：生产（合格）产品的定额（标准）工时数/实际需用的工时数%。

③生产节拍：与销售节拍相同步的统一的生产节拍，节拍时间＝每班有效工作时间/每班顾客需求量。

实施提示：

①应制定科学的合理的劳动定额，劳动定额一般情况是在单位时间内、在现行的劳动条件下最高效率的生产产品数量。

②提高生产效率应从工装、设备、技术熟练程度、不合格减少诸方面改进。

这里的准时交付未考虑由于运输的原因，在准时交付考核时应区分原因（运输和生产）分别考核。这里的加班是指未完成劳动定额而采取的加班。

③应对工作单元的未按定额工时完成的生产加班进行考核。

5/16 努力减少生产流转批量

R1	R2	Y3	Y4	G5	G6
在制品存货被认为是一种贡献	工作单元认识到了减少在制品的价值，制定了减少在制品存货的目标。工作单元的在制品减少了10%	产流转批量至少减少了一次，在制品比最初数量减少了25%	生产流转批量至少减少了两次，再制品比最初数量减少了50%	存货数量（包括采购材料、在制品、产成品）减少了90%，单元成员能够帮助其他单元减少存货	生产流转批量减少成为单件流，单元成员至少帮助一个其他单元减少在制品存货至少50%

注释：

①在制品（work in process）：在产品过程中加工流转的产品，相对产成品和原材料而言，是一种过程产品。

实施提示：

①与2/16相结合，制定合适的流转批量。

②将在制品存货不断减少，直至为零，对非存不可的设定目标并实现。

6/16 全面生产维护

R1	R2	Y3	Y4	G5	G6
未做预防维护，工作单元的设备只要还能运转就一直运转下去直至出现故障而被迫停机。设备故障司空见惯、难以预测，没有办法考核故障停机时间	对工作单元的最重要设备实施了预防维护计划，工作单元操作人员对每班/天/周/月的停机时间进行记录和考核	按预防维护计划的规定进行实际维护，单元成员包含在预防维护之中。与最初或一个基准线比较，停机时间减少了50%	单元成员是减少停机时间工作小组的一部分，停机时间至少比确定的基准线减少了75%	单元成员得到培训并具有文件化程序，能对他们的设备进行需要的全面预防维护	单元成员对设备进行了改进（如消除了故障原因、采取了防错措施等）是设备变得比新的更好。单元成员有证据表明对其他单元进行了培训并使他们能够进行预防维护

注释：

①故障停机时间：指除计划安排预防维护需要的停机时间之外的任何由于设备/工装原因而不能开动生产线或使生产停止的时间（由于质量问题而停机的时间也应记录考核、改进）。

实施提示：

①要有预防维护计划，计划至少包括维护项目、方法、职责和程序等。

②要确定或设定停机（设备或工装的停机）时间基准。

③对停机（各种原因停机）时间记录、统计、分析、反馈、改进预防维护工作，减少停机时间。

④建立设备总效率数据，全面提高设备效率。

7/16 快速转换能力

R1	R2	Y3	Y4	G5	G6
一个过程担负多种（规格）产品生产，需要转换生产。由于转换耗时太长和费力，工作单元设法避免转换。转换时间未做考核	由于单元成员没有授权或没有技术和经验，生产转换要由单元外部人员进行	单元成员制定了明确的转换方法、设定了转换标准时间并进行考核。转换时间与最初的标准时间比减少了25%	单元成员把转换的工作项目分成内部和外部项目分别实施，转换时间减少了50%	单元成员能够对其他单元培训生产转换和如何考核，转换时间减少了75%	工作单元能在最坏的情况下，使转换时间仍少于5分钟。有证据表明，单元成员帮助其他单元把生产转换时间较原先水平减少了50%

实施提示：
①制定或测量出所有需要转换的标准转换时间。
②制定转换方法和程序，把转换项目分成内部和外部转换项目。
③对每次转换都要记录并与标准时间比较。
④改进工装/工具，减少转换时间、提高转换质量水平。

8/16 应用绩效矩阵持续改进管理

R1	R2	Y3	Y4	G5	G6
工厂管理者未设定质量、交付和生产效率的期望值，单元成员在这方面一无所知	工厂管理者制定了质量、交付和生产效率的指标，单元成员也非常清楚，但没有制定单元的指标	单元成员制定了他们自己的质量、交付和生产效率的指标，单元成员了解顾客的需要、也知道要使顾客满意所需要做的工作	单元（或公司）制定了一个文件化程序，对单元了解和满足顾客的需求/对单元报告绩效/对不能满足顾客需求应采取纠正措施改进绩效等做出规定	单元成员保持绩效的记录、保持采取纠正措施解决问题的记录、保持改进绩效的记录（记录可以是图表、文件等）	单元成员能够培训其他单元了解顾客的需求、跟踪他们自己的绩效、采取措施解决问题和改进绩效

实施提示：
①公司/工厂和单元都应有各级的运行目标，单元的目标是公司目标的分解，是实现公司目标的基础。
②公司/工厂和单元应建立经营、运行和质量方面的目标，也包括精益生产的目标。这些目标应是一体性的、应构成管理的主体工作。
③目标的制定应采用benchmarking，应是具有挑战性、又要努力能够实现。
④对目标的实现应跟踪、实现结果与目标比较，总结好的、纠正不好的，不断改进绩效、形成良性循环。这些绩效可在公司内部交流。

9/16 应用 CSA 减少管理和信息处理的浪费

R1	R2	Y3	Y4	G5	G6
工厂管理者和单元成员没有接受过 CSA 培训，不能识别管理和信息处理中的浪费	仅是主要管理工作人员接受了 CSA 培训，培训没有扩展到工作单元	单元成员接受了 CSA 培训，把管理流程图示化，并从中识别出主要的非增值的管理活动	单元成员花费在非增值管理活动上的时间减少了 50%	单元成员花费在非增值管理活动上的时间减少了 75%，工作单元的管理报表减少了 90%	单元成员和办公室人员能够培训其他单元识别和减少管理过程中的浪费

注释：

①CSA 是使管理部门与实施管理任务的工作单元聚焦在管理任务和完成管理任务过程中的浪费。

实施提示：

①从顾客需求开始到让顾客满意的整个过程，要由有关管理部门和工作单元共同实现，各管理部门（或联合）把管理工作形成流程图，分析和识别出管理工作的浪费并把浪费减少。

10/16 防错工具和方法的保持

R1	R2	Y3	Y4	G5	G6
防止和发现产品缺陷系统失效，不合格品流出工作单元，操作人员不考核内部和外部的不合格。防错装置没有定期验证其有效性，没有选用"最佳防错模式目录"中的措施防错	检验得到了改进，一般情况不合格品未流出单元，流出单元的不合格少于在单元内部发现的不合格。一些防错装置没有验证其有效性，发现失效需采取纠正措施时，要在 48 小时之后进行	实施了防错工具和方法，防止了主要失效模式。防错装置的有效性定期地验证，防错失效一经发现，在 48 小时就采取了纠正措施	应用过程的信息和资料、分析过程、找出不合格的起因和机理。在过去 90 天里交付顾客的产品实现了零缺陷。防错装置的有效性定期地验证，失效一经发现 24 小时就采取了纠正措施	在 FMEA 中，全部失效模式被识别并采取了纠正措施，即使 RPN 很低的也一样。在过去 6 个月内交付顾客产品实现了零缺陷。单元成员能够帮助其他单元检查过程失效模式和采取防错方法	在过去 12 个月内交付顾客产品实现了零缺陷。工作单元在各种情况下都应用文件化的最佳防错模式（在目前没有目录的情况下，文件化的防错模式应与其他工厂同样的过程作过比较）

注释：

①FMEA：（潜在）失效模式及后果分析。

②RPN：危险顺序数是对失效模式后果、频度和探测度的综合评价。

实施提示：

①防错工具及方法来源于工厂的经验，来源于其他工厂的经验公司要加强交流。

②认真做好 FMEA，这是最有效的预防措施，FMEA 中的任何措施都应是经过试验、实践证明有效的，要有数据支持。

③防错方法包括防止其印/机理或失效模式、查出其印/机理并导致找到纠正措施、查明失效模式，最好的是防止缺陷产生。

④FMEA 中的措施应在控制计划中落实，控制计划的实施应有实践效果验证，对那些可靠的有效措施可以与其他工厂比较形成文件化的防错模式。对那些并未控制住的应反馈到 FMEA，修订 FMEA 中的控制措施和修订控制计划。

11/16 有效的过程审核和出厂检验

R1	R2	Y3	Y4	G5	G6
没有开展由单元外部人员对生产现场的质量系统进行过程审核	由具有资格的人员对所有班次进行过程审核，审核结果未形成文件。由于缺乏对审核信息交流的规定，工厂管理者不知道审核发现的失效	工厂审核和出厂检验结果形成了文件，单元间进行了交流，制定和实施了纠正措施但未形成正式文件	对于过程审核和出厂检验的问题采取了纠正措施，并在工厂范围内进行了跟踪，而不是仅仅对问题作个评定。每次审核和出厂检验发现的失效在减少、都不多于4个	过程审核的问题和纠正措施在每个单元内进行了跟踪，对问题跟踪的职责由工厂人员转换到单元人员。进一步的改进使审核和出厂检验的问题大为减少，每次审核/检验发现的失效不多于1个	根据审核/检验信息的反馈，工厂炉忌培训工作做了修订和改进，使失效不再复现。失效大为减少，每4次审核/检验发现的失效不多于2个

注释：
　　①过程审核：这里指的是验证生产过程是否符合文件程序的规定，即监控。区别于质量管理体系的"过程审核"。
　　实施提示：
　　①过程审核是生产管理人员的一部分职责（不排除其他人员的职责），应有计划并按计划实施。通过审核不断改进对文件程序执行的正确性和提供文件的有效性。

12/16 有效的应用 SPC 监控过程变化

R1	R2	Y3	Y4	G5	G6
控制计划中，标明特殊控制的产品和过程特性没有应用控制图控制。在所应用的控制图中有许多控制无效（如控制限不正确、失控或超限未注释、未纠正等）	失控条件一般被标识出来，然而经常是没有采取遏制措施（只要发现失控，就应确认、检出，遏制措施如对怀疑批次加大抽样检验或100%检验）	失控条件一般被识别出来，在过去90天里总有几个除外（即没有对失控注释、没有评审继而采取措施）。对所有识别出过程能力不足（Cpk < 1.33）都有遏制计划，从而使不合格品不能流到顾客	在过去的90天里，所有失控条件都被识别出来，并都作了注释和采取了纠正措施。对所有过程能力不足的采取了遏制措施和过程改进计划	所有过程是稳定的，过程能力得到改进，应用控制图控制的产品/过程特性的过程能力 Cpk >1.67	工作单元具有应用SPC的丰富知识和革新精神。应用SPC使检验/拒收/调整减少，节约了成本，给顾客带来了有据可查的好处。应用统计控制的产品/过程特性的过程能力 Cpk > 2，并持续改进一直到6σ

注释：
　　①6σ过程能力相当于PPM = 3.4
　　实施提示：
　　①统计控制是非常有效的预防措施，应尽最大可能在更多产品/过程特性上应用。

13/16 工作现场的清洁、有序

R1	R2	Y3	Y4	G5	G6
工作单元杂乱、肮脏，没有一个系统方法考核工作现场的清洁和有序	工作单元的清洁工作只是在特别时机才进行（如有人参观时），建立了考核工作场所清洁和有序的系统	工装、盛物箱、检具、材料都放在规定的地方。建立并有效地实施了考核工作场所清洁和有序的系统，设定了工作场所清洁有序的目标	已检查出的"毛病"数量比最初的状态改进了 50%，至少每个月都开展了挂红签活动	至少在 3 个月时间里，单元成员每周都达到了清洁有序的目标	至少在 6 个月时间里，单元成员每周都达到了清洁有序的目标，情节有序的状态是靠习惯保持的。单元成员至少帮助 1 个其他单元制定并达到了工作场所清洁有序的目标

实施提示：

①要制定工作场所清洁有序的标准，要明确责任区域，要制定检查和评比的制度并坚持实施。

②要使全体员工形成良好的素养，成为在企业内能够自律的人、成为能够按各种规定行事的人。

14/16 有效的应用问题解决，改进内部 PPM

R1	R2	Y3	Y4	G5	G6
工作单元内部 PPM（包括内部和外部顾客拒收的属于单元责任的产品，也包括单元内部拒收的产品）未作考核指标跟踪，改进措施未形成文件	工作单元对 PPM 做了跟踪（保持纪录，单元所有人都可以看到），应用问题解决方法也形成了文件。然而工作单元的 PPM 并没有得到实质改进	工作单元制定了适当的 PPM 目标，改进计划形成了文件并进行了考核。计划应明确谁负责、何时实现目标	由于方法正确和有个好计划，纠正措施实施后使 PPM 比最初（数值）至少减少了 50%	进一步采取纠正措施使 PPM 比最初至少减少了 90%	进一步采取纠正措施使 PPM 达到 100 以内

注释：

①PPM：每百万产品的不合格品数。

②问题解决：从症状分析到产生的原因，再到改进措施的过程。可用的基本技术有排列图、鱼刺图及 SPC，常采用 8D 模式。

实施提示：

①对内部和外部 PPM 有准确的记录和统计，在当前水平上制定目标，对任何不合格都应严格地按照规定的程序解决。

15/16 有效的应用最佳制造规范

R1	R2	Y3	Y4	G5	G6
工作单元没有过程的标准化的制造规范，即使有也不明白	对于已有的过程标准制造规范能够理解但不清晰、不简明也不易交流	标准制造规范组织得很好、清晰和简明，但需要改进。新员工需要增加另外的图解和说明	工作单元对标准制造规范进行了有效的开发，对规范作了重大改进	可以得到足够的可视性好的规范，含关键的可视图形和文字的规范恰当地放在现场方便使用	与其他工厂的同样的产品或过程的制造规范比较并形成最佳制造规范并实施

实施提示：

①企业应根据自己的条件和经验，应制定一些高于一般标准的制造规范在工厂内部使用，并统一内部的设计和制造标准。

②目前公司没有一个标准规范，各工厂可根据自己的情况逐步制定，然后交流或统一。

16/16 有效的岗位培训系统

R1	R2	Y3	Y4	G5	G6
工作单元某些岗位人员没有接受或仅有很少的培训，工厂培训矩阵没有更新（矩阵应包括单元全部人员和全部工作，注明每项工作谁培训达到了什么水平）。定向或入门的培训未经常进行	某些变化（如新的人员/进行了新的培训/过程变更），培训矩阵没有及时更新。岗位操作人员进行了有限的培训，建立和实施了新员工的入门培训系统，培训系统覆盖了长期和临时员工	工厂的培训矩阵根据工作单元的反馈定期地更新，在岗培训人员的生产由有资格的人员对其监控和对其检查的产品进行再检查并形成文件。对所有新员工进行了入门培训	岗位操作人员的培训系统得到有效实施，用过程审核或系统审核的结果来评价培训的有效性。工作单元独立管理自己的培训工作和文件，在培训资格失效时实行再培训	根据工作单元的反馈，工作单元的培训进行了较大改进，入门培训系统有了较大改进	与其他单元/工厂的培训系统比较（benchmarking），对培训系统改进形成最佳培训系统

注释：

①入门（定向）培训：泛指那些基本的、通用的、常识性或意识方面的一些知识培训，如安全培训、规章制度和质量方面的培训。

②再培训：尽管已作了全面培训，但其工作结果证明不能胜任工作，其培训资格失效，应进行再培训。

实施提示：

①单元的绩效是培训的结果，也是对培训的验证。培训的有效性应与单元的优良绩效相一致，两者相辅相成。

②单元内应保持有效的培训矩阵，单元人员的任何岗位操作应与培训矩阵一致。

③培训最终要由单元管理，培训的需求应由工作目标的实现产生并得到培训，受目标实现结果的检验。

四、精益生产实施案例

案例：丰田公司的精益生产

第二次世界大战以后，丰田汽车公司的丰田和大野考察了福特汽车公司轿车厂。当时，这个厂日产 7000 辆轿车，比丰田公司一年的产量还多。但丰田却没有简单地照搬福特的生产模式，丰田和大野认为"那里的生产体制还有些改进的可能"。回到日本后，丰田和大野进行了一系列的探索性实验，根据日本国情（社会和文化背景、严格的上下级关系、团队工作精神等特征），建立了一整套新的生产管理体制——采用精益生产方式组织生产和管理，使丰田汽车的质量、产量和效益都跃上一个新台阶，变成世界汽车之王。与此同时，日本国内其他的汽车公司和行业也纷纷学习并采用这种组织管理方式和生产运营模式，从而使日本经济得到飞速发展。

与技艺性生产和大批量生产方式不同，精益生产组合了前两者的优点，并避免了技艺性生产的高费用和大批量生产的高度刚性，采用的是由多能工人组成的工作小组和柔性很高的自动化设备组织生产。

与大批量生产不同，精益生产的宗旨是"精简"。与大批大量生产相比，只需要一半的劳动强度、一半的制造空间、一半的工具投资、一半的产品开发时间，产品库存大量减少、废品大量减少，品种大量增加。精益生产与大批量生产方式的最大区别在于它们的最终目标是大量生产强调"足够"好的质量，因此总是存在着缺陷；而精益生产则追求"完美"性（不断降低价格、零缺陷、零库存和无限多的品种）。

由丰田和大野创造的精益生产技术可以通过一个实例来说明。在大批量生产方式下，制造汽车覆盖件的冲压模的更换是个很大的问题。由于精度要求极高，模具的更换既昂贵且费时，需要极高技术的工人来完成。为了解决这个问题，西方汽车制造商采用一组冲压机来生产同一种零件，于是，他们可以实现几个月甚至几年不更换模具。对于 20 世纪 50 年代的丰田公司，这种办法却行不通，他们没有足够的资金来购买好几百台冲压机用于汽车覆盖件的生产，他们必须用少数的几条生产线生产所有汽车的冲压件。于是，大野发明了一种快速更换模具新技术（SMED 法——single minute of dies），这种技术使更换一副模具的时间从 1 天减少到 3 分钟，也不需要专门的模具更换工。随后，大野发现了一个令人惊讶的事实——小批量生产的成本比大批量生产更低。造成这种事实有两种原因：第一个原因是小批量生产不需要大批量生产那样大的库存（当然包括设备和人员）；第二个原因是在装配前，只有少量的零件被生产，发现错误可以立即更正。而在大批量生产中，零件总是被提前很多时间大批量地制造好，零件的错误只有到最后装配时才会发现，造成大量的报废或返修。根据后一个原因，大野得出一个结论，产品的库存时间应控制在两个小时以内（JIT 生产和零库存的起源）。而为了实现这个目标，必须有高度熟练的和高度责任感的工人组成的工作小组。

今天的丰田组装厂里，实际上已没有返修场地，几乎没有返修作业。相反，在今天的许多大批大量生产厂，有 20% 的厂房面积和 25% 的工时是用于返修的。最有说服力的是实际交到用户手里的汽车质量。根据美国顾客的报告，丰田汽车的缺陷是世界上最少的，可与德国豪华轿车的最佳水平相媲美。但是，这些德国豪华轿车是在总装厂里费了大量的调试工时才达到这样质量的。

第三节　精益生产中的 JIT 技术方式

一、JIT 方式简介

准时生产方式是起源于日本丰田汽车公司的一种生产管理方法。它的基本思想是只在需要的时候，按需要的量生产所需的产品，这也就是 just in time（JIT）一词所要表达的本来含义。这种生产方式的核心是追求一种无库存的生产系统，或使库存达到最小的生产系统。为此而开发了包括"看板"在内的一系列具体方法，并逐渐形成了一套独具特色的生产经营体系。准时生产方式在最初引起人们的注意时曾被称为"丰田生产方式"，后来随着这种生产方式被人们越来越广泛地认识研究和应用，特别是引起西方国家的广泛注意以后，人们开始把它称为 JIT 生产方式。这是一种消除库存浪费和劳动力浪费的方法。它使传统的以预测和批量为基础的"推动系统"转变为"拉动系统"，也使企业的生产流程、生产效率、组织结构乃至企业理念发生了巨大的变化。最初，JIT 只是作为一种减少库存水平的方法，而今，它已成为一种管理哲理，包含有特定的知识、原则、技术和方法。只要企业正确加以运用，通过减少浪费，提高产品质量和生产经营效率，JIT 就能大幅度提高企业在市场上的竞争能力。

1. JIT 的原理

JIT 的基本原理是：根据需方的指令，将需方所需的品种按指定的数量在所需的时间送到指定的地点。不少送，也不多送；不迟送，也不早送。送的货品个个都保证质量。也就是在适当的时间，把适当的物品以适当的数量，送到适当的地点。

（1）它体现了以下要点：品种合适，拒绝不合适的品种规格；数量合适，不少，也不多；时间合适，不迟，也不早；地点合适；以及质量合适，百分之百合格。

（2）它有以下优越性：可以实现线边零库存；可以实现最大的节约；以及最大限度地消除废品损失。

2. JIT 的目标

JIT 的中心思想即是消除一切无效劳动和浪费。为此，JIT 寻求达到以下目标：

（1）零废品。传统的生产管理中，一般企业只提出可允许的不合格品的百分数和可接受的质量水平。它们的基本假设是"不合格品达到一定数量是不可避免的"。而 JIT 的目标是消除各种引起不合格品的因素，在加工过程在中，每一工序都力求达到最好水平。

（2）零库存。传统的生产系统中，在制品库存和产成品库存被视为资产，代表系统中已累积的增值。在期末时，期末库存与期初库存之差，代表这一周期增值的部分，用以指示该部门效益的提高。当由不确定的供应者供应原材料和外购件时，原材料和外购件的库存可视为缓冲器，即是作为供应商不按期供货或顾客订货量增加时的缓冲。而 JIT 则认为，任何库存都是浪费。库存是生产系统设计不合理、生产过程不协调、生产操作不规范的产物，必须

予以消除。

（3）准结（订货）时间最少。准结时间长短与批量选择相联系。如果准结时间接近于零，就意味着批量生产的优越性不复存在。确定经济批量的目的是使库存总费用最小，而库存总费用是由仓库保管费与准结（订货）费所决定，批量大意味着库存量高，仓库保管费高；而批量小则库存量低，仓库保管费也低。但批量小必然增多准结次数，在一般情况下，准结费用也随之增加。如果准结时间趋于零，则准结成本也趋于零，就有可能采用极小批量。此时，选择批量为1是经济的。

3. JIT 的特点与作用

JIT 管理思想具有普遍意义，既可适用于任何类型的制造业，也可应用于服务业中的相关组织。JIT 能够以有效和可靠的方式消除生产经营过程中的浪费，改善质量，提高用户的满意水平。

JIT 的核心是消除一切无效劳动和浪费。在市场竞争环境下，获取更多利润的唯一途径即是降低成本，而当今降低成本的关键就在于减少浪费。JIT 认为，凡是对产品不起增值作用或不增加产品附加值但却增加成本的劳动，都是属于浪费的无效劳动。例如，多余的库存，多余的搬运和操作，造成返修品、次品和废品的作业，停工待料，没有销路的超产等。

JIT 重视员工多种技能的培训，工人必须是多面手，能在不同的设备上操作与维护，因而减少因人员缺勤造成的停工，同时增加工人对职业的荣誉感。在 JIT 的实施过程中，要成立合理化小组和质量控制小组，提倡合理化建议，将体力劳动与脑力劳动相互结合起来。

JIT 着重对物流的控制。采用成组单元、U 形机床布置；改进工装设计，压缩准备时间，减小批量；组织标准化生产，采用拉式作业，保持各生产单元之间的物流平衡。

JIT 追求尽善尽美，不懈进取，遇到问题，就一定要找出问题发生的根源，并运用工业工程和其他的方法，将问题彻底解决，使之不再发生。JIT 认为，不懈进取与一个组织的整体效果的提高有着密切的关系，必须为组织的每一个员工所接受，以有效地、连续地改进其生产操作和用户服务。

JIT 追求最优的质量成本比。JIT 致力于开发旨在实现零缺陷的制造流程，表面上看起来，这似乎是个不切现实的目标。但是，从长远的角度看，由于消除了一些冗余的功能，就可使企业大大降低成本费用，实现最优的质量成本比。

JIT 非常重视人的因素，强调团队参与管理。JIT 把企业员工看成是主动创新的思考者，认为最了解管理中存在的问题是企业的一线员工，因而应当首先由他们提出解决问题的办法。为此，一般是由上级提出目标、处理问题的原则，提供信息和培训，并对员工进行授权，各级员工在自己的权限内处理工作范围内的问题。

JIT 强调全面质量管理，认为仅靠检验只能发现缺陷，而不能防止和消除缺陷，即使事后补救业已造成浪费。因此，必须建立质量保证体系，从根源上保证产品质量。同时，坚持预防性设备维护制度，一旦出现设备故障，就全线停车，群策群力查明事故根源，一次性彻底解决问题。

4. JIT 的优势

JIT 将生产作业计划仅下达给最终环节，利用"看板"及反工艺方向逐环节下达生产指令，实现"拉动式"生产管理，这一创新在许多方面表现出了优越的功能。

（1）实现了各生产环节的双重控制。由于JIT方式中，生产计划部门将粗略生产计划下达至各生产环节，具体生产指令又靠各环节反向下达。这样，每个生产环节一方面直接受后序督促，一方面又受生产计划管理部门的督促。生产计划管理部门与后序生产环节的双重控制使生产运行更加顺畅。

（2）实现了生产作业计划与现场控制的功能合并，达到在制品与生产进度的最佳控制效果。在传统做法中，计划提前编制，实施中的变化情况需通过现场统计反馈到调度部门，再采取措施调整处理，造成计划与实施结果的偏离和控制措施的滞后。尤其在市场变化频繁的情况下，计划显得多余而又无力。而JIT的拉动式方法中，生产指令由后序直接向前序下达，与生产实施的时间差距很小。每一环节在向前序下达生产指令时，可根据本序当前的在制品及进度情况进行调整，相当于将计划与控制两项功能合二为一。这也是丰田公司能将生产过程的在制品控制在最低水平的关键。在制品与进度的最佳控制保证了资金占用最小、交货最准时、企业信誉最佳，是"拉动式"计划机制的最大优越性之一。

（3）实现了生产过程中各个环节之间直接制约的效果。在推动式方式下，各生产环节直接接受生产计划部门的生产指令，与前后环节无直接的制约关系，前序制品不按计划向后序发送时，后序无责任督促，不利于生产过程各环节的紧密连接。而JIT的拉动式方式中，各环节的生产指令直接由后序下达，后序直接督促前序执行生产指令。如出现生产延误，各自均应负延误生产的责任，这样就形成了环环相扣，环环拉动的链，有效地保证了生产进度的完成。

5. JIT的缺欠

在日本和一些西方国家，JIT的开发和应用取得了很大的成功，尤其是在减少生产提前期、简化物料流程、降低废品率、减少库存和在制品、快速排除生产系统故障等方面。但明显的不足表现在以下三方面：

（1）难以适应大的需求变化。建议需求变化不宜超过正负10%。过大的需求变化将导致生产能力严重过剩或严重不足，造成生产资源闲置浪费或失去订单（因来不及生产而无法满足订单）。

（2）生产过程中设备的故障，尤其是瓶颈资源的故障将严重影响产品的交货期。因此，我们在具体实施JIT的时候，需要结合本单位的实际情况，发挥JIT理论的优势。

（3）成功地开发并应用JIT需要很长时间，其中包括产品和工艺流程重新设计、员工技能培训等。

二、精益生产中的 JIT 技术应用

1. JIT 技术的项目应用

JIT技术具体可应用于八个方面的项目管理中，具体如下：

（1）标准作业表。标准作业表体现了现场管理人员的意志，并对操作人员的操作顺序和每道工序的标准作业时间做出明确的规定。标准作业表可以使作业规则明确化，按节拍来分

配作业内容。标准作业以人的有效劳动为中心，在没有浪费的顺序中稳定的、有效地生产优质产品。

（2）生产进度看板。生产进度分为正常、过快、过慢三类。根据存放区的库存量来判断生产进度状况。在实施过程中首先要制定判断正常和异常的规范，如生产顺序、生产批量等，达到随时能判断的程度，从而使问题能够暴露出来，时刻把握生产进度。

（3）设备利用率表。以曲线方式记录设备利用率的情况。调查、分析设备利用率低的原因，进行改善从而提高生产率。

（4）异常显示看板。所谓异常显示看板是指在工作现场当异常发生时首先显示该工序的异常状况，接着进一步显示生产进度的过快或过慢，对作业进行指示。该看板设置的目的是通过点灯显示异常来通知相关人员，从而达到快速反应。

（5）工时管理曲线表。工时管理是指以基准月的工时为依据对当月（当日）的实际发生的工时进行比较、评价，把握每天的实绩情况，达到降低工时的目的。该表可与生产实绩管理标尺、标准作业表等配套使用。

（6）生产实绩管理表。生产实绩管理表是记录各工序、生产线每个时间段的计划数量与实际制造数量的差异及异常内容。通过把握每个时间段的计划与实绩的差异，使异常表面化，使操作人员了解异常情况，使问题点明确，促进问题的改善。管理人员要花精力进行调查、分析并制定改善计划。

（7）改善计划表。对改善活动的具体改善项目明确具体的责任人和完成日期，建立可追溯性的台账，并制定能有效推进改善的明确有效的改善计划。该计划表展示在现场，现场人员可以随时记录问题点，提出改进方案。改善计划表与生产实绩管理表配套使用。

（8）库存量控制。设置好库存期量后，对库存进行控制。在实施过程中，要设定库存的堆放方式，库存期量和运作方式，使之能明确区分正常和异常。对库房要实施先进先出和产品分类管理的措施。当异常发生时，能及时找到发生原因，寻求对策。

同时，实施 JIT 的第一步是"把库房搬到厂房里"，使问题明显化，方便工人看到自己的生产情况，杜绝盲目生产。第二步是不断减少工序间的在制品库存，"使库房逐渐消失在厂房中"，实现准时生产。为了有效推行 JIT，需要对生产车间进行重新布置与整理，实行"5S"和定置管理。根据所生产的产品和零件的种类，将设备重新排列，使每个零件从投料、加工到完工都有一条明确的流动路线。通过"5S"活动及时消除一切不必要的东西，形成一个整洁的工作环境。

2. JIT 技术的应用原则

JIT 的原理虽然简单，但实施时需要宏观和微观等多方面作为保障，在应用时应注意以下六个方面：

（1）小批量生产。由于准时化生产追求零库存，根据市场的即时需要进行生产，具体实施时需要小批量生产。要达到小批量生产的要求，在生产进度安排上必须具有一定的弹性，按需求调整，对市场需求的变化要能够迅速及时地作出反应。同时，生产线必须具备柔性生产能力，在变换产品组合时，生产线的切换程序要有简便易行的能力，切换速度要尽可能快。

（2）完善的物流平台。社会物流的基础平台包括运输线路、运输结点和交通管理、道路通行状况等等，要能够保证运输通畅。这是实现服务水平可靠、物流准时的一个基础。在此基础上，准时物流要求高效率、低成本的运输装卸方式。

（3）重视人力资源开发。JIT客观上要求人人参与，共同改善，这就要求特别重视人力资源的开发和利用。要以人为本，不断开展教育和培训活动，要给予作业现场人员处理问题的权利和责任。要培养员工的团队精神，增强凝聚力和共同协作解决问题的能力。

（4）可靠的质量保证体系。准时化生产要求准时的供应和生产线无缝衔接，因此要建立完善的质量管理体系，每个环节都要严把质量关。质量管理体系要覆盖供应商、生产商、代理商和零售商，要求符合条件的原材料，优质的生产制造技术，安全的运送和良好的供应，售中、售后服务等，追求产品零缺陷。

（5）与供应商保持可靠的伙伴关系。准时化生产要求供应商在需要的时间提供需要的数量。具体说就是要求供应商小批量、频繁地进行运送，严格遵守交货时间，还要稳定地提供高质量的零部件以便节约检验时间，保证最终产品的质量。进一步要求供应商能够对订货的变化做出及时、迅速的反应，具有弹性。因此，必须选择少数优秀的供应商，与他们建立长期可靠的合作伙伴关系，分享信息情报，共同协作解决问题。

（6）可靠的资源保证。准时化生产必须是在资源比较充足的环境中才能建立有效的系统。资源越是充足，准时化生产系统的稳定性就越高。更重要的是，资源的有效保障不仅意味着数量上和种类上的满足，根据准时化内涵的要求，它还意味着所需的资源在规定的时间以恰好适量的形式被送达规定的地点。

3. JIT技术应用实例

案例：通用汽车

GM公司在美国加拿大地区共有30多个汽车零部件制造厂与组装厂，以及10多个主要原材料供应商。20世纪80年代初，通用公司决定设立一个中转站，接收和汇集来自各供货厂商送来的零部件，然后立即重新组合配送到各需求制造工厂。这项中转业务委托给一家物流专业公司负责。这家公司就是汽车配件物流公司Autocon。

Autocon公司的负责人针对通用公司物流业务的特点，对配送中心进行了一些必要的建设和改造：

（1）Autocon公司在通用公司开发的条形码软件的基础上，开发了一种特殊的电子数据收集和通信系统，用来跟踪掌握公司中每个零部件的进入、转移和发出流转过程。

零部件从供应商发给Autocon公司时，都装在有条形码标志的集装箱内，供应商扫描这些集装箱，将货物清单传给Autocon。运货车进入Autocon，记录下车号，再卸下集装箱，通过扫描，确认与发车时的电传一致。随后这些货物的3/5以上立即或几小时后就配送发运。这个配送发运过程以及其间集装箱的定位都由中央计算机处理并发出指令。由计算机告知叉车司机和装卸公认将哪些集装箱装入哪辆车、仓库人员如何在操作时最大限度地提高装卸效率和保证生产安全。零部件由Autocon配装发运后，Autocon用计算机系统将货物清单通知通用公司。Autocon公司在配送发运的货物到达目的地前负完全责任。

（2）Autocon公司配送中心的物流系统有效地提高了通用公司的零部件中转率，每年为通用公司及其供应商节省了800万美元。Autocon公司配送中心每天通过管理和调度500多辆

卡车，完成了准时配送业务。

Autocon 公司的配送中心有如下特点：通过联机进行实时数据处理；货物装卸作业量减少到最小；电子设备淘汰了物流过程中的纸张文件作业，可节省费用、减少失误；计算机系统进行全面库存控制；货物流转数据准确；极大地提高信息交换速度以及保证生产安全。

Autocon 公司在配送方面取得了很大成功，促进了 Autocon 公司及通用公司业务的不断拓展。

第四节　精益生产技术的新发展

精益生产的理论和方法是随着环境的变化而不断发展的，特别是在 20 世纪末，随着研究的深入和理论的广泛传播，越来越多的专家学者参与进来，出现了百家争鸣的现象。各种新理论的方法层出不穷，如 JIT2、单元生产（cell production）、大规模定制（mass customization）与精益生产相结合、5S 等的新发展，TPM 的新发展等模式。很多美国大企业将精益生产方式与本公司实际相结合，创造出了适合本企业运营需要的管理系统和管理体系。例如，1999 年美国联合技术公司（UTC）的 ACE 管理（获取竞争性优势）、精益六西格玛管理，波音公司的群策群力管理，通用汽车公司的竞争制造系统（GM Competitive MFG System）等，这些管理体系实质都是应用精益生产的思想，并将其方法具体化，以指导公司内部各个工厂、子公司顺利地推行精益生产方式。将每一工具实施过程分解为一系列的图表，员工只需要按照图表的要求一步一步地实施下去就可以，并且每一工具对应有一套标准以评价实施效果，这种方法也可用于母公司对子公司的评估。

在此阶段，精益思想跨出了它的诞生领域——制造业，作为一种普遍的管理哲理在各个行业传播和应用，先后成功地在建筑设计和施工行业中应用，在服务行业、民航和运输业、医疗保健领域、通信和邮政管理以及软件开发和编程等方面也有着较好的应用，多领域的应用使得精益生产系统的设计与实施更加完善。

一、大规模定制与精益生产的结合

大规模定制（mass customization，MC）是一种集企业、客户、供应商、员工和环境于一体，在系统思想指导下，用整体优化的观点，充分利用企业已有的各种资源，在标准技术、现代设计方法、信息技术和先进制造技术的支持下，根据客户的个性化需求，以大批量生产的低成本、高质量和效率提供定制产品和服务的生产方式。

大规模定制的基本思想在于通过产品结构和制造流程的重构，运用现代化的信息技术、柔性制造技术、新材料技术等一系列高新技术，把产品的定制生产问题全部或者部分转化为批量生产，以大规模生产的成本和速度，为单个客户或小批量多品种市场定制任意数量的产品（pine and boynton，1993）。21 世纪大规模定制生产模式的特点可以这样来概括：产品制造专业化、产品设计模块化、企业间的合作关系伙伴化、生产组织和管理网络化。

大规模定制生产模式的特点：

（1）产品制造专业化。在一般机械类产品中，有70%的功能部件存在着结构和功能的相似性，如果打破行业界线，按成组技术原理（GT原理）将功能相似的部件和零件分类并集中起来，完全有可能形成足以组织大批量生产的专业化企业的生产批量，这些专业化制造企业承接主干企业开发的产品中各种相似部件和零件的制造任务，并能在成组技术的基础上采用大批量生产模式进行生产。当然，在现代制造技术的支持下，这种大批量生产模式已克服了传统的刚性自动线的缺点，在一定范围内具有柔性（可调性或可重构性），能完成较大批量的相似件制造，协助主干企业用大批量生产方式快速提供个性化商品。

（2）企业间的合作关系伙伴化。在传统的供求关系管理模式下，制造商与供应商之间只保持一般的合同关系，供应链只是制造企业中的一个内部过程，将利用通过合同采购的原材料和零部件进行生产，转换成产品并销售给用户，整个过程均局限于企业内部操作。制造商为了减少对供应商的依赖，彼此间经常讨价还价，这种管理模式的特征是信任度和协作度低，合作期短。但大规模定制生产是以新产品开发，企业与专业化制造企业间的有效合作、互相依存为前提的，构成的网络化虚拟公司的盟主企业与盟员企业间应该能达到双赢的合作关系。

（3）产品设计模块化。21世纪的制造业必将以产品创新和技术创新占领市场，企业是否能根据用户的当前需要和潜在需求快速抢先提供产品，成为企业成败的关键。产品结构和功能的模块化、通用化和标准化，是企业推陈出新、快速更新产品的基础。模块化产品便于按不同要求快速重组，任何产品的更新换代都不是将原有的产品全部推翻重新设计和制造的。更新一个模块，在主要功能模块中融入新技术，都能使产品登上一个新台阶，甚至成为换代产品，而多数模块是不需要重新设计和制造的。因此，在敏捷制造中，模块化产品的发展已成为制造企业所普遍重视的课题。此外，模块化产品便于分散制造和寻找合作伙伴，开发新产品的主干（核心）企业主要是做好产品创新研究、设计和市场开拓工作，产品的制造可以分散给专业化制造企业协作生产，主干企业将从传统的"大而全、小而全"的橄榄型模式中解脱出来，转换成只抓产品设计研究和市场开拓的哑铃型企业。模块式产品另一个突出的优点在于用户只需更新个别模块即能满足新的要求，不需要重新购买一种新产品。这既节省了用户的开支，又能节约原材料并减少废弃物，这在自然资源越来越紧张和环境污染愈来愈严重的今天，无疑是非常重要的。

（4）生产组织和管理网络化。因特网的普及和应用给21世纪制造业提供了快速组成虚拟公司进行敏捷制造新产品的条件。负责开发新产品的主干企业可以利用因特网发布自己产品的结构及寻找合作伙伴的各项条件，而各专业化制造企业可以在网上发布自己所具备的条件及合作意图。主干企业将据此寻找合伙者，本着共担风险和达到双赢的战略目标进行企业大联合来合作开发和生产新产品。这样的联合是动态的，组成的虚拟公司是"有限生命公司"，它只为某种产品而结盟，其生命周期将随产品生命周期的结束而结束，或在另一种产品的基础上调整成新的联合。通过因特网，系统构建虚拟企业，可实现产品开发、设计、制造、装配、销售和服务的全过程，通过社会供应链管理系统将合作企业连接起来，按大规模定制生产模式实行有效的控制与管理。随着全球制造业的发展，供应链理论已发展成为全球供应链管理理论。通过供应链实现大规模定制生产过程的网络化组织和管理，产品从开发到销售的全过程将得到优化，生产效率的提高和生产成本的降低是不言而喻的。

二、单元生产方式

单元生产方式（cell production）于20世纪末首先诞生于电子产品装配业，是指由一个或者少数几个作业人员承担和完成生产单元内所有工序的生产方式，也有学者将其称为"细胞生产方式"，因为它就像人体中的细胞一样，在细胞内部包含了新陈代谢的所有要素，是组成生命的最小单位。单元生产方式以手工作业为主，不使用传送带移动生产对象，根据需要也使用一些简单的机械和自动化工具，工序划分较粗，一个人或几个人完成所有的工序。由于用于细胞生产方式的作业台的布局，往往成U字形，很像个体户的售货摊儿，所以在日本也被称之为"货摊儿生产方式"。细胞生产方式可具体分为人生产方式、分割方式以及巡回方式三种形式。

单元生产继承了流水线的一切优点，同时能够适应小批量、多品种的苛刻要求，它彻底取消了传送带，而传统精益生产方式并没有完全杜绝传送带，被誉为"看不见的传送带"。日本工业界在中国制造的强大压力下试图"战胜中国制造"，并将"单元生产"所体现出的生产一线持续改进能力作为竞争王牌之一。配合与单元生产相结合的计划控制方法和效率提升技术，单元生产正在缩短交货期与降低生产成本方面发挥越来越大的作用。例如，1998年，松下冷机公司、佳能公司、奥林巴斯公司等处于日本制造业核心地位的大公司不约而同地废除了冗长的传送带，将员工编为小组，在一个个的小布局中组装产品。在这种生产系统下，产品的价值不断流动。其中，松下取得的成果包括：供货周期缩短了70%、人员削减了40%、生产线缩短了65%。日本松下通信工业公司静冈厂实行了单元生产方式后大大节约了空间，装配车间的1/3因此空闲下来。另外，单元生产方式是一种弹性生产方式，它能根据需要任意改变流水线，有时一个人就是一个单元，有时五个人组成一个单元。如果要调整产量，仅仅增减单元工作组的数量就行了。如今很多日本知名企业，如索尼、佳能、NEC、卡西欧、三洋、松下等开始公司淘汰沿用了几十年的流水生产线，积极采用单元生产方式。

三、精益六西格玛管理法

精益六西格玛是将六西格玛（6∑）管理法与精益生产方式二者的结合得到的一种管理方法，即lean sigma，它能够通过提高顾客满意度、降低成本、提高质量、加快流程速度和改善资本投入，使股东价值实现最大化。六西格玛是过程或产品业绩的一个统计量，是业绩改进趋于完美的一个目标，是能实现持续领先、追求几乎完美和世界级业绩的一个质量管理系统。六西格玛管理法是一种从全面质量管理方法（TQM）演变而来的一个高度有效的企业流程设计、改善和优化技术，并提供了一系列同等地适用于设计、生产和服务的新产品开发工具。六西格玛管理法的重点是将所有的工作作为一种流程，采用量化的方法分析流程中影响质量的因素，找出最关键的因素加以改进从而达到更高的客户满意度。因此，精益和六西格玛要相互融合，一方面克服了精益不能使用统计的方法来管理流程的缺点；另一方面克服了六西格玛无法显著地提高流程速度或者减少资本投入的缺点。精益六西格玛就是要让你兼顾品质与速度，在执行六西格玛计划前先去除干扰速度的因素及其所造成的浪费，把产品和服务做得又快又好。应用精益六西格玛首先解决对客户造成影响的外部质量问题，或者防止这些问题扩大；而内部的质量、成本、库存、提前期问题则可以从它们引起的时间延误上看出端倪。下一步就是找出是哪一个工作点或流程造成了最大的时间延误，以便利用精益和六西格玛的工具来解决问题，减少的延误时间，精益工具和六西格玛工具可以相互融合。

四、5S 现场管理法

"5S" 是整理（seiri）、整顿（seiton）、清扫（seiso）、清洁（seiketsu）和素养（shitsuke）这五个词的缩写。因为这五个词日语中罗马拼音的第一个字母都是 "S"，所以简称为 "5S"，开展以整理、整顿、清扫、清洁和修身为内容的活动，称为 "5S" 活动。

5S 是现场管理的基础，5S 水平的高低，代表着管理者对现场管理认识的高低，这又决定了现场管理水平的高低，而现场管理水平的高低，制约着 ISO、TPM、TQM 活动能否顺利、有效地推行。通过 5S 活动，从现场管理着手改进企业"体质"，则能起到事半功倍的效果。

一个企业如果能彻底的推行 5S 活动，将会获得另外的 "5S" 的效益。

（1）确保安全（safety）。通过推行 5S，企业往往可以避免因漏油而引起的火灾或滑倒；因不遵守安全规则导致的各类事故、故障的发生；因灰尘或油污所引起的公害等。因而能使生产安全得到落实。

（2）扩大销售（sales）。5S 是一名很好的业务员，拥有一个清洁、整齐、安全、舒适的环境；一支良好素养的员工队伍的企业，常常更能得到客户的信赖。

（3）标准化（standardization）。通过推行 5S，在企业内部养成守标准的习惯，使得各项的活动、作业均按标准的要求运行，结果符合计划的安排，为提供稳定的质量打下基础。

（4）客户满意（satisfaction）。由于灰尘、毛发、油污等杂质经常造成加工精密度的降低，甚至直接影响产品的质量。而推行 5S 后，清扫、清洁得到保证，产品在一个卫生状况良好的环境下形成、保管、直至交付客户，质量得以稳定。

（5）节约（saving）。通过推行 5S，一方面减少了生产的辅助时间，提升了工作效率；另一方面因降低了设备的故障率，提高了设备使用效率，从而可降低一定的生产成本，可谓 "5S 是一位节约者"。

5S 活动之推行随着企业经营之趋势由生产导向→营销导向→顾客导向，每家公司对质量的要求更高，对 5S 也更加重视，企业希望借由 5S 活动，建立整齐、清洁的工作现场，也可提升公司形象，留给客户美好的印象。在生产方面，也可减少错误的发生，便于搬运及寻找，减少许多浪费，也提高了工作效率，能做好 5S 可说是公司及个人的荣誉。

案例：丰田生产方式的最新发展

（1）新的流程与管理核心的改革。

①构建现代经营流程。包括现场改进——形成革新——管理革新——经营革新。首先改进与革新生产现场的结构与体制，使其超过已有的现场流程模式，将结构与体制提高到一个新的水平。然后以此为基础再实施管理结构与体制的革新或者引入新的先进管理结构与体质实现现场管理模式。

②大胆制定公司前景目标。大胆设想可能实现的前景目标是一个公司或者组织成果发展

有效的前景目标管理方式。将公司的前景目标定位于"离行业世界第一还有几年时间"，制定现代公司的前景目标必须是"以顾客或潜在顾客的需求为导向的"，"以行业竞争对手关键的专业竞争情报为依据的"，和"以人为本与自治化管理为组织保证的"，具体的制定方法包括以项目小组方式进行制定、公司规划部门制定、按照"只做鸡头不做凤尾"的逻辑，以"做不到世界第一或者第二就选择退出这一市场"进行前景目标的制定。当然三种方法所指定的目标必须由公司的决策层最后确定才能成为正式前景目标。

③改进分为短期性与长期性两种。

（2）库存问题的改善。为了降低看得见与看不见的浪费，必须减少库存和实施准时生产，即"在需要的时候只按所需的数量生产所需的产品，并保证交货期和即时回收顾客的货款"。

①积压库存会掩盖各种现场存在的问题，带来许多的浪费。一般企业只需要保留 4 个小时的库存量就可以保证生产线平稳生产的需要。好的库存方式是指保持标准库存量，避免"多余"物件。

②决定库存的三个要素是：减少库存的管理方式、搬运的批量和生产的批量。通过对计划前应该保证的库存量与交货后使库存量最低的精确预测和管理决策实现减少库存的目的。根据每次发货量和进货量的倍数多少可以估计该企业现场生产的水平，所以减少搬运的批量和生产的批量可以有效地减少库存量。

③搬运批量做到少而精。理想的状态是计算场内和场外的搬运，避免企业经营导入时间延长，使交货期拖后。搬运的时间可以利用以下公式计算：

搬运时间（周期）= 移动时间 + 搬出和搬入时间

可以通过多次混载方式减少库存，使库存与生产效率之间取得一个平衡。

④"鼓励减少库存"机制的管理。为了缩短导入时间，必须增加作业的转换次数，减少生产批量和库存量。对一线员工的要求将提高。

（3）此外，丰田生产方式的新发展还包括：为提高劳动生产率而采取的精简流水线、少人化管理等措施；为确保经济收益与提高销售量而采取的降低成本、团队合作等措施；为减少过程浪费而采取的判断浪费、员工培训与训练等措施；为合理利用现金流而采取的综合分析法等。

小　结

精益生产方式是目前全球企业公认的以最低成本生产出最高品质产品的管理运营方式，是企业赢取市场的杀手锏，是当前中国企业面临全球化竞争的必修之课。

本章首先引入精益生产管理的概念、内容，说明了引入精益生产管理模式对全球运营背景下企业应对全球竞争的重要意义。通过对精益生产管理的精髓——JIT 技术的介绍，说明了精益生产管理的科学性、实用性和有效性。同时介绍了精益生产管理在新形势下的新发展。对在全球竞争背景下从事全球运营活动的外贸企业具有指导作用。

思 考 题

1. 精益管理与精益生产的关系是什么？

2. 精益生产管理的目的是什么？

3. 精益模型对企业实施高效管理起到怎样的作用？

4. 精益生产实施模型的科学性在哪里？是否有效？

5. JIT 技术的应用对精益生产管理的实施的作用是什么？

6. 国内的生产制造型企业应如何掌握并应用精益生产管理方式，从哪里入手，在哪些方面进行改进？

7. 精益生产管理主要应用于生产制造型企业，如汽车制造业，在其他行业中是否同样有引入价值？

8. 全球运营背景下，企业实施精益生产管理有何必要性和重要意义？

9. 除书中介绍的有关企业实施精益生产的情况，你还了解哪些在全球运营背景下，在信息技术支持下的新型的精益生产技术及其管理方式？

10. 你认为精益生产与全球运营背景下的企业规模化生产有矛盾吗？具体表现在哪里？如何解决？

参 考 文 献

[1] 今井正明. 改善：日本企业成功的奥秘（the key to Japan's competitive success）. 机械工业出版社，2010.

[2] 吕建中，于庆东. 精益管理：21 世纪的标准管理模式. 中国海洋大学出版社，2003.

[3] 陈明坤. 精益会计. 经济科学出版社，2007.

[4] 艾伦·C. 夏皮罗. 跨国公司财务管理. 中国人民大学出版社，2005.

[5] 张传明，陈余有. 财务管理（第 3 版）. 中国财政经济出版社，2010.

[6] 王毅，王宏宝. 财务管理项目化教程. 北京理工大学出版社，2011.

[7] 肖智军等. 精益生产方式 JIT. 海天出版社，2002.

[8] 廉志端. 公司战略管理（第 2 版）. 经济科学出版社，2010.

第十二章　系统模型

第一节　引　言

在客观世界中处处存在着系统，有小规模的系统，也有大规模的系统。小规模的系统，如：自动控制系统、企业生产经营管理系统等；大规模的系统，如：经济系统、环境系统、城市系统等。系统是复杂的，其属性也是多方面的。对于大多数研究目的而言，没有必要考虑系统的全部属性，可以根据不同的研究目的，建立不同的系统模型对系统某一方面的本质属性进行描述，然后借助这些系统模型对系统进行定量的、或者定量与定性相结合的分析、研究并得到有效的结果。系统模型是以某种确定的形式提供关于该系统的知识，其一般不是系统本身，而是现实系统的描述或抽象。

本章主要讨论项目协调和排队系统模型。管理者通常会视察多种运作，其中有些是例行的、重复性活动，还有些则是非常规活动，后者就是项目。要使项目获得成功，协调具有重要的意义和作用，协调可使矛盾的各个方面居于统一体中，解决他们之间的不一致，使系统结构均衡、项目运行和实现过程顺利。本章第二节主要介绍进行项目计划的网络计划法，包括关键路径法（CPM）和计划评审技术（PERT）。顾客排队问题是每个服务企业的管理者都需要面对的问题，一般来说，在需求超过服务企业的运作能力时就会出现排队问题。另外，顾客到达时间的随机性与服务时间的差异性也是产生排队问题的重要因素，当难以预料顾客要求服务的时间时，或无法预料服务的持续时间时，排队现象就容易出现。本章第三节主要介绍排队的特征及几种常用的排队系统模型。

> 【学习要点】

1. 理解项目及项目管理的基本概念。包括含义、目标、内容、作用、意义等。

2. 掌握网络计划技术的基本概念。学习网络图的绘制和各种时间的计算；重点学习网络图中关键战略的确定及总工时的计算。学习计划评审技术活动时间的分析、计算和评估。

3. 理解排队问题的经济意义。

4. 了解排队系统的特征及排队模型。

第二节 项 目 协 调

一、项目计划

项目通常涉及数量可观的成本，管理者需要在有限的时间和一定的预算范围内，完成项目已设定的一系列目标。项目计划管理是第二次世界大战后期发展起来的新管理技术之一，在项目管理领域，计划活动对于项目的成功而言是最重要的因素，人们对此进行了大量的研究，下面我们会详细讨论一些实际的项目计划工具。

1. 项目生命周期

项目的进展往往遵循两种模式中的一种，如图 12－1 所示。在图 12－1（a）所示的 s 型生命周期形式中，项目启动后，随着责任的分配和组织的建立，缓慢前行。不过，在实施阶段项目进程逐渐加快并取得更大进展。随着项目临近尾声，必须完成那些先前耽搁的更为困难的任务，而人员正在撤出项目，活动变得松弛下来，最后是缓缓不能收尾。

在图 12－1（b）所示的指数形式的项目生命周期中，项目启动后，在项目的众多方面都在持续地进行着活动，但直到最终所有要素部分就绪，才能实现最后的输出。这通常是那些最重要的部件装配成整体（如轿车）或货品（如蛋糕，在烘烤之前只是面糊）的项目；还有那些办公室工作或诸如此类的服务性工作，其最终产出是一份寿险单、一则广告或甚至可能是一个 MBA 学位，如果没有最后的签字、文档或成绩，就没有产品可言。

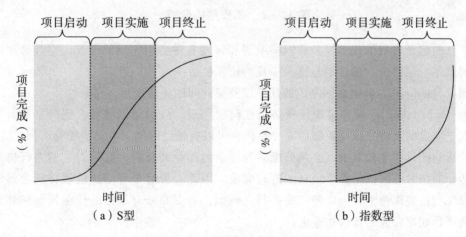

图 12－1　项目的两种生命周期

除了指出这两种生命周期形式在管理需求上的差别之外，对二者加以进一步的比较是非常重要的。如果有一个全面的预算削减，比如说削减 10%，生命周期为 S 型的项目没有这最后 10% 的预算不会有什么大事，因为或许有 97% 的收益已经实现。然而，对于生命周期为指数型的项目而言，失去这最后 10% 的预算则是一场大灾难，因为所有的价值都是在此实现。

再就是关于项目提早终止的影响，提早终止 S 型生命周期的项目，其影响微不足道，而终止指数型项目则会是彻头彻尾的灾难。项目经理和高层管理者在采取上述行动以前，必须清楚他们所进行的是哪类项目。

2. 项目计划

在项目启动阶段，项目经理的主要责任之一就是尽可能详细地定义所有任务，以便对之进行排程、核算费用和分配职责。这套任务描述称为工作分解结构（work breakdown structure，WBS），它构成了项目主进度计划的基础。图 12 - 2 是一个技术改造项目的 WBS。

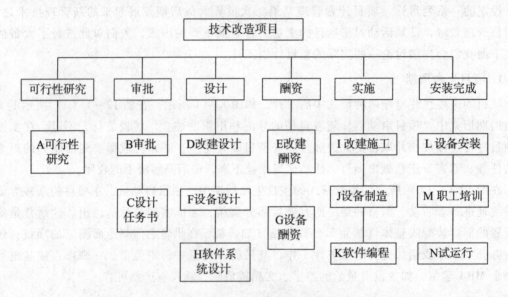

图 12 - 2　工作结构分解

对项目的运营进行排程不仅必须能够识别和处理各种必须完成的任务，而且必须能够处理其时间顺序。项目运营的计划与排程涉及的任务包括：

计划（planning）。确定必须完成的任务以及彼此间的先后次序。

排程（scheduling）。确定某项任务必须在何时完成；何时可以开始，何时必须开始；哪些任务对于项目的及时完成是关键的，哪些任务可以有松弛时间，有多少松弛时间。

项目活动的排程比较复杂，必须处理多种庞杂的作业和材料，必须对它们进行协调以保证后续活动的按时开展以及整个项目的准时完成。因此，项目排程必须能够将所有活动的绩效和时间与项目整体相整合，以便实施控制，例如，将资源从有余裕的作业调整到如果延误会威胁到项目如期完成的那些作业上。

项目的排程是依据达成项目目标必须实施的活动、各项活动以及这些活动的完成次序来进行的。如果有诸多的相似项目要进行，这些活动有时就可以构造得具有通用性，以适用于所有的项目。项目排程基本的网络方法有计划评审技术（Program evaluation and review technique，PERT）和关键路径法（critical path method，CPM）。

二、关键路径法

为了便于接下来的讨论，首先定义一些术语。

活动（activity）——一项项目作业或任务，活动的完成要求有资源以及一定量的时间。

事件（event）——在特定的时间点完成果一项或一系列活动。

网络（network）——所有项目活动按照先后次序关系形成的图示集合。本书中，网络线（或箭线）代表活动，箭线之间的连接点（称为节点）代表事件。箭线上的箭头表示先后次序。（这是典型的 PERT 方式；在 CPM 中，节点代表活动。）

路径（path）——从项目的开始到结束的一系列相互连接的活动。

关键路径（critical path）——其延误会导致整个项目完工延误的路径。

关键活动（critical activities）——一条或多条关键路径上的活动。

对于计划活动时间已知的项目，项目计划的主要输入包括一份必须完成的活动的清单、活动完成时间（也称为活动历时）以及活动间的先后关系（即在一项活动开始之前必须完成哪些活动）。在本节中，我们假定活动完成时间是确切知道的。稍后放宽这一假设，考虑活动完成时间不确知的情况。

项目计划的重要输出包括：表示出活动间的所有先后关系的对整个项目的图示，完成项目所需的时间，关键路径的识别，关键活动的识别，所有活动和路径的松弛时间，每项活动的最早开始时间和最晚开始时间，每项活动的最早完成时间和最晚完成时间。

（一）项目完成与关键路径

表 12-1 给出了完成一个项目必须做完的 7 项活动的时间及其先后次序。从表中数据可知，活动 A 和活动 B 可以在任意时间开始。活动 A 完成后可以开始活动 C 和活动 D。活动 E 要在活动 E 和活动 C 均完成后才可以开始，等等。该项目的网络图如图 12-3 所示。其中节点（圆圈）代表事件（即活动的开始或完成），箭线（直线）代表活动。每一箭线都标注有一个字母，用以识别相应的活动。活动时间标注在字母后的括号内。箭头用以标注活动之间的先后次序。这种描述项目的方式被称为"用箭线表示活动"（AOA）的方式，是 PERT 常用的方式；CPM 所采用的"用节点表示活动"（AON）也很常见，尤其是在项目管理软件中。

表 12-1　　　　　　　　　由 7 项活动组成的一个项目的数据

活动	时间（天）	先行活动
A	10	—
B	7	—
C	5	A
D	13	A
E	4	B，C
F	12	D
G	14	E

全球运营原理

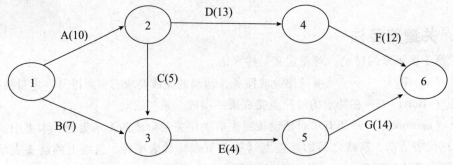

图 12 - 3　项目网络图

从图 12 - 3 中可以看出，从节点 1 到节点 6 有三条路径：A—D—F（或 1 — 2—4—6）、A—C—E—G（或 1—2—3—5—6）和 B—E—G（或 1—3—5—6）。每条路径上的各项活动时间之和即为该路径的完成时间。例如，路径 A—D—F 的完成时间为 35 天（10 + 13 + 12）。

为了确定整个项目的预期完成时间，可以计算出每项活动的最早开始时间 T_{ES} 和最早完成时间 T_{EF}，如图 12 - 4 所示。T_{ES} 和 T_{EF} 的取值可以在网络图中从左向右移动而计算出来。这样，我们从最左边的节点（节点 1）开始，一直走到最右边的节点（节点 6）。如果项目开始的时间点为 0，则活动 A 和活动 B 最早可以从时间点 0 开始，因为这两项活动之前均不要求有其他的活动。活动 A 要求 10 天时间，如果从最早的时间点 0 开始，则它可以在第 10 天完成。同样，如果活动 B 从最早的时间点 0 开始，则它最早可以在第 7 天完成。继续下去，由于活动 A 最早在第 10 天完成，活动 c 最早可以在第 10 天开始，最早在第 15 天完成。现在考虑活动 E。在活动 B 和活动 C 二者均完成后，活动 E 才能开始。由于活动 B 最早在第 7 天完成，而活动 C 最早在第 15 天完成，所以，活动 E 最早只能在第 15 天开始（记住，活动 E 只能在活动 B 和活动 C 均完成后才能开始）。如果活动 E 最早从第 15 天开始，则可以最早在第 19 天完成。剩余活动的最早开始时间和最早完成时间均可以按照类似方法计算。在所有活动的 T_{ES} 和 T_{EF} 均计算出来后，我们就可以确定项目的最早完成时间。由于项目要在所有路径均完成之后才能完工，因此它的最早完成时间为 35 天。

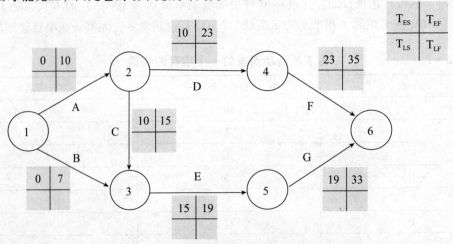

图 12 - 4　最早开始与最早完成时间

在所有活动的 T_{ES} 和 T_{EF} 都计算出来后，就可以确定在不延误项目完工的情况下，各项活动的最晚开始时间和最晚完成时间。与 T_{ES} 和 T_{EF} 相对照，最晚开始时间（T_{LS}）和最晚完成时间（T_{LF}）的计算在网络图中是从右到左反向进行的。本例的 T_{LS} 和 T_{LF} 如图 12－5 所示。

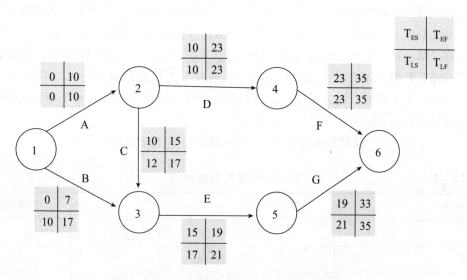

图 12－5　最晚开始与最晚完成时间

通过计算 T_{ES} 和 T_{EF}，我们确定了项目可以在第 35 天完成。为使项目在第 35 天完工，活动 F 和活动 G 最晚可以在第 35 天完成而不致延误项目的完成。因此，活动 F 和活动 G 的最晚完成时间是第 35 天。由于活动 F 需要 12 天，它最晚可以在第 23 天（35 － 12）开始而仍能在第 35 天完成。同样，活动 G 最晚可以在第 21 天（35 － 14）开始而仍能在第 35 天完成。继续往下，活动 F 最晚可以在第 23 天开始，活动 D 最晚可以在第 23 天完成。由于活动 D 需要 13 天，它可以最晚在第 10 天（23 － 13）开始而不致延误整个项目的完成。活动 E 必须在第 21 天完成以便不延误活动 G，因此它可以最晚在第 17 天开始。为了使活动 E 在第 17 天开始，活动 B 和活动 C 必须在第 17 天完成。活动 C 可以最晚在第 12 天开始而在第 17 天完成。活动 A 先于活动 C 和 D。活动 C 最晚可以在第 12 天开始，活动 D 最晚可以在第 10 天开始。由于活动 A 必须在这两项活动开始之前完成，故活动 A 必须在第 10 天完成。（如果活动 A 晚于第 10 天完成，则活动 D 的开始就要晚于其最晚开始时间，从而整个项目就将被延误。）

（二）松弛时间

T_{ES}、T_{EF}、T_{LS} 和 T_{LF} 这四个时间可以被项目经理用于项目的计划和排程。例如，如果某项活动要求某种关键的资源或人员，则其最早和最晚开始时间就提供了一个时间的窗口，借此可以为项目获取或分配资源。如果多项活动落后于进度，则最晚完成时间便提供了一个标志，由此可以看出这一耽误是会延误整个项目还是能够容易地加以消化。

在图 12－5 中，有些活动的 T_{ES} 等于 T_{LS}，T_{EF} 等于 T_{LF}。对于这些活动而言，它们的开始和完成时间不存在灵活性。除此之外，各项活动的 T_{ES} 小于 T_{LS}，T_{EF} 小于 T_{LF}。在这种情况下，项目经理对于活动何时开始何时结束拥有一定程度的裁量权。项目经理在活动的开始和完成

时间上所拥有的灵活性大小称为松弛时间（slack）或余量（float），其计算如下：

$$活动松弛时间 = T_{LS} - T_{ES} = T_{LF} - T_{EF}$$

关键路径上所有活动的松弛时间均为 0，这意味着关键路径上的任何活动都不可延误，否则就将造成整个项目的延误。关键路径外的活动可以有一定程度的延迟而不致耽误整个项目。表 12 – 2 给出了先前图 12 – 5 所示的由 7 项活动所构成的项目的 T_{ES}、T_{EF}、T_{LS}、T_{LF} 和松弛时间。除了单项活动的松弛时间之外，整条路径的松弛时间也可以计算出来。项目的完成意味着所有的路径都必须完成，故项目完成的时间就是工期最长的路径的完工时间。因此，工期最长的路径是关键的，因为在这一路径上发生的任何延误都将导致整个项目的延误。路径松弛时间可计算为：

$$路径松弛时间 = 关键路径历时 - 某路径历时$$

表 12 – 2   **事件的最早与最晚时间**

活动	T_{ES}	T_{EF}	T_{LS}	T_{LF}	松弛时间
A	0	10	0	10	0
B	0	7	10	17	10
C	10	15	12	17	2
D	10	23	10	23	0
E	15	19	17	21	2
F	23	35	23	35	0
G	19	33	21	35	3

表 12 – 3 给出了本例中的项目三条路径的松弛时间。路径 A—D—F 具有最长的历时，因而它的完成决定了项目何时完成。另外的路径所需时间少于 35 天因而有松弛时间。例如，路径 B—E—G 有 10 天的松弛时间，意味着它可以晚完工 10 天而不致影响整个项目的完成。

表 12 – 3   **路径松弛时间的计算**

路径	工期	松弛时间	是否关键路径
A—D—F	35	0 (35 – 35)	是
A—C—E—G	33	2 (35 – 33)	否
B—E—G	25	10 (35 – 25)	否

在结束讨论松弛时间这一主题之前，必须指出的是，所计算出的各项活动的松弛时间是不可加总的。例如，计算出活动 B、E 和 G 的松弛时间分别为 10、2 和 2（见表 12 – 2）。如果这些松弛时间是可加总的，则路径 B—E—G 的松弛时间就是 14 天。然而，从表 12 – 3 中可以看到路径 B—E—G 的松弛时间只有 10 天。这里的关键在于，单项活动的松弛时间是基

于只有某一项活动延误的假设而计算出来的。例如，活动 B 的松弛时间为 10 天，意味着它最多可以延误 10 天而不致使整个项目延误，只要该路径上的其他活动（活动 E 和 G）不发生延误。但是，如果活动 B 延误 10 天的话，活动 E 和 G 哪怕延迟 1 天也会使整个项目延误。

三、计划、评价与审查技术

前面讨论了在项目实际开始前其活动完成时间就确实已知的情形下的项目计划。然而，现实中，项目活动时间通常并不能事先就确切地知道。这种情况下，项目经理通常对每项活动的时间做出三种估计：乐观时间（t_o）、悲观时间（$t_{p.m}$）和最可能时间（$t_{p.m}$）。乐观时间是项目经理所估计的在理想条件下完成该活动所需的时间；这意味着一百次中只有一次实际所花时间比这一时间短。悲观时间是指在最糟糕的条件下完成该活动所需时间；同样，长于这一时间的可能性也只有 1%。最可能时间是项目经理对于活动完成确实所需时间的最好估计。除了这三种估计时间之外，活动之间的先后关系也需要作为项目计划过程的输入。

活动时间不确知时的项目计划活动的主要输出包括：整个项目的图示，表明各项活动之间的所有先后关系；预计的活动和路径完成时间；活动和路径完成时间的方差；项目在特定时间完成的概率以及项目按照一定概率完成的对应时间。

下面我们举例说明在项目开始前活动时间不确知情形下的项目计划过程。

（一）黑十字 E 计划

黑十字是最近在加利福尼亚成立的一个志愿者服务组织，它是为了应对那个"大家伙"，即十多年来人们一直期待的一场大地震而成立的。黑十字为可能遭受重大地震灾害的城市制定了一套有效的、统一的应对计划（E 计划），该计划由 10 项主要活动所构成。显然，尽可能快地完成这些活动对于挽救生命和财产、帮助受灾者至关重要。黑十字的成员不仅确定了各项活动的最可能时间，而且确定了每项活动可能完成的最快时间（即乐观时间，实际时间低于这一时间的概率为 99%），以及项目团队在现场可能遭遇到的最慢时间（即悲观时间，这是一切都不顺利时的情形，实际时间高于这一时间的概率为 99%）。该项目的各项作业、乐观时间、最可能时间、悲观时间（单位均为小时）及其先后关系如表 12 - 4 所示。

表 12 - 4   E 计划的活动时间

项目活动	乐观时间 t_o	最可能时间 $t_{p.m}$	悲观时间 $t_{p.m}$	先行活动
a	5	11	11	无
b	10	10	10	无
c	2	5	8	无
d	1	7	13	a
e	4	4	10	b, c
f	4	7	10	b, c
g	2	2	2	b, c

续 表

项目活动	乐观时间 t_o	最可能时间 $t_{p,m}$	悲观时间 $t_{p,m}$	先行活动
h	0	6	6	c
i	2	8	14	g, h
j	1	4	7	d, e

（二）建立网络图：确定活动的顺序

项目的网络图表示出了各项活动以及它们之间的先后关系，在作图时首先从表 12 - 4 中找出那些没有先行活动的活动。这些活动，即 a、b 和 c，均从第一个节点出发，为方便起见，在图 12 - 6 中将之标注为节点 1。

然后，从活动清单中找出那些只有当活动 a、b 或 c 完成后才能展开的活动。这样，就可以在网络图中画出从 d 至 h 的各项活动。活动 d 可以直接由节点 2 引出，活动 h 可以从节点 4 画出。但是，如果节点 3 表示的是活动 b 的完成的话，由于活动 e、f 和 g 还取决于活动 c 的完成，则这些活动应当如何表示呢？这可以借助于从节点 4 到节点 3 的一个虚活动（dummy activity），它表示事件 3 依赖于活动 c（事件 4）和活动 b 的完成。如图 14 - 6 中的虚线所示，虚活动不需要完成时间，但所表示的连接关系是必需的，只有当活动 b 和 c 均完成后，活动 e、f 和 g 才能够开始。

如果活动 e 不要求活动 c 先行，而活动 f 和 g 则要求，该怎么办呢？这种情况下，网络图将画成图 12 - 7 的样子。一定要留意画出恰当的先行关系，否则有可能会使项目产生不必要的延误。

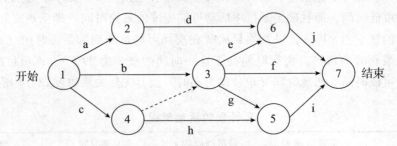

图 12 - 6　E 计划的项目网络

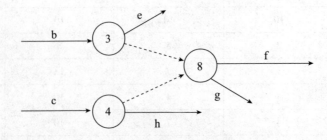

图 12 - 7　虚活动的适当应用

图中剩余部分可以按照同样的方式绘出。活动 i 依赖于活动 g 和 h，它从节点 5 引出，该节点表示活动 g 和 h 的完成。活动 j 也与之类似。剩下的所有无完成节点的活动（f、i 和 j）都导向项目完成节点 7。

（三）计算活动时间

至此完成了表示表 12 – 4 所示先后关系的网络图。接下来可以将预期的活动时间填入图中，以标示出哪些活动应当首先安排以及它们应于何时完工，以使项目不致延误。

表 12 – 4 中所示的三种活动时间的估计基于各项活动相互独立的假设。因此，某项活动出现问题未必会影响其他活动，这些活动仍可正常进行。此外还假定，t_o 与 t_m 之间的差不必跟 t_p 与 t_m 之间的差相等。例如，一台关键设备可能会发生磨损。如果这台设备运转良好，可以在 2 个小时内完成通常需要 3 小时才能完成的任务；但如果该设备性能不佳，完成这项任务可能就需要 10 小时。所以，项目活动的乐观时间与悲观时间是非对称的，正如表 14 – 4 中的活动 e 和 h 那样。还要注意某些活动的时间是确切知道的，如活动 b。

通常用于近似表示 PERT 活动时间的非对称或偏斜分布称为 β 分布，如下面所给出的那样，它有均值（期望的完成时间 t_e）和方差，或时间的不确定 σ^2。之所以采用 β 分布，是因为它有充分的灵活性，允许分布的尾部一边比另一边长（项目中比预期更差的情形通常要多于比预期更好的情形），因此是项目完工时间更为适当的分布。

$$t_e = \frac{t_0 + 4t_m + t_p}{6}$$

$$\sigma^2 = \left(\frac{t_0 + t_p}{6}\right)^2$$

上面的公式中，预期完工时间是三种估计时间的加权平均，权重分别为 1、4、1，分母的 6 当然就是权重之和。但在方差的估计式中，6 这个取值却有不同的来源，它来自乐观时间与悲观时间距均值各有 3 个标准差的偏离这一假设。不过，这仅适用于在 99% 的置信水平上进行估计的情形。如果某位经理不愿意采用这一置信水平，而认为 95% 或 90% 的置信水平更易于估计，那么标准差的公式则变更为（但均值的近似值还是可以接受的）：

95% 的置信水平：$\sigma = (t_p - t_o)/3.3$

90% 的置信水平：$\sigma = (t_p - t_o)/2.6$

计算的结果（99% 的置信水平）如表 12 – 5 所示，同时也标注在了图 12 – 8 的网络图的括号中。

表 12 – 5　　　　　　　　　　各项活动的期望时间与方差

活动	期望时间（t_e）	方差（σ^2）
a	10	1
b	10	0
c	5	1
d	7	4

续 表

活动	期望时间 (t_e)	方差 (σ^2)
e	5	1
f	7	1
g	2	0
h	5	1
i	8	4
j	4	1

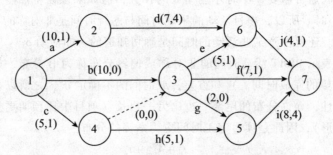

图 12 - 8　各项活动的期望时间与方差

　　有关活动时间已知的情形下的项目管理的讨论包括关键路径、关键活动和松弛时间。在活动时间不确知的情形下，这些概念就不是那么有用了。利用表 12 - 6 来对此加以说明，表中列出了图 12 - 6 所示的网络图中的路径、期望完成时间、最早完成时间和最晚完成时间。为了计算某条路径的预期完成的间，需要将该路径上所有活动的预期完成时间 t_e 加总。类似地，分别将该路径上所有活动的时间 t_0 和 t_p 相加以确定其最早完成时间和最晚完成时间。

　　从表 12 - 6 可以看出，路径 a—d—j 可能是最长的（即 31 小时）。可是，这条路径并不被看做关键路径，因为如果这一路径上的所有活动都意想不到地进展顺利的话，那么它最短可以在 7 个小时内完成。由表 12 - 6 的最后一栏可以看出，任何其他的路径都有时能超过 7 个小时。所以，在不确切知道活动时间的情形下，任何路径都有可能成为最长的路径。进一步地，在项目实际完成之前我们不会知道哪条路径会耗时最长。既然项目开始之前不能确定哪条路程是关键的，我们也就不能确定其他路径会有多少松弛时间。

表 12 - 6　　　路径期望完工时间、最早完工时间和最晚完工时间

路径	期望完工时间	最早完工时间	最晚完工时间
a—d—j	21	7	31
b—c—j	19	15	27
b—f	17	14	20

路径	期望完工时间	最早完工时间	最晚完工时间
b—g—i	20	14	26
c—e—j	14	7	25
c—f	12	6	18
c—g—i	15	6	24
c—h—i	18	4	28

（四）完成的概率

当活动时间不确知时，我们不能确定项目的完成需要多长时间。然而，假定各项活动的耗时相互独立，利用各项活动的方差（表 12-5 中的方差），我们可以计算出在给定期间内项目完成的可能性或概率。如果某条路径由许多活动构成，那么该路径的完成时间便近似服从正态分布。（回想一下统计学中的中心极限定律，这一结论不受各项活动本身的分布影响，本例中为 β 分布。）例如，路径 a—d—j 的时间均值为 21 小时。通过对该路径上的每项活动的方差求和可以得出该路径的方差。本例中，将有：

$$v_{路径a-d-j} = \sigma_a^2 + \sigma_d^2 + \sigma_j^2$$
$$= 1 + 4 + 1$$
$$= 6$$

这样，在一定的期间内，比如说 23 小时内，完成该路径的概率便可通过计算指定完成时间与期望完成时间之间的正态标准差的大小，然后从正态概率分布表中查出相应的概率而求得。

$$Z = \frac{指定完成时间 - 期望完成时间}{\sqrt{V}}$$
$$= \frac{23 - 21}{\sqrt{6}}$$
$$= 0.818$$

由此可查得概率为 79%（见图 12-9）。这一结果也可利用 Excel 中的正态分布函数（NORMDIST）求得，该函数的语法为：NORMDIST（D, t_e, σ, T），这里的 D 为所指定的时间，本例中为 23 小时。类似地，可以算出在 90% 的置信度下的项目完成时间。从正态概率分布表中，可以查到对应于 90% 的正态标准偏差约为 1.28，故项目完成时间为 24.14 小时 [21 + (1.28/$\sqrt{6}$)]。这同样可以通过 Excel 中的 NORMINV 函数算得，其语法为：NORMINV（p, t_e, σ），本例中项目完成时间为 NORMINV（0.90, 21, 2.449）= 24.14 小时。

至此，只是确定了有 79% 的可能性路径 a—d—j 会在 23 小时或更短的时间内完成。如果想计算整个项目在 23 小时内完成的概率，就需要计算所有路径都在 23 小时内完成的概率。要计算所有路径在 23 小时或更短时间内完成的概率，首先需要计算出每条路径在 23 小时或

更短时间内完成的概率，正如对于路径 a—d—j 所作的计算那样。而后将这些概率相乘以确定所有路径在指定时间内完成的概率。之所以将这些概率相乘，是因为假定各条路径的完成时间是相互独立的。当然，如果路径中有相同的活动，则它们彼此间就不是独立的，就需要进行更为复杂的分析或模拟。

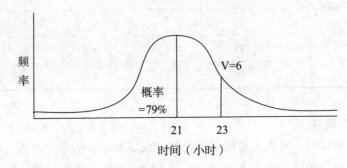

图 12 - 9　路径完成时间的概率分布

　　为了简化求解某个项目在指定时间内完成的概率所需的计算，只考虑其期望时间加 2.33 倍的标准差大于指定时间的那些路径，从实用的目的而言是合理的。这样做的理由在于，如果某一路径的期望时间与其 2.33 倍的标准差之和小于指定时间，则该路径需用时间比指定时间更长的概率是很小的（小于1%），从而可以认为该路径在指定时间内完成的概率为100%。最后，注意要计算某个项目比指定时间用时更长的概率，可以首先计算其在指定时间内完成的概率，再用 1 减去此值即可。

第三节　等候队列

一、概述

　　等候队列通常出现在顾客随机抵达等候服务的情况下，几乎在所有的服务系统中都会发生。在日常生活中遇到的等候队列包括超级市场收款机、快餐厅、机场检票处、剧院、邮局、收税窗口等处的排队。在另外一些情形下，"顾客"不是人，而是代填的订单、等候卸货的卡车、等候加工的工作或待修理设备等。还有一些等候队列，如等候靠岸的轮船、等待着陆的飞机、等待护士的医院患者以及在信号灯前等候的小汽车等。

　　在等候过程中，对于顾客来说，有的是可接受的，也有的是不可接受的厌烦甚至会导致死亡。对于商业来说，等候使得成本低效率、缺乏竞争力。对社会来说，等候则会浪费资源和降低生命质量。因此，服务系统的设计者和管理者需要对等候队列给予关注，清楚地认识等候队列，其主要理由如下：①等待期间的成本；②顾客在接受服务前离开队列、甚至根本拒绝等待，这就会导致业务的流失；③有可能丧失商誉；④有可能降低顾客满意度；⑤拥堵状况可能会干扰其他业务运作和/或顾客。

对等候队列进行排队分析的一个重要原因是顾客把等候视为不增值活动，他们倾向于把排队归因于服务质量差，特别在等候时间很长时。从组织观点来看，让员工等候也是不增值的——它正是 JIT 系统中的员工竭力要避免的那种浪费。设计者必须权衡提供特定水平的服务能力的成本与让顾客等候服务的潜在（固有）成本。

　　人们通常用排队论对服务能力进行计划与分析，这是一种分析等候队列的数学方法。现代排队论始于 20 世纪初丹麦的一位电话工程师 A. K Erlang 对自动拨号设备的研究。第二次世界大战以前，几乎没人试着用排队论解决商业问题。但从那以后，排队论就开始解决各种各样的问题了。排队论的数学方面很复杂，出于这个原因，本节的重点将不放在排队论的数学方面、而只涉及用排队论分析等候队列问题的概念方面，将主要利用公式和图表进行分析。

二、等候队列的特征

　　可供分析人员选择的排队模型很多。很自然地，成功的分析在很大程度取决于选取了适宜的模型。调查研究表明，排队系统特征是影响模型选择的最主要因素。排队系统特征主要有：总体来源；服务者数量（通道）；到达与服务模式；排队纪律（服务顺序）。图 12 – 10 描述了一个简单的排队系统。

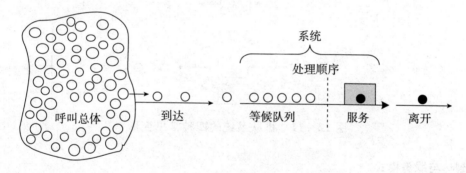

图 12 – 10　一个简单的排队系统

1. 总体来源

　　分析排队问题所用的方法取决于潜在顾客数量是否有限。有两种可能性：无限顾客源与有限顾客源总体。在无限顾客源形式下，潜在顾客数量远远越过系统服务能力。只有当服务不受限制时才会存在无限顾客源形式，如超级市场、杂货店、银行、餐厅、剧院、娱乐中心、收费桥梁等。从理论上讲，来自"呼叫总体"的大量顾客会随时要求服务。当潜在顾客数量有限时，有限顾客源情形就出现了。如修理工只负责公司里一定数量的机器、任何时候需要修理的潜在机器数量都不会超过分配给修理工的机器数量。类似地，操作员负责为一排四台机器装货卸货，护士负责护理一间 10 张床的病房的患者，秘书负责记下三位执行官的口授，公司的修理厂负责随时修理生产车间的 20 辆卡车。

2. 服务者数量（通道）

　　排队系统的服务能力是关于每个服务者的服务能力和所用服务者数量的函数。术语服务

者和通道是同义词，都表示在同一时间一条通道只能处理一名顾客。系统既可以是单通道的，也可以是多通道的，一群服务者形成团队共同工作，譬如说，一个外科团队，就被视为一个单通道系统。单通道系统还包括只有一个收款台的小杂货店、某些剧院、单间洗车间、只有一名出纳员的免下车银行等。多通道系统（不止一名服务者的）通常在银行、飞机检票处、自动服务中心和加油站见到。

　　排队系统还有一个特征就是它的步骤或阶段数。例如，在主题花园里，人们从一个景点到另一个景点，每一处都是队列形成的一个独立阶段。图 12 – 11 显示最常见的一些排队系统，这里我们将只讨论单阶段系统。

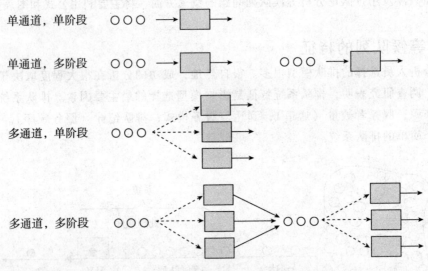

图 12 – 11　排队系统的四种常见变形

3. 到达与服务模式

　　等候队列是到达与服务变化的直接后果，这两者随机发生，变化很大的到达与服务模式容易引起系统超载。在许多情况下，变化都可以用分布理论表示。事实上，一些最常用的模型都假定顾客到达速度能够用泊松分布描述，服务时间则可用负指数分布表示。如图 12 – 12 所示。

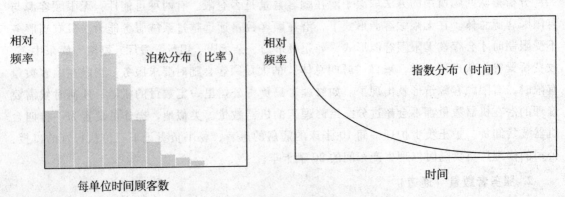

图 12 – 12　泊松分布和负指数分布

泊松分布通常都能很好地合理描述每单位时间的顾客到达数。负指数分布往往能够很好地合理描述顾客服务时间。当到达集中或服务时间特别长时，很可能发生等候队列，如果两个条件都具备则发生的可能性最大。比方说，某一顾客到达后服务的时间很长，而随即不久又有两位顾客到达，这就形成了等候队列。泊松分布和负指数分布作为表示同一基本信息的不同方法，显得很有意思。说得更精确些，如果服务时间是指数的，那么服务速度就是泊松的。类似地，如果顾客到达速度是泊松的，那么到达间隔时间就是指数的。比方说，假如一个服务场所每小时能招待 12 位顾客，平均服务时间是 5 分钟，并且如果到达率是每小时 10 位，那么平均的到达间隔就是 6 分钟。因此，这个模型通常需要用泊松分布表示到达与服务速度，而用负指数分布表示到达间隔与服务时间。在实践中，必须证实假设与事实是否吻合。要做到这一点，有时需要收集数据并作图。调查表明，以上假定通常都比较符合顾客到达情况。但对服务却不太适宜。在假设条件不能令人满意的情况下，可选方案应为：建立更合适的模型；找一个更好（通常也更复杂）的现成模型；求助于计算机模拟。这三种方法均需付出更多努力与成本。

本章中所讲述的模型都假设顾客是有耐心的，也就是说，顾客进入等候队列后将会一直等到他们接受服务。其他的可能还有：等候的顾客将会失去耐心并离开（放弃）；如果有多个等候顾客，顾客有可能会换到另一个队列（绕行）；到达后发现队列过长，因此不再加入队列（止步）。

4. 排队规则

排队规则是指顾客被处理的顺序。除一种模型之外，大多数模型都简单地假定服务提供方式是先来先服务型的。这也许是最常见的一项原则。我们在银行、商店、剧院、餐厅、十字路口信号灯下、登记处等都能见到先来先服务。不以先来后到顺序服务的系统有医院急诊室、工厂的加急订单、计算机中心处理程序等。在这些系统与类似系统中、顾客具有不同的等候成本，成本最高的先处理，即使其他顾客早已到达。

三、排队分析目标

1. 排队系统的衡量标准

在评价现有系统或被提议的服务系统时，运营经理主要观察五项衡量指标：

（1）平均顾客等待数，无论在队列中还是在系统中；

（2）平均顾客等待时间，无论在队列中还是在系统中；

（3）系统利用率，指服务能力利用百分比；

（4）指定水平服务能力及其等候队列的隐含成本；

（5）某一项到达必须等候服务的概率。

在这些指标中，系统利用率最需要苦心经营，它反映的是服务者的忙碌程度。从表面上看，运作经理似乎应该追求 100% 的利用率，但如图 12-13 所示，系统利用率的增加是以等候队列长度和平均等候时间的增加为代价的。实际上，当利用率接近 100% 时，这些付出的价值非常大。由此，在正常情况下，100% 利用率并不是一个切实可行的目标，运作经理应该

尽力做到的只是使系统的等候成本与服务能力成本之和达到最小。

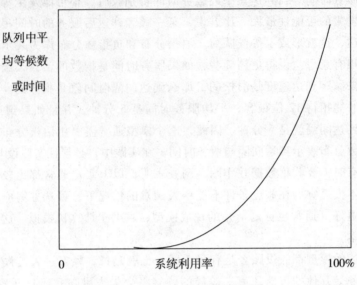

图 12 – 13 队列系统的性能

2. 排队分析目标

排队的目的实质上是使总成本最小。排队情形下的成本分为两类：与顾客等候服务时间相关的成本和与服务能力相关的成本。服务能力成本是指为保持服务提供能力所需花费的成本，例如，与洗车间的分割间档数、越级市场的收款台数、处理设备故障的维修工数、高速公路通道数等有关的成本。当服务场所空闲时，服务能力就失去了，因为服务无法储存。顾客等候成本包括付给等候服务的员工的工资，为等候着的空间付出的成本以及由于顾客拒绝等候并有可能以后去找其他商家而造成的商业损失。

抑制顾客等候时间成本是商家在实践中经常遇到的一件难事，尤其当这种成本的主要成分不是会计数据时。对付等候时间或队列长度常用的一个方法是政策可变：管理者只需要明确指定可接受的等候水平，并指示下属服务水平的建立必须符合那个水平。

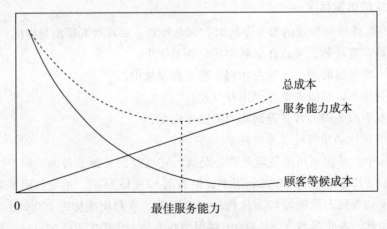

图 12 – 14 队列系统的成本

队列分析的传统目标是平衡提供特定水平服务能力的成本和顾客等候服务的成本。这个概念如图 12 – 14 所示。注意，当服务能力上升时，其成本也相应上升。为简化起见，用线性关系表示上升。尽管阶梯形函数往往更适宜，但使用直线对图像的扭曲也不算太大。当服务能力上升时，顾客等候数及其等候时间趋于下降，从而使等候成本降低。作为一种典型的平衡关系、总成本被表示成了 U 形曲线。分析目的是为了找到总成本最低的服务能力水平（与存货的 EOQ 模型不同，总成本曲线上的最小点往往不是两条成本线的交点）当排队等候的顾客是外部顾客（与员工相对），等候队列的存在能消极反映组织的质量状况。相反，有些组织把注意力集中在提供更快捷的服务上——加快服务交付速度，而不是增加服务者数量。这种努力会使总成本线下移、因为顾客等候成本下降了。

四、常用的排队模型

1. 无限顾客源排队模型

所有的无限顾客源模型都具备一些基本关系，了解它们有助于我们在给定几个关键值的情况下，求解想知道的性能衡量指标。为方便使用排队模型，我们做出了一个用于无限顾客源模型的符号列表，如表 12 – 7 所示。

表 12 – 7　　　　　　　　　　　　无限顾客源模型符号

符号	代表
λ	顾客到达速度
μ	服务速度
L_q	等候服务的顾客平均数
L_s	系统中的顾客平均数（正在等候的和/或正在接受服务的）
r	顾客接受服务的平均人数
ρ	系统利用率
W_q	顾客排队等候的平均时间
W_s	顾客在系统中花费的平均时间（排队等候时间与服务时间）
$1/\mu$	服务时间
P_0	系统 0 单位概率
P_n	系统中有 n 单位的概率
M	服务者（通道）数量
L_{max}	队列中等候的最大期望值

注意：用 λ 和 μ 代表的到达与服务速度，必须使用同一单位。系统利用率：反映需求与供给或服务能力的比率。

$$\rho = \frac{\lambda}{M\mu} \qquad (12-1)$$

正在接受服务的顾客平均数：

$$r = \frac{\lambda}{\mu} \qquad (12-2)$$

平均顾客数：

排队等候服务的 L_q（非独立模型，由表或公式得出。）

在系统中的（排队的加接受服务的）$L_s = L_q + r \qquad (12-3)$

平均顾客时间：

队中等候，

$$W_q = \frac{L_q}{\lambda} \qquad (12-4)$$

在系统中，

$$W_s = W_q + \frac{1}{\mu} = \frac{L_s}{\lambda} \qquad (12-5)$$

所有无限顾客源模型都要求系统利用率小于 1.0；模型只用于欠载系统。

队中等候的平均数 L_q 是一个关键数值，因为它是其他一些系统性能衡量指标如系统中平均数量、队中平均时间、系统中平均时间等的决定因子。因此，L_q 往往是你在问题解决过程中需要确定的第一批数值之一。

模型 1：单通道，指数服务时间

最简单的系统就是只有一名服务者（或一个工作班子）的系统。排队规则是先来先服务，并且假定顾客到达速度能够近似于泊松分布，服务时间则近似于负指数分布。队列长度没有限制。单通道模型的公式如表 12 - 8 所示，他们可以和式（12 - 1）～（12 - 5）联合使用。

表 12 - 8 基本单通道模型的公式

衡量指标	等式
队列中的平均顾客数	$L_q = \dfrac{\lambda^2}{\mu(\mu - \lambda)}$
系统 0 单位概率	$P_0 = 1 - \dfrac{\lambda}{\mu}$
系统中有 n 单位的概率	$P_n = P_0 \left(\dfrac{\lambda}{\mu} \right)^n$
系统中单位数小于 n 的概率	$P_{<n} = 1 - \left(\dfrac{\lambda}{\mu} \right)^n$

模型 2：单通道，常数服务时间

如前所述，等候队列是随机产生的，到达速度与服务速度的变化幅度很大。如果系统能够减少或消除任一或二者的变化，即可显著缩短等候队列。常数服务时间系统就是明证。常数服务时间能够将等候队列中的平均顾客数砍掉 1/2：

$$L_\mu = \frac{\lambda^2}{2\mu(\mu - \lambda)}$$

顾客花费在等候队列中的时间也被砍掉了 1/2。类似改进也可以通过使到达时间更加平滑来实现。

模型 3：多通道

当两个或多个服务者独立向到达了的顾客提供服务时，就出现了多通道系统。使用这个模型需要如下假定：（1）泊松到达速度和指数服务时间；（2）服务者都以平均速度工作；（3）顾客只形成一个队（为了维护先来先服务）。

多通道模型的公式如表 12 – 9 所示。显然，多通道公式比单通道公式复杂，尤其是 L_q 与 P_0 的公式，在实际使用中，可以选择 λ/μ 和 M，用查表的方式确定 L_q 与 P_0 值。例如，如果 $\lambda/\mu = 0.50$，$M = 2$，查表可知 L_q 的值是 0.033，P_0 的值是 0.600。这些数值能够用来计算其他的系统性能评价指标。

表 12 – 9　　　　　　　　　　　多通道排队公式

性能度量	公式
队列中的平均数	$L_q = \dfrac{\lambda\mu\left(\dfrac{\lambda}{\mu}\right)^M}{(M-1)!\,(M\mu-\lambda)^2}P_0$
系统中零单位的概率	$P_0 = \left[\displaystyle\sum_{n=0}^{M-1}\dfrac{\left(\dfrac{\lambda}{\mu}\right)^n}{n!} + \dfrac{\left(\dfrac{\lambda}{\mu}\right)^M}{M!\left(1-\dfrac{\lambda}{M\mu}\right)^2}\right]^{-1}$
一个到达没有立刻服务的平均等候时间	$W_d = \dfrac{1}{M\mu-\lambda}$
一个到达必须等候服务的概率	$P_w = \dfrac{W_q}{W_d}$

模型 4：多准则

许多排队系统的处理顺序都是先来先服务。然而，这个原则也有不适宜的时候，理由是发生的成本或处罚对所有顾客并非完全相同。在医院急诊等候室里，需要处理的伤病很多。有些伤势可能很轻，有些却可能严重得多，甚至危及生命。先处理最严重的病例，等把他们处理完了再来处理不太严重的显然更合理。类似地，计算机处理程序通常也是按先来先服务之外的原则进行（如最短工作最先处理）。这种时候，我们就用多准则模型描述顾客等候时间。

在这些系统中，到达顾客根据事先确定的方法，被分配到几个优先等级中的其中之一（例如，在医院急诊室，心脏病发作，严重受伤，失去知觉的人被列为最高优先等级；扭伤、很小的刀伤、淤伤和皮疹被列为最低等级；其他问题则被列入一个或几个之间的等级）。然后，系统按照排列等级接待顾客，从高到低。每一个等级的内部处理顺序是先来先服务。因此，等级最高的所有顾客先于其他顾客被处理，然后，处理过程移到下一较低等级，最后才

是最低等级。只有在较高优先级顾客到达时才可能出现例外，那名顾客应该在当前顾客被处理完之后处理。

这个模型包含了所有多通道模型的基本假设，除了它使用的是优先级服务顺序而不是先来先服务顺序以外。到达者在抵达时被分配优先级（例如，最高优先级为 1，下一优先级为 2，再下一个优先级为 3，以此类推）。某现有队列如图 12 - 15 所示。

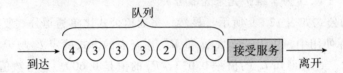

图 12 - 15　优先级队列

各等级内的等候单位按照他们的到达顺序进行处理（即先来先服务）。因此，在这个序列中，服务者一就绪就处理第一个 1，当那个服务者或另外一个服务者变得可用了时，则处理第二个 1。如果在这中间又来了一个 1，那么它在队列中就排在第一个 2 之前。如果没有新到达者，就由下一个可用服务者处理那个唯一的 2。这时，如果有新 1 或新 2 到达，就应该在所有的 3 和 4 之前先行处理。相反，如果到达一个新 4，那么它的位置就是队列的最后。显然，低优先级单位将确定无疑地等候队列相当长的时间才能得到服务。有时，等候时间已经超过某个特定时间的单位会被重新分配到较高等级中。

多通道优先服务模型的公式如表 12 - 10 所示。

表 12 - 10　　　　　　　　　　　多通道优先服务模型

性能度量	公式
系统利用率	$P = \dfrac{\lambda}{M\mu}$
中间值	$A = \dfrac{\lambda}{(1 - \rho)L}$ $B_k = 1 - \sum_{r=1}^{k} \dfrac{\lambda_r}{M\mu} \quad (B_0 = 1)$
队列中第 k 优先级的平均等候时间	$W_k = \dfrac{1}{A \cdot B_{k-1} \cdot B_k}$
第 k 优先级花费在整个系统中平均等候时间	$W = W_k + \dfrac{1}{\mu}$
队列中第 k 优先级的平均等候数量	$L_k = \lambda_k + W_k$

2. 有限顾客源排队模型

有限顾客源模型适合于呼叫总体限于数量较少的潜在群体。例如，一个人只负责处理 15

台机器的故障，因此呼叫总体就是 15。然而，服务者或通道数可以有多个，例如，由于等候维修的机器积压太多，管理者会再派一个人去做维修工作。

与无限顾客源模型一样，到达速度符合泊松分布，服务时间符合指数分布。有限与无限顾客源模型的主要区别是有限顾客源形式下，顾客到达速度受等候队列长度的影响。当队列变长时到达速度变慢，这是因为产生服务要求的总体比例在下降。"有限"发生在总体全部都在等候队列中时，在那一点到达速度为零，因为没有其他可以到达的单位了。

由于有限顾客源模型的数学计算非常复杂，分析者通常使用有限队列表和一些简单公式分析这类系统。表 12 – 11 和 12 – 12 表示的是关键公式与定义。

表 12 – 11　　　　　　　**多通道优先服务模型符号定义**

符号	表示含义
D	顾客必须等候的概率
F	有效因子
I	等候百分比
H	服务顾客的平均数
J	不在队列或服务的平均数
L	顾客等候服务的平均数
M	服务通道数
N	潜在顾客数
T	平均服务时间
U	每名顾客要求之间的平均时间
W	队列中顾客平均等候时间
X	服务因子

表 12 – 12　　　　　　　**多通道优先服务模型**

性能度量	公式
服务因子	$X = \dfrac{T}{T + U}$
平均等候数	$L = N (I - F)$
平均等候时间	$W = \dfrac{L (T + U)}{N - L} = \dfrac{T (I - F)}{XF}$
运行平均数	$J = NF (I - X)$
服务的平均数	$H = FNX$
总体的数量	$N = J + L + H$

五、其他方法

研究等候队列的重点是设计使服务能力与顾客等候时间达到平衡的服务系统，即决策制定者确定适当的服务能力水平。有时候，一个现有正在运营的系统，改变设计或者成本太高，或者受空间限制，这时有一种比较适合顾客是人而不是无生命物体的排队系统的解决方法，即提供一些娱乐设施，这样等候就变得易于接受了。例如，在医生或牙医办公室的等候室里可以放一些杂志报纸之类的东西；自动维修间用收音机或电视；航空公司提供空中电影陪伴乘客消磨时光。此外，航空公司还可以提供餐饮和小吃，使等候（飞行）时间变得更令人愉快。其他类似措施还有：在人们等候电梯之处放块镜子，请人填表，使等候具有某种建设性。

把这些概念更进一步，有时还可能从顾客等候中获益。例如，超级市场把冲动型商品摆放在收款台附近，能够获取更多销售额；银行将内含当前利率与本行服务项目的小册子放在正在等候的顾客伸手可及之处；餐厅附设吧台，让等候桌子的顾客在此休息和消费。这些方法说明，想象力和创造力在系统设计中往往起着很重要的作用，数学方法并不是值得考虑的唯一方法。

小 结

项目通常用于具有一定程度不确定性的情况下，这些情况有可能导致延期，预算超支和不能满足技术要求。为了最大限度地降低这些影响，管理层必须确保周密计划，谨慎地选择项目经理和团队成员以及监控项目的进展。

PERT 与 CPM 是开展、监督项目的两种常用技术。尽管它们的发展历程不同，又各有侧重点、时间与实践已经抹去了它们最初的大多数差异，因此到今天，它们二者的区别已经微乎其微了。它们都为管理者提供合理的项目计划方法、项目活动的图形化显示，都对存在于活动中的优先关系进行描述，并向管理者展示哪些活动必须完成才能按时完成项目。管理者利用这些信息就能将注意力转移到最关键的活动上来。

等候队列分析是服务系统设计中的一个重要方面，即使在宏观欠载的系统中，等候队列也有形成的趋势。顾客到达时间的随机性与服务时间的可变性共同造成了暂时超载。一旦发生超载，等候队列就出现了。出于同样原因，其他一些时候服务者却是空闲的。

在排队系统分析中，需要考虑的一个重要因素是潜在顾客数是否有限（有限顾客源）或进入系统是否没有限制（无限顾客源）。本章介绍了五种排队模型，其中四种涉及有限顾客源总体，一种涉及无限顾客源总体。一般而言，模型都假定顾客到达速度符合泊松分布，服务时间符合负指数分布。

思 考 题

1. 举例说明项目管理过程中成本、时间和绩效之间内在的协调关系。

2. 项目的任务常常得不到很好的定义，由于时间紧急，人们总是有一种"干起来再说"的冲动。只做最低限度的计划就仓促开始，这会有什么样的后果？

3. 你认为人们对于活动时间的乐观与悲观估计中，哪个要更为准确些？

4. 假设经过几年的接触之后，你和你的恋人最终决定结婚。你的伴侣希望有一个非常隆重的婚礼，你意识到有许多计划和工作需要做。注意到你的紧张，你的朋友和家人纷纷安慰你说，一切都会令人满意的，他们甚至帮助你安排婚礼。作为一个完美主义者，你想确保一切尽可能顺利进行。项目问题如下：

（1）列出你的假设。

（2）选择一个全部项目时间跨度。

（3）做一个工作分析结构。

（4）列出完成项目所必需的活动。

5. 下表是即将开始进行的某项目的相关信息。作为项目经理，为了按时完成项目，你会关注哪些活动？请解释。

活动	前序活动	估计时间	活动	前序活动	估计时间
A	—	15	G	F	8
B	A	12	H	F	9
C	B	6	I	G	7
D	B	5	J	H	14
E	C	3	K	J	6
F	—	8	End	D, E, I, K	

6. Chris 收到了一个新的文字处理软件作为她的生日礼物，还收到了一张支票，她打算用来买一台新电脑。Chris 的大学导师要求下周交一份报告。她打算用新的计算机准备这份作业。她将她需要做的事和预期时间列了一张表。

（1）用两种合理的顺序安排活动。

（2）①绘制 AOA 图；②绘制 AON 图。

（3）求关键路径和期望持续时间。

（4）会有什么原因造成项目完成长于预期持续时间？

估计时间（小时）	活动（缩写）
0.8	安装软件（Inst）
0.4	论文列提纲（Out）
0.2	递交论文给老师（Sub）
0.6	选题（Ch）
0.5	使用语法检测纠错（Ck）
3.0	使用文字处理程序写论文（Write）
2.0	逛电脑店（Sh）
1.0	选购电脑（Sel）
2.0	根据选题上图书馆查询（Lib）

7. 为什么即使在服务能力多于接待顾客所需时，等待队列仍然会形成？

8. 在等待队列的情形中，管理者要考虑的主要成本权衡是什么？

9. 如何转移注意力，以使等待变得不那么痛苦？

10. 讨论如何确定使顾客等待的经济成本。

参考文献

［1］（美）史蒂文森（Stevemson，W. J.）. 运营管理（第8版）. 张群等译. 机械工业出版社，2005.

［2］杰克·R. 梅雷迪思. MBA运营管理（第三版）. 焦叔斌等译. 中国人民大学出版社，2007.

［3］森吉兹·哈克塞弗. 服务经营管理学（第2版）. 顾宝炎等译. 中国人民大学出版社，2005.

［4］梅雪迪恩，曼特尔. 项目管理——管理新视角. 戚安邦译. 中国人民大学出版社，2007.

［5］柴小青. 服务管理教程. 中国人民大学出版社，2003.

［6］于干千，秦德智. 服务企业经营管理学. 北京大学出版社，2008.

［7］（美）菲茨西蒙斯. 服务管理：运作、战略与信息技术（第五版）. 张金成等译. 机械工业出版社，2007.